3rd Edition

행정기본법 해설

홍정선

박영사

3판 머리말

□ 상당한 범위에 걸쳐 신설·수정·보완된 제3판을 출간한다.

□ 2023년 6월에 신설된 행정기본법 제7조의2에 관한 해설과 2024년 1월에 신설된 행정기법 제33조 제3항에 관한 해설을 신설하였다.

□ 행정기본법 명칭 논쟁, 법률보충규칙으로서 행정규칙(제2조), 제재처분(제4조), 다른 법률과의 관계(제5조), 행정에 관한 기간의 계산(제6조), 법령등 시행일의 기간 계산(제7조), 법률유보의 원칙(제8조), 평등의 원칙(제9조), 비례의 원칙(제10조), 신뢰보호의 원칙(제12조), 법 적용의 기준(제14조), 처분의 무효(제15조), 결격사유(제16조), 부관(제17조), 위법 또는 부당한 처분의 취소(제18조), 적법한 처분의 철회(제19조), 자동적 처분(제20조), 재량행사의 기준(제21조), 제재처분의 기준(제22조), 제재처분의 제척기간(제23조), 인허가의제의 기준(제24조), 인허가의제의 효과(제25조), 공법상 계약(제27조), 과징금의 기준(제28조), 과징금의 납부기한 연기 및 분할 납부(제29조), 이행강제금의 부과(제31조), 즉시강제(제33조), 처분에 대한 이의신청(제36조), 처분의 재심사(제37조) 등의 부분에서 보완하였다.

□ 최신 판례를 중심으로 대법원과 헌법재판소의 많은 판례를 반영하였다. 그리고 본문에서 인용된 각종 법령은 2025. 1. 1.을 기준으로 하였다.

□ 끝으로, 교정본을 검토해준 최윤영 박사에게 감사의 마음을 전한다. 그리고 이 책을 출간해 주신 박영사 안종만 회장님, 안상준 대표님, 편집 등을 맡아준 김선민 이사님께도 감사를 표한다. 독자들의 건승을 기원하면서 ….

2025년 1월 1일
우거에서
洪 井 善 씀

머리말

[행정기본법 제정]

평등원칙·비례원칙 등 법치행정에 필수적인 사항들을 규정하는 행정기본법이 2021. 3. 23. 제정·시행에 들어갔다. 국가와 지방자치단체의 모든 행정기관과 공무원은 행정기본법을 따라야 한다. 행정법령의 주춧돌인 행정기본법의 제정·시행으로 우리의 법치행정은 궤도에 오르게 되었다. 뿐만 아니라 행정기본법은 세계에서 가장 앞서가는 법률이다. 행정기본법과 유사한 법률을 가진 나라는 서구에서도 찾아보기 어렵다. 이러한 행정기본법의 제정·시행은 한국 행정법의 역사, 행정법학의 역사에 영원히 기록될 사건이다.

[출간의 배경]

행정기본법이 제대로 운용되기 위해서는 모든 공무원이 행정기본법을 숙지하여야 한다. 국민들도 행정기본법을 알아야 자신의 권익을 보호할 수 있다. 이러한 인식을 바탕으로 행정기본법(안) 마련에 중심적 역할을 하였던 「행정법제 혁신 자문위원회」에 관여하였던 저자로서는 행정기본법에 관심이 있는 이들의 길라잡이로 「행정기본법 해설」을 출간한다.

[이 책의 성격]

이 책은 공무원, 대학(원)생과 일반 독자를 위한 해설서이다. 해설은 조문 중심, 조항 별로 하였다. 해설서의 성격에 맞추어 각주에서 학술적인 전거 등을 밝히는 것은 억제하고, 다만 행정기본법상 상호 관련 있는 조문 등을 각주로 기재하여 이해를 돕고자 하였다. 한편, 이 책의 집필을 구상하던 단계에서는 「행정법제 혁신 자문위원회가 행정기본법 조문 하나하나 만들어갈 때 참고하였던 우리나라 입법례와 외국 입법례」를 참고자료로 붙일까도 생각하였으나, 이 책이 해설서임을 고려하여 붙이지 않기로 하였다. 그러나 독자들의 이해에 직접적으로 도움이 될 만한 우리나라 입법례는 본문에 옮겼다.

[활용 문헌·자료]
이 책의 내용은 졸저 「행정법원론(상)(하)」 등을 기본적인 자료로 하면서, 법제처에서 작성하였던 「행정기본법제 주제별 기초자료」와 「행정법제 혁신 자문위원회 회의자료」 등을 활용하여 작성하였다.

[감사의 말씀]
이 책을 펴내는데 여러 분의 도움이 있었기에 감사를 표하고자 한다. 원고를 처음부터 끝까지 읽고 도움을 준 방동희 교수, 김정환 박사(변호사), 홍승재 변호사에게 감사를 표한다. 출간해주신 박영사 안종만 회장님, 편집과 교정을 맡아준 김선민 이사님, 서무를 처리해준 조성호 이사님에게도 감사를 표한다.

2021년 5월 어느 날
우거에서
洪 井 善 씀

차 례

[PART I] 행정기본법 서설

[PART II] 행정기본법 해설
제1장 총 칙

제2장 행정의 법 원칙

제4장 행정의 입법활동 등

[PART Ⅰ]

행정기본법
서설

행정기본법
서설

Ⅰ. 행정기본법 제정의 의의

1. 행정법의 총칙으로서 행정기본법

행정법학계의 염원이었던 행정기본법이 제정되었다(국회의결일: 2021. 2. 26. 공포일: 2021. 3. 23). 행정기본법의 제정으로 행정법의 일반원칙 등 종전까지 학설과 판례에 의해 인정되었던 상당수의 불문의 행정법이 성문의 규정으로 대체되었다. 행정기본법은 모든 행정작용에 적용되는 법원칙, 기준과 방법 등을 규정하고 있는바, 행정법의 총칙이다.[1]

2. 국민의 권익보호법으로서 행정기본법

행정기본법의 제정으로 행정법 전문가가 아닌 국민들도 행정법의 기본원칙 등에 보다 쉽게 접근할 수 있고, 국가나 지방자치단체의 행정법의 해석과 적용에 대한 지식을 보다 쉽게 얻을 수 있게 되었다. 이로 인해 국민들은 국가기관이나 지방자치단체를 상대로 자신의 권리와 이익을 보다 용이하게 지켜 나아갈 수 있게 되었다. 행정기본법의 제정은 우리의 민주주의 · 법치주의를 한 단계 더 발전시키는 커다란 발판이 됨은 분명하다.

---

1) 행정기본법 제정 당시 우리나라의 시행 법령은 총 5,000 여개이고, 이 중 행정법령은 4,600 여개에 달하였다. 행정기본법은 4,600 여개 행정법령에 기본이 되는 행정법총칙으로 출발한 셈이다.

3. 적극적 행정법령 집행의 근거로서 행정기본법

성문법이 없는 경우, 공무원은 학설과 판례만을 근거로 법집행을 함에 있어 많은 어려움이 따른다. 학설의 내용은 일반적이면서 방향설정적이라는 점에서 그 내용과 범위가 반드시 명확한 것이 아니고, 판례의 내용은 특정 사건에 관련하는 것이어서 유사한 사건에 언제나 그대로 적용되는 것도 아니다. 성문법이 있다면, 사정이 다르다. 성문법의 내용은 일반적일 뿐만 아니라 그 자체로도 내용이 보다 명확하기 때문에 공무원은 성문법을 근거로 보다 적극적으로 행정법령을 집행할 수 있다. 이제 공무원은 성문법인 행정기본법 조항을 근거로 제시하면서 보다 적극적으로 행정법령을 집행할 수 있게 되었다.

4. 재판규범으로서 행정기본법

지금까지 판례와 학설에 근거하여 이루어졌던 행정재판은, 앞으로 행정기본법이 규정하는 사항과 관련하는 한, 행정기본법을 근거로 재판이 이루어진다. 달리 말하면 행정기본법이 규정하는 사항과 관련하는 한, 행정기본법이 재판규범이 된다. 행정기본법이 재판규범이 된다는 것은 입법자의 의사가 재판에서 1차적인 법인식의 근거가 된다는 것을 의미한다.

5. 입법자의 부담완화법으로서 행정기본법

행정기본법의 제정으로 인해 입법자는 개별 행정 법률의 제정이나 개정에 있어서 행정기본법에 규정된 사항에 관한 한 부담을 더 이상 갖지 않게 되었다. 달리 말하면 입법자가 행정 법률을 제정 또는 개정할 때에 행정기본법에 규정된 사항은 고려대상에서 제외할 것이기에 입법절차는 그 만큼 용이해지고 신속해진다.

6. 결어

행정기본법의 제정은 사인(개인)에게는 법적 지위의 강화를, 행정기관에는 행정법령의 적극적 집행을, 법원에 대해서는 재판상 부담의 완화를, 입법자에게는 행정기본법에 규정된 사항에 대한 입법상 부담의 완화를 가져올 것이다. 행정기본법의 제정으로 법학자의 논의의 대상은 많이 바뀌었다. 과거에는 불문의 행정법원칙 등을 형성하고 발전시키는 것이 논의의 중심을 이루었으나, 이제는 성문법인 행정기본법의 해석과 적용이 논의의 중심이 될 것이다.

Ⅱ. 행정기본법의 제정과정[1]

1. 행정법제 혁신 자문위원회의 구성

(1) 행정기본법(안)의 마련을 위해 대통령훈령인 「행정법제 혁신 추진단의 설치 및 운영에 관한 규정」에 근거하여 법제처 내부조직으로 '행정법제 혁신 추진단', 자문단으로서 '행정법제 혁신 자문위원회'(이하 '자문위원회'라 함)가 2019년 9월에 구성되었다.

(2) 자문위원회에는 3개의 분과위원회가 있었다. 그 구성원을 보면, 제1분과는[2] 분과위원장 포함 8명, 제2분과는[3] 분과위원장 포함 7명, 제3분과는[4] 분과위원장 포함 7명으로, 분과위원 중 학자가 아닌 위원은 3개의 분과 중 제1분과 2명(헌법재판소 재판연구관, 판사), 제2분과·제3분과 각각 1명(판사)이었다. 분과위원회는 행정법 학자들을 중심으로 구성되었다.

2. 자문위원회의 논의과정

(1) 기초자료 작성   대통령훈령을 근거로 조직된 법제처 행정법제 혁신 추진단에서는 행정기본법 제정안의 논의를 위한 기초자료 및 초안을 마련하였다.

(2) 분과위원회의 논의   제1차적으로 3개의 분과위원회는 추진단 작성 기초자료와 초안을 바탕으로 심도 있는 논의를 여러 차례 진행하였다.[5] 각 분과위원회는 행정기본법안의 구성 및 내용 검토를 위해 활동하였고, 각 분과의 검토 주

---

1) 이 부분은 2020. 10. 30(금). 법제처와 한국법제연구원의 주최로 웨스틴 조선호텔 서울에서 「행정법 혁신과 나아갈 미래」를 주제로 열린 2020 행정법포럼에서 저자가 행한 기조강연(「행정기본법」 국회제출안의 주요 내용 및 제정의 의미)에서 옮겨온 것이다. 원고 작성에 법제처 황정순 사무관의 도움이 있었다.

2) 제1분과위원회는 위원장 이원우(서울대 교수), 분과위원 하명호(고려대 교수), 서보국(충남대 교수), 송시강(홍익대 교수), 박현정(한양대 교수), 방동희(부산대 교수), 이승현(헌법재판소 부장연구관), 김정중(서울행정법원 부장판사)으로 구성되었다.

3) 제2분과위원회는 위원장 김중권(중앙대 교수), 분과위원 이현수(건국대 교수), 정호경(한양대 교수), 최우용(동아대 교수), 박재윤(한국외대), 이진수(영남대 교수), 이정민(서울행정법원 부장판사)으로 구성되었다.

4) 제3분과위원회는 위원장 김남철(연세대 교수), 분과위원 김재광(선문대 교수), 조성규(전북대 교수), 정남철(숙명여대 교수), 김대인(이화여대 교수), 최계영(서울대 교수), 진상훈(서울고등법원 판사)으로 구성되었다.

5) 분과위원회별 각 8회, 총 24회 분과위원회 회의를 개최하여 총 49개 의제를 논의하였고, 분과위원회 간 쟁점사항 협의·조정을 위한 합동분과회의를 1회 개최하였다(법제처, 행정법제 혁신 자문위원회 전체회의 자료집, 2020. 2, 2쪽).

제는 다음과 같았다.

> ▣ 1분과위원회 논의사항: 제명, 목적, 정의, 행정의 기본이념, 적용범위, 행정에 관한 국민의 권리와 의무, 국가와 지방자치단체의 책무, 적극행정의 추진, 다른 법률과의 관계, 개별 일반법과의 연결규정, 법치행정의 원칙, 평등의 원칙, 비례의 원칙, 신의성실·신뢰보호의 원칙, 권한남용금지의 원칙, 부당결부금지의 원칙, 포괄위임금지의 원칙, 재량행사의 기준, 행정의 기간계산, 정부입법, 입법영향평가, 행정부 법령해석
> ▣ 2분과위원회 논의사항: 법위반사실의 공표, 법적용의 시간적 기준, 인허가의제, 결격사유, 처분의 효력, 처분의 재심사, 부관, 국민편익규제, 신고, 처분의 직권취소 및 철회, 하자있는 처분의 전환, 하자있는 처분의 치유, 자동적 처분, 대행, 이의신청
> ▣ 3분과위원회 논의사항: 확약, 행정계획, 공법상 계약, 수수료, 행정강제의 원칙, 즉시강제, 직접강제, 이행강제금, 과징금, 영업자 지위승계, 제재처분의 원칙 및 기준, 제재처분의 제척기간, 제재처분의 효과승계

(3) 운영위원회의 논의와 고문단회의   제2차적으로 운영위원회가[1] 분과위원회안과 추진단 작성 기초자료를 참고하면서 쟁점별로 논의하였고, 논의 결과에 문제가 있거나, 보완이 필요한 부분에 대해서는 분과위원회에 재논의를 요청하였다. 이 과정에서 행정법학계 원로 교수로 구성된 고문단[2] 간담회를 총 2회 개최하여 행정기본법 제정의 추진 및 주요 내용에 대한 의견을 청취하여 반영하도록 하였다. 이 후 운영위원회는 분과위원회의 재논의 결과를 다시 검토하였고, 전체회의를 거쳐 그 논의의 결과를 바탕으로 행정법제 혁신 자문위원회(안)을 작성하였다.

(4) 조문화위원회의 논의   제3차적으로 조문화위원회는 자문위원회(안)을 바탕으로 조문화작업을 하였다. 조문화위원회는 자문위원회 위원장, 제1분과·제2분과·제3분과 위원장 3인, 그리고 자문위원회 운영위원인 법제처 한영수 위원, 총 5인으로 구성·운영하였다.

3. 자문위원회(안)에 대한 후속절차(관계 부처 간 협의, 입법예고, 공청회 등)

① 조문화 작업 이후 관계부처 협의를 거치면서 자문위원회(안)에 일부 수정

---

1) 운영위원회는 자문위원회 위원장인 저자를 포함하여 홍준형(서울대 교수), 박균성(경희대 교수), 박정훈(서울대 교수), 김연태(고려대 교수)와 분과 위원장 3인(이원우, 김중권, 김남철), 법제전문가 1인, 행정안전부 국장급 1인, 법제처 한영수 위원으로 구성되었다.
2) 행정법제 혁신 자문위원회 고문단에는 김남진 교수, 김철용 교수, 박윤흔 교수, 김동희 교수, 석종현 교수, 박수혁 교수, 정하중 교수, 김혜룡 교수, 김선욱 교수 등 총 9명으로 구성되었다.

이 가해진 후 작성된 행정기본법(안)이 입법예고되었다. ② 행정기본법 제정(안)에 대한 입법예고가 있은 후 국민들의 다양한 의견 수렴을 위해 총 3회의 권역별 공청회[1] 열렸다. ③ 이어서 중앙부처 공무원과 지방자치단체 공무원을 대상으로 한 관계기관 설명회가 있었고,[2] 또한 다시 부처 협의 등을 거쳤다. ④ 2020. 10. 30.에는 법제처와 한국법제연구원이 주최하고 여러 학술단체가 주관한 2020 행정법포럼이 개최되었다.[3]

---

1) 제1차 공청회는 2020. 3. 12. 정부세종청사 6동 대강당, 제2차 공청회는 2020. 4. 22. 광주광역시 김대중컨벤션센터, 제3차 공청회는 2020. 4. 29. 부산광역시 부산항국제컨벤션센터에서 열렸다. 공청회에서 자문위원회 위원장인 저자는 아래의 내용을 언급하였다.

　"□ 현재 4,600개 가량 법령이 있는데, 일반 국민들이 그 법령을 다 찾아본다는 것은 불가능하다. 복잡한 행정법 체계는 국민들이 이해하기 매우 어렵다. 이러한 행정법 환경에서 행정의 모든 영역에 적용되는 기본적인 사항들을 추출해서 하나의 법으로 만든다면 국민들이 쉽게 다가갈 수 있을 것이라는 인식으로 시작된 것인 행정기본법 제정 작업이다.

　□ 민사법·형사법 등과 달리 행정법 분야에는 입법과 집행의 원칙이 되는 법의 부재가 우리의 현실이며, 교수, 변호사, 판사, 검사, 그 밖의 공직자 등 행정법 전문가들에게는 행정기본법이 제정되지 않아도 큰 문제가 없을 것이나, 행정에 일반적으로 적용되는 원리·원칙을 규정하는 단행의 법률이 없는 상황에서 일반 국민들이 행정에 일반적으로 적용되는 원리·원칙 전반에 접근하기가 무척 어렵다. 진정한 민주국가, 법치국가가 되기 위해서는 전문가뿐만 아니라 일반 국민들도 법을 쉽게 이해하고 예측 가능할 수 있어야 한다.

　□ 1980년대 중반부터 시작되었던 행정절차법 제정 과정에서 학자들과 정부 간에 또는 다른 이해단체와 갈등이 많았다. 미흡했지만 만들었다. 그 후 행정절차법이 개정에 개정을 거쳐 오늘날에 이르고 있다. 지금 모든 공법학자들은 행정절차법을 상당히 활용하고 있다. 행정기본법도 행정절차법, 행정정보와 관련한 개인정보보호법, 정보공개법, 행정조사와 관련한 행정조사기본법, 행정대집행과 관련한 행정대집행법, 행정규제와 관련한 행정규제기본법, 손해배상과 관련한 국가배상법, 손실보상과 관련한 여러 가지 법을 모두 합쳐서 민법총칙과 같이 1천 수 백 개 되는 조문을 만들면 얼마나 좋겠는가? 하지만 그 많은 법들을 모으면 좋은데, 그렇게 하려면 여건이 더 많이 성숙되어야 할 것이기에, 조금 부족한 마음이 들지라도 행정기본법을 제정하자."

2) 행정기본법 제정안 관계기관 설명회는 2020. 5. 29. 정부세종청사 6동 대강당에서 있었다. 설명회에는 여러 지방자치단체 소속 공무원들도 참석하였다. 설명회에서 자문위원회 위원장인 저자는 법 제정의 주관 부서인 법제처 대표자도, 관계기관 설명회의 공동 주최 기관이었던 행정안전부의 대표자도 아니고, 민간 학자 출신의 자문단 대표로서 여러 공무원들의 질의에 답하였다. 그 자리에서 저자는 "오늘 이 자리에 참석한 공무원들을 포함하여 행정고시 등 시험공부를 통해 합격한 공직자들은 누구보다 행정법에 대해 잘 아는 사람들이라고 할 수 있습니다. 그러기에 행정기본법 제정의 필요성을 크게 느끼지 않을 수도 있을 것입니다. 그러나 나쁘게 이야기 하면, 행정기본법이 없는 상태에서 공직자는 — 법령에 관한 지식과 관련하는 한, 국민의 관계에서 우월한 지위에 서게 되는 바 — 직무수행에 있어 보다 편리함을 느낄 수도 있을 것이지만, 그것이 과연 공직자가 가야 할 길은 아닐 것입니다. 예를 들어 시장에서 장사하거나 공장에서 기계에 매달리는 분들은 행정법을 잘 알기 어려울 것입니다. 이러한 분들까지도 쉽게 행정법에 다가갈 수 있는 여건을 만드는 것이 여러분 공직자들의 책무가 아니겠습니까?"라는 요지의 의견을 개진하였다.

3) 2020. 10. 30. 「행정법 혁신과 나아갈 미래」라는 주제로 웨스틴 조선호텔 서울에서 열린 이 포럼

4. 행정기본법 제정안 국회 제출·심의·의결, 정부이송

(1) 2020. 7. 8.　　　입법예고, 3번의 권역별 공청회, 1번의 관계기관 설명회, 부처협의를 거치면서 제출된 의견을 반영한 재입법예고와 재재입법예고가 추가적으로 실시[1])되었고, 법제처 심사와 차관회의·국무회의의 의결을 거쳐 최종적으로 정부가 마련한 행정기본법 제정(안)이 국회에 제출되었다.

(2) 2020. 7. 9.　　　국회에 제출된 행정기본법 제정(안)은 국회 법제사법위원회에 회부되었다[국회 회기: 제21대(2020-2024) 제380회].

(3) 2020. 9. 21.　　　행정기본법 제정(안)은 법제사법위원회 전체회의에 상정되었다[제382회 국회(정기회) 제3차 전체회의 시 행정기본법 제정(안) 상정].

(4) 2020. 11. 26.　　　국회 법제사법위원회 법안심사 제1소위에 상정·심사가 이루어졌다[행정기본법 제정안 상정, 제정 취지·배경, 주요 쟁점에 관한 1차 심사].

(5) 2021. 2. 24.　　　국회 법제사법위원회 법안심사 제1소위는 수정하여 가결하였다[행정기본법 제정안 상정·축조심사·의결(수정가결). 제2차 심사].

(6) 2021. 2. 25.　　　국회 법제사법위원회는 법안심사 제1소위의 수정(안)을 가결하였다[행정기본법 제정안 상정·축조심사·의결(수정가결)].

(6) 2021. 2. 26.　　　국회 본회의는 법제사법위원회의 행정기본법 제정(안)을 가결하였다[행정기본법 제정안 상정·소위심사보고·축조심사·찬반토론·의결(수정가결)][재석 256명, 찬성 252명, 반대 1명, 기권 3명, 찬성률 98.44%][제384회 국회(정기회) 제7차 전체회의].

(7) 2021. 3. 12.　　　국회는 본회의를 통과한 행정기본법 제정안을 정부에 이송하였다.

5. 행정기본법 공포

(1) 2021. 3. 16.　　　국무회의는 행정기본법 공포안을 의결하였다.

(2) 2021. 3. 23.　　　정부는 행정기본법을 공포하였다(공포번호 17979).

에 한국국가법학회, 한국비교공법학회, 한국지방자치법학회, 한국토지공법학회, 한국행정법학회, 한국환경법학회, 행정법이론실무학회가 주관하였다. 기조강연은 자문위원장인 저자가 맡았고, 토론자로 박균성 교수, 김의환 김앤장 법률사무소 변호사, 이상덕 대법원 재판연구관, 이재영 국회입법조사처 입법조사관, 대한상공회의소 센드박스지원팀 박철우 변호사가 참여하였다.

1) 관계부처 16개 기관 제출의견, 입법예고 제출의견 28건, 공청회 및 설명회 제출의견 347건 반영. 법제처, 제5차 운영위원회 회의 자료, 2020. 6, 2면 참조.

Ⅲ. 행정기본법의 주요 특징

1. 행정법상 일반원칙의 성문화

학설과 판례상 확립된 행정법상 일반법원칙인 법치행정의 원칙, 평등의 원칙, 비례의 원칙, 성실의무 및 권한남용금지의 원칙, 신뢰보호의 원칙, 부당결부금지의 원칙들이 행정기본법에 명문으로 규정되었다. 종래에는 이러한 원칙들이 일반법에서 명문화되어 있지 않아 일선 공무원들과 일반 국민들이 법규범으로 인식하는 것에 한계가 있었다. 성문화를 통해 이러한 원칙들의 내용은 보다 명확하게 되었다. 성문화(명문화)는 일선 공무원들과 일반 국민들의 인식에 변화를 가져올 것이다.

2. 기본권의 존중과 제한의 최소화

행정기본법은 기본권 제한의 최소화와 기본권 존중을 지향하는 내용을 담고 있다. 권한남용금지의 원칙(제11조)을 명문화하여 행정의 자유에 보다 많은 제한을 가하는 반면, 일반적인 제도로서 처분에 대한 이의신청(제36조), 처분의 재심사(제37조)를 도입하여 국민의 권익신장을 도모하고 있다. 뿐만 아니라 주민등록신고, 혼인신고 등 각종 신고의 경우, 신고의 효력 발생 시점을 신고의 도달시점으로 함으로써 사인의 기본권 제한을 최소화하고 있다.

3. 행정법상 통일적 기준의 체계화

행정기본법은 인허가의제(제24조~제26조), 과징금(제28조~제29조), 이행강제금(제31조) 등 개별법에 흩어져 있는 제도의 통일적 기준을 마련하는 내용도 담고 있다. 말하자면 개별법에 산재해 있는 인허가의제 제도 등과 관련하여 유사한 제도의 공통사항을 체계화하였다. 이를 통해 여러 개별법상 공통제도에 대한 국민의 혼란을 최소화하여 행정의 신뢰성과 효율성을 제고할 수 있게 되었다.

4. 개별 행정작용의 합리성 제고

행정기본법은 행정의 적극적 추진(제4조), 기간의 계산(제6조, 제7조), 처분의 효력(제15조), 결격사유(제16조), 부관(제17조), 위법 또는 부당한 처분의 취소(제18조), 적법한 처분의 철회(제19조), 자동적 처분(제20조), 재량행사의 기준(제21조), 제재처분의 기준(제22조), 제재처분의 제척기간(제23조)을 일반법으로서 명문화하여 개별 행정작용의 합리성 제고를 도모하고 있다.

5. 행정의 입법활동의 체계화

행정기본법은 행정의 입법활동(제38조), 행정법제의 개선(제39조), 법령해석(제40조)을 두고 있다. 이러한 규정들은 행정법제의 혁신을 위하여 필요한 사항들을 명문화한 것으로서 향후 행정 법령의 제정·개정 전반에 지침이 될 것이다.

Ⅳ. 행정기본법의 발전

1. 개별 사항의 보완

행정법제 혁신 자문위원회는 국민편익규제, 영업자 지위승계, 법위반사실의 공표, 하자있는 처분의 전환, 하자있는 처분의 치유, 확약, 행정계획, 제재처분 효과의 승계, 대행 등에 관해서도 논의하였으나, 심도 있는 연구가 더 필요하다고 보아, 제정 행정기본법에는 반영하지 않았다. 앞으로 보완이 필요한 부분으로 보인다.

2. 통합 행정법전으로의 진화

행정기본법 제정 전부터 개별 행정영역에서 일반법의 지위를 갖는 법률이 있어 왔다. 예를 들어, 민원 처리에 관한 법률, 개인정보 보호법, 공공기관의 정보공개에 관한 법률, 행정조사기본법, 행정절차법, 행정대집행법, 행정심판법, 국가를 당사자로 하는 계약에 관한 법률, 국유재산법, 공유재산법, 보조금 관리에 관한 법률, 전자정부법, 지방자치단체를 당사자로 하는 계약에 관한 법률, 질서위반행위규제법, 국가배상법 등을 볼 수 있다. 장기적 관점에서 이러한 법률 등을 행정기본법에 반영하여 행정기본법을 통합 행정법전으로 진화시켜 나아가는 방향으로의 연구도 필요할 것이다.

Ⅴ. 기록으로 남기며

저자는 행정기본법이 제정되었다는 점에서 행정기본법 제정에 관계한 모든 분들에게 긍정적인 평가를 한다. 행정기본법의 제정·시행에 전율을 느끼는 저자는 후일의 평가를 대비하여 이 책 PART Ⅰ.에서 국회,[1] 정부,[2] 학계[3]에서 행정

---

1) 국회 법제사법위원회(위원장: 윤호중, 간사: 김도읍·백혜련) 법안심사 제1소위원회 위원은 송기

기본법의 제정에 관계한 모든 분들의 활동을 간략하지만 기록으로 남긴다.

Ⅵ. 행정기본법의 개정

1. 제1차 개정[시행 2023. 6. 28.] [법률 제19148호, 2022. 12. 27., 일부개정]

행정기본법 제7조의2가 신설되었다. 규정 내용은 다음과 같다.

> **제7조의2(행정에 관한 나이의 계산 및 표시)** 행정에 관한 나이는 다른 법령등에 특별한 규정이 있는 경우를 제외하고는 출생일을 산입하여 만(滿) 나이로 계산하고, 연수(年數)로 표시한다. 다만, 1세에 이르지 아니한 경우에는 월수(月數)로 표시할 수 있다.

[관보에 게재된 개정이유 및 주요내용]

법령상 나이는 「민법」에 따라 '만 나이'로 계산하는 것이 원칙이자 확립된 판례이나, 일상생활에서는 출생한 날부터 바로 한 살이 되어 매해 한 살씩 증가하는 이른바 '세는 나이'를 사용하고 있고, 「병역법」 등 일부 법률에서는 현재 연도에서 출생 연도를 뺀 '연 나이'를 기준으로 사용하고 있음.

이러한 나이 계산 및 표시 방식의 차이로 인하여 사회복지 · 의료 등 행정서비스 제공대상 나이에 대한 국민들의 혼선 · 분쟁이 지속되어 불필요한 사회 · 경제적 비용이 발생하고 있으며, 국제적 기준에도 맞지 아니하는 문제가 있음.

이에 나이 계산 및 표시 방식에 대한 법적 · 사회적 기준을 통일할 필요성이 제기되고 있는

헌 · 박주민 · 김용민 · 김남국 의원(이상 더불어민주당), 유상범 · 전주혜 의원(이상 국민의힘)이었다. 이 들을 제외한 법제사법위원회 위원으로 김종민 · 박성준 · 소병철 · 송기헌 · 신동근 · 최기상 의원(이상 더불어민주당), 유상범 · 윤한홍 · 장제원 · 조수진 의원(이상 국민의힘), 최강욱 의원(열린민주당)이었다. 행정기본법 제정안에 관하여 심의 초기에는 여야 간에 이견이 있었으나, 학자들의 설명 등으로 인해 의결 시에는 여야 간에 이견이 전혀 없었던 것으로 알고 있다.

2) 정부에서는 2019. 9. 법제처에 「행정법제 혁신 추진단의 설치 및 운영에 관한 규정」(대통령훈령 제409호)에 따라 '행정법제 혁신 추진단'을 설치하고, 행정기본법의 제정 등을 추진하였다. 법제처 차장을 단장으로 하여, 국회 제출 시점 구성원은 이강섭 단장(법제처 차장, 국회 통과 시점: 법제처 처장), 채향석 부단장(前 총괄팀장), 박종구 총괄팀장, 송유경 서기관, 황정순 사무관, 이의량 주무관, 이현숙 주무관(이상 총괄팀), 김은영 지원팀장, 손중근 서기관, 정성희 사무관, 김현주 사무관, 이재훈 한국법제연구원 부연구위원(이상 지원팀)이었다. 국회 통과 시점 구성원은 한영수 단장(법제처 차장), 박종구 총괄팀장, 정성희 사무관, 황정순 사무관, 이의량 주무관, 이현숙 주무관이었다.

3) 행정기본법 제정안 마련에 직접 관여한 학자 등의 명단은 5쪽과 6쪽의 각주에 기재하였다. 한국공법학회 김종철 회장(연세대 법학전문대학원 교수)과 한국비교공법학회 최우용 회장(동아대 법학전문대학원 교수)은 국회의 「행정기본법의 취지 · 내용 등」에 대한 이해를 높이는데 힘을 기울였고, 또한 자문위원회 3명의 분과위원장, 여러 명의 행정법 교수들도 국회의 이해를 높이는데 노력하였다는 점을 여기에 적어둔다.

바, 국민들이 행정 분야에서 '만 나이' 사용이 원칙임을 쉽게 알 수 있도록 행정상 나이 계산 및 표시에 관한 일반 원칙과 기준을 명확히 규정함으로써 법령뿐만 아니라 각종 정책과 공문서상 나이는 '만 나이'를 사용하도록 하고, 국제적 기준에 부합하는 사회적 관행을 확립하여 나이와 관련된 불필요한 법적·사회적 분쟁을 최소화함.

2. 제2차 개정[시행 2024. 1. 16.] [법률 제20056호, 2024. 1. 16., 일부개정]

행정기본법 제33조에 제3항이 신설되었다. 규정 내용은 다음과 같다.

③ 제2항에도 불구하고 집행책임자는 즉시강제를 하려는 재산의 소유자 또는 점유자를 알 수 없거나 현장에서 그 소재를 즉시 확인하기 어려운 경우에는 즉시강제를 실시한 후 집행책임자의 이름 및 그 이유와 내용을 고지할 수 있다. 다만, 다음 각 호에 해당하는 경우에는 게시판이나 인터넷 홈페이지에 게시하는 등 적절한 방법에 의한 공고로써 고지를 갈음할 수 있다. <신설 2024. 1. 16.>
1. 즉시강제를 실시한 후에도 재산의 소유자 또는 점유자를 알 수 없는 경우
2. 재산의 소유자 또는 점유자가 국외에 거주하거나 행방을 알 수 없는 경우
3. 그 밖에 대통령령으로 정하는 불가피한 사유로 고지할 수 없는 경우

[관보에 게재된 개정이유 및 주요내용]
즉시강제 집행 시 불가피하게 증표 제시 및 고지 절차를 준수할 수 없는 경우 즉시강제 후 사후적으로 고지할 수 있는 명시적인 근거를 마련함

[PART Ⅱ]

행정기본법
해설

총 칙

　　제1장 총칙은 행정기본법 전반에 적용되는 기본적 · 공통적 사항을 규정하고 있다. 따라서 제2장 이하를 해석 · 적용할 때에는 제1장을 준수하여야 한다.

제1절 목적 및 정의 등

> **제1조(목적)**[1] 이 법은 행정의 원칙과 기본사항을[2] 규정하여 행정의 민주성과 적법성을 확보하고[3] 적정성과 효율성을 향상시킴으로써[4] 국민의 권익 보호에[5] 이바지함을 목적으로 한다.
> [시행일 2021. 3. 23.]

[1] 행정기본법 제1조의 의의

1. 기본법 · 일반법

　　행정기본법 제1조는 「행정 운영의 전반에 적용되는 일반 원칙과 개별 행정작용별로 적용되는 기준 및 방법 등에 관한 기본적인 사항을 통합적으로 규정하여 국민의 권익 보호에 이바지 하는 것을 목적으로 한다」고 규정하는바, 행정기본법은 행정 전반에 기본적으로 적용된다는 의미에서 기본법이고, 행정 전반에 널리 일반적으로 적용된다는 의미에서 일반법이다.

[행정기본법의 명칭 논쟁]

□ 행정기본법의 명칭에 기본법이라는 용어가 사용된 것이 타당한 것인지에 관해 논쟁이 있다. 이러한 논쟁은 기본법의 개념·효력 등과 관련한다.

□ 기본법의 개념은「기본법은 일정 분야에 있어서 국가의 정책목표, 정책수단, 국가의 책무 등을 규정하는 기본적인 법률이다」라는 점 등을 중심으로 학설과 법제실무(법제처·국회사무처)상 다양하게 논의되고 있다. 헌법에는 법률의 명칭에 관해 규정하는 바가 없다. 학설과 법제실무에서 기본법의 개념을 정의하려는 노력이 있는 것은 법질서의 체계화와 통일법전화를 지향하기 때문일 것이다. 일반적인 기본법의 개념이 확립되거나 완전한 통일법전화가 달성되거나 하기 전까지 행정기본법의 명칭을 둘러싼 논쟁(일반행정법, 행정일반법, 행정작용기본법, 행정의 원리와 운용에 관한 법률, 행정 전반에 적용되는 일반적인 사항에 관한 법률 등)은 종식되기 어려울 것이다.

□ 기본법의 효력과 관련하여 기본법에 우선적 효력이 인정되어야 한다는 견해도 있고, 인정하지 않는 견해도 있다. 헌법에는 기본법의 효력에 규정하는 바가 없다. 헌법에 기본법의 효력에 관한 규정이 신설되거나, 완전한 통일법전화가 달성되거나 하기 전까지는 기본법과 다른 관련 법률의 관계에서 기본법의 효력 문제는 신법 우선의 원칙, 특별법(특별규정) 우선의 원칙 등을 고려하면서 여러 법해석 방법론의 활용을 통한 합리적인 법해석으로 판단할 수밖에 없다. 현재로서 행정기본법 등 각종 기본법에 일반적인 효력으로서 우선적 효력을 인정할 수는 없다.

2. 행정기본법 해석기준 규범

행정기본법 제1조는 행정기관·공무원이 행정기본법의 어느 조항을 해석·적용하든 반드시 고려하여야 하는 행정기본법상 기본적인 규정이다. 왜냐하면 행정기본법의 모든 조항들은 행정기본법 제1조의 목적을 실현하기 위한 조문이기 때문이다.

3. 재판상 기준규범

행정기본법 제1조는 법원이 행정에 관한 법적 분쟁에서 적법·위법 여부를 판단할 때, 분쟁에 관련된 개별 법적 근거와 함께 반드시 살펴야 하는 조문이다. 왜냐하면 행정기본법 제1조는「행정에 관련한 법적 분쟁」에서 반드시 준수되어야 하는 대전제이기 때문이다.

[2] 행정의 원칙과 기본사항

1. 행정

행정기본법은 행정에 관한 기본법이지, 입법이나 사법에 관한 기본법이 아니

다. 행정기본법은 '특정한 행정영역에서의 원칙과 기본사항'이라 규정하고 있지
않다. 행정기본법은 '행정의 원칙과 기본사항"이라 규정하고 있다. 이것은 행정기
본법이 모든 행정영역에 적용되는 행정의 기본법임을 의미한다. 예를 들면, 행정
기본법은 식품행정·보건행정·건축행정·도로교통행정·도로행정·경찰행정·소방
행정·사회행정·환경행정·군사행정 등 그 어떠한 행정에도 적용된다. 다만 행정
기본법이나 개별 법률에서 행정기본법의 적용을 배제하는 규정을 둔 경우에는 그
렇지 않다(행정기본법 제5조 참조).

2. 원칙과 기본사항

(가) 의의　　원칙이란 행정 전반에 구속력을 갖고서 일반적으로 적용되는
법원리·법원칙을 말한다. 기본사항이란 법원리·법원칙으로 보기는 어려울지라
도 행정 전반에 구속력을 갖고서 일반적으로 적용되는 사항을 의미한다. 이러한
구분도 대체적인 것이지 명확한 것은 아니다. 원칙과 기본사항을 명확하게 구분
하는 것은 어렵다. 예를 들어, 시간의 경과와 더불어 기본사항이 법원리로 전환될
수도 있기 때문이다.

(나) 성질　　행정기본법에 규정된 사항들은 행정의 원칙이거나 행정의 기본
사항이다. 제2장에서 행정의 법 원칙이라고 명시된 조문들은 당연히 행정의 원칙
이다. 그 밖의 조문들도 대부분 기본사항에 해당한다. 조문의 내용에 따라서는 원
칙 내지 기본사항으로 보기 어렵고, 선언적·정책적 규정으로 보아야 하는 경우도
있다.

[3] 행정의 민주성과 적법성의 확보

1. 행정의 민주성 확보

(가) 의의　　행정의 민주성 확보의 필요성은 헌법상 민주국가원리로부터 나
온다. "대한민국의 주권은 국민에게 있고, 모든 권력은 국민으로부터 나온다"는
헌법 제1조 제2항은 민주국가원리를 표현하고 있다. 헌법상 민주국가원리는 행정
기관과 공무원 관련사항은 법정화되어야 한다는 점, 행정결정과정에 주민참여가
보장되어야 한다는 점, 국민이 행정에 참여하고 행정에 책임을 물을 수 있어야 한
다는 점 등을 내용으로 한다고 볼 때, 민주국가에서 행정의 운용은 투명한 것이어
야 한다.

(나) 성질   행정기본법 제1조는 이러한 헌법상 요구를 행정의 영역에서 확보함을 목적으로 하는 법률임을 밝히고 있다. 민주성에 반하는 행정작용은 위법하거나 부당한 행정작용이 될 수 있다.

2. 행정의 적법성 확보

(가) 의의   법치국가는 형식적 의미로는 모든 국가권력의 행사가 법률로써 예측이 가능한 국가, 실질적 의미로는 정의의 이념(여기서 정의란 언제나 실정법과 동일한 것은 아니며, 또한 정의는 법질서에 귀속되는 법해석학적 문제라기보다 법철학의 문제이다)에 근거하고 정의의 실현을 추구하는 국가를 의미한다. 헌법은 법치국가라는 표현을 명문으로 사용하고 있지 않다. 그러나 기본권 보장 규정(헌법 제2장), 권력분립원리에 관한 규정(헌법 제40조, 제66조 제4항, 제101조 제1항), 포괄적 위임입법의 금지에 관한 규정(헌법 제75조, 제95조), 헌법재판제도(헌법 제111조 이하), 사법심사제도(헌법 제107조) 등은 법에 의한 국가권력의 행사를 의미하는 것이므로, 헌법이 법치국가를 지향하고 있음에 의문이 없다. 행정의 영역에서 법치주의의 반영이 법치행정이다.

(나) 성질   행정기본법 제1조는 "행정의 원칙과 기본사항을 규정하여 행정의 … 적법성을 확보하고"라 규정하여 행정기본법이 앞에서 언급한 헌법상 요구를 행정의 영역에서 확보함을 목적으로 하는 법률임을 명시적으로 밝히고 있다. 적법성에 반하는 행정작용은 위법하다.

[4] 행정의 적정성과 효율성 향상

1. 행정의 적정성 향상

(가) 의의   행정의 적정이라는 용어는 행정법학에서 널리 사용되고 있다. 적정한 행정이란 「알맞고도 바른 행정」이라 할 수 있다. 「행정은 적정하여야 한다」는 점에 이의를 제기하는 견해는 없다. 예를 들어, 보다 많은 국민들이 행정과정에 참여하면, 행정기관은 보다 많은 정보·자료를 획득할 수 있고, 이로써 행정기관은 이해 상충하는 자들 간의 충돌을 보다 효율적으로 조정·조절할 수 있고, 그 결과 국민적 합의가 보다 용이하게 형성될 수 있을 것이다. 국민적 합의가 이루어진 행정은 적정한 행정으로 평가될 수 있다.

(나) 성질   행정기본법에 행정의 적정을 정의하는 규정이 없고, 적정한 행

정을 위한 구체적 실현방법을 규정하는 바는 없지만, 행정기관은 행정기본법과 개별 법률이 정하는 바를 바탕으로 하면서 언제나 알맞고도 바른 행정으로 나아가야 한다. 적정성에 반하는 행정작용은 위법하거나 부당한 행정작용이 될 수 있다.

2. 행정의 효율성 향상

(가) 의의　　행정의 효율성이라는 용어 역시 행정법학에서 널리 사용되고 있다. 행정의 효율성이란 「행정작용에 들인 노력·비용·시간 등에 비하여 달성한 행정작용의 결과(효과)의 비율이 큰 것」을 의미하는 것으로 이해된다. 행정의 효율성의 판단에는 행정의사 결정의 신속성, 행정의 경제와 절약, 행정에 대한 사인의 만족도 등이 모두 고려되어야 한다.

(나) 성질　　행정기본법에 행정의 효율성을 정의하는 규정이 없고, 효율성 향상을 위한 구체적 실현방법을 규정하는 바는 없지만, 행정기관은 행정기본법과 개별 법률이 정하는 바를 바탕으로 하면서 언제나 효율성 있는 행정으로 나아가야 한다. 종래에는 효율성이 떨어지는 행정작용이라 하여도 위법하거나 부당한 것으로 보지 않았다. 국가나 지방자치단체, 사인 모두 행정기본법의 제정과 더불어 효율성이 떨어지는 행정작용은 사안에 따라 위법하거나 부당한 행정작용으로 보는 방향으로 인식의 전환이 있어야 할 것이다.

[5] 국민의 권익보호

1. 공공의 복지 또는 공익 실현

민주국가에서 행정은 공익(공공의 복지)을 실현하고 보장하는 것이어야 한다. 행정청이 채택하는 「행정의 행위형식(예: 행정입법, 행정계획, 행정처분, 공법상 계약 등)」의 종류를 불문하고 공익의 보장과 촉진은 행정의 목표이자 기능이다.

2. 기본권의 보장

공익(공공의 복지)의 실현은 그 자체가 목적이 아니다. 그것은 「중용의 인격주의에 입각하여 개인가치의 실현을 가장 기본적인 목표로 삼고 있는 우리 헌법상 목표인 기본권실현」에 봉사하는 수단이다. 공공의 복지 또는 공익의 실현을 위한 행정법의 전 체계는 인간의 존엄과 가치, 행복추구권의 보장과 실현에 초점을 두고 구성되어야 한다. 왜냐하면 헌법 제10조는 국가의 최고 근본규범이기 때문이다.

3. 국민의 권익보호(행정기본법의 목적)

행정기본법은 「헌법이 규정하는 국가목표인 기본권의 실현을 위한 법률」임을 분명히 하고자 국민의 권익 보호를 목적으로 규정하였다. 행정기본법은 국민의 권익 보호를 목적으로 하는바, 행정법령의 해석·적용에 있어서 기본권의 보장에 소홀함이 없어야 한다. 헌법과 법률의 근거 없이 국민의 권익을 제한하는 행정작용은 위법을 면하기 어렵다. 이와 관련하여 행정기본법 제8조가 정하는 법치행정의 원칙이 중요한 의미를 갖는다.[1]

---

1) 제8조(법치행정의 원칙)를 보라.

제2조(정의)[1] 이 법에서 사용하는 용어의 뜻은 다음과 같다.

1. "법령등"이란 다음 각 목의 것을 말한다.[2]

   가. 법령: 다음의 어느 하나에 해당하는 것[3]

   1) 법률[4] 및 대통령령·총리령·부령[5]

   2) 국회규칙·대법원규칙·헌법재판소규칙·중앙선거관리위원회 규칙 및 감사원규칙[6]

   3) 1) 또는 2)의 위임을 받아 중앙행정기관(「정부조직법」 및 그 밖의 법률에 따라 설치된 중앙행정기관을 말한다. 이하 같다)의 장이 정한 훈령·예규 및 고시 등 행정규칙[7]

   나. 자치법규: 조례 및 규칙[8]

2. "행정청"이란 다음 각 목의 자를 말한다.[9]

   가. 행정에 관한 의사를 결정하여 표시하는 국가 또는 지방자치단체의 기관[10]

   나. 그 밖에 법령등에 따라 행정에 관한 의사를 결정하여 표시하는 권한을 가지고 있거나 그 권한을 위임 또는 위탁받은 공공단체 또는 그 기관이나 사인(私人)[11]

3. "당사자"란 처분의 상대방을 말한다.[12]

4. "처분"이란 행정청이 구체적 사실에 관하여 행하는 법 집행으로서 공권력의 행사 또는 그 거부와 그 밖에 이에 준하는 행정작용을 말한다.[13]

5. "제재처분"이란 법령등에 따른 의무를 위반하거나 이행하지 아니하였음을 이유로 당사자에게 의무를 부과하거나 권익을 제한하는 처분을 말한다. 다만, 제31조 제30조제1항 각 호에 따른 행정상 강제는 제외한다.[14]

[시행일 2021. 3. 23.]

[1] 행정기본법 제2조의 의의

1. 용어의 정의

(가) 정의의 주체   일반적으로 법률상 정의란 그 법률에서 사용되고 있는 용어의 뜻을 말한다. 법령에서 사용되는 용어의 의미는 제1차적으로는 국민의 선출로 구성된 입법기관이 법률로 정하여야 한다. 정의규정이 없는 법률의 경우, 그 의미는 정부의 법령해석기관이나 판례가 학설의 도움을 받아 정할 수밖에 없다.

(나) 정의의 의미   용어의 정의가 법률에서 정해지면, 법령해석상 논란을 예방하거나 줄일 수 있고, 법률의 집행과정에서 발생할 수 있는 분쟁이 미연에 방지될 수 있다. 말하자면 법집행과 법해석의 효율성과 합리성의 제고에 의미를 갖

는다. 뿐만 아니라 행정기관과 국민들이 법률용어의 의미를 보다 쉽게 접근하고 이해할 수 있다.

2. 행정기본법상 의미

(가) 적용상 효과　　행정기본법 제2조는 행정기본법에서 빈번히 사용되는 용어의 뜻을 정의하고 있다. 행정기본법 제2조의 정의는 해당 용어와 관련하는 한, 그 용어가 적용되는 대상을 명확히 하는 효과를 갖는다. 예를 들어 행정기본법상 제재처분이란 모든 종류의 제재처분이 아니라 행정기본법 제2조 제5호가 정하는 제재처분만을 의미한다.

(나) 해석 방식　　행정기본법 제2조가 정의하는 용어는 행정기본법 안에서는 동일한 의미로 이해되어야 한다. 행정기본법 제2조의 용어가 다른 법률에서 사용되고 있는 경우, 그 의미가 행정기본법상 의미와 동일하다고 단언할 수 없다. 그 의미는 해당 법률과 행정기본법을 유기적으로 해석하면서 찾아야 한다. 물론 행정기본법 제2조에 규정된 용어의 정의를 깊이 이해하기 위해서는 정밀하고 체계적인 해석이 필요하다.

[2] 법령 등

일반적으로 법령 등이란 법률과 명령, 그 밖의 법 형식을 아우르는 용어로 이해된다. 그런데 행정기본법 제2조 제1호는 법령과 자치법규를 합하여 법령 등으로 부르고 있다. 표현상 행정기본법 제2조 제1호의 법령 등은 성문법의 종류를 대부분 포괄하는 개념으로 볼 수 있다.

[3] 법령

행정기본법 제2조 제1호는 법령을 ① 법률 및 대통령령·총리령·부령, ② 국회규칙·대법원규칙·헌법재판소규칙·중앙선거관리위원회규칙 및 감사원규칙, ③ 법률 및 대통령령·총리령·부령 또는 국회규칙·대법원규칙·헌법재판소규칙·중앙선거관리위원회 규칙 및 감사원규칙의 위임을 받아 중앙행정기관(「정부조직법」 및 그 밖의 법률에 따라 설치된 중앙행정기관을 말한다. 이하 같다)의 장이 정한 훈령·예규 및 고시 등 행정규칙을 포함하는 용어로 정의하고 있다.

[4] 법률

1. 일반적 의미

① 법학적 의미에서 법률의 개념은 실질적 의미와 형식적 의미로 나눌 수 있다. 실질적 의미로 법률이란 법규·법규범의 동의어로서 외부적 효과(국민과 주민 모두가 따라야 하는 효과)를 갖는 일반·추상적 규율(법규)을 말한다. 형식적 의미로 법률이란 사항의 실질적·내용적 성격을 고려함이 없이 입법기관(국회)이 헌법과 법률이 정하는 입법절차에 따라 정하는 법률 또는 법이라는 명칭을 가진 규범을 말한다. ② 우리 헌법에서 법률이란 개념은 형식적 의미로 사용되는 경우도 있고 (예: 헌법 제37조 제2항의 법률은 기본권제한의 법형식으로서 형식적 의미의 법률을 의미한다), 실질적 의미로 사용되는 경우도 있다(예: 헌법 제103조의 법률은 재판의 기준으로서의 실질적 의미의 법률을 의미하는바, 행정입법, 즉 대통령령·총리령·부령을 포함하는 개념이다).

> ■ 헌법 제37조 ② 국민의 모든 자유와 권리는 국가안전보장·질서유지 또는 공공복리를 위하여 필요한 경우에 한하여 법률로써 제한할 수 있으며, 제한하는 경우에도 자유와 권리의 본질적인 내용을 침해할 수 없다.
> 제103조 법관은 헌법과 법률에 의하여 그 양심에 따라 독립하여 심판한다.

2. 행정기본법상 의미

행정기본법 제2조 제1호 가목 1)은 법률과 대통령령·총리령·부령을 구분하고 있으며, 행정기본법에는 개인의 자유와 재산에 제한을 가하는 규정(예: 제27조와 제28조의 과징금 부분. 제31조부터 제34조까지의 행정상 강제부분)도 있는데 이러한 제한은 헌법 제37조 제2항 등에 의하여 국회가 제정하는 법률로만 가능하다는 점에서, 행정기본법 제2조 제1호 가목 1)에서의 법률이란 국회가 헌법과 법률이 정하는 바에 따라 정하는 규범으로서 「법률 또는 법이라는 명칭」을 가진 법 형식을 의미한다.

[5] 대통령령·총리령·부령

1. 대통령령

(가) 의의　　대통령령이란 헌법 제75조에 근거하여 대통령이 발하는 입법형

식을 말한다. 입법의 실제상 대통령령은 시행령(예: 식품위생법 시행령, 도로교통법 시행령)으로 표현된다. 대통령령에는 위임명령과 집행명령이 있다. 입법의 실제상 위임명령과 집행명령은 하나의 시행령 내에 규정된다.

■ 헌법 제75조 대통령은 법률에서 구체적으로 범위를 정하여 위임받은 사항과 법률을 집행하기 위하여 필요한 사항에 관하여 대통령령을 발할 수 있다.

(나) 위임명령　　대통령령으로서 위임명령은 대통령이 헌법 제75조 전단에 근거하여 상위법령에서 위임받은 사항을 정하는 명령을 말한다. 헌법에서 국회가 법률로 정하도록 규정한 사항 등 국회가 법률로 정하여야 할 사항을 전문기술성·정치적 중립성 등의 이유로 국회가 스스로 정하기 곤란한 경우, 기본적인 목적·요건·내용만을 국회가 정하고 세부적인 사항은 대통령으로 하여금 정하게 하는 경우에 대통령이 정하는 입법이 대통령령으로서 위임명령이다. 대통령이 위임명령의 발령을 위해서는 반드시 법률의 위임이 필요하다.

(다) 집행명령　　대통령령으로서 집행명령은 헌법 제75조 후단에 근거하여 대통령이 법률의 집행에 필요한 사항을 정하는 명령이다. 입법의 실제를 보면 "본법의 시행에 필요한 사항은 대통령령으로 정한다."는 등으로 표현되기도 하는데, 이러한 표현이 없어도 대통령은 집행명령을 발할 수 있다. 집행명령에 새로운 권리·의무를 규정할 수는 없다.

2. 총리령

(가) 의의　　총리령이란 헌법 제95조에 근거하여 국무총리가 발하는 입법형식을 말한다. 입법의 실제상 총리령은 시행규칙(예: 식품위생법 시행규칙, 독립유공자예우에 관한 법률 시행규칙)으로 표현된다. 총리령에도 위임명령과 집행명령이 있다. 입법의 실제상 위임명령과 집행명령은 하나의 시행규칙 내에 규정된다.

■ 헌법 제95조 국무총리 또는 행정각부의 장은 소관사무에 관하여 법률이나 대통령령의 위임 또는 직권으로 총리령 또는 부령을 발할 수 있다.

(나) 위임명령　　총리령으로서 위임명령은 국무총리가 헌법 제95조의 「법률

이나 대통령령의 위임」이라는 부분에 근거하여 위임받은 사항을 정하는 명령을 말한다. 총리령으로서 위임명령이 필요한 이유는 대통령령으로서 위임명령의 경우와 같다. 국무총리가 위임명령의 발령을 위해서는 반드시 법률이나 대통령령의 위임이 필요하다.

(다) **집행명령**　　　총리령으로서 집행명령은 헌법 제95조 후단의 「직권」이라는 부분에 근거하여 국무총리가 법률이나 대통령의 집행에 필요한 사항을 정하는 명령이다. 입법의 실제를 보면 "본법의 시행에 필요한 사항은 총리령으로 정한다."는 등으로 표현되기도 하는데, 이러한 표현이 없어도 국무총리는 집행명령을 발할 수 있다. 집행명령에 새로운 권리·의무를 규정할 수는 없다.

3. 부령

(가) **의의**　　　부령이란 헌법 제95조에 근거하여 행정각부의 장(장관)이 발하는 입법형식을 말한다. 입법의 실제상 부령은 총리령과 마찬가지로 시행규칙(예: 도로교통법 시행규칙, 하천법 시행규칙)으로 표현된다. 부령에도 위임명령과 집행명령이 있다. 입법의 실제상 위임명령과 집행명령은 하나의 시행규칙 내에 규정된다.

> ■ 헌법 제95조 국무총리 또는 행정각부의 장은 소관사무에 관하여 법률이나 대통령령의 위임 또는 직권으로 총리령 또는 부령을 발할 수 있다.

(나) **위임명령**　　　부령으로서 위임명령은 행정각부의 장(장관)이 헌법 제95조의 「법률이나 대통령령의 위임」이라는 부분에 근거하여 위임받은 사항을 정하는 명령을 말한다. 부령으로서 위임명령이 필요한 이유는 총리령으로서 위임명령의 경우와 같다. 행정각부의 장(장관)이 위임명령을 발령하기 위해서는 반드시 법률이나 대통령령의 위임이 필요하다.

(다) **집행명령**　　　부령으로서 집행명령은 헌법 제95조 후단의 「직권」이라는 부분에 근거하여 행정각부의 장(장관)이 법률이나 대통령의 집행에 필요한 사항을 정하는 명령이다. 입법의 실제를 보면 "본법의 시행에 필요한 사항은 부령으로 정한다."는 등으로 표현되기도 하는데, 이러한 표현이 없어도 행정각부의 장(장관)은 집행명령을 발할 수 있다. 집행명령에 새로운 권리·의무를 규정할 수는 없다.

[6] 국회규칙·대법원규칙·헌법재판소규칙·중앙선거관리위원회규칙 및 감사
원규칙

1. 국회규칙·대법원규칙·헌법재판소규칙·중앙선거관리위원회규칙

(가) 의의   국회가 제정하는 법률이 헌법 아래에서 최상위규범이므로 국회
규칙, 대법원규칙, 헌법재판소규칙, 선거관리위원회규칙은 법률에 하위하는 규범
이다. 특히 헌법 제114조 제6항은 "법률에 저촉되지 아니하는 범위안에서 내부규
율에 관한 규칙을 제정할 수 있다"고 하여 이를 분명히 하고 있다.

> ■ 헌법 제64조 ① 국회는 법률에 저촉되지 아니하는 범위안에서 의사와 내부규율에 관한
> 규칙을 제정할 수 있다.
> 제108조 대법원은 법률에 저촉되지 아니하는 범위안에서 소송에 관한 절차, 법원의 내부규
> 율과 사무처리에 관한 규칙을 제정할 수 있다.
> 제113조 ② 헌법재판소는 법률에 저촉되지 아니하는 범위안에서 심판에 관한 절차, 내부규
> 율과 사무처리에 관한 규칙을 제정할 수 있다.
> 제114조 ⑥ 중앙선거관리위원회는 법령의 범위안에서 선거관리·국민투표관리 또는 정당사
> 무에 관한 규칙을 제정할 수 있으며, 법률에 저촉되지 아니하는 범위안에서 내부규율에 관
> 한 규칙을 제정할 수 있다.

(나) 법적 성질   헌법상 권력분립의 원칙을 고려하면, 국회규칙, 대법원규
칙, 헌법재판소규칙, 선거관리위원회규칙은 대통령령과 동위의 법 형식으로 보아
무방하다. 헌법은 국회규칙, 대법원규칙, 헌법재판소규칙, 선거관리위원회규칙 모
두에 공통적으로 「내부규율」을 규칙으로 정할 수 있음을 규정하고 있는바, 내부규
율 중 행정적인 것(예: 소속 공무원의 인사행정)은 — 세부적인 내용이 다를지라도 —
국회규칙, 대법원규칙, 헌법재판소규칙, 선거관리위원회규칙 모두에 규정될 수 있다.

2. 감사원규칙

(가) 의의   헌법에 「감사원이 규칙을 제정할 수 있다」는 규정은 없다. 감사
원법 제52조가 "감사원은 감사에 관한 절차, 감사원의 내부 규율과 감사사무 처리
에 관한 규칙을 제정할 수 있다"고 규정하는바, 이에 따라 감사원규칙이 제정되
어 있다.

(나) 법적 성질   감사원규칙이 법규명령(전통적 견해가 보는 법규명령 개념)인

가, 아니면 행정규칙인가에 대해서는 견해의 대립이 있다. 법규명령으로 본다면, 감사원규칙은 국민과 공무원에 대하여 구속력을 갖는 법령에 해당한다. 행정규칙으로 본다고 하여도 행정내부적 관계에서 공무원에 대하여 구속력을 갖는바, 그 범위에서 법령에 해당한다. 행정기본법 제1조는 국민의 권익 보호에 이바지함을 목적으로 하는데 국민에는 공무원도 포함된다는 점, 행정기본법 제1조의 행정에는 감사행정도 포함된다는 점을 고려할 때, 행정기본법 제2조가 감사원규칙을 법령의 한 종류로 규정하는 것은 이해가 된다.

[7] 법률 등의 위임을 받아 정한 행정규칙

1. 행정기본법 제2조 제1호 가목 3)의 내용

행정기본법 제2조 제1호 가목 3)은 법률 및 대통령령·총리령·부령, 그리고 국회규칙·대법원규칙·헌법재판소규칙·중앙선거관리위원회규칙 및 감사원규칙의 위임을 받아 중앙행정기관(「정부조직법」 및 그 밖의 법률에 따라 설치된 중앙행정기관을 말한다. 이하 같다)의 장이 정한 훈령·예규 및 고시 등 행정규칙을 법령의 한 종류로 규정하고 있다.

> [참고] 고시는 행정기관이 일정한 사항을 일반에게 알리는 문서의 형식이고(행정 효율과 협업 촉진에 관한 규정 제4조 제3호), 훈령이란 행정기관이 그 하급기관이나 소속 공무원에 대하여 일정한 사항을 지시하는 문서의 형식이다(같은 규정 제4조 제2호).

2. 행정규칙

(가) 의의   헌법에 행정규칙에 관한 규정은 없으나, 상급행정기관은 행정권에 내재하는 고유한 권능에 근거하여 행정조직내부에서 하급행정기관에 대하여 행정의 조직이나 활동을 보다 자세히 규율하기 위하여 일반추상적인 명령을 발할 수 있는 것으로 이해되며, 그 일반추상적인 명령이 행정규칙으로 이해되고 있다.

(나) 법적 성질   행정규칙은 행정조직의 내부법인바, 행정조직 내부적으로는 구속력을 갖지만, 외부적으로 국민과의 관계에서는 구속력을 갖지 아니한다.

> ■ 대판 2021. 10. 14. 2021두39362(행정기관 내부의 업무처리지침이나 법령의 해석·적용 기준을 정한 행정규칙은 특별한 사정이 없는 한 대외적으로 국민이나 법원을 구속하는 효력이 없다. 처분이 행정규칙을 위반하였다고 해서 그러한 사정만으로 곧바로 위법하게 되

는 것은 아니고, 처분이 행정규칙을 따른 것이라고 해서 적법성이 보장되는 것도 아니다. 처분이 적법한지는 행정규칙에 적합한지 여부가 아니라 상위법령의 규정과 입법 목적 등에 적합한지 여부에 따라 판단해야 한다).

3. 법령보충규칙으로서 행정규칙

(가) 의의   행정규칙은 행정내부적인 규범이므로 대통령령 · 총리령 · 부령의 경우(헌법 제75조, 제95조)와 달리 법령의 근거 없이 행정권의 고유한 · 독자적 권능에 근거하여 발령된다. 그런데 헌법이 예정하고 있는 것은 아니지만, 입법의 실제상 법령은 일정한 사항을 행정규칙으로 정하도록 위임하기도 한다. 이와 같이 법령의 위임에 근거한 행정규칙은 위임법령의 내용을 보충하는 의미를 갖기에 법령보충규칙이라 부른다.

[법령보충규칙으로서 고시의 예]

■ 정보통신망 이용촉진 및 정보보호 등에 관한 법률 제42조(청소년유해매체물의 표시) 전기통신사업자의 전기통신역무를 이용하여 일반에게 공개를 목적으로 정보를 제공하는 자(이하 "정보제공자"라 한다) 중 「청소년 보호법」 제2조제2호마목에 따른 매체물로서 같은 법 제2조제3호에 따른 청소년유해매체물을 제공하려는 자는 대통령령으로 정하는 표시방법에 따라 그 정보가 청소년유해매체물임을 표시하여야 한다.

■ 정보통신망 이용촉진 및 정보보호 등에 관한 법률 시행령 제24조(청소년유해매체물의 표시방법) ① 법 제42조에 따른 청소년유해매체물을 제공하는 자는 그 매체물에 19세 미만의 자는 이용할 수 없다는 취지의 내용을 누구나 쉽게 확인할 수 있도록 음성 · 문자 또는 영상으로 표시하여야 한다.

② 제1항에 따른 표시를 하여야 하는 자 중 인터넷을 이용하여 정보를 제공하는 자의 경우에는 기호 · 부호 · 문자 또는 숫자를 사용하여 청소년유해매체물임을 나타낼 수 있는 전자적 표시도 함께 하여야 한다.

③ 방송통신위원회는 정보의 유형 등을 고려하여 제1항 및 제2항에 따른 표시의 구체적 방법을 정하여 관보에 고시하여야 한다.

■ 청소년 유해매체물의 표시방법(개정 2015. 7. 31. 방송통신위원회 고시 제2015 – 17호)

1. 청소년유해매체물 표시자
전기통신사업자의 전기통신역무를 이용하여 일반에게 공개를 목적으로 정보를 제공하는 자 중 「청소년 보호법」 제2조제2호마목에 따른 매체물로서 동법 제2조제3호에 따른 청소년유해매체물을 제공하고자 하는 자 (이하 생략)

2. 청소년유해매체물 표시의 종류 및 방법
  가. 청소년유해매체물 표시의 종류
    ① "유해문구"라 함은 청소년에게 유해한 매체물임을 누구나 쉽게 인식할 수 있도록 하는 다음 내용의 표시를 말한다.

> 이 정보내용은 청소년유해매체물로서 「정보통신망 이용촉진 및 정보보호 등에 관한 법률」 및 「청소년 보호법」에 따라 19세 미만의 청소년이 이용할 수 없습니다.

② "유해로고"라 함은 청소년에게 유해한 매체물임을 누구나 쉽게 인식할 수 있도록 하는 다음 내용의 표시를 말한다. (이하 생략)

　　(나) 실정법상 근거　　행정규제기본법 제4조 제2항 본문은 '행정규제법정주의'를 규정하면서 단서에서 '다만, 법령에서 전문적·기술적 사항이나 경미한 사항으로서 업무의 성질상 위임이 불가피한 사항에 관하여 구체적으로 범위를 정하여 위임한 경우에는 고시 등으로 정할 수 있다'고 하고 있는데, 이러한 행정규제기본법 제4조 제2항 단서는 법령보충규칙으로서의 행정규칙을 인정한 것으로 이해된다.

- 헌재 2017. 9. 28, 2016헌바140(행정규칙은 법규명령과 같은 엄격한 제정 및 개정절차를 필요로 하지 아니하므로, 기본권을 제한하는 내용의 입법을 위임할 때에는 법규명령에 위임하는 것이 원칙이고, 고시와 같은 형식으로 입법위임을 할 때에는 법령이 전문적·기술적 사항이나 경미한 사항으로서 업무의 성질상 위임이 불가피한 사항에 한정된다).

　　개별법령상으로는 독점규제 및 공정거래에 관한 법률 제23조 제3항 및 동법시행령 제36조 제2항에 근거한 불공정거래행위의 지정고시, 대외무역법 제19조 제1항에 의한 전략물자의 고시 등을 들 수 있다

　　(다) 법적 성질　　법률보충규칙으로서 행정규칙은 행정 외부적으로도 구속력을 갖는 법규(국민들이 따라야 하는 법)인가 아니면 행정 내부적으로만 구속력을 갖는 행정규칙(국민들이 따르지 않아도 무방한 법)인가의 문제가 있다. 학설상 다툼이 없는 것은 아니지만, 행정기본법 제정 전부터 대법원은 국세청훈령인 재산제세사무처리규정에 대해 소득세법시행령과 결합하여 대외적 효력을 발생한다(대판 1987. 9. 29, 86누484)고 하여 법규성을 인정한 이래 행정규칙형식(고시·훈령형식)의 법규명령에 대해 동일한 태도를 유지하였고,

- 같은 취지의 판례로, 대판 1996. 4. 12, 95누7727; 대판 2003. 9. 26, 2003두2274; 대판 2011. 9. 8, 2009두23822; 대판 2016. 1. 28, 2015두53121; 대판 2019. 5. 30, 2018두52204 등이 있다.

헌법재판소도 같은 입장을 취하였다.
- 같은 취지의 판례로, 헌재 1992. 6. 26, 91헌마25; 헌재 2000. 7. 20, 99헌마455; 헌재

2003. 12. 28, 2001헌마543; 헌재 2004. 1. 29, 2001헌마89; 헌재 2009. 2. 26, 2005헌바94; 헌재 2015. 3. 26, 2014헌마372 등이 있다.

이러한 견해는 행정기본법 제정 후에도 유지되고 있다.

■ 헌재 2021. 6. 24, 2018헌가2.

다만, 법률보충규칙으로서 행정규칙의 내용이 오로지 행정 내부적인 것이라면, 외부적 구속력을 갖지 않는다고 볼 것이다.

(라) 구체적 위임　법령보충규칙의 경우에도 구체적 위임의 법리가 적용된다.

■ 헌재 2021. 12. 23, 2020헌마395(고용노동부의 고시와 같은 형식으로 입법위임을 할 때에는 적어도 행정규제기본법 제4조 제2항 단서에서 정한 바와 같이 법령이 전문적·기술적 사항이나 경미한 사항으로서 업무의 성질상 위임이 불가피한 사항에 한정된다 할 것이고, 그러한 사항이라 하더라도 포괄위임금지의 원칙상 법률의 위임은 반드시 구체적으로 한정된 사항에 대하여 행하여져야 한다).

4. 행정기본법 제2조 제1호 가목 3)의 의미

(가) 일반적 승인　행정기본법 제2조 제1호 가목 3)이 법률 등의 위임을 받아 중앙행정기관의 장이 정한 훈령·예규 및 고시 등 행정규칙을 법령의 한 종류로 규정한다는 것은 이러한 규칙이 국민에게도 구속력을 갖는 법령의 한 종류임을 선언하는 것이다. 행정기본법의 발효로 법령보충규칙으로서 행정규칙은 법규명령의 한 종류가 되었다. 저자는 법규명령을 법령상의 수권에 근거하여 행정권이 정립하는 규범으로서 국민과의 관계에서 통상적으로 법규성을 갖는 행정입법으로 이해하고 있다.

(나) 근거법령　이 조항[행정기본법 제2조 제1호 가목 3)]은 법률보충규칙의 근거법령으로 법률, 대통령령·총리령·부령 외에 국회규칙·대법원규칙·헌법재판소규칙·중앙선거관리위원회 규칙 및 감사원규칙까지 포함하고 있다.

(다) 발령행정청　① 이 조항[행정기본법 제2조 제1호 가목 3)]에 따른 행정규칙은 정부조직법 및 그 밖의 법률에 따라 설치된 중앙행정기관만이 발령하는 훈령·예규 및 고시 등으로 한정된다. ② 이 조항은 국회규칙·대법원규칙·헌법재판소규칙·중앙선거관리위원회규칙 및 감사원규칙의 위임을 받아 헌법기관 등의

장이 정하는 행정규칙에 관해서는 언급하는 바가 없다. 성질상 이 경우와 ①을 달리 볼 것은 아니다. 입법적 보완(행정기본법 개정)을 통해 입법의 명료성을 제고하는 것이 바람직하다.

5. 제정의 주체

행정기본법 제2조 제1호 가목 3)은 행정규칙 제정의 주체로 장을 규정하고 있다. 해석상 법령이 정하는 바에 따라 장의 권한을 위임 또는 위탁을 받은 자도 제정의 주체가 될 수 있다고 볼 것이지만, 입법의 명료화를 위해 행정기본법 제2조 제1호 가목의 행정규칙의 제정 주체를 장 등으로 개정할 필요가 있다.

[8] 자치법규: 조례 및 규칙

1. 자치법규

일반적으로 자치법규란 자치권을 가진 공법인이 정립하는 규범으로 이해된다. 공법인에는 지방자치단체 외에 공법상 사단(예: 상공회의소, 대한변호사협회, 대한의사협회)도 있다. 그런데 행정기본법 제2조 제1호 나목은 자치법규를 조례와 규칙을 합한 개념으로 규정하고 있을 뿐,「법령에 근거한 지방자치단체장의 고시나 공법상 사단의 규칙」은 포함되어 있지 않다. 이러한 규범들이 자치법규에 포함되는가의 문제가 있다.

2. 조례

(가) 의의 　　　조례는 지방자치법이 정하는 바에 따라 지방자치단체의 의회(특별시, 광역시, 특별자치시, 도, 특별자치도의 의회, 시, 군, 구의 의회)가 의결하고 지방자치단체의 장이 공포하는 자치입법이다(지방자치법 제28조, 제32조 등). 조례제정의 헌법상 근거는 헌법 제117조 제1항이다. 조례에는 지방의회가 법령의 범위 안에서 스스로의 판단에 따라 제정하는 자치조례와 개별 법령의 위임에 따라 제정되는 위임조례가 있다.[1]

- 헌법 제117조 ① 지방자치단체는 주민의 복리에 관한 사무를 처리하고 재산을 관리하며, 법령의 범위안에서 자치에 관한 규정을 제정할 수 있다.
- 지방자치법 제28조(조례) ① 지방자치단체는 법령의 범위에서 그 사무에 관하여 조례를

---

1) 기관위임사무에 관한 규율을 조례에 위임하는 경우, 그 조례를 위임조례라고 보는 견해도 있다.

제정할 수 있다. 다만, 주민의 권리 제한 또는 의무 부과에 관한 사항이나 벌칙을 정할 때에는 법률의 위임이 있어야 한다.
② 법령에서 조례로 정하도록 위임한 사항은 그 법령의 하위 법령에서 그 위임의 내용과 범위를 제한하거나 직접 규정할 수 없다.
제32조(조례와 규칙의 제정 절차 등) ① 조례안이 지방의회에서 의결되면 의장은 의결된 날부터 5일 이내에 그 지방자치단체의 장에게 이를 이송하여야 한다.
② 지방자치단체의 장은 제1항의 조례안을 이송받으면 20일 이내에 공포하여야 한다. (이하 생략)

(나) 규범체계상 위치　　조례는 법령의 범위에서 제정되는바, 조례는 법령의 아래에 놓인다. 여기서 법령이란 법률과 대통령령·총리령·부령을 의미한다. 따라서 조례는 법원의 단계질서상 법률과 대통령령·총리령·부령 아래에 놓인다.

(다) 외부적 구속효　　조례는 기본적으로 불특정다수인에 대해 구속력을 갖는 법규이다. 그것은 형식적 의미의 법률은 아니지만[1] 실질적 의미의 법률에 해당한다. 조례의 구속력은 해당 지방자치단체의 주민, 행정기관, 감독청과 법원에도 미친다. 외부적 구속효를 갖지 않는 조례도 있다.

(라) 조례로 규정하는 사무　　지방자치법 제28조 전단은 '지방자치단체는 법령의 범위에서 그 사무에 관하여 조례를 제정할 수 있다'고 규정하고, 동법 제13조 제1항은 '지방자치단체는 관할 구역의 자치사무와 법령에 따라 지방자치단체에 속하는 사무를 처리한다'고 규정하므로, 조례로 제정할 수 있는 사항은 자치사무와 단체위임사무에 한정되며, 기관위임사무는 조례의 제정대상이 아니다. 그러나 개별 법률에서 기관위임사무를 조례로 규율하도록 규정한다면, 그것은 바람직한 것은 아니지만 위헌이라고 보기는 어렵다.

> ■ 대판 2000. 11. 24, 2000추29(지방자치법 제9조 제1항과 제15조 등의 관련 규정에 의하면 지방자치단체는 원칙적으로 그 고유사무인 자치사무와 법령에 의하여 위임된 단체위임사무에 관하여 이른바 자치조례를 제정할 수 있는 외에, 개별 법령에서 특별히 위임하고 있을 경우에는 그러한 사무에 속하지 아니하는 기관위임사무에 관하여도 그 위임의 범위 내에서 이른바 위임조례를 제정할 수 있지만, 조례가 규정하고 있는 사항이 그 근거 법령 등에 비추어 볼 때 자치사무나 단체위임사무에 관한 것이라면 이는 자치조례로서 지방자치법 제15조가 규정하고 있는 '법령의 범위 안'이라는 사항적 한계가 적용될 뿐, 위임조례와 같이 국가법에 적용되는 일반적인 위임입법의 한계가 적용될 여지는 없다).

(마) 법치행정의 원칙과의 관계　　"행정작용은 법률에 위반되어서는 아니 되

---

1) 제2조(정의) [4]1.을 보라.

며, 국민의 권리를 제한하거나 의무를 부과하는 경우와 그 밖에 국민생활에 중요한 영향을 미치는 경우에는 법률에 근거하여야 한다"고 규정하는 행정기본법 제8조는 조례에도 당연히 적용된다.

3. 규칙

(가) 의의, 종류　① 규칙이란 지방자치단체의 장이 지방자치법, 지방교육자치에 관한 법률이 정하는 바에 따라 정립하는 법형식을 말한다. 규칙제정의 헌법상 근거는 헌법 제117조 제1항이다. ② 규칙은 제정주체에 따라 지방자치단체의 장이 제정하는 규칙(지방자치법 제29조)과 교육감이 제정하는 교육규칙(지방교육자치에 관한 법률 제20조 제4호)으로 구분할 수 있고, 제정근거에 따라 지방자치단체의 장이나 교육감이 법령 또는 조례가 위임한 범위 안에서 그 권한에 속하는 사무에 관하여 발하는 위임규칙과 법령이나 조례의 시행을 위한 직권규칙으로 구분할 수 있다.

■ 헌법 제117조 ① 지방자치단체는 주민의 복리에 관한 사무를 처리하고 재산을 관리하며, 법령의 범위안에서 자치에 관한 규정을 제정할 수 있다.
■ 지방자치법 제29조(규칙) 지방자치단체의 장은 법령 또는 조례의 범위에서 그 권한에 속하는 사무에 관하여 규칙을 제정할 수 있다.
■ 지방교육자치에 관한 법률 제25조(교육규칙의 제정) ① 교육감은 법령 또는 조례의 범위 안에서 그 권한에 속하는 사무에 관하여 교육규칙을 제정할 수 있다.

(나) 규범체계상 위치　규칙은 법령 또는 조례의 범위에서 제정되는바, 규칙은 법령과 조례의 아래에 놓인다. 여기서 법령이란 법률과 대통령령·총리령·부령을 의미한다. 따라서 규칙은 법원의 단계질서상 법률과 대통령령·총리령·부령, 그리고 조례 아래에 놓인다.

(다) 외부적 구속효　규칙은 조례와 마찬가지로 법규로서 외부적 효력을 갖는다. 그렇다고 규칙이 언제나 외부적 효과를 갖는 것은 아니다.

(라) 규칙으로 규정하는 사무　① 규칙으로 규정할 수 있는 사항은 법령과 조례가 위임한 범위 내에서 지방자치단체의 장(특별시장·광역시장·특별자치시장·도지사·특별자치도지사, 시장·군수·구청장)의 권한에 속하는 모든 사항이다(지방자치법 제29조). ② 교육규칙으로 규정할 수 있는 사항은 교육·학예에 관한 사항으로서

법령과 조례가 위임한 범위 내에서 교육감의 권한에 속하는 모든 사항이다(지방교육자치에 관한 법률 제20조 제4호, 제3조, 지방자치법 제29조).

(마) 법치행정의 원칙과의 관계　　"행정작용은 법률에 위반되어서는 아니 되며, 국민의 권리를 제한하거나 의무를 부과하는 경우와 그 밖에 국민생활에 중요한 영향을 미치는 경우에는 법률에 근거하여야 한다"고 규정하는 행정기본법 제8조는 규칙·교육규칙에도 당연히 적용된다.

4. 법령에 근거한 지방자치단체장의 고시

(가) 문제상황　　법령의 규정이 지방자치단체장(허가관청)에게 그 법령내용의 구체적인 사항을 정할 수 있는 권한을 부여하면서 그 권한행사의 절차나 방법을 정하지 아니하고 있는 경우, 그 법령의 내용이 될 사항을 지방자치단체장이 구체적으로 정하는 경우도 있다. 이러한 규칙도 제2조 제1호 나목의 규칙에 포함되는가의 문제가 있다.

(나) 판례　　판례는 그러한 고시는, 당해 법률 및 그 시행령의 위임한계를 벗어나지 아니하는 한 그 법령의 규정과 결합하여 대외적인 구속력이 있는 법규명령으로서의 효력을 갖게 되고, 허가관청인 지방자치단체장이 그 범위 내에서 허가기준을 정하였다면 그 허가기준의 내용이 관계 법령의 목적이나 근본취지에 명백히 배치되거나 서로 모순되는 등의 특별한 사정이 없는 한 그 허가기준이 효력이 없는 것이라고 볼 수는 없다고 하였다.[1] 판례의 견해는 긍정적으로 볼 것이다.

(다) 포함 여부　　이러한 고시는 일종의 법률보충규칙으로서 행정규칙에 해당하며, 행정 외부적으로도 구속력을 갖는다는 점에서 통상의 규칙·교육규칙과 다를 바 없다. 행정기본법을 적용함에 있어서 「법령에서 권한을 부여받아 법령내용의 구체적인 사항을 정하는 지방자치단체장의 고시」를 통상의 규칙·교육규칙과 달리 다루어야 할 특별한 이유는 보이지 아니한다. 또한 행정기본법의 제정취지를 고려하면,[2] 제2조 제1호 나목은 자치법규의 종류를 제한적으로 나열한 것이 아니라 예시적으로 규정한 것으로 보는 것이 합리적이다. 따라서 「법령에서 권한을 부여받아 법령내용의 구체적인 사항을 정하는 지방자치단체장의 고시」는 제2

---

1) 대판 2002. 9. 27, 2000두7933.
2) 제1조(목적) [5]3.을 보라.

조 제1호 나목의 자치법규에 해당한다고 볼 것이다.

5. 공법상 사단의 규칙

(가) 의의   공법상 사단이란 특정의 공행정목적을 위하여 일정한 자(조합원 또는 사원)로 구성되는 공법상 법인을 말한다(예: 상공회의소, 대한변호사협회, 대한의사협회, 도시재개발조합). 공행정사무 중 직업이나 신분 등과 관련하여 일부의 국민들만이 상호 이해관계를 갖는 사무는 국가가 직접 관장하기보다 그들 이해관계자들로 하여금 단체를 만들게 하고, 그 단체로 하여금 사무를 수행하게 하는 것이 보다 효율적이라는 데에 공법상 사단의 존재의미가 있다.

[참고] 지방자치단체도 공법상 사단이지만, 지방자치제는 헌법상 보장된다는 점, 지방자치단체는 행정권한을 행사한다는 점, 지방자치단체가 관장하는 사무의 범위는 포괄적이라는 점 등으로 인해 통상의 공법상 사단과 달리 다룬다.

(나) 문제상황   개별 법령은 국가나 지방자치단체가 갖는 행정권한의 일부(예: 변호사 징계권)를 공법상 사단에 위탁할 수 있다. 공법상 사단은 필요한 경우에 먼저 규칙을 정한 후 위탁받은 권한을 행사하게 된다. 여기서 그 규칙이 제2조 제1항 제2목의 규칙에 해당하는가의 여부가 문제된다.

(다) 포함 여부   그러한 규칙은 법의 형식상 공법상 사단의 규범이라 하여도 법의 내용은 행정법령에 해당하는바, 이를 지방자치단체장의 규칙과 달리 다루어야 할 특별한 이유는 보이지 아니한다. 행정기본법의 제정취지를 고려하여,[1] 제2조 제1호 가목은 법령의 종류를 제한적으로 나열한 것이 아니라 예시적으로 규정한 것으로 보면, 이러한 규칙은 제2조 제1호 가목의 법령에 해당한다고 볼 것이다.

[9] 행정청

1. 행정주체

주권은 국민에게 있고 모든 권력은 국민으로부터 나오기 때문에 민주헌법국가에서 근원적인 행정의 주체는 국민이다(국법상 개념의 행정주체). 행정현실에서 국

---

1) 제1조(목적) [5]3.을 보라.

민 모두가 행정의 주체로서 행정을 담당할 수 없음은 자명하다. 따라서 행정을 담당하는 법적 주체이며 행정법상 국민과의 관계에서 권리의무의 주체가 되는 '행정주체' 관념을 둘 필요가 있다. 행정주체에는 국가와 지방자치단체, 공공단체와 공무수탁사인이 있다.

2. 행정기관

행정주체로서 국가나 지방자치단체는 법인이기에 권리능력을 갖지만 현실적으로 행위를 할 수는 없다. 이 때문에 행정주체에 일정한 행정기구를 두고, 그 기구로 하여금 자신의 임무를 수행하도록 한다. 그 행정기구의 작용은 행정주체의 작용으로 귀속되는데, 그 행정기구가 행정주체의 기관, 즉 행정기관이다. 행정기관에는 의사기관인 행정청 외에 의결기관, 보조기관, 보좌기관 등 여러 가지가 있다.

☐ 행정관청(행정청, 관청, 의사기관): 아래 3.행정청 부분을 보라.

☐ 의결기관(참여기관): 의사결정권한만을 갖는 행정기관(예: 국가공무원법상 징계위원회)을 말한다.

☐ 보조기관: 행정청의 의사결정을 보조하거나 행정청의 명을 받아 사무에 종사하는 기관(예: 차관·차장·실장·국장·과장)을 말한다.

☐ 보좌기관: 장관이 특히 지시하는 사항에 관해 장관과 차관을 직접 보좌하는 차관보, 정책의 기획이나 계획의 입안 또는 연구조사 등을 통하여 행정청이나 보조기관을 보좌하는 기관(예: 담당관)을 말한다.

☐ 집행기관: 행정청의 명을 받아 행정청이 발한 의사를 집행하여 행정상 필요한 상태를 실현하는 기관을 말한다(예: 해양경찰청 소속 경찰공무원·의무경찰대·경찰공무원·소방공무원·세무공무원). 한편 지방자치법상으로 집행기관은 의결기관(지방의회)에 대칭되는 개념으로 사용되기도 한다.

☐ 감독기관(감사기관): 행정기관의 업무나 회계를 감독하고 조사하는 기관을 말한다.

☐ 현업기관(공기업기관, 기업기관): 공익사업을 경영하고 관리하는 기관을 말한다(예: 우편관서·국공립학교).

☐ 부속기관: 행정기관의 지원을 목적으로 하는 기관이다. 부속기관에는 그 목적에 따라 시험연구기관·교육훈련기관·문화기관·의료기관·제조기관·자문기관·관리기관(예: 국가기록원) 등이 있다.

3. 행정청 개념의 이중성

행정법학에서 행정청의 개념은 행정조직법상 의미의 행정청 개념과 기능상 의미의 행정청 개념으로 나누어 접근한다. 행정조직법상 의미의 행정청 개념에 관해서는 아래의 [10]에서, 기능상 의미의 행정청 개념에 관해서는 아래의 [11]에서 살펴보기로 한다.

[10] 행정청으로서 국가 또는 지방자치단체의 기관 ― 행정조직법상 행정청

1. 행정조직법상 행정청 개념

(가) 의의   강학상 행정조직법상 개념으로서 행정청은 이중적이다. ① 장관·차관·실장·국장·과장, 그리고 소속 공무원 전체로 구성되는 행정각부를 행정관청이라 부르는 경우, 행정조직법상 넓은 의미의 행정청에 해당한다. ② 전통적으로는 행정에 관한 행정주체의 의사를 결정하고 표시하는 권한을 가진 기관을 행정청(행정관청)이라 부른다. 전통적 행정청개념이라고도 한다. 넓은 의미의 행정청의 우두머리(예: 법무부장관)가 전통적 의미의 행정관청에 해당된다. 행정관청, 관청 등으로 불리기도 한다. 좁은 의미의 행정청이라 부를 수 있다.

(나) 법적 성격   전통적 의미의 행정청은 행정주체를 위하여 행정권한을 행사하는 행정기관이다. 그렇지만 행정청은 자기의 이름으로, 자신의 책임으로 주어진 권한을 독자적으로 행사한다. 행정행위의 발령은 행정청의 가장 대표적인 기능이다

2. 행정기본법 제2조 제2호 가목의 행정청

(가) 의의   행정기본법 제2조 제2호 가목은 "행정에 관한 의사를 결정하여 표시하는 국가 또는 지방자치단체의 기관"을 행정청의 한 종류로 규정하고 있다. 행정기본법 제2조 제2호 가목은 강학상 말하는 전통적 행정청 개념을 의미한다.

(나) 종류   행정기본법 제2조 제2호 가목에서 말하는 행정청의 종류는 다양하다. ① 기관구성자의 수에 따라 단독관청(예: 행정각부의 장)과 합의제관청(예: 감사원·중앙토지수용위원회), ② 권한이 미치는 지역적 관할범위에 따라 중앙관청(예: 국세청장)과 지방관청(예: 서울지방국세청장), ③ 권한이 미치는 사물적 관할범위에 따라 보통관청(예: 기획재정부장관)과 특별관청(예: 세무서장), ④ 감독권을 기준으로 상

급관청(예: 세무서장에 대한 지방국세청장)과 하급관청(예: 지방국세청장에 대한 세무서장)으로 구분할 수 있다.

(다) 행정권한을 위임·위탁받은 행정기관　행정기본법에 행정권한을 위임·위탁받은 행정기관이 행정청임을 명시하는 규정은 보이지 아니한다. 그러나 행정권한 위임의 법리에 따라 행정권한을 위임·위탁받은 행정기관을 "행정에 관한 의사를 결정하여 표시하는 국가 또는 지방자치단체의 기관"에 해당한다. 넓은 의미에서 행정권한을 위임·위탁받은 행정기관은 행정조직법상 행정청의 한 부분이다.

(라) 기타 국가기관　행정조직법의 적용을 받지 아니하는 국가기관, 예를 들어 국회사무총장·법원행정처장 또는 감사원 사무총장 등도 외부적으로 구속력을 갖는 처분을 하는 경우, "행정에 관한 의사를 결정하여 표시하는 국가 또는 지방자치단체의 기관"에 해당한다. 이러한 기관 역시 넓은 의미에서 행정조직법상 행정청의 한 부분으로 볼 것이다.

(마) 지방자치단체　지방자치단체는 의결기관인 지방의회와 집행기관이 지방자치단체의 장으로 구성된다. 집행기관인 지방자치단체의 장은 지방자치단체를 대표하고, 그 사무를 총괄한다(지자법 제114조). 따라서 지방자치단체의 경우, 지방자치단체의 장이 행정청이다. 한편, 지방의회는 행정적 권한(예: 지방의회의 의원의 징계, 소속 공무원의 임면)을 행사하는 범위 안에서 행정청이 된다.

3. 입법례

행정기본법 외에 전통적 행정청 개념을 일반적 개념으로 정의하고 있는 법률로 행정절차법과 행정심판법이 있다. 행정기본법이 행정의 기본법이므로, 행정절차법과 행정심판법상 행정청 개념의 해석은 행정기본법상 행정청 개념의 해석에 보조를 맞추어야 한다.

> ■ 행정절차법 제2조(정의) 이이 법에서 사용하는 용어의 뜻은 다음과 같다.
> 1. "행정청"이란 다음 각 목의 자를 말한다.
> 가. 행정에 관한 의사를 결정하여 표시하는 국가 또는 지방자치단체의 기관
> ■ 행정심판법 제2조(정의) 이 법에서 사용하는 용어의 뜻은 다음과 같다.
> 4. "행정청"이란 행정에 관한 의사를 결정하여 표시하는 국가 또는 지방자치단체의 기관…을 말한다.

[11] 행정청으로서 사인 — 기능상 의미의 행정청

1. 기능상 의미의 행정청 개념

(가) 의의   강학상 기능상 의미의 행정청이란 행정조직법상 행정청은 아니지만, 외부관계에서 공법상으로 구체적 처분을 행할 수 있는 기관을 말한다. 이러한 기관이 공법상으로 구체적 처분을 행할 수 있기 위해서는 법령등에 따라 행정에 관한 의사를 결정하여 표시하는 권한을 부여받던지 아니면, 그러한 권한을 위임 또는 위탁받아야 한다.

(나) 성격   기능상 의미의 행정청 역시 자기의 이름으로, 자신의 책임으로 주어진 권한을 독자적으로 행사한다. 권한행사의 효과는 국가 또는 지방자치단체에 귀속한다.

2. 행정기본법 제2조 제2호 나목의 행정청

(가) 의의   행정기본법 제2조 제2호 나목은 "그 밖에 법령등에 따라 행정에 관한 의사를 결정하여 표시하는 권한을 가지고 있거나 그 권한을 위임 또는 위탁받은 공공단체 또는 그 기관이나 사인"을 행정청의 한 종류로 규정하고 있다. 행정기본법 제2조 제2호 나목은 강학상 말하는 기능상 의미의 행정청에 해당한다. 기능상 의미의 행정청에는 공공단체와 사인이 있다.

(나) 공공단체   헌법에 공공단체라는 용어는 나타나지만(헌법 제29조 ① 공무원의 직무상 불법행위로 손해를 받은 국민은 법률이 정하는 바에 의하여 국가 또는 공공단체에 정당한 배상을 청구할 수 있다. …), 공공단체의 개념을 정의하는 규정은 보이지 아니한다. 행정기본법에도 공공단체를 정의하는 규정은 없다. 일반적으로 공공단체란 공익실현을 목적으로 하는 공법상 사단과 재단 등을 의미하는 것으로 이해된다. 예를 들어 관할 행정청의 감독 아래 도시 및 주거환경정비법상의 주택재건축사업을 시행하는 공법인(동법 제18조)인 주택재건축정비사업조합이 그 목적 범위 내에서 법령이 정하는 바에 따라 일정한 행정작용을 하는 경우(대판 2009. 10. 15, 2008다93001), 주택재건축정비사업조합은 기능상 의미의 행정청에 해당한다.

(다) 사인   사인이란 자연인과 사법상 법인을 말한다. 예를 들어 기장이나 기장으로부터 권한을 위임받은 승무원이 항공보안법 제22조(기장 등의 권한)가 정하는 권한을 행사하는 경우나 선장이 선원법 제23조(위험물 등에 대한 조치)가 정하

는 권한을 행사하는 경우, 기장이나 선장은 기능상 의미의 행정청에 해당한다.

3. 입법례

행정기본법 외에 기능상 의미의 개념을 일반적 개념으로 정의하고 있는 법률로 행정절차법, 행정심판법 그리고 행정소송법이 있다. 행정기본법이 행정의 기본법이라는 성격에 비추어 행정절차법, 행정심판법과 행정소송법상 행정청 개념의 해석은 행정기본법상 행정청 개념의 해석에 보조를 맞추어야 한다.

> ■ 행정절차법 제2조(정의) 이 법에서 사용하는 용어의 뜻은 다음과 같다.
> 1. "행정청"이란 다음 각 목의 자를 말한다.
> 나. 그 밖에 법령 또는 자치법규(이하 "법령등"이라 한다)에 따라 행정권한을 가지고 있거나 위임 또는 위탁받은 공공단체 또는 그 기관이나 사인(私人)
> ■ 행정심판법 제2조(정의) 이 법에서 사용하는 용어의 뜻은 다음과 같다.
> 4. "행정청"이란 …그 밖에 법령 또는 자치법규에 따라 행정권한을 가지고 있거나 위탁을 받은 공공단체나 그 기관 또는 사인(私人)을 말한다.
> ■ 행정소송법 제2조(정의) ② 이 법을 적용함에 있어서 행정청에는 법령에 의하여 행정권한의 위임 또는 위탁을 받은 행정기관, 공공단체 및 그 기관 또는 사인이 포함된다.

[12] 당사자

1. 당사자의 의의

행정기본법 제2조 제3호는 당사자를 처분의 상대방으로 정의하고 있다. 행정기본법상 당사자라는 용어는 제14조(법 적용의 기준) 제2항, 제17조(부관) 제3항 제2호, 제18조(위법 또는 부당한 처분의 취소) 제2항, 제19조(적법한 처분의 철회) 제2항, 제23조(제재처분의 제척기간) 제2항 제2호, 제36조(처분에 대한 이의신청) 제1항, 제37조(처분의 재심사) 제1항·제3항에 나타난다. 한편, 상대방이란 용어도 제13조, 제27조(공법상 계약의 체결) 제2항에 나타난다. 사인(국민)뿐만 아니라 행정기관이나 공공기관도 상대방이 될 수 있다.

2. 제3자와 국민

(가) 제3자　　　행정기본법 제12조(신뢰보호의 원칙), 제27조(공법상 계약의 체결) 제2항, 제30조(행정상 강제) 제1호(행정대집행)에 제3자라는 용어가 사용되고 있으나, 행정기본법에 제3자의 개념은 정의되고 있지 않다. 그 개념은 학설과 판례에서 정

의되어야 한다. 일반적으로 제3자란 상대방을 제외한 모든 국민을 뜻하는 것이 아니라 법률상 이해관계 있는 국민을 의미하는 것으로 이해된다.

(나) 국민

1) 의의　행정기본법 제1조(목적), 제3조(국가와 지방자치단체의 책무) 제1항, 제6조(행정에 관한 기간의 계산) 제2항, 제8조(법치행정의 원칙), 제9조(평등의 원칙), 제10조(비례의 원칙), 제12조(신뢰보호의 원칙), 제23조(제재처분의 제척기간) 제2항 제4호, 제30조(행정상 강제) 제1항 제5호(즉시강제), 제38조(행정의 입법활동) 제2항에 국민이라는 용어가 사용되고 있으나, 행정기본법에 국민의 개념은 정의되고 있지 않다. 생각건대 행정기본법상 국민은 대한민국의 국적을 가진 사람으로 이해된다.

2) 외국인　국민을 대한민국의 국적을 가진 사람으로 이해한다고 하여, 외국인이 국민의 개념에서 배제된다고 단언하기 어렵다. 외국인이 지방자치단체의 주민이 될 수 있다는 점 등을 고려할 때, 행정사안에 따라서는 외국인도 국민에 해당한다고 보아야 할 경우도 있을 수 있다.

[13] 처분

1. 의의

행정기본법 제2조 제4호는 처분을 "행정청이 구체적 사실에 관하여 행하는 법 집행으로서 공력의 행사 또는 그 거부와 그 밖에 이에 준하는 행정작용을 말한다."고 규정하고 있다. 행정기본법 제2조 제4호의 처분 개념은 전단 부분(행정청이 구체적 사실에 관하여 행하는 법 집행으로서 공권력의 행사 또는 그 거부)과 후단 부분(그 밖에 이에 준하는 행정작용)으로 구성되고 있다. 행정청의 행정작용이 행정기본법 제2조 제4호 전단 부분에 해당하거나 후단 부분에 해당하면, 그러한 행정작용은 처분에 해당한다.

2. 행정기본법 제2조 제4호 전단

행정기본법 제2조 제4호 전단 부분을 분석하면 처분은 ① 행정청의 행위이고, ② 구체적 사실에 대한 행위이고, ③ 법 집행으로서 ④ 공권력 행사 또는 ⑤ 그 거부의 행위이다. 이러한 모든 요소를 구비하여야 행정기본법 제2조 제4호 전단이 규정하는 처분에 해당한다.

(가) 행정청의 행위　처분은 행정청의 행위이다. 행정청은 행정기본법 제

2조 제2호가 정의하고 있다. 행정청의 의미에 관해서는 앞([9]~[11])에서 살펴보았다.

(나) 구체적 사실에 대한 행위

1) 의의   처분은 구체적 사실에 대한 행위이다. 구체적 사실 여부는 관련자가 개별적(특정적)인가 일반적(불특정적)인가와 규율대상이 구체적(1회적)인가 추상적(무제한적)인가에 따라 판단하는 것이 일반적이다. 개별적인 것과 일반적인 것의 구별은 숫자가 아니다. 그것은 처분의 발령시점에 수명자의 범위가 객관적으로 확정되는가의 여부 또는 수명자의 범위가 폐쇄적인지 아니면 개방적인지의 여부에 따라 정한다. 한편, 구체적이란 1회적인 것을 의미하고, 추상적이란 무제한적인 것을 말한다.

2) 유형   관련자의 개별성·일반성과 사건의 구체성·추상성의 결합은 ① 개별·구체적 규율(특정인·특정사건), ② 일반·구체적 규율(불특정인·특정사건), ③ 일반·추상적 규율(불특정인·불특정사건), ④ 개별·추상적 규율(특정인·불특정사건)의 4가지의 형태를 갖는다.

<table>
<thead>
<tr><th></th><th></th><th colspan="2">(규율사건)</th></tr>
<tr><th></th><th></th><th>구 체 적</th><th>추 상 적</th></tr>
</thead>
<tbody>
<tr><td rowspan="2">(관련자의 범위)</td><td>개 별 적</td><td>① 처분</td><td>④ 처분</td></tr>
<tr><td>일 반 적</td><td>② 일반처분</td><td>③ 법규범</td></tr>
</tbody>
</table>

①의 경우가 가장 기본적인 형태의 처분에 해당한다(예: A는 양도세 100만원을 납부하라). ②의 경우(예: 도로상 교통표지)를 일반처분이라 부른다. 입법례에 따라서는 일반처분에 대하여 규정을 두기도 한다. ③의 경우는 입법에 해당한다(예: 누구든지 운전면허 없이 운전을 하지 말라). ④의 경우 역시 처분에 해당한다고 본다(예: A는 도로가 빙판이 될 때마다 도로에 모래를 뿌려라). ④의 경우는 개별·구체적인 규율이 관계자에게 반복되는 형태이므로, 개별·구체적인 규율의 특별한 경우에 해당한다.

■ 대판 2000. 12. 27, 98두8964(지방경찰청장이 횡단보도를 설치하여 보행자 통행방법 등을 규제하는 것은 행정청이 특정사항에 대하여 부담을 명하는 행위이고, 이는 국민의 권리의무에 직접 관계가 있는 행위로서 행정처분이다).

(다) 법 집행행위　　① 처분은 법령을 집행하는 행위이다. ② 행정법령(대통령령·총리령·부령 등)을 제정하는 행위는 행정법령 제정의 근거법령(예: 대통령령을 제정하는 경우, 그 대통령령의 제정 근거인 법률)을 집행하는 행위이지만, 그것은 입법행위로서 여기서 말하는 법 집행행위로 보지 아니한다. 그러나 행정법령의 내용이 개별·구체성을 띠는 경우에는 법 집행행위로 볼 수 있다. 한편, ③ 행정기본법상 「처분에 대한 이의신청」에 대한 결과(행정기본법 제37조), 「처분의 재심사」의 결과(행정기본법 제38조), 행정심판법상 재결도 법 집행행위로 볼 수 있다.

　■ 대판 1996. 9. 20, 95누8003(조례가 집행행위의 개입 없이도 그 자체로서 직접 국민의 구체적인 권리의무나 법적 이익에 영향을 미치는 등의 법률상 효과를 발생하는 경우 그 조례는 항고소송의 대상이 되는 행정처분에 해당하고, 이러한 조례에 대한 무효확인소송을 제기함에 있어서 행정소송법 제38조 제1항, 제13조에 의하여 피고적격이 있는 처분 등을 행한 행정청은, 행정주체인 지방자치단체 또는 지방자치단체의 내부적 의결기관으로서 지방자치단체의 의사를 외부에 표시한 권한이 없는 지방의회가 아니라, 구 지방자치법(1994. 3. 16. 법률 제4741호로 개정되기 전의 것) 제19조 제2항, 제92조에 의하여 지방자치단체의 집행기관으로서 조례로서의 효력을 발생시키는 공포권이 있는 지방자치단체의 장이다).

(라) 공권력 행사　　처분은 공권력의 행사이다. 행정기본법에 공권력의 개념을 정의하는 규정은 없다. 공권력의 개념을 일반적으로 정의하고 있는 법령도 보이지 아니한다. 공권력 행사의 의미는 분명하지 않지만, 공권력 행사란 공법에 근거하여 행정청이 우월한 지위에서 일방적으로 행하는 일체의 행정작용을 의미하는 것으로 이해된다. 따라서 행정청이 행하는 사법작용이나 사인과의 공법상 계약 등은 여기서 말하는 공권력 행사에 해당하지 아니한다.

　■ 헌법재판소는 '공권력'이란 입법권·행정권·사법권을 행사하는 모든 국가기관·공공단체등의 고권적 작용을 의미한다(헌재 2001. 3. 21, 99헌마139등)고 해석하며 '공권력의 행사란 공권력으로 국민의 권리와 의무에 대하여 직접적인 법률효과를 발생시켜 법률관계 내지 법적 지위를 불리하게 변화시키는 것(헌재 2012. 3. 29, 2010헌마599등)이라 하고 있다. 즉 '공적주체가 우월적 지위에서 상대방을 제약하는 것'을 '공권력의 행사'로 해석하고 있다.

(마) 공권력 행사의 거부　　공권력 행사의 거부도 처분에 해당한다. 공권력 행사의 거부란 행정청이 구체적 사실에 관하여 행하는 법 집행으로서 공권력의

행사를 거부하는 것을 말한다(예: 건축허가 신청에 대하여 허가를 배척하는 행위, 즉 허가를 내줄 수 없다는 의사표시). 거부는 명백한 거절의 의사표시라는 점에서 처음부터 아무런 의사표시를 하지 않는 부작위와 구별된다. 다만 법령상 일정기간의 경과에 의하여 거부로 간주되는 간주거부(예: 구 공공기관의 정보공개에 관한 법률 제11조 제5항, 구 국세기본법 제65조 제5항, 제81조)와 묵시적 거부는 거부처분에 포함된다. 거부의 의사표시는 행정청이 외부적으로 명백히 표시하는 것이 일반적이겠으나, 신청인에 대해 직접 거부의 의사표시를 하지 아니하더라도 본인이 알았거나 알 수 있었을 때에 거부처분이 있는 것으로 볼 수 있다는 것이 판례의 입장이다.

> ■ 대판 2021. 2. 4, 2017다207932(행정청이 행정처분을 하면서 논리적으로 당연히 수반되어야 하는 의사표시를 명시적으로 하지 않았다고 하더라도, 그것이 행정청의 추단적 의사에도 부합하고 상대방도 이를 알 수 있는 경우에는 행정처분에 위와 같은 의사표시가 묵시적으로 포함되어 있다고 볼 수 있다).
> ■ 대판 1991. 2. 12, 90누5825(검사지원자 중 한정된 수의 임용대상자에 대한 임용결정은 한편으로는 그 임용대상에서 제외한 자에 대한 임용거부 결정이라는 양면성을 지니는 것이므로 임용대상자에 대한 임용의 의사표시는 동시에 임용대상에서 제외한 자에 대한 임용거부의 의사표시를 포함한 것으로 볼 수 있고, 이러한 임용거부의 의사표시는 본인에게 직접 고지되지 않았다고 하여도 본인이 이를 알았거나 알 수 있었을 때에 그 효력이 발생한 것으로 보아야 한다).

(바) 다른 법령상 관련 용어와의 관계   ① 개별 행정법령에서 처분이라는 용어를 사용한다고 하여 당연히 행정기본법상 처분에 해당한다고 단언할 수 없다. 개별 행정법령에서 사용되는 처분이라는 용어가 행정기본법 제2조 제4호 전단이 규정하는 개념요소들을 모두 갖춘 경우에만 행정기본법상 처분에 해당한다. ② 개별 행정법령에서 처분이 아닌 다른 용어가 사용된다고 하여도, 그 다른 용어가 행정기본법 제2조 제4호 전단이 규정하는 개념요소들을 모두 갖춘 경우에는 행정기본법상 처분에 해당한다. 개별 법률상 하명·허가·면제, 특허·인가, 확인·공증·수리, 승인 등의 용어가 사용되는 경우, 이러한 용어들은 대체로 행정기본법상 처분에 해당한다.

3. 행정기본법 제2조 제4호 후단

행정기본법 제2조 제4호 후단의 "이에 준하는 행정작용"이란 "행정청이 구체적 사실에 관하여 행하는 법 집행으로서 공권력의 행사 또는 그 거부에 준하는 행정작용"을 뜻하는 것이지만, 구체적인 내용은 분명하지 않다. 달리 말하면, 행정기본법 제2조 제4호 전단에 해당하지 않지만, 행정기본법 제2조 제4호 전단과 유사한 성질을 갖는 작용이 행정기본법 제2조 제4호 후단에 해당한다고 말할 수 있다. 구체적인 내용은 앞으로 규명하여야 할 과제이다.

[14] 제재처분

1. 제재처분의 개념

행정기본법상 제재처분은 "법령등에 따른 의무를 위반하거나 이행하지 아니하였음을 이유로 당사자에게 의무를 부과하거나(예: 과징금 부과) 권익을 제한하는 (예: 식품판매업 허가 취소·정지, 운전면허 취소·정지) 처분을 말한다(행정기본법 제2조 제5호 본문). 행정기본법 제정 전 학설은 제재적 행정처분을 주로 사업의 제한(예: 미성년자에 주류를 판매한 자에 대한 영업허가의 취소의 경우, 식품판매업의 제한)이라는 측면에서 접근하여 「관허사업의 제한」이라 불렀다. 저자는 그동안 음주운전자에 대한 운전면허취소와 같은 행정처분도 제재적인 것으로 보아, 「관허사업의 제한」이라는 용어 대신 보다 넓은 개념으로 제재적 행정처분이라는 용어를 사용하였다. 행정기본법상 제재처분의 개념은 종래 학설상 「관허사업의 제한」이라는 개념보다 그 범위가 넓다. 제재처분과 처분은 상이한 개념이 아니라, 제재처분은 처분에 포함된다. 달리 말하면, 제재처분은 처분의 부분 개념이다.

2. 제재처분에서 제외되는 침익적 작용(행정상 강제)

행정기본법은 제재처분에 행정기본법 제30조 제1항 각 호에 따른 행정상 강제는 제외된다(행정기본법 제2조 제5호 단서). 즉, 행정기본법 제2조 제5호는 행정기본법 제30조 제1항이 규정하는 행정상 강제(행정대집행, 이행강제금의 부과, 직접강제, 강제징수, 즉시강제)가 의무를 부과하거나 권익을 제한하는 것을 내용으로 함에도 제재처분에서 배제하고 있다. 따라서 행정기본법상 행정상 강제와 제재처분은 별개의 제도이다. 행정기본법에서 행정상 강제를 제재처분에서 제외한 것은 입법자가 행정상 강제를 제재라는 면보다 강제이행이라는 면에서 접근하는 것으로 이해된다.

3. 제척기간 적용대상의 한정

행정기본법은 제22조에서 제재처분의 기준, 제23조에서 제재처분의 제척기간을 규정하고 있다. 행정기본법 제23조는 제재처분의 제척기간을 규정하면서 적용대상으로 「인허가의 정지·취소·철회처분, 등록 말소처분, 영업소 폐쇄처분과 정지처분을 갈음하는 과징금 부과처분」으로 한정하고 있다. 따라서 행정기본법 제23조의 제재처분은 제2조 제5호의 제재처분의 범위를 제한하고 있는 셈이다. 달리 말하면, 행정기본법 제23조는 행정기본법 제2조 제5호에 대한 특별규정이다.

> **제3조(국가와 지방자치단체의 책무)**[1] ① 국가와 지방자치단체는 국민의 삶의 질을 향상시키기 위하여 적법절차에 따라 공정하고 합리적인 행정을 수행할 책무를 진다.[2]
> ② 국가와 지방자치단체는 행정의 능률과 실효성을 높이기 위하여 지속적으로 법령 등과 제도를 정비·개선할 책무를 진다.[3]
> [시행일 2021. 3. 23.]

[1] 행정기본법 제3조의 의의

1. 규정의 취지

행정기본법 제3조는 행정기본법 제1조가 정하는 목적을 실현하기 위해 행정기본법을 집행하는 국가와 지방자치단체에 책무를 부과하는 조항이다. 국가와 지방자치단체에 책무를 부과하는 형식의 조문들을 여러 법률에서 볼 수 있다[건강가정기본법 제5조(국가 및 지방자치단체의 책임), 국가보훈 기본법 제5조(국가와 지방자치단체의 책무), 여성폭력방지기본법 제5조(국가와 지방자치단체의 책무) 등].

2. 규정의 성질

(가) 문제상황　　　책무는 책임과 의무, 책임과 사무 등을 뜻하는 용어인데, 이와 관련하여 행정기본법 제3조는 국가와 지방자치단체에 구체적인 법적 의무를 부과하는 규정인지 아니면 국가와 지방자치단체는 행정기본법 제1조가 정하는 목적을 실현하는데 노력을 기울이라는 것을 단순히 선언하는 규정인지 문제된다.

(나) 선언적 규정 여부　　　규정내용의 추상성에 비추어 행정기본법 제3조를 국가와 지방자치단체에 구체적인 법적 의무를 부과하는 조항이라 보기 어렵다. 그러나 행정기본법 제3조는 행정기본법의 다른 조문의 해석과 다른 법령의 해석에 있어서 고려되어야 할 조문이므로, 행정기본법 제3조를 단순히 선언적 규정이라 보기도 어렵다.

(다) 의미　　　이 조문은 국가와 지방자치단체가 수행하여야 하는 사무의 방향을 구체적으로 그리고 명확하게 규정함으로써 국가와 지방자치단체가 행정을 적극적으로 수행해 나아가도록 유도하는 의미도 갖는다. 뿐만 아니라 국가와 지방자치단체의 질 높은 행정 운영의 기반 내지 여건을 조성하는 의미도 갖는다.

[2] 행정기본법 제3조 제1항 — 적법절차에 따라 공정하고 합리적인 행정 수행의 책무

1. 규정의 의미

행정기본법 제3조 제1항은 책무부과의 목적으로「국민의 삶의 질 향상」을 규정하고 있다. 헌법 제10조, 제34조 등에 비추어 헌법은 사회복지국가를 지향하고 있다. 저자는 사회국가를 최소한의 인간다운 삶의 보장에 관련된 개념으로 이해하고, 복지국가를 개인의 생활조건을 최소한에서 최대한으로 끌어올리는 작용과 관련된 개념으로 이해하는바, 국민의 삶의 질 향상은 헌법상 원리인 복지국가 내지 사회복지국가의 실현을 의미한다.

2. 책무의 주체

행정기본법 제3조 제1항은 국가·지방자치단체와 국민·주민의 관계에서 국가·지방자치단체의 책무를 규정하고 있다. 행정기본법 제3조 제1항은 책무의 주체를 국가·지방자치단체로 한정하고, 공법인은 포함시키지 않고 있다. 공법인이 국가나 지방자치단체로부터 행정권을 위탁받은 경우, 공법인이 국가·지방자치단체에 준하여 행정기본법 제3조 제1항의 책무를 부담하는지 여부는 그 행정권을 위탁하는 법령을 바탕으로 판단할 수 있다.

3. 책무의 내용

(가) 공정한 행정　　행정기본법 제3조 제1항은 책무의 내용으로「공정한 행정」을 규정하고 있다. 공정한 행정의 책무, 즉 공평하고 올바른 행정의 책무는 행정법을 포함한 법의 목적이라 할「정의와 평등의 실현」을 위한 것이다.

(나) 합리적 행정　　합리적 행정은 행정의 개념으로부터 나온다. 명시적 규정은 없지만, 행정의 본질은 입법이나 사법과 달리 사회를 미래지향적으로 합리적으로 형성하는 국가작용이라는 것이 학설의 일반적 견해이다.

(다) 적법절차에 따른 행정　　공정한 행정, 합리적인 행정도 적법절차에 따라 이루어져야 한다. 공정·합리를 내세워 적법절차를 회피할 수는 없다.

[3] 행정기본법 제3조 제2항 — 법령등과 제도의 지속적 정비·개선의 책무

1. 규정의 의미

행정기본법 제3조 제2항은 책무부과의 사유로「행정의 능률과 실효성을 높이기 위한 것」으로 규정하고 있다. 능률을 높이는 것이란 공무원들이 시간이나 에너지의 낭비 없이 일정한 시간에 보다 많은 사무처리를 할 수 있도록 하는 것으로 이해되고, 실효성을 높인다는 것은 행정작용의 실제 효과를 보다 많이 낼 수 있도록 하는 것으로 이해된다. 행정의 능률과 실효성을 높이기 위한 수단은 국가·지방자치단체와 민간이 함께 찾아야 한다.

2. 책무의 주체

행정기본법 제3조 제2항은 국가·지방자치단체가 스스로 법령등과 제도를 정비·개선할 책무를 규정하고 있다. 행정기본법 제3조 제2항이 규정하는 책무의 주체는 국가·지방자치단체이다. 공법인이 국가나 지방자치단체로부터 행정권을 위탁받은 경우, 공법인은 국가나 지방자치단체에 법령등과 제도의 정비·개선을 요청할 수 있다.

3. 책무의 내용

행정기본법 제3조 제2항은 책무의 내용으로「지속적으로 법령등과 제도를 정비·개선할 책무」을 규정하고 있다. 법령등이란 행정기본법 제2조 제1호가 규정하는 법령등을 말한다.[1] 법령등과 제도의 정비·개선은 지속적으로 이루어져야 한다. 따라서 국가·지방자치단체는 법령등과 제도의 정비·개선에 대한 연구를 지속적으로 하여야 하고, 이를 위해 법령등과 제도의 정비·개선에 사무를 담당하는 조직도 두어야 할 것인데, 이 조항은 제39조 제2항에서 구체화되고 있다.[2]

---

1) 제2조(정의) [2]~[8]을 보라.
2) 제39조(행정법제의 개선) [3]을 보라.

> **제4조(행정의 적극적 추진)**[1] ① 행정은 공공의 이익을 위하여 적극적으로 추진되어야 한다.[2]
> ② 국가와 지방자치단체는 소속 공무원이 공공의 이익을 위하여 적극적으로 직무를 수행할 수 있도록 제반 여건을 조성하고, 이와 관련된 시책 및 조치를 추진하여야 한다.[3]
> ③ 제1항 및 제2항에 따른 행정의 적극적 추진 및 적극행정 활성화를 위한 시책의 구체적인 사항 등은 대통령령으로 정한다.[4]
> [시행일 2021. 3. 23.]

[1] 행정기본법 제4조의 의의 — 행정의 적극적 추진

1. 규정의 취지

행정기본법 제4조는 행정기본법 제1조가 정하는 목적을 실현하기 위해 행정기본법 등 행정법령을 집행하는 국가와 지방자치단체에 「행정의 적극적 추진」의 의무를 부과하고 있다. 행정은 「사회 공동생활의 현상을 유지하는 데에만 머무르는 것이 아니라 변화하는 환경에 계속적으로, 그리고 능동적으로 적응해 나아가면서 보다 나은 사회 공동생활을 적극적으로 형성하는 것」을 내용으로 한다. 따라서 행정의 적극적 수행은 행정의 본질에 해당한다.

2. 행정기본법 제정 전 상황

행정기본법 제정 전에도 정부는 대통령령인 「적극행정 운영규정」을[1] 근거로 적극행정을 추진하였으나, 당시의 「적극행정 운영규정」은 공무원의 의무·책임과 관련 있는 사항을 법률의 근거 없이 규정하였다는 점에서 문제가 있었다.

3. 수범자

행정기본법 제4조는 국가나 지방자치단체를 수범자(垂範者)로 규정하고 있지, 공무원을 수범자로 규정하고 있지 않다. 이 규정은 공무원에게 행정의 적극적 추진 의무를 직접 부과하고 있지 않다. 따라서 공무원이 행정기본법 제4조를 위반하였다는 이유만으로는 국가배상법상 국가배상을 청구할 수는 없다.

---

1) 적극행정 운영규정은 2019. 8. 6. 대통령령 제30016호로 제정·시행에 들어갔다.

[2] 행정기본법 제4조 제1항 — 행정의 적극적 추진의무

1. 적극적 추진의 주체

행정기본법 제4조 제1항은 "행정은 공공의 이익을 위하여 적극적으로 추진되어야 한다"고 규정할 뿐, 누가 추진하여야 하는지에 관해 언급하는 바가 없다. 제2항에 비추어 적극적 추진의 주체는 국가와 지방자치단체이다. 한편, 국가나 지방자치단체의 행정은 공무원에 의해 집행되는바, 공무원도 적극적 추진의 주체와 무관하다고 말할 수 없다.

2. 의무 부과의 목적

(가) 공공의 이익의 실현   행정기본법 제4조 제1항이 행정의 적극적 추진의무를 규정한 것은 공공의 이익을 위한 것이다. 대한민국은 공화국이므로 행정은 특정인, 특정 정당, 특정 부분 사회가 아니라 모든 국민의 복지(공공의 복지, 공공의 이익, 공익)를 위한 것이어야 한다.

(나) 공공의 이익의 개념   공공의 이익의 개념은 명백하지 않다. 이것은 시간의 흐름에 따라 변하는 유동적인 것이지 고정적인 것은 아니다. 더욱이 다원적 사회에서 공익개념의 판단은 더욱 곤란하다. 공익의 구체적 내용(예: 사회의 평화와 질서, 완전고용, 물가안정, 사회보장 등)은 공간과 시간상 제한된 국가의 이해를 전제로 하여 영속적인 과정에서 구체화될 수 있다. 이 때문에 국가와 지방자치단체, 그리고 소속 공무원은 행정을 함에 있어 그 시대의 정신에 입각하여 공익의 의미를 찾는데 게을리 하여서는 아니 된다.

[3] 행정기본법 제4조 제2항 — 국가·지방자치단체의 여건 조성 등

1. 의미

행정기본법 제4조 제2항이 국가와 지방자치단체에 부여한 의무는 "제반 여건의 조성, 관련 시책 및 조치의 추진"이다. "제반 여건의 조성, 관련 시책 및 조치의 추진"의 의미는 불분명하다. 그 구체적인 형성은 국가와 지방자치단체의 몫이다. 이러한 형성임무를 수행함에 있어 국가와 지방자치단체는 기본적으로 광범위한 재량영역을 갖는다. 형성의 수단으로 법률이나 조례의 제정, 그리고 예산이 필요할 수도 있다. 시설과 환경의 개선, 공무원 교육 등 다양한 수단이 도입·활용될 수 있다.

2. 의무 부과의 목적

국가와 지방자치단체가 제반 여건을 조성하고, 이와 관련된 시책 및 조치를 추진하여야 하는 목적은 소속 공무원이 「공공의 이익을 위하여」 적극적으로 직무를 수행할 수 있도록 하기 위한 것이다. 공공의 이익의 의미는 제4조 제1항의 경우와 같다.

3. 법적 성질

행정기본법 제4조 제2항을 국가와 지방자치단체에 구체적인 법적 의무를 부과하는 조항이라 보기 어렵다. 단순히 선언적 규정이라 보기도 어렵다. 국가나 지방자치단체가 특정 여건이나 시책 또는 조치를 추진·시행함에 있어 아무런 장애 요소가 없음에도 이를 추진·시행하지 않는 경우에는 국가나 지방자치단체에 책임을 물을 수도 있어야 하기 때문이다.

4. 소속 공무원

(가) 의의   국가와 지방자치단체의 여건 조성 등의 의무는 소속 공무원이 공공의 이익을 위하여 적극적으로 직무를 수행할 수 있도록 하는 것인데, 여기서 소속 공무원이란 국가와 지방자치단체 소속의 공무원을 말한다. 국가 공무원의 경우, 행정부에 소속하면서 행정부의 사무를 담당하는 공무원인 행정공무원 외에 입법공무원(입법부에 소속하면서 입법부의 사무를 담당하는 공무원)과 사법공무원(사법부에 소속하면서 사법부의 사무를 담당하는 공무원)도 행정사무를 수행하는 한 행정기본법 제4조 제1항의 공무원에 해당한다.

(나) 공무수탁사인 등   법령등에 따라 행정에 관한 의사를 결정하여 표시하는 권한을 가지고 있거나 그 권한을 위임 또는 위탁받은 공공단체 또는 그 기관이나 사인도 권한을 행사하는 경우에는 공무원에 해당한다(행정기본법 제2조 제2호 나목 참조). 사법상 계약·사무위임 등에 의해 한정된 공무를 담당하는 자는 행정기본법 제4조 제1항의 공무원에 포함된다고 보기 어렵다.

(다) 공법인의 임직원   국가나 지방자치단체가 설립한 공법인의 임원이나 직원은 행정기본법 제4조 제1항의 공무원에 해당하지 않는다. 공법인의 설립근거인 법령에서 임원이나 직원을 공무원으로 본다고 규정하는 경우에는 행정기본법

제4조 제2항의 공무원에 해당하는 것으로 보아야 할 경우도 있을 것이다. 한편, 행정기본법이 규정하는 것은 아니지만, 공법인 역시 공공의 이익을 위한 법인이므로 국가나 지방자치단체는 공법인의 임직원이 공공의 이익을 위하여 적극적으로 직무를 수행할 수 있도록 제반 여건을 조성하는 것도 필요할 것이다.

5. 관련 법령

국가공무원법(같은법 제50조의2)과 지방공무원법(같은법 제75조의2)은 적극행정의 장려, 감사원법(같은법 제34조의3)은 적극행정에 대한 면책을 규정하고 있다.

■ 감사원법 제34조의3(적극행정에 대한 면책) ① 감사원 감사를 받는 사람이 불합리한 규제의 개선 등 공공의 이익을 위하여 업무를 적극적으로 처리한 결과에 대하여 그의 행위에 고의나 중대한 과실이 없는 경우에는 이 법에 따른 징계 요구 또는 문책 요구 등 책임을 묻지 아니한다.
② 제1항에 따른 면책의 구체적인 기준, 운영절차, 그 밖에 필요한 사항은 감사원규칙으로 정한다.

■ 국가공무원법 50조의2(적극행정의 장려) ① 각 기관의 장은 소속 공무원의 적극행정(공무원이 불합리한 규제의 개선 등 공공의 이익을 위해 업무를 적극적으로 처리하는 행위를 말한다. 이하 이 조에서 같다)을 장려하기 위하여 대통령령등으로 정하는 바에 따라 인사상 우대 및 교육의 실시 등에 관한 계획을 수립·시행할 수 있다.
② 적극행정 추진에 관한 다음 각 호의 사항을 심의하기 위하여 각 기관에 적극행정위원회를 설치·운영할 수 있다.
1. 제1항에 따른 계획 수립에 관한 사항
2. 공무원이 불합리한 규제의 개선 등 공공의 이익을 위해 업무를 적극적으로 추진하기 위하여 해당 업무의 처리 기준, 절차, 방법 등에 관한 의견 제시를 요청한 사항
3. 그 밖에 적극행정 추진을 위하여 필요하다고 대통령령등으로 정하는 사항
③ 공무원이 적극행정을 추진한 결과에 대하여 해당 공무원의 행위에 고의 또는 중대한 과실이 없다고 인정되는 경우에는 대통령령등으로 정하는 바에 따라 이 법 또는 다른 공무원 인사 관계 법령에 따른 징계 또는 징계부가금 부과 의결을 하지 아니한다.
④ 인사혁신처장은 각 기관의 적극행정 문화 조성을 위하여 필요한 사업을 발굴하고 추진할 수 있다.
⑤ 적극행정위원회의 구성·운영 및 적극행정을 한 공무원에 대한 인사상 우대 등 적극행정을 장려하기 위하여 필요한 사항은 대통령령등으로 정한다.

[4] 행정기본법 제4조 제3항 — 시행령

1. 규정의 성질

행정기본법 제4조 제3항은 제1항과 제2항에 따른 행정의 적극적 추진 및 적극행정 활성화를 위한 시책의 시행을 위한 대통령령(시행령)의 제정을 위한 근거규정이다. 행정기본법 제4조 제3항에 따른 행정기본법 시행령 제2조는 "「행정기본법」 제4조에 따른 행정의 적극적 추진과 적극행정 활성화를 위한 시책의 구체적인 사항 등에 관하여는 「적극행정 운영규정」 및 「지방공무원 적극행정 운영규정」에서 정하는 바에 따른다."고 규정하고 있다.[1]

2. 적극행정의 의의

적극행정 운영규정은 「"적극행정"이란 공무원이 불합리한 규제를 개선하는 등 공공의 이익을 위해 창의성과 전문성을 바탕으로 적극적으로 업무를 처리하는 행위를 말한다.」고 정의하고 있다(동규정 제2조 제1호).

3. 주요 수단

(가) 적극행정 우수공무원 선발 등   중앙행정기관의 장은 반기별로 위원회의 심의를 거쳐 다음 각 호(1. 적극적으로 업무를 추진하여 성과를 창출한 공무원, 2. 창의적·도전적인 정책을 추진하고 성과 달성을 위해 노력한 공무원, 3. 그 밖에 적극적인 업무태도로 소속 공무원에게 모범이 되는 공무원)의 어느 하나에 해당하는 공무원을 적극행정 우수공무원으로 선발해야 한다(동규정 제14조 제1항).

(나) 인사상 우대 조치 등   중앙행정기관의 장은 제14조에 따라 선발된 우수공무원 또는 유공공무원에게 적극행정의 성과, 선발된 공무원의 희망, 인사운영 여건 등을 종합적으로 고려하여 다음 각 호(1. 「공무원임용령」 제35조의2 제1항 제2호에 따른 특별승진임용. 제2호 이하 생략)의 인사상 우대 조치(특정직공무원의 경우에는 해당 인사 관계 법령에 따른 인사상 우대 조치로서 다음 각 호의 인사상 우대 조치에 해당하는 것을 말한다) 중 하나 이상을 부여해야 한다(동규정 제15조 제1항).

(다) 징계요구 등 면책   공무원이 적극행정을 추진한 결과에 대해 그의 행

---

[1] 대통령령인 적극행정 운영규정이 종전에는 법률의 근거 없이 운영되었다. 행정기본법 제정 후 「적극행정 운영규정은 행정기본법에 근거한 것」임을 적시하는 내용이 삽입되었다. 이로써 「적극행정 운영규정」은 법률(행정기본법)에 근거한 대통령령으로서 꼴을 갖추게 되었다.

위에 고의 또는 중대한 과실이 없는 경우에는「감사원법」제34조의3 및「공공감
사에 관한 법률」제23조의2에 따라 징계 요구 또는 문책 요구 등 책임을 묻지 않
는다(동규정 제16조 제1항).

(라) 징계 등 면제　　공무원이 적극행정을 추진한 결과에 대해 그의 행위에
고의 또는 중대한 과실이 없는 경우에는 징계 관련 법령에 따라 징계의결 또는
징계부가금 부과의결(이하 "징계의결등"이라 한다)을 하지 않는다(동규정 제17조 제1항).

(마) 적극행정 추진 공무원에 대한 지원　　중앙행정기관의 장은「국가를 당
사자로 하는 소송에 관한 법률 시행령」제12조 제1항에 따라 구상권행사 여부에
대한 의견을 제출할 때에는 해당 공무원의 적극행정 추진에 따른 결과인지 여부
를 명시해야 한다(동규정 제18조 제1항). 중앙행정기관의 장은 공무원이 다음 각 호
(1. 징계의결등의 요구를 받아 제17조에 따른 징계등 면제 요건 충족 여부 등에 대해 소명이 필
요한 경우, 2. 적극행정 추진에 따른 행위로 형사 고소·고발 등을 당해 기소 전 수사 단계에 있
는 경우)의 어느 하나에 해당하는 경우에는 변호사 등 법률전문가의 도움을 받을
수 있도록 필요한 지원을 할 수 있다(동규정 제18조 제2항).

> **제5조(다른 법률과의 관계)** ① 행정에 관하여 다른 법률에 특별한 규정이 있는 경우를 제외하고는 이 법에서 정하는 바에 따른다.[1]
>
> ② 행정에 관한 다른 법률을 제정하거나 개정하는 경우에는 이 법의 목적과 원칙, 기준 및 취지에 부합되도록 노력하여야 한다.[2]
>
> [시행일 2021. 3. 23.]

[1] 행정기본법 제5조 제1항 — 일반법으로서 행정기본법

1. 규정의 취지

개별 행정 법률에서 규정하는 사항과 행정기본법에 규정하는 사항이 겹치는 경우, 어느 법률을 적용하여야 하는가의 문제가 있다. 행정기본법 제5조 제1항은 이러한 문제의 해결기준으로 "행정에 관하여 다른 법률에 특별한 규정이 있는 경우를 제외하고는 이 법에서 정하는 바에 따른다."고 선언하고 있다. 행정기본법 제5조 제1항의 규정방식은 다른 법률에서도 볼 수 있다[건강검진기본법 제7조(다른 법률과의 관계), 문화기본법 제6조(다른 법률과의 관계), 물관리기본법 제7조(다른 법률과의 관계), 재난 및 안전관리 기본법 제8조(다른 법률과의 관계 등)]. 내용상 행정기본법 제5조 제1항은 행정기본법이 일반법임을 규정하고 있다.

2. 특별 규정 우선적용

특별한 규정(개별 행정법상 규정)은 해당 분야의 특수성을 고려한 법이다. 개별 행정의 특수성은 존중되어야 하는바, 특별한 규정(개별 행정법상 규정)이 우선 적용되어야 한다. 행정기본법 제5조 제1항은 이를 반영하여 「행정에 관하여 다른 법률에 특별한 규정(개별 행정법상 규정)이 있는 경우에는 그 특별한 규정을 따르도록」 규정하고 있다(특별법 우선).

[특별규정의 예]

행정기본법 제24조(인허가의제의 기준)	(특별규정의 예) A법률 제24조(인허가의제)
③ 주된 인허가 행정청은 주된 인허가를 하기 전에 관련 인허가에 관하여 미리 관련 인허가 행정청과 협의하여야 한다.	③ 주된 인허가 행정청은 주된 인허가를 하기 전에 관련 인허가에 관하여 미리 관련 인허가 행정청과 협의하여야 한다. 다만, 주된 인허가 내용의 경미한 변경인 경우에는 협의를 생략할 수 있다.

(해설) A 법률 제24조 단서 부분은 특별규정에 해당한다. 따라서 A법률을 적용하는 사안에서 주된 인허가 내용에 경미한 변경을 가하는 경우라면, A법률을 집행하는 행정청은 협의를 생략할 수 있다.

[특별규정 여부 판단이 어려운 경우]

행정기본법 제36조(이의신청)	(특별규정의 예) A법률 제26조(이의신청)
② 행정청은 제1항에 따른 이의신청을 받으면 그 신청을 받은 날부터 14일 이내에 그 이의신청에 대한 결과를 신청인에게 통지하여야 한다. 다만, 부득이한 사유로 14일 이내에 통지할 수 없는 경우에는 그 기간을 만료일 다음 날부터 기산하여 10일의 범위에서 한 차례 연장할 수 있으며, 연장 사유를 신청인에게 통지하여야 한다.	① 행정청은 이의신청을 받으면 그 신청을 받은 날부터 30일 이내에 그 이의신청에 대한 결과를 신청인에게 통지해야 한다.

(해설) A「행정기본법」제36조 제2항 단서 규정은 ① 부득이한 사유로 14일 이내에 통지할 수 없는 경우에만 적용되는 것인지, 아니면 14일 이내는 예시적이어서 30일 이내의 경우에도 적용되는 것인지, ②「행정기본법」제36조 제2항 단서 규정이 적용된다고 할 때, 10일의 범위에서 한 차례 연장할 수 있는 것인지 아니면 30일의 범위에서 한 차례 연장할 수 있는 것인지 불분명하다. 사인의 권익보호를 고려하면, A법률의 적용 시 행정기본법 제36조 제2항 단서를 적용하기는 어려울 것이다. 법해석상 불명료성의 제거를 위해 입법적 보완이 필요해 보인다.

3. 행정기본법의 보충적용

특별한 규정(개별 행정법상 규정)이 없다면, 행정기본법이 정하는 바에 따른다. 이것은 행정기본법이 일반법임을 나타내는 것이기도 하다.

[참고] 행정기본법이 아닌 여러 행정 관련 법률(A법률, B법률)에서 동일 내지 유사 내용이 규정되고 있는 경우, 적용 법률은 그 법률들(A법률, B법률)의 목적·성격 등을 고려하여 판단하여야 한다. 경우에 따라서는 A법률과 B법률이 동시에 적용되어야 하는 경우도 있고, 경우에 따라서는 A법률이 적용되고 B법률의 적용은 배제되는 경우도 있을 수 있다.

[2] 행정기본법 제5조 제2항 — 기준 법률로서 행정기본법

1. 규정의 취지

개별 행정 법률에서 규정하는 사항(특별규정사항)과 행정기본법에 규정하는 사항이 겹치는 경우, 특별규정사항을 계속 존치시켜야 할 특별한 사정이 없다면, 그러한 특별규정사항은 삭제하는 것이 바람직하다. 계속 존치시켜야 할 사정이 있다고 하여도 개정 시에는 행정기본법이 정하는 방향으로 개정해 나아가야 한다. 행정기본법 제5조 제2항은 이러한 취지를 반영하여 "행정에 관한 다른 법률을 제정하거나 개정하는 경우에는 이 법의 목적과 원칙, 기준 및 취지에 부합되도록 노력하여야 한다."고 규정하고 있다. 행정기본법 제5조 제2항의 규정방식은 다른 법률에서도 볼 수 있다.

■ 건강검진기본법 제7조(다른 법률과의 관계) ② 국가건강검진에 관한 다른 법률을 제정 또는 개정하는 경우에는 이 법에 부합되도록 하여야 한다.
■ 문화기본법 제6조(다른 법률과의 관계) ① 문화에 관한 다른 법률을 제정하거나 개정할 때에는 이 법의 목적과 기본이념에 맞도록 하여야 한다.
■ 물관리기본법 제7조(다른 법률과의 관계) ① 물관리에 관하여 다른 법률을 제정하거나 개정하는 경우에는 이 법에 맞도록 하여야 한다
■ 재난 및 안전관리 기본법 제8조(다른 법률과의 관계 등) ① 재난 및 안전관리에 관하여 다른 법률을 제정하거나 개정하는 경우에는 이 법의 목적과 기본이념에 맞도록 하여야 한다.

2. 특별한 규정의 존치가능성

개별 행정영역의 특수성으로 인해 행정기본법에서 제시된 기준이나 방법과 다른 기준이나 방법을 개별 행정 법률에서 규정할 수도 있다. 행정기본법 제5조 제2항은 이러한 개별 행정 법률의 출현을 원천적으로 배제하는 조항은 아니다. 다만, 이러한 개별 행정 법률이 폭넓게 인정되어 제정되는 것은 자제할 필요가 있다. 그것은 행정기본법 제정의 취지와 거리가 멀기 때문이다.

3. 행정 법률의 체계화 촉진

행정기본법 제5조 제2항의 취지에 따라 「행정에 관한 다른 법률을 제정하거나 개정하는 경우」에 행정기본법의 목적과 원칙, 기준 및 취지를 따르게 되면, 개별 행정 법률은 규율영역의 특수성에 관한 규율 체계를 갖추게 되고, 통일적 사항은 행정기본법이 정하는 바에 의하기 때문에 행정 법률의 규율체계는 보다 합리화된다. 그리고 이로 인해 행정의 효율적인 운영도 증대된다.

제2절   기간 및 나이의 계산

1. 행정기본법 제정 전 상황

행정의 영역에서 기간 계산에 관한 일반적 규정을 두는 법률은 없었다. 기간에 관한 사항을 규정하는 행정 법령에도 기간의 계산에 관한 방식을 규정하는 경우는 많지 않았다. 이 때문에 국민이나 공무원이 행정의 영역에서 기간 계산에 관한 사항을 알기 어려웠다.

2. 일반법

행정기본법 제1장 제2절(제6조~제7조)은 기간의 계산에 관한 일반적 원칙을 규정하는 일반규정(일반법)이다. 기간의 계산에 관한 일반적 원칙이 행정기본법에 명확하게 규정됨으로써, 국민이나 공무원이 갖던 어려움이나 불편은 완화되었고, 행정의 예측가능성은 증대하게 되었다.

> **제6조(행정에 관한 기간의 계산)** ① 행정에 관한 기간의 계산에 관하여는 이 법 또는 다른 법령등에 특별한 규정이 있는 경우를 제외하고는 「민법」을 준용한다.[1]
> ② 법령등 또는 처분에서 국민의 권익을 제한하거나 의무를 부과하는 경우 권익이 제한되거나 의무가 지속되는 기간의 계산은 다음 각 호의 기준에 따른다. 다만, 다음 각 호의 기준에 따르는 것이 국민에게 불리한 경우에는 그러하지 아니하다.[2]
> 1. 기간을 일, 주, 월 또는 연으로 정한 경우에는 기간의 첫날을 산입한다.
> 2. 기간의 말일이 토요일 또는 공휴일인 경우에도 기간은 그 날로 만료한다.
> [시행일 2021. 3. 23.]

[1] 행정기본법 제6조 제1항 ─ 특별법과 민법의 적용

1. 특별규정 우선 적용

행정에 관한 기간의 계산에 관하여 행정기본법 또는 다른 법령등에 특별한 규정이 있는 경우에는(예: 민원 처리에 관한 법률 제19조) 그 특별한 규정이 우선 적용된다. 만약 특별한 규정이 여러 개 있는 경우라면, 관련 법령의 합리적인 해석이 필요하다. 한편, 행정기본법은 행정에 관한 기본법이므로 본조는 행정기관에 의한 분쟁 해결 절차에는 적용되지만, 법원에 의한 행정상 분쟁 해결 절차(사법절차)에는 적용되지 아니한다.

[특별한 규정의 예]

■ 민원 처리에 관한 법률 제19조(처리기간의 계산) ① 민원의 처리기간을 5일 이하로 정한 경우에는 민원의 접수시각부터 "시간" 단위로 계산하되, 공휴일과 토요일은 산입(算入)하지 아니한다. 이 경우 1일은 8시간의 근무시간을 기준으로 한다.

② 민원의 처리기간을 6일 이상으로 정한 경우에는 "일" 단위로 계산하고 첫날을 산입하되, 공휴일과 토요일은 산입하지 아니한다.

③ 민원의 처리기간을 주·월·연으로 정한 경우에는 첫날을 산입하되,「민법」제159조부터 제161조까지의 규정을 준용한다.

■ 국세기본법 제5조(기한의 특례) ① 이 법 또는 세법에서 규정하는 신고, 신청, 청구, 그 밖에 서류의 제출, 통지, 납부 또는 징수에 관한 기한이 다음 각 호의 어느 하나에 해당하는 경우에는 그 다음날을 기한으로 한다.

1. 토요일 및 일요일
2. 「공휴일에 관한 법률」에 따른 공휴일 및 대체공휴일
3. 「근로자의 날 제정에 관한 법률」에 따른 근로자의 날

③ 이 법 또는 세법에서 규정하는 신고기한 만료일 또는 납부기한 만료일에 국세정보통신망이 대통령령으로 정하는 장애로 가동이 정지되어 전자신고나 전자납부(이 법 또는 세법에 따라 납부할 국세를 정보통신망을 이용하여 납부하는 것을 말한다)를 할 수 없는 경우에는 그 장애가 복구되어 신고 또는 납부할 수 있게 된 날의 다음날을 기한으로 한다.

제6조(천재 등으로 인한 기한의 연장) 관할 세무서장은 천재지변이나 그 밖에 대통령령으로 정하는 사유로 이 법 또는 세법에서 규정하는 신고, 신청, 청구, 그 밖에 서류의 제출 또는 통지를 정하여진 기한까지 할 수 없다고 인정하는 경우나 납세자가 기한 연장을 신청한 경우에는 대통령령으로 정하는 바에 따라 그 기한을 연장할 수 있다.

2. 민법 규정의 보충 적용

행정에 관한 기간의 계산에 관하여 행정기본법 또는 다른 법령등에 특별한 규정이 없다면, 민법이 준용된다. 예를 들어, 행정기본법 제36조의 이의신청기간, 제24조 제2항의 인허가의제 협의기간에는, 기간의 계산에 관한 특별한 내용이 없으므로, 민법이 준용된다. 준용이라는 용어는 다의적인데,

■ 헌법 제107조 제3항은 "재판의 전심절차로서 행정심판을 할 수 있다. 행정심판의 절차는 법률로 정하되, 사법절차가 준용되어야 한다."고 규정하는데, 여기서 준용이란 사법절차의 의미를 살리라는 의미이지, 행정심판절차는 사법절차를 그대로 따라야 한다는 의미는 아니다.

여기서 준용이란 민법 조항을 그대로 따른다는 것으로 이해된다. 행정기본법이 행정에 관한 기간의 계산에 사법인 민법을 준용하도록 한 것은 민법상 기간의 계산에 관한 조항이 공법과 사법을 불문하고 적용될 수 있는 기술적인 조항이기 때문이다.

3. 민법상 기간의 계산 방법

기간의 계산 방법에는 시간을 실제 그대로 계산하는 자연적 계산 방법과 태양력에 따라 계산하는 역법적 계산 방법이 있다. 전자는 정확하지만 불편함이 있고, 후자는 부정확하지만 편리하다. 민법은 단기간에 대하여는 자연적 계산 방법, 장기간에 대하여는 역법적 계산방법을 사용한다.

■ 민법 제6장 기간
제155조(본장의 적용범위) 기간의 계산은 법령, 재판상의 처분 또는 법률행위에 다른 정한 바가 없으면 본장의 규정에 의한다.
제156조(기간의 기산점) 기간을 시, 분, 초로 정한 때에는 즉시로부터 기산한다.
제157조(기간의 기산점) 기간을 일, 주, 월 또는 연으로 정한 때에는 기간의 초일은 산입하지 아니한다. 그러나 그 기간이 오전 영시로부터 시작하는 때에는 그러하지 아니하다.
제158조(연령의 기산점) 연령계산에는 출생일을 산입한다.
제159조(기간의 만료점) 기간을 일, 주, 월 또는 연으로 정한 때에는 기간말일의 종료로 기간이 만료한다.
제160조(역에 의한 계산) ① 기간을 주, 월 또는 연으로 정한 때에는 역에 의하여 계산한다. ② 주, 월 또는 연의 처음으로부터 기간을 기산하지 아니하는 때에는 최후의 주, 월 또는 연에서 그 기산일에 해당한 날의 전일로 기간이 만료한다. ③ 월 또는 연으로 정한 경우에 최종의 월에 해당일이 없는 때에는 그 월의 말일로 기간이 만료한다.
제161조(공휴일 등과 기간의 만료점) 기간의 말일이 토요일 또는 공휴일에 해당한 때에는 기간은 그 익일로 만료한다.

[기간계산의 예]
□ 3시에 3시간을 정하면, 약속 즉시로부터 기산하여 3시간이 지나는 시점인 6시가 만료점이 된다.
□ 4월 30일에 앞으로 1개월 하는 경우에는 기산일이 5월 1일이고 5월 31일 24시에 만료한다.
□ 4월 15일에 앞으로 1년 하는 경우에는 기산일이 4월 16일이고 다음 해 4월 15일 24시에 만료한다.
□ 윤년 2월 29일에 지금부터 1년이라 하는 경우, 기산일이 3월 1일이고 다음 해 2월 29일

에 만료해야 하나 다음 해에 2월 29일이 없으므로 2월 28이 기간의 말일이 된다.
□ 기간의 초일이 공휴일인 것은 영향을 미치지 아니한다.

[사례연습]

(1) 처분의 사전통지에 따른 의견제출기한
(관련 법률) 행정절차법 제21조(처분의 사전 통지) ① 행정청은 당사자에게 의무를 부과하거나 권익을 제한하는 처분을 하는 경우에는 미리 다음 각 호의 사항을 당사자등에게 통지하여야 한다. …
③ 제1항 제6호에 따른 기한은 의견제출에 필요한 기간을 10일 이상으로 고려하여 정하여야 한다.

(해결) 처분의 사전통지가 5월 6일에 도달하는 경우, 초일은 산입되지 아니하므로 기산일은 5월 7일이고 16일이 10일째인바, 10일 이상의 취지를 살리기 위해서는 의견제출기한을 5월 17일 이후로 하는 것이 필요하다.

(2) 권한 행정청이 5월 6일(금요일)에 청문을 하려는 경우, 청문일의 통지기한
(관련 법률) 행정절차법 제21조(처분의 사전 통지) ② 행정청은 청문을 하려면 청문이 시작되는 날부터 10일 전까지 제1항 각 호의 사항을 당사자등에게 통지하여야 한다. …

(해결) 5월 6일을 기준으로 역산하면, 청문통지는 1일 전인 5월 5일 24시까지 도달되어야 한다. 10일 전이 4월 26일이고, 초일은 산입하지 아니하므로 4월 25일까지 통지하여야 한다.

(3) 유효 기간 말일이 5월 7일(토요일)인 경우, 하천점용허가 유효기간 연장신청 기간
(관련 법률) 하천법 제33조(하천의 점용허가 등) ⑧ 하천점용허가의 유효기간 및 세부적인 기준 등에 필요한 사항은 환경부령으로 정한다.
하천법 시행규칙 제19조(하천점용허가의 유효기간 등) ④ 제1항 본문에 따른 하천점용허가의 유효기간을 연장하려는 자는 그 유효기간이 끝나기 전까지 별지 제32호서식의 하천점용허가기간 연장신청서를 환경부장관, 유역환경청장·지방환경청장 또는 시·도지사에게 제출하여야 한다.

(해결) 유효 기간 말일인 5얼 7일은 토요일이므로 민법 제161조에 따라 유효기간은 5월 9일(월요일)로 만료된다. 따라서 하천점용허가·유효기간 연장신청은 5얼 9일까지 이루어져야 한다.

(4) 월 25일에 경미 사항의 변경 신고를 한 경우, 수리가 의제되는 날
(관련 법률) 도시 및 주거환경정비법 제50조(사업시행계획인가) ① … 다만, 대통령령으로 정하는 경미한 사항을 변경하려는 때에는 시장·군수등에게 신고하여야 한다.
② 시장·군수등은 제1항 단서에 따른 신고를 받은 날부터 20일 이내에 신고수리 여부를 신고인에게 통지하여야 한다.

③ 시장·군수등이 제2항에서 정한 기간 내에 신고수리 여부 또는 민원 처리 관련 법령에 따른 처리기간의 연장을 신고인에게 통지하지 아니하면 그 기간(민원 처리 관련 법령에 따라 처리기간이 연장 또는 재연장된 경우에는 해당 처리기간을 말한다)이 끝난 날의 다음 날에 신고를 수리한 것으로 본다.

(해결) 초일은 산입하지 않고, 4월 26일을 기산일로 하여 20일째가 되는 날이 5월 15일이다. 처리기간의 말일의 익일은 5월 16일이다. 따라서 5월 15일까지 신고수리 여부가 통지되지 않았다면, 5월 16일에 신고가 수리된 날이 된다.

(5) 4월 25일에 처분을 받은 경우, 행정기본법상 이의신청기간
(관련 법률) 행정기본법 제36조(처분에 대한 이의신청) ① 행정청의 처분(「행정심판법」 제3조에 따라 같은 법에 따른 행정심판의 대상이 되는 처분을 말한다. 이하 이 조에서 같다)에 이의가 있는 당사자는 처분을 받은 날부터 30일 이내에 해당 행정청에 이의신청을 할 수 있다.

(해결) 초일은 산입하지 않고, 4월 26일을 기산일로 하여 30일째가 되는 날이 5월 25일이다. 5월 25일이 토요일이나 공휴일이 아니라면 5월 25일까지 이의신청을 할 수 있다.

(6) 4월 25일에 재심사 사유가 있음을 안 경우, 행정기본법상 처분의 재심사 신청기간
(관련 법률) 행정기본법 제36조제37조(처분의 재심사) ③ 제1항에 따른 신청은 당사자가 제1항 각 호의 사유를 안 날부터 60일 이내에 하여야 한다. 다만, 처분이 있은 날부터 5년이 지나면 신청할 수 없다.

(해결) 초일은 산입하지 않고, 4월 26일을 기산일로 하여 60일째가 되는 날이 6월 24일이다. 6월 24일이 토요일이나 공휴일이 아니라면 6월 24까지 이의신청을 할 수 있다.

(7) 4월 25일에 청원을 접수한 경우, 청원인에게 처리결과를 알려야 하는 기한
(관련 법률) 청원법 제21조(청원의 처리 등) ② 청원기관의 장은 청원을 접수한 때에는 특별한 사유가 없으면 90일 이내(제13조 제1항에 따른 공개청원의 공개 여부 결정기간 및 같은 조 제2항에 따른 국민의 의견을 듣는 기간을 제외한다)에 처리결과를 청원인(공동청원의 경우 대표자를 말한다)에게 알려야 한다. …
③ 청원기관의 장은 부득이한 사유로 제2항에 따른 처리기간에 청원을 처리하기 곤란한 경우에는 60일의 범위에서 한 차례만 처리기간을 연장할 수 있다. 이 경우 그 사유와 처리예정기한을 지체 없이 청원인(공동청원의 경우 대표자를 말한다)에게 알려야 한다.

(해결) 청원에 대한 처리결과를 알리는 것은 국민의 권익을 제한하거나 의무를 부과하는 경우에 해당한다고 보기 어렵다는 점, 청원에 대한 처리결과를 알리는 기간은 청원에 대한 내부적 사무처리 기간으로 볼 수 있다는 점에서 초일은 산입하지 않는다. 4월 26일을 기산일로 하여 90일째[5일(4월)＋31일(5월)＋30일(6월)＋24일(7월)]가 되는 날이 7월 24일이

다. 따라서 7월 24일이 토요일이나 공휴일이 아니라면 7월 24일까지 청원에 대한 처리결과를 알려야 한다. 물론 청원기관의 장이 처리기간을 연장한다면 사정이 달라진다.

[2] 행정기본법 제6조 제2항 — 침익적 작용에서의 특례

1. 규정의 취지

행정기본법 제6조 제2항은 국민의 권익 보호라는 행정기본법 목적을 「행정에 관한 기간의 계산」에도 실현하려는 취지의 조문이다. 행정기본법 제6조 제2항은 행정기본법 제6조 제1항과의 관계에서 특별한 규정이다.

2. 적용대상과 제외

① 행정기본법 제6조 제2항은 「법령등 또는 처분에서 국민의 권익을 제한하거나 의무를 부과하는 경우, 권익이 제한되거나 의무가 지속되는 기간의 계산」을 적용대상으로 한다. 달리 말하면 행정기본법 제6조 제2항은 국민에게 직접 침익적인 행정작용을 대상으로 한다. ② 행정기본법 제6조 제2항을 따르는 것이 오히려 국민에게 불리한 경우에는 행정기본법 제6조 제2항을 적용하지 아니하고, 행정기본법 제6조 제1항을 적용한다.

3. 특례의 내용

(가) 초일의 특례　　기간을 일, 주, 월 또는 연으로 정한 경우에는 기간의 첫날을 산입한다(행정기본법 제6조 제2항 본문 제1호). 그러나 첫날을 산입하는 것이 국민에게 불리한 경우에는 기간의 첫날을 산입하지 아니한다(행정기본법 제6조 제2항 단서). 따라서 익일부터 기산하여야 한다.

(나) 말일의 특례　　기간의 말일이 토요일 또는 공휴일인 경우에도 기간은 그 날로 만료한다(행정기본법 제6조 제2항 본문 제1호). 그러나 기간의 말일이 토요일 또는 공휴일이어서 그 토요일 또는 공휴일에 만료하는 것이 국민에게 불리한 경우에는 그 토요일 또는 공휴일의 다음 날에 만료한다(행정기본법 제6조 제2항 단서).

[사례연습]

(1) 5월 7일(토요일)에 영업정지 20일의 처분을 경우, 영업정지 만료일
(관련 법률) 식품위생법 제80조(면허취소 등) ① 식품의약품안전처장 또는 특별자치시장·특별자치도지사·시장·군수·구청장은 조리사가 다음 각 호의 어느 하나에 해당하면 그 면허

를 취소하거나 6개월 이내의 기간을 정하여 업무정지를 명할 수 있다.…

② 제1항에 따른 행정처분의 세부기준은 그 위반 행위의 유형과 위반 정도 등을 고려하여 총리령으로 정한다

식품위생법 시행규칙 제89조(행정처분의 기준) 법 제71조, 법 제72조, 법 제74조부터 법 제76조까지 및 법 제80조에 따른 행정처분의 기준은 별표 23과 같다.

별표 [별표 23] 행정처분 기준(제89조 관련) (내용 생략)

(해결) 영업정지처분은 국민의 권익(영업의 자유)을 제한하는 처분이므로 첫날을 산입한다. 따라서 5월 7일이 기산일이다. 20일째가 되는 날이 26일(목요일)이다. 따라서 5월 26일이 만료일이므로 5월 26일까지는 영업을 할 수 없다.

(2) 5월 9일(월요일)에 영업정지 20일의 처분을 경우, 영업정지 만료일

(관련 법률) 식품위생법 제80조(면허취소 등) ① 식품의약품안전처장 또는 특별자치시장·특별자치도지사·시장·군수·구청장은 조리사가 다음 각 호의 어느 하나에 해당하면 그 면허를 취소하거나 6개월 이내의 기간을 정하여 업무정지를 명할 수 있다.…

② 제1항에 따른 행정처분의 세부기준은 그 위반 행위의 유형과 위반 정도 등을 고려하여 총리령으로 정한다.

식품위생법 시행규칙 제89조(행정처분의 기준) 법 제71조, 법 제72조, 법 제74조부터 법 제76조까지 및 법 제80조에 따른 행정처분의 기준은 별표 23과 같다.

별표 [별표 23] 행정처분 기준(제89조 관련) (내용 생략)

(해결) 영업정지처분은 국민의 권익(영업의 자유)을 제한하는 처분이므로 첫날을 산입한다. 따라서 5월 9일이 기산일이다. 20일째가 되는 날이 28일(토요일)이다. 영업정지처분은 국민의 권익(영업의 자유)을 제한하는 처분이므로 28일이 토요일이라도 그 날로 만료한다. 따라서 5월 28일이 만료일이므로 5월 28일까지는 영업을 할 수 없다.

4. 행정실무

행정실무상으로는 영업정지처분 등의 경우, 처분문서에 정지기간을 기재하는 것(예: 10일간 영업정지를 명합니다)이 아니라 영업정지 등이 개시되는 날자와 영업정지기간이 만료되는 날을 특정하여 기재하는 경우(예: 2030. 3. 10.부터 3. 19.까지 영업정지를 명합니다)가 적지 않다

5. 특례규정과의 관계

개별 행정법률에서 규정하는 기간의 계산에 관한 내용이 행정기본법 제6조 제2항이 정하는 내용과 다르다면(예: '영업정지기간을 5일로 하되 공휴일은 영업정지기간에서 제외한다'라고 하는 경우), 행정기본법 제6조 제1항에 따라 그 개별 행정법률이

우선 적용된다(따라서 앞의 예의 경우에 영업정지기간 안에 공휴일이 없다면 정지기간은 5일이지만, 공휴일이 있다면 실제상 정지기간은 6일이 된다. '영업정지기간을 5일로 하되 공휴일은 영업정지기간에서 제외한다'라고 하는 것이 허용되는지 여부는 별개의 문제이다). 그 개별 행정법률에 정함이 없는 사항에 대해서는 행정기본법 제6조 제2항이 적용된다.

제7조(법령등 시행일의 기간 계산)[1] 법령등(훈령·예규·고시·지침 등을 포함한다. 이하 이 조에서 같다)의 시행일을 정하거나 계산할 때에는 다음 각 호의 기준에 따른다.[2]

1. 법령등을 공포한 날부터 시행하는 경우에는 공포한 날을 시행일로 한다.
2. 법령등을 공포한 날부터 일정 기간이 경과한 날부터 시행하는 경우 법령등을 공포한 날을 첫날에 산입하지 아니한다.
3. 법령등을 공포한 날부터 일정 기간이 경과한 날부터 시행하는 경우 그 기간의 말일이 토요일 또는 공휴일인 때에는 그 말일로 기간이 만료한다.

[시행일 2021. 3. 23.]

[1] 행정기본법 제7조의 의의

1. 규정의 취지

법령이 제정되거나 개정되면 그 법령은 장래의 행위에 대하여만 적용되는 것이 원칙이다. 따라서 법령이 제정되거나 개정되기 전에 이루어진 행위는 특별한 사정이 없는 한 그 행위 당시 시행되던 법령에 의하여 규율된다(대판 2021. 10. 14. 2019두39635). 이와 관련하여 행정기본법 제7조는 행정기본법 제정 당시에 시행 중이던 훈령·예규·고시·지침 등을 포함한 법령등의 시행일에 관한 실무상 집행 실태를 반영하여 법령등의 시행일의 기간 계산에 관한 특례를 명확하게 규정하고 있다.

2. 법령의 의의

법령에 근거한 지방자치단체장의 고시도 해석상 법령에 속하는 것으로 이해할 때,[1] 행정기본법 제7조의 법령등이란 행정기본법 제2조 제1호의 법령등의 의미와 다르다.

[2] 공포일의 의의

1. 법령 등을 공포한 날

행정기본법 제2조 제1호가 규정하는 법령의 공포일 등은 법령 등 공포에 관한 법률이 규정하고 있다. 이 법률은 확정된 법령을 널리 국민에게 알리는 것을

---

1) 제2조(정의) [8]4.를 보라.

공포라 하고, 헌법개정·법률·조약·대통령령·총리령 및 부령을 공포의 대상으로 하고, 공고일은 해당 법령 등을 게재한 관보가 .행된 날로 하고 있다. 조례와 규칙의 경우는 지방자치법에서 규정되고 있다.

□ 법률, 조약, 대통령령, 총리령, 부령의 공포 관련 규정

■ 헌법 제53조 ⑦ 법률은 특별한 규정이 없는 한 공포한 날로부터 20일을 경과함으로써 효력을 발생한다.

■ 법령 등 공포에 관한 법률 제11조(공포 및 공고의 절차) ① 헌법개정·법률·조약·대통령령·총리령 및 부령의 공포와 헌법개정안·예산 및 예산 외 국고부담계약의 공고는 관보(官報)에 게재함으로써 한다.

② 「국회법」 제98조 제3항 전단에 따라 하는 국회의장의 법률 공포는 서울특별시에서 발행되는 둘 이상의 일간신문에 게재함으로써 한다.

③ 제1항에 따른 관보는 종이로 발행되는 관보(이하 "종이관보"라 한다)와 전자적인 형태로 발행되는 관보(이하 "전자관보"라 한다)로 운영한다.

④ 관보의 내용 해석 및 적용 시기 등에 대하여 종이관보와 전자관보는 동일한 효력을 가진다.

제12조(공포일·공고일) 제11조의 법령 등의 공포일 또는 공고일은 해당 법령 등을 게재한 관보 또는 신문이 발행된 날로 한다.

제13조(시행일) 대통령령, 총리령 및 부령은 특별한 규정이 없으면 공포한 날부터 20일이 경과함으로써 효력을 발생한다.

제13조의2(법령의 시행유예기간) 국민의 권리 제한 또는 의무 부과와 직접 관련되는 법률, 대통령령, 총리령 및 부령은 긴급히 시행하여야 할 특별한 사유가 있는 경우를 제외하고는 공포일부터 적어도 30일이 경과한 날부터 시행되도록 하여야 한다.

□ 조례와 규칙의 공포 관련 규정

■ 지방자치법 제32조(조례와 규칙의 제정 절차 등) ⑧ 조례와 규칙은 특별한 규정이 없으면 공포한 날부터 20일이 지나면 효력을 발생한다.

제33조(조례와 규칙의 공포 방법 등) ① 조례와 규칙의 공포는 해당 지방자치단체의 공보에 게재하는 방법으로 한다. 다만, 제32조 제6항 후단에 따라 지방의회의 의장이 조례를 공포하는 경우에는 공보나 일간신문에 게재하거나 게시판에 게시한다.

② 제1항에 따른 공보는 종이로 발행되는 공보(이하 이 조에서 "종이공보"라 한다) 또는 전자적인 형태로 발행되는 공보(이하 이 조에서 "전자공보"라 한다)로 운영한다.

③ 공보의 내용 해석 및 적용 시기 등에 대하여 종이공보와 전자공보는 동일한 효력을 가진다.

④ 조례와 규칙의 공포에 관하여 그 밖에 필요한 사항은 대통령령으로 정한다.

■ 지방자치법 시행령 제31조(공포일) 법 제33조에 따른 조례와 규칙의 공포일과 이 영 제30조에 따른 공고·고시일은 그 조례와 규칙 등을 게재한 공보나 일간신문이 발행된 날이나 게시판에 게시된 날로 한다.

2. 훈령·예규·고시·지침 등을 고시·공고한 날

법령 등 공포에 관한 법률은 훈령·예규·고시·지침 등의 공포에 관해 규정하는 바가 없다. 고시·공고 등 행정기관이 일정한 사항을 일반에게 알리는 문서의 성립과 효력발생 등에 관해서는 행정 효율과 협업 촉진에 관한 규정에 정해져 있다.

□ 훈령, 예규, 고시, 지침 등의 공포 관련 규정

■ 행정 효율과 협업 촉진에 관한 규정 제6조(문서의 성립 및 효력 발생) ③ 제2항에도 불구하고 공고문서는 그 문서에서 효력발생 시기를 구체적으로 밝히고 있지 않으면 그 고시 또는 공고 등이 있은 날부터 5일이 경과한 때에 효력이 발생한다.
제4조(공문서의 종류) 공문서(이하 "문서"라 한다)의 종류는 다음 각 호의 구분에 따른다.
3. 공고문서: 고시·공고 등 행정기관이 일정한 사항을 일반에게 알리는 문서

3. 해석론과 입법론

법령 등 공포에 관한 법률은 공포라는 용어를 사용하고 있고, 행정 효율과 협업 촉진에 관한 규정은 고시·공고 등이라는 용어를 사용하고 있다. 행정기본법 제7조 제1호의 공포를 법령 등 공포에 관한 법률상 공포와 동일한 개념으로 새기면, 행정기본법 제7조 제1호의 공포에 고시·공고 등의 의미는 포함되지 아니한다. 이렇게 되면, 행정기본법 제7조 제1호의 의미는 반감된다. 따라서 행정기본법 제7조 제1호의 공포를 넓게 새겨 법령 등 공포에 관한 법률상 공포와 행정 효율과 협업 촉진에 관한 규정상 고시·공고 등을 포함하는 개념으로 이해하면, 행정기본법 제7조 제1호의 공포의 의미에는 별다른 문제가 없다. 입법의 명료성을 위해 행정기본법 제7조 제1호의 공포한 날에 행정 효율과 협업 촉진에 관한 규정상 고시·공고 등을 고시·공고한 날을 포함하는 방식으로 입법을 보완하는 것도 고려할 만하다.

[3] 법령등 시행일의 기간 계산의 방법

1. 시행일이 공포일인 경우

법령등을 공포한 날부터 시행하는 경우에는 공포한 날을 시행일로 한다(행정기본법 제7조 제1호). 말하자면 법령등을 공포한 날부터 시행하는 경우에는 초일 불

산입의 원칙을 적용하지 않는다.

2. 시행일이 공포일 이후인 경우

법령등을 공포한 날부터 일정 기간이 경과한 날부터 시행하는 경우에는 법령 등을 공포한 날을 첫날에 산입하지 아니한다(행정기본법 제7조 제1호)(예: 7월 5일에 공포하면서 공포일로부터 1개월이 경과한 날부터 시행한다고 하는 경우, 7월 5일이 아니라 7월 6일을 기산일로 하여 1개월 이 경과하는 시점인 8월 5일 24시, 8월 6일 오전 0시부터 시행된다). 즉, 초일 불산입의 원칙을 적용한다.

3. 기간의 말일이 토요일·공휴일 경우

법령등을 공포한 날부터 일정 기간이 경과한 날부터 시행하는 경우 그 기간의 말일이 토요일 또는 공휴일인 경우에도 기간은 그 날로 만료한다(행정기본법 제7조 제1호)(예: 8월 15일이 만료일인 경우, 8월 15일 경과로 만료되는 것이지, 8월 16일 경과로 만료되는 것이 아니다). 바꾸어 말하면, 공포 후 일정기간이 경과한 다음 시행하는 경우로서 말일이 토요일·공휴일인 경우, 그 다음 날 만료하는 「민법」상 원칙을 적용하지 않는다. 공휴일은 대통령령인 관공서의 공휴일에 관한 규정에서 정하고 있다.

■ 공휴일에 관한 법률 제2조(공휴일) 공휴일은 다음 각 호와 같다.
1. 「국경일에 관한 법률」에 따른 국경일 중 3·1절, 광복절, 개천절 및 한글날
2. 1월 1일
3. 설날 전날, 설날, 설날 다음 날(음력 12월 말일, 1월 1일, 2일)
4. 부처님 오신 날(음력 4월 8일)
5. 어린이날(5월 5일)
6. 현충일(6월 6일)
7. 추석 전날, 추석, 추석 다음 날(음력 8월 14일, 15일, 16일)
8. 기독탄신일(12월 25일)
9. 「공직선거법」제34조에 따른 임기 만료에 의한 선거의 선거일
10. 기타 정부에서 수시 지정하는 날
제3조(대체공휴일) ① 제2조에 따른 공휴일이 토요일이나 일요일, 다른 공휴일과 겹칠 경우에는 대체공휴일로 지정하여 운영할 수 있다.
② 제1항의 대체공휴일의 지정 및 운영에 관한 사항은 대통령령으로 정한다.

제7조의2(행정에 관한 나이의 계산 및 표시)[1] 행정에 관한 나이는[2] 다른 법령등에 특별한 규정이 있는 경우를 제외하고는[3] 출생일을 산입하여 만(滿) 나이로 계산하고, 연수(年數)로 표시한다.[4] 다만, 1세에 이르지 아니한 경우에는 월수(月數)로 표시할 수 있다.[5]

[본조신설 2022. 12. 27.]

[시행일 2023. 6. 28.]

[1] 규정의 취지

나이와 계산 방법으로 세는 나이(Korean age)(출생한 날부터 한 살로 세는 나이), 연 나이(calendar age)(현재 연도에서 출생 연도를 빼는 나이), 만 나이(international age)(출생한 해를 0세로 시작하여 매해 생일마다 한 살씩 더 하는 나이)가 있었다. 많은 행정법령에서는 만 나이를 규정하였고, 음주·흡연·징집 등과 관련한 일부 행정법령에서는 연 나이를 규정하기도 하였다. 나이 계산법이 혼용됨으로써 사회적·행정적 혼선과 분쟁의 발생 가능성이 있었다. 이러한 문제점을 예방·해소함을 목적으로 행정에 관한 나이의 계산 방법을 만 나이로 통일하는 본조가 신설되었다.

[참고] 2030년 2월 5일 기준, 2000년 10월 20일 출생자의 나이를 보면, 세는 나이는 31세, 연 나이는 30세, 만 나이는 29세이다.

[2] 적용 범위

본 조는 행정에 관한 나이의 계산에만 적용된다. 민사상 나이의 계산은 민법에 따른다. 민법은 만 나이를 채택하고 있다(민법 제156조).

■ 민법 제158조(나이의 계산과 표시) 나이는 출생일을 산입하여 만(滿) 나이로 계산하고, 연수(年數)로 표시한다. 다만, 1세에 이르지 아니한 경우에는 월수(月數)로 표시할 수 있다.

[3] 특별 규정 우선 적용

행정에 관한 나이는 다른 법령등에 특별한 규정이 있는 경우에는 그 특별한 규정이 우선 적용된다. 특별한 규정의 예로 연 나이를 규정하는 초중등교육법, 병역법, 청소년보호법, 민방위기본법 등을 볼 수 있다. 초중등교육법의 경우에는 연 나이로 유지될 것이지만, 병역법, 청소년보호법, 민방위기본법 등의 경우에는 만 나이로 개정될 수도 있을 것이다.

> ■ 초·중등교육법 제13조(취학 의무) ① 모든 국민은 보호하는 자녀 또는 아동이 6세가 된 날이 속하는 해의 다음 해 3월 1일에 그 자녀 또는 아동을 초등학교에 입학시켜야 하고, 초등학교를 졸업할 때까지 다니게 하여야 한다.
> ■ 병역법 제8조(병역준비역 편입) 대한민국 국민인 남성은 18세부터 병역준비역에 편입된다.
> ■ 청소년보호법 제2조(정의) 이 법에서 사용하는 용어의 뜻은 다음과 같다.
> 1. "청소년"이란 만 19세 미만인 사람을 말한다. 다만, 만 19세가 되는 해의 1월 1일을 맞이한 사람은 제외한다.
> ■ 민방위기본법민법 제18조(조직) ① 민방위대는 20세가 되는 해의 1월 1일부터 40세가 되는 해의 12월 31일까지의 대한민국 국민인 남성으로 조직한다. 다만, 다음 각 호의 자는 제외한다.

특별한 규정이 없다면, 만 나이를 규정하는 본조가 적용된다. 이것은 행정기본법 제5조 제1항과 취지를 같이 한다.

[4] 계산 및 표시 방법

1. 계산 방법

행정에 관한 나이는 만(滿) 나이로 계산한다. 만 나이의 계산에는 출생일을 산입한다. 출생 시는 문제되지 아니한다. 민법의 경우도 만 나이의 계산에는 출생일을 산입한다.

2. 표시 방법

(가) 연수   나이는 년수로 표시한다. 월수 또는 일수로 표시하는 것이 아니다. 년수를 표시할 때 만이라는 용어를 사용할 필요가 없다. 말하자면 20세를 만 20세로 표시할 필요가 없다. 왜냐하면 나이의 계산 자체가 만 나이로 계산된 것이기 때문이다.

(나) 월수   출생 후 12개월이 경과하지 아니한 자는 1세가 되지 아니하므로 연수로 표시할 수 없다. 따라서 불가피하게 월수로 표시할 수밖에 없다.

제 2 장

행정의 법 원칙

1. 행정기본법 제정 전 상황

(가) 행정법의 일반원칙　　행정기본법이 제정되기 전에는 행정기본법「제2장 행정의 법 원칙」에 규정된 원칙들을 강학상 행정법의 일반원칙이라 불렀다. 법적 공동체로서의 인간단체에서 당연히 도출되는 윤리적 최소한의 원칙을 일반법원칙이라 하고, 이러한 일반법원칙은 성문의 법규는 아니라고 하여도 모든 법질서가 지향해야 할 윤리적 기초이기 때문에 기본적인 법규범으로서 법원의 성격을 갖는다고 하였다. 그리고 행정법의 모든 영역에 타당한 일반법원칙을 행정법의 일반원칙이라 하였다.

(나) 존재방식　　행정기본법이 제정되기 전에 이러한 원칙들 중에는 개별 법률에서 규정된 것도 있었고(예: "이 법에 규정된 경찰관의 직권은 그 직무 수행에 필요한 최소한도에서 행사되어야 하며 남용되어서는 아니 된다."고 하여 비례원칙을 규정하는 경찰관직무집행법 제1조 제2항), 학설과 판례에 의해 발전된 것(예: 부당결부금지의 원칙)도 있었다.

2. 성문화의 의미

(가) 성문법상 법 원칙　　행정기본법에 이러한 원칙들이 규정되어 있다는 것은 이러한 원칙들이 성문법상 법 원칙임을 의미한다. 행정기본법상 행정의 법 원칙은 그 자체가 법률의 한 부분이다. 따라서 공무원들이 행정기본법이 제정되기

전에는 이러한 원칙들을 활용할 때에 학설과 판례를 근거로 하였지만, 이제는 행
정기본법을 근거로 한다. 말하자면 행정기본법상 행정의 법 원칙은 행정에 바로
적용되고, 재판에 바로 적용되는 성문법상 법 원칙이다. 행정기본법상 행정의 법
원칙에 반하는 행정작용은 당연히 위법한 행정작용이 된다.

    (나) 활용성의 증대   행정기본법 제정 전에는 이러한 원칙의 내용과 범위
가 명확하지 않았던 탓으로 공무원이나 법관이 이러한 원칙들을 활용하는데 어려
움이 있었다. 그러나 이제 이러한 원칙들은 성문법인 행정기본법상 법 원칙이므
로 공무원이나 법관은 행정기본법이 정하는 범위 안에서 보다 용이하게 이 원칙
들을 행정작용이나 재판의 근거법(근거조문)으로 활용할 수 있다. 행정실무상 이러
한 법 원칙들의 활용성은 상당히 증대되었다.

> **제8조(법치행정의 원칙)**[1] 행정작용은 법률에 위반되어서는 아니 되며,[2] 국민의 권리를
> 제한하거나 의무를 부과하는 경우와 그 밖에 국민생활에 중요한 영향을 미치는 경
> 우에는 법률에 근거하여야 한다.[3]
> [시행일 2021. 3. 23.]

[1] 행정기본법 제8조의 의의 ― 법치행정 원칙의 성문화

  1. 행정기본법 제정 전 상황

    행정기본법 제정 전부터 학설과 판례는 헌법의 여러 조항 등을 근거로 하면
서1) 우리의 법질서는 법치주의·법치행정을 지향한다고 하였다. 그 요지를 보기
로 한다.

    (가) 법치행정의 의의   강학상 법치행정이란 「행정은 법률의 근거 하에서
법률의 기속을 받으면서 행해져야 하고(법률에 의한 행정, 행정의 법률적합성), 만약 이
를 위반한 행정작용으로 인해 개인에게 피해가 생기면 그 피해는 구제되어야 한
다」는 법 원칙으로 이해된다. 법치행정은 행정의 자의로부터 개인을 보호하고, 행
정작용의 예견가능성을 보장하고자 하는 데 있다.

---

1) 제1조(목적) [3]2.(가)을 보라.

(나) 행정의 법적 기속의 내용   법치행정의 원리로서 행정이 법에 기속된다는 것은 헌법 이외에는 원칙적으로 국회가 제정한 법률만이 국민을 구속하는 힘(법률의 법규창조력)을 갖는다는 전제 하에 ① 행정주체의 활동은 조직규범에서 정한 권한의 범위 내에서 이루어지며, ② 행정은 국민의 대표기관의 의사인 국회가 제정한 법률에 반할 수 없으며(법률의 우위), ③ 행정은 국민의 대표기관의 의사인 국회가 제정한 법률에 근거하여야 함(법률의 유보)을 의미한다.

■ 행정법 이론서에서는 행정의 법률적합성의 원칙을 법률의 법규창조력, 법률의 우위의 원칙, 법률의 유보의 원칙으로 구성하고 있다. 그러나 관습법 외에 행정규칙에도 법규성이 인정되는 경우가 있기에 「헌법 이외에는 원칙적으로 국회제정법률만이 국민을 구속하는 힘(법규창조력)을 갖는다」는 논리는 약화되고 있다. 나라(독일)에 따라서는 행정의 법률적합성의 원칙의 내용으로 '법률의 법규창조력'을 들지 않는 것이 일반적이다.

(다) 시정(구제)   법치행정의 원칙에 반하여 국민에게 불이익을 주는 행정작용은 시정될 수 있어야 한다. 이러한 제도는 그 자체가 법치행정의 한 중요한 요소를 구성하는 것인 동시에 법치행정을 완성시키는 제도이다.

2. 행정기본법 제8조의 법치행정

(가) 법치행정 원칙의 성문화   행정기본법은 제8조는 「법치행정의 원칙」이라는 제목 하에 법률의 우위의 원칙과 법률의 유보의 원칙을 규정하여 법치행정의 원칙을 명문으로 규정하고 있다. 행정기본법 제8조의 법치행정 개념은 앞에서 본 강학상 법치행정 개념보다 그 범위가 좁다.

(나) 법적 성질   행정기본법상 법치행정의 원칙은 성문의 법규이므로, 국가의 모든 기관과 공무원들은 당연히 이 원칙을 준수하여야 한다. 법치행정의 원칙에 반하는 행정작용은 위법한 행정작용으로서 사안에 따라 행정심판이나 행정소송의 대상이 될 수 있고, 국가나 지방자치단체에 손해배상책임을 발생시킬 수도 있다.

[2] 행정기본법 제8조 제1문 — 법률우위의 원칙

1. 원칙의 성문화

행정기본법 제정 전부터 강학상 「합헌적 절차에 따라 제정된 법률은 헌법을 제외한 그 밖의 모든 국가의사에 우월하고, 행정은 법률에 반할 수 없으며, 이 때 법률은 그 내용 또한 헌법에 합치되는 것이어야 한다」는 것으로 이해하였다. 강학상 이를 법률우위의 원칙으로 불러왔다. "행정작용은 법률에 위반되어서는 아니된다."고 규정하는 행정기본법 제8조 제1문은 이러한 법률의 우위의 원칙을 성문화한 것이다.

2. 헌법상 근거

법률우위의 원칙은 권력분립의 원칙에서 직접 나오는 원칙이다. 즉, 행정권과 사법권은 입법권을 존중하여야 한다는 데에서 나온다. 법률의 우위의 원칙은 헌법 제107조 제2항에 의해 보장되고 있다.

- 헌법 제107조 ② 명령·규칙 또는 처분이 헌법이나 법률에 위반되는 여부가 재판의 전제가 된 경우에는 대법원은 이를 최종적으로 심사할 권한을 가진다.

3. 법률의 의미

(가) 의의   법률의 우위의 원칙에서 법률이란 국회가 제정한 법률을 뜻한다. 그런데 헌법 제75조는 법률에 근거한 대통령령, 제95조는 법률이나 대통령령에 근거한 총리령과 부령을 규정하고 있으므로 대통령령, 총리령과 부령도 실질적 의미에서는 법률의 성질을 갖는다. 따라서 대통령령, 총리령과 부령도 법률의 우위의 원칙에서 법률에 포함된다. 헌법 제6조에 따른 국제법 중 법률적 지위를 갖는 것은 행정기본법 제8조 제1문의 법률에 해당한다.

- 헌법 제75조 대통령은 법률에서 구체적으로 범위를 정하여 위임받은 사항과 법률을 집행하기 위하여 필요한 사항에 관하여 대통령령을 발할 수 있다.
제95조 국무총리 또는 행정각부의 장은 소관사무에 관하여 법률이나 대통령령의 위임 또는 직권으로 총리령 또는 부령을 발할 수 있다.
- 헌법 제6조 ① 헌법에 의하여 체결·공포된 조약과 일반적으로 승인된 국제법규는 국내법과 같은 효력을 가진다.

- 헌재 2022. 9. 29, 2019헌마1352(국민의 기본권은 헌법 제37조 제2항에 의하여 국가안전보장·질서유지 또는 공공복리를 위하여 필요한 경우에 한하여 이를 제한할 수 있으나, 그 제한의 방법은 원칙적으로 법률로써만 가능한바, 여기서 기본권 제한에 관한 법률유보원칙은 '법률에 근거한 규율'을 요청하는 것이므로, 그 형식이 반드시 법률일 필요는 없다 하더라도 법률상의 근거는 있어야 한다. 따라서 모법의 위임범위를 벗어난 하위법령은 법률의 근거가 없는 것으로 법률유보원칙에 위반된다).

(나) 국회규칙 등   행정기본법 제2조 제1호 가목 2)가 정하는「국회규칙·대법원규칙·헌법재판소규칙·중앙선거관리위원회규칙 및 감사원규칙」, 3)이 정하는「1) 또는 2)의 위임을 받아 중앙행정기관(「정부조직법」및 그 밖의 법률에 따라 설치된 중앙행정기관을 말한다. 이하 같다)의 장이 정한 훈령·예규 및 고시 등 행정규칙」, 행정기본법 제2조 제1호 나목이 정하는 자치법규(지방자치단체의 조례 및 규칙)도 헌법과 국회 제정 법률의 위임에 근거한 것이므로 법률의 우위의 원칙에서 법률에 포함된다.

(다) 상위법 우위의 원칙   앞의 (가)와 (나)에서 지적한 바를 고려하면, 법률의 우위의 원칙은 상위법 우위의 원칙으로 볼 필요가 있다. 요컨대 행정기본법 제8조의 법률에는 국회가 제정하는 법률 외에 여타의 성문 법규가 포함된다.

4. 적용범위

행정기본법 제8조는 행정작용의 범위에 제한을 가하고 있지 않다. 법률의 우위의 원칙은 행정의 모든 영역에 예외 없이 적용된다. 수익적 행위인가, 침익적 행위인가를 가리지 않는다. 조직상의 행위인가도 가리지 않는다. 법률의 우위의 원칙은 공법형식의 국가작용뿐만 아니라 사법형식으로 이루어지는 국가작용에도 적용된다.

5. 위반의 효과

(가) 무효와 취소   법률우위의 원칙에 반하는 행정작용은 위법한 행정작용이 된다. 위법의 효과는 행정작용의 유형에 따라 다르다. ① 헌법과 법률 등 상위법에 반하는 행정입법(대통령령·총리령·부령 등)은 원칙적으로 무효이다. ② 법령에 반하는 행정행위는 판례의 견해에 의하면 하자의 중대성과 명백성 여하에 따라 하자가 중대하고 명백하면 무효, 중대하지만 명백하지 않거나 명백하지만 중대하지 않으면 취소의 대상이 된다.

■ 대판 2024. 7. 25, 2023추5(정당 현수막에 관한 규율은 그 본질상 지방자치단체가 법령의 위임 없이도 조례로 규율할 수 있는 사항으로 평가하기 어렵고, 입법자 역시 정당 현수막의 보장과 제한을 직접 규정함으로써 전국에 걸쳐 일률적으로 동일한 내용을 규율하려는 취지라 할 것이며, 달리 조례로 정당 현수막의 표시·설치에 관한 사항을 정할 수 있도록 위임하고 있지도 아니하므로, 하위법령인 조례로서 개정 옥외광고물법령이 정당 현수막의

표시·설치에 관하여 정한 것보다 엄격하게 규정하고 있는 이 사건 조례안 규정은 개정 옥외광고물법령에 위반된다).

■ 대판 2005. 9. 9, 2004추10('1994년 관세 및 무역에 관한 일반협정'(General Agreement on Tariffs and Trade 1994, 이하 'GATT'라 한다)은 1994. 12. 16. 국회의 동의를 얻어 같은 달 23. 대통령의 비준을 거쳐 같은 달 30. 공포되고 1995. 1. 1. 시행된 조약인 '세계무역기구(WTO) 설립을 위한 마라케쉬협정'(Agreement Establishing the WTO)(조약 1265호)의 부속 협정(다자간 무역협정)이고, '정부조달에 관한 협정'(Agreement on Government Procurement, 이하 'AGP'라 한다)은 1994. 12. 16. 국회의 동의를 얻어 1997. 1. 3. 공포시행된 조약(조약 1363호, 복수국가간 무역협정)으로서 각 헌법 제6조 제1항에 의하여 국내법령과 동일한 효력을 가지므로 지방자치단체가 제정한 조례가 GATT나 AGP에 위반되는 경우에는 그 효력이 없다)(전라북도 학교급식 조례안 사건).

(나) 손해배상청구　　법률우위의 원칙에 반하는 행정작용으로 손해를 입은 자는 국가배상법이 정하는 바에 따라 국가나 지방자치단체를 상대로 손해배상을 청구할 수 있다.

(다) 이의신청과 처분의 재심사　　① 법률우위의 원칙에 반하는 처분의 당사자는 행정기본법 제36조(처분에 대한 이의신청)가 정하는 바에 따라 이의신청을 할 수 있다.1) ② 뿐만 아니라 행정기본법 제37조(처분의 재심사)가 정하는 바에 따라 처분의 재심사를 신청을 할 수 있다.2)

(라) 행정심판과 행정소송　　① 법률우위의 원칙에 반하는 처분의 당사자나 이해관계 있는 제3자는 행정심판법이 정하는 바에 따라 행정심판을 제기할 수 있고, 또한 행정소송법이 정하는 바에 따라 행정소송을 제기할 수도 있다.

[3] 행정기본법 제8조 제2문 — 법률유보의 원칙

1. 원칙의 성문화

행정기본법 제정 전부터 강학상「국가의 행정은 법적 근거를 갖고서 이루어져야 한다.」고 하였고, 이를 법률유보의 원칙으로 불러왔다.

■ 법률의 유보는 다의적 개념이다. 헌법학에서는 기본권 제한과 관련하여 접근하며, 행정법학에서는 행정의 법적 구속, 즉 행정의 법률적합성의 원칙과 관련하여 접근한다.

---

1) 제36조(처분에 대한 이의신청)를 보라.
2) 제37조(처분의 재심사)를 보라.

행정기본법 제8조 제2문은 이러한 법률의 유보의 원칙을 성문화한 것이다. 행정기본법 제정 전부터 행정규제기본법은 법률유보의 원칙을 규정하였다. 행정규제기본법은 규제행정을 규율대상으로 하지만, 행정기본법 제8조 제2문은 모든 행정을 규율대상으로 한다는 점에서 그 의미가 다르다.

■ 행정규제기본법 제4조(규제 법정주의) ① 규제는 법률에 근거하여야 하며, 그 내용은 알기 쉬운 용어로 구체적이고 명확하게 규정되어야 한다.
② 규제는 법률에 직접 규정하되, 규제의 세부적인 내용은 법률 또는 상위법령(上位法令)에서 구체적으로 범위를 정하여 위임한 바에 따라 대통령령·총리령·부령 또는 조례·규칙으로 정할 수 있다. 다만, 법령에서 전문적·기술적 사항이나 경미한 사항으로서 업무의 성질상 위임이 불가피한 사항에 관하여 구체적으로 범위를 정하여 위임한 경우에는 고시 등으로 정할 수 있다.
③ 행정기관은 법률에 근거하지 아니한 규제로 국민의 권리를 제한하거나 의무를 부과할 수 없다.

2. 헌법상 근거

법률유보의 원칙은 이론상 헌법상 기본원리인 민주주의원리(국회가 국가공동체의 본질적인 결단을 하여야 한다)·법치국가원리(국가와 시민 간의 법관계는 일반적인 법률을 통해 규율되어야 한다)·그리고 기본권보장원리(개인의 자유와 권리는 오로지 법률의 근거 위에서만 제한이 가능하다)에서 나온다. 기본권보장원리는 헌법 제37조에 규정되고 있다.

■ 헌법 제37조 ① 국민의 자유와 권리는 헌법에 열거되지 아니한 이유로 경시되지 아니한다.
② 국민의 모든 자유와 권리는 국가안전보장·질서유지 또는 공공복리를 위하여 필요한 경우에 한하여 법률로써 제한할 수 있으며, 제한하는 경우에도 자유와 권리의 본질적인 내용을 침해할 수 없다.

■ 헌재 2024. 7. 18, 2021헌마533(기본권은 헌법 제37조 제2항에 의하여 국가안전보장·질서유지 또는 공공복리를 위하여 필요한 경우에 한하여 이를 제한할 수 있으나, 그 제한의 방법은 원칙적으로 '법률로써'만 가능하고 제한의 정도도 기본권의 본질적 내용을 침해할 수 없고 필요한 최소한도에 그쳐야 한다. 그런데 위 조항에서 규정하고 있는 기본권제한에 관한 법률유보의 원칙은 '법률에 의한 규율'을 요청하는 것이 아니라 '법률에 근거한 규율'을 요청하는 것이므로, 기본권의 제한에는 법률의 근거가 필요할 뿐이고 기본권 제한의 형식이 반드시 법률의 형식일 필요는 없다).

3. 법률우위의 원칙과의 비교

법률의 우위의 원칙은 소극적으로 기존 법률에 대한 위반의 금지를 내용으로 하지만, 법률의 유보의 원칙은 적극적으로 행정기관이 행위를 할 수 있게 하는 법적 근거를 내용으로 한다. 달리 말하면, 법률의 우위의 원칙은 법의 단계질서의 문제이지만, 법률의 유보의 원칙은 입법과 행정 사이의 권한배분의 문제이다

4. 법률의 의미

(가) 의의 　　　법률유보에 있어서의 '법률'이란 국회에서 제정한 형식적 의미의 법률을 의미하므로 불문법인 관습법은 포함되지 않는다. 그러나 헌법 제75조와 제95조가 정하는 바에 따라 상위법령의 위임을 받아 정해진 대통령령, 총리령과 부령은 '법률'에 포함된다. 헌법 제6조에 따른 국제법 중 법률적 지위를 갖는 것은 행정기본법 제8조 제2문의 법률에 해당한다.

> ■ 헌법 제6조 ① 헌법에 의하여 체결·공포된 조약과 일반적으로 승인된 국제법규는 국내법과 같은 효력을 가진다.

> ■ 헌재 2023. 7. 20, 2017헌마1376(국민의 기본권은 헌법 제37조 제2항에 의하여 국가안전보장·질서유지 또는 공공복리를 위하여 필요한 경우에 한하여 '법률로써' 제한할 수 있다. 이는 '법률에 근거한 규율'을 요청하는 것으로, 그 형식이 반드시 법률일 필요는 없다고 하더라도 법률상의 근거는 있어야 한다. 따라서 법률상의 근거가 없거나, 모법의 위임범위를 벗어난 하위법령은 법률유보원칙에 위반된다).

(나) 국회규칙 등 　　　행정기본법 제2조 제1호 가목 2)가 정하는 「국회규칙·대법원규칙·헌법재판소규칙·중앙선거관리위원회규칙 및 감사원규칙」, 3)이 정하는 「1) 또는 2)의 위임을 받아 중앙행정기관(「정부조직법」 및 그 밖의 법률에 따라 설치된 중앙행정기관을 말한다. 이하 같다)의 장이 정한 훈령·예규 및 고시 등 행정규칙」, 행정기본법 제2조 제1호 나목이 정하는 자치법규(지방자치단체의 조례 및 규칙)도 헌법과 국회 제정 법률의 위임에 근거한 것이므로 법률의 유보의 원칙에서 법률에 포함된다.

> ■ 헌재 2024. 5. 30, 2022헌마1146(국민의 기본권은 헌법 제37조 제2항에 의하여 국가안전보장·질서유지 또는 공공복리를 위하여 필요한 경우에 한하여 '법률로써' 제한할 수 있다. 이는 '법률에 근거한 규율'을 요청하는 것으로, 그 형식이 반드시 법률일 필요는 없다고 하

더라도 법률상의 근거는 있어야 한다. 따라서 법률상의 근거가 없거나, 모법의 위임범위를
벗어난 하위법령은 법률유보원칙에 위반된다).

5. 적용범위

행정기본법 제8조 제2문은 "국민의 권리를 제한하거나 의무를 부과하는 경
우"와 "그 밖에 국민생활에 중요한 영향을 미치는 경우"에 법률에 근거하여야 함
을 규정하고 있다. 양자를 나누어서 보기로 한다.

(가) 국민의 권리를 제한하거나 의무를 부과하는 경우   헌법 제37조 제2항
은 "국민의 모든 자유와 권리는 국가안전보장·질서유지 또는 공공복리를 위하여
필요한 경우에 한하여 법률로써 제한할 수 있으며, 제한하는 경우에도 자유와 권
리의 본질적인 내용을 침해할 수 없다."고 규정한다. 헌법 재37조 제2항은 국민의
권리와 자유의 제한은 법률로써 할 수 있음을 선언하고 있다. 행정기본법 제8조
제2문이 "국민의 권리를 제한하거나(예: 영업정지처분·운전면허정지처분) 의무를 부과
하는 경우(예: 철거명령·과태료부과처분)"를 법률유보의 원칙의 적용대상으로 규정한
것은 헌법 제37조 제2항을 구체화한 것이다.

(나) 국민생활에 중요한 영향을 미치는 경우

1) 중요사항유보설   행정기본법이 제정되기 전에는 강학상 행정작용에 「법
률의 유보의 원칙」이 적용된다고 하는 점에 이견이 없었다. 그러나 「법률의 유보
의 원칙」의 적용범위와 관련하여서는 논란이 많았다. 1990년대 이후 중요사항유
보설이 지배적인 견해가 되었다. 중요사항유보설이란 기본적인 규범영역에서 모
든 중요한 결정은 적어도 입법자 스스로가 법률로 정하여야 한다는 견해이다.

■ 중요사항유보설은 2단계로 구성된다. 1단계는 법률의 유보, 즉 입법사항의 문제이고, 2
단계는 법률의 유보를 전제로 위임입법과의 관계에서 입법자가 위임입법에 위임할 수 없고
반드시 입법자 스스로 정해야 한다는 의미의 문제이다. 2단계에서의 문제, 즉 위임금지를
통해 강화된 법률유보를 의회유보라고도 부른다.

판례도 이러한 견해를 취한다.

■ 헌재 2024. 8. 29, 2020헌마389등(오늘날의 법률유보원칙은 단순히 행정작용이 법률에
근거를 두기만 하면 충분한 것이 아니라, 국가공동체와 그 구성원에게 기본적이고도 중요

한 의미를 갖는 영역, 특히 국민의 기본권 실현에 관련된 영역에 있어서는 행정에 맡길 것이 아니라 국민의 대표자인 입법자 스스로 그 본질적 사항에 대하여 결정하여야 한다는 요구, 즉 의회유보원칙까지 내포하는 것으로 이해되고 있다. 이 때 입법자가 형식적 법률로 스스로 규율하여야 하는 사항이 어떤 것인가는 일률적으로 획정할 수 없고 구체적인 사례에서 관련된 이익 내지 가치의 중요성, 규제 내지 침해의 정도와 방법 등을 고려하여 개별적으로 결정할 수 있을 뿐이나 적어도 헌법상 보장된 국민의 자유나 권리를 제한할 때에는 그 제한의 본질적인 사항에 관한 한 입법자가 법률로써 스스로 규율하여야 할 것이다).

2) 국민생활에 중요한 영향　　① 행정기본법 제8조 제2문은 중요사항유보설을 반영한 것이다. 그런데 해석이 어려운 부분은 「국민생활에 중요한 영향을 미치는 경우는 어떠한 경우인가?」이다. ② 중요한 영향(중요성)의 판단은 고정적인 것이 아니라 개인과 공공에 대하여 얼마나 의미 있고, 중대하고, 기본적이고, 결정적인가에 따라 정해질 유동적인 것이다. 어떤 사항이 개인과 공중에 중요하면 할수록 입법자는 보다 고도로 정밀하게, 그리고 엄격하게 규정을 정립해야 할 것이다. 중요한 영향(중요성)의 의미파악은 논리의 문제이자 전통·합목적성·법의식 등의 문제이기도 하다. ③ 기본권에 직접 영향을 미치는 것과 국가의 기본적인 질서에 관한 사항(예: 남북통일·경제체제·교육체제)은 국민들에게 중요한 영향(중요성)을 갖는다고 보는 데에는 어려움이 없다. 중요성의 개념은 일의적(一義的)인 것이 아니다. 변화가 심한 오늘날의 사회에서 「중요한 영향(중요성)」의 의미는 개별적인 상황에 보다 탄력적으로 찾아가야 한다.

(다) 행정영역별 법률유보의 적용 요부

1) 침해행정　　헌법 제37조제2항, 제23조 제3항 행정기본법 제8조 제2문, 행정규제기본법 제4조에 의해 법률의 근거가 필요하다.

■ 헌법 제37조 ② 국민의 모든 자유와 권리는 국가안전보장·질서유지 또는 공공복리를 위하여 필요한 경우에 한하여 법률로써 제한할 수 있으며, 제한하는 경우에도 자유와 권리의 본질적인 내용을 침해할 수 없다.
제23조 ③ 공공필요에 의한 재산권의 수용·사용 또는 제한 및 그에 대한 보상은 법률로써 하되, 정당한 보상을 지급하여야 한다.

2) 급부행정　　국회에 의한 확정예산이 있으면 법률의 근거 없이도 예산을 근거로 급부행정은 가능하다. 예산 역시 법률과 마찬가지로 국회의 의사이기 때문이다. 중요한 사항에 해당하는 급부행정의 경우 또는 특정인에 대한 급부가 제3

자의 권리에 대한 침해를 가져오는 경우에는 당연히 법률의 근거가 있어야 한다.

　　3) 긴급한 경우　　긴급재정·경제명령과 긴급명령이 헌법(제76조)에 근거하여 법률적 효력을 가지지만, 국민의 자유와 권리를 침해하는 경우에는 국회의 통제가 가능하다는 점을 고려할 때, 긴급한 경우도 법률유보는 적용되고 있다.

　　■ 헌법 제76조 ① 대통령은 내우·외환·천재·지변 또는 중대한 재정·경제상의 위기에 있어서 국가의 안전보장 또는 공공의 안녕질서를 유지하기 위하여 긴급한 조치가 필요하고 국회의 집회를 기다릴 여유가 없을 때에 한하여 최소한으로 필요한 재정·경제상의 처분을 하거나 이에 관하여 법률의 효력을 가지는 명령을 발할 수 있다.
　　② 대통령은 국가의 안위에 관계되는 중대한 교전상태에 있어서 국가를 보위하기 위하여 긴급한 조치가 필요하고 국회의 집회가 불가능한 때에 한하여 법률의 효력을 가지는 명령을 발할 수 있다.
　　③ 대통령은 제1항과 제2항의 처분 또는 명령을 한 때에는 지체없이 국회에 보고하여 그 승인을 얻어야 한다.
　　④ 제3항의 승인을 얻지 못한 때에는 그 처분 또는 명령은 그때부터 효력을 상실한다. 이 경우 그 명령에 의하여 개정 또는 폐지되었던 법률은 그 명령이 승인을 얻지 못한 때부터 당연히 효력을 회복한다.
　　⑤ 대통령은 제3항과 제4항의 사유를 지체없이 공포하여야 한다.

　　4) 행정조직　　헌법 제96조는 행정각부조직 법정주의, 제118조 제2항은 지방자치단체조직 법정주의를 채택하고 있는바, 행정조직에도 법률유보는 적용되고 있다.

　　■ 헌법 제96조 행정각부의 설치·조직과 직무범위는 법률로 정한다.
제118조 ② 지방의회의 조직·권한·의원선거와 지방자치단체의 장의 선임방법 기타 지방자치단체의 조직과 운영에 관한 사항은 법률로 정한다.

　　5) 지방자치행정　　법률유보의 원칙을 규정하는 지방자치법 제28조 단서로 인해 법률유보의 원칙이 적용된다.

　　■ 지방자치법 제28조(조례) ① 지방자치단체는 법령의 범위에서 그 사무에 관하여 조례를 제정할 수 있다. 다만, 주민의 권리 제한 또는 의무 부과에 관한 사항이나 벌칙을 정할 때에는 법률의 위임이 있어야 한다.
　　② 법령에서 조례로 정하도록 위임한 사항은 그 법령의 하위 법령에서 그 위임의 내용과 범위를 제한하거나 직접 규정할 수 없다.

6. 위반의 효과

법률의 유보의 원칙에 반하는 행정작용은 위법한 행정작용이 된다. 그 효과로서 무효·취소, 손해배상, 행정상 쟁송 등이 검토를 요하다.

■ 헌재 2023. 7. 20, 2017헌마1376(국민의 기본권은 헌법 제37조 제2항에 의하여 국가안전보장·질서유지 또는 공공복리를 위하여 필요한 경우에 한하여 '법률로써' 제한할 수 있다. 이는 '법률에 근거한 규율'을 요청하는 것으로, 그 형식이 반드시 법률일 필요는 없다고 하더라도 법률상의 근거는 있어야 한다. 따라서 법률상의 근거가 없거나, 모법의 위임범위를 벗어난 하위법령은 법률유보원칙에 위반된다).

(가) 무효와 취소　　법률유보의 원칙에 반하는 행정작용은 위법한 행정작용이 된다. 위법의 효과는 행정작용의 유형에 따라 다르다. ① 상위법령의 근거 없이 발령된 위임명령은 무효이다. ② 법령의 근거 없이 발령된 행정행위는 하자의 중대성과 명백성 여하에 따라 하자가 중대하고 명백하면 무효, 중대하지만 명백하지 않거나 명백하지만 중대하지 않으면 취소의 대상이 된다.

■ 대판 2023. 7. 13, 2022추5149(지방자치법 제28조 제1항 본문은 "지방자치단체는 법령의 범위에서 그 사무에 관하여 조례를 제정할 수 있다."라고 규정하는바, 여기서 말하는 '법령의 범위에서'란 '법령에 위반되지 않는 범위 내에서'를 가리키므로 지방자치단체가 제정한 조례가 법령에 위반되는 경우에는 효력이 없다).
■ 대판 2023. 3. 9, 2022추5118(지방자치법 제28조 제1항 단서, 행정규제기본법 제4조 제3항에 의하면 지방자치단체가 조례를 제정할 때 그 내용이 주민의 권리 제한 또는 의무 부과에 관한 사항이나 벌칙인 경우에는 법률의 위임이 있어야 하므로, 법률의 위임 없이 주민의 권리 제한 또는 의무 부과에 관한 사항을 정한 조례는 그 효력이 없다).
■ 대판 2020. 9. 3, 2016두32992 전원합의체 판결(노동조합 및 노동관계조정법 시행령 제9조 제2항은 법률의 위임 없이 법률이 정하지 아니한 법외노조 통보에 관하여 규정함으로써 헌법상 노동3권을 본질적으로 제한하고 있으므로 그 자체로 무효이다).
■ 대판 2012. 2. 9, 2011두23504(부정한 방법으로 건설업을 양도·양수한 때에 관하여는 건설업의 등록말소를 할 수 있는 근거 규정이 없으므로 이 사건 처분(건설업등록말소처분)은 법률유보의 원칙에 위배된다).

(나) 손해배상청구　　법률유보의 원칙에 반하는 위법한 행정작용으로 손해를 입은 자는 국가배상법이 정하는 바에 따라 국가나 지방자치단체를 상대로 손해배상을 청구할 수 있다.

(다) 이의신청과 처분의 재심사 ① 법률유보의 원칙에 반하는 처분의 당사자는 행정기본법 제36조(처분에 대한 이의신청)가 정하는 바에 따라 이의신청을 할 수 있다.[1] ② 뿐만 아니라 행정기본법 제37조(처분의 재심사)가 정하는 바에 따라 처분의 재심사를 신청을 할 수 있다.[2]

(라) 행정심판과 행정소송 ① 법률유보의 원칙에 반하는 처분의 당사자나 이해관계 있는 제3자는 행정심판법이 정하는 바에 따라 행정심판을 제기할 수 있고, 또한 행정소송법이 정하는 바에 따라 행정소송을 제기할 수도 있다.

7. 신뢰보호의 원칙과의 관계

(가) 충돌의 가능성 행정기본법 제12조는 신뢰보호의 원칙을 규정하고 있다. 위법한 수익적 행정처분(예: 위법하게 보조금을 지급한 경우)의 경우, 법률의 유보의 원칙을 앞세우면, 그 처분은 취소되어야 한다. 그러나 신뢰보호의 원칙을 앞세우면, 처분은 취소되어서는 안 된다. 요컨대 법적 안정성의 원리에 바탕을 둔 신뢰보호의 원칙과 행정의 법률적합성의 원칙 내지 법률의 유보의 원칙은 대립되기도 한다.

(나) 충돌의 해결 법률유보의 원칙과 신뢰보호의 원칙 중 어떠한 원칙이 우월하다고 말할 수 없다. 2원칙은 관심방향이 다를 뿐이다. 2원칙 모두 헌법적인 법원칙이다. 2원칙은 대등한 법원칙으로 보아야 한다. 2원칙 사이에 충돌이 있는 경우에는 2원칙의 조화가 중요하다. 이러한 취지에서 행정기본법 제18조 제1항은 위법한 처분을 취소할 때에(법률유보의 원칙의 적용) 「취소로 인하여 당사자가 입게 될 불이익을 취소로 달성되는 공익과 비교·형량할 것(신뢰보호의 원칙의 적용)」을 규정하고 있다.

(다) 합하여 정의의 실현 법률의 유보의 원칙을 엄격하게 적용하면 국민의 법생활의 안정에 침해가 발생할 수 있다. 신뢰보호의 원칙은 이러한 침해를 완화할 수 있다. 따라서 신뢰보호의 원칙은 법률의 유보의 원칙을 보완하는 의미를 갖는다. 법률의 유보의 원칙과 신뢰보호의 원칙은 합하여 궁극적으로 정의의 실현에 기여한다.

---

1) 제36조(처분에 대한 이의신청)를 보라.
2) 제37조(처분의 재심사)를 보라.

> **제9조(평등의 원칙)**[1] 행정청은 합리적 이유 없이 국민을 차별해서는 아니 된다.[2] [3]
> [시행일 2021. 3. 23.]

[1] 행정기본법 제9조의 의의 — 평등의 원칙의 성문화

1. 행정기본법 제정 전 상황

① 행정기본법 제정 전부터 학설과 판례는 헌법 제11조를 근거로 하여 평등원칙 또는 평등원칙의 구체화로서 행정의 자기구속의 원칙을 행정법의 일반원칙의 하나로 보았다.

> ■ 헌법 제11조 ① 모든 국민은 법 앞에 평등하다. 누구든지 성별·종교 또는 사회적 신분에 의하여 정치적·경제적·사회적·문화적 생활의 모든 영역에 있어서 차별을 받지 아니한다.
> ② 사회적 특수계급의 제도는 인정되지 아니하며, 어떠한 형태로도 이를 창설할 수 없다.
> ③ 훈장등의 영전은 이를 받은 자에게만 효력이 있고, 어떠한 특권도 이에 따르지 아니한다.

② 헌법 제11조에서 말하는 평등은 이중의 성격을 갖는다. 하나는 일반적 헌법원칙으로서 성격이다. 이러한 의미에서 평등은 국가의 모든 작용(입법작용＋행정작용＋사법작용)이 갖추어야 할 기준이다. 또 하나는 개인이 갖는 권리(주관적 공권)의 성격이다. 이러한 의미에서 평등은 개인이 국가에 대하여 불평등의 시정을 요구할 수 있는 권리이다.

> ■ 헌재 2023. 3. 23, 2022헌바139(평등의 원칙은 국민의 기본권 보장에 관한 우리 헌법의 최고 원리로서 국가가 입법을 하거나 법을 해석 및 집행함에 있어 따라야 할 기준인 동시에, 국가에 대하여 합리적 이유 없이 불평등한 대우를 하지 말 것과, 평등한 대우를 요구할 수 있는 국민의 권리이다).

③ 헌법 제11조 제2항은 "성별·종교 또는 사회적 신분에 의하여 정치적·경제적·사회적·문화적 생활의 모든 영역에 있어서 차별을 받지 아니한다"고 규정한다. 이러한 차별사유는 예시적으로 보아야 한다. 예를 들어 건강·학력·연령 등을 이유로도 차별하여서는 아니 된다.

2. 성문화

행정기본법 제9조는 "행정청은 합리적 이유 없이 국민을 차별해서는 아니 된다."고 규정하여 헌법상 원칙인 평등의 원칙을 행정법상 원칙으로 구체화한 것으로서 성문의 법 원칙이다. 행정청은 행정법령을 집행함에 있어 행정법의 일반원칙으로서의 평등의 원칙이 아니라 행정기본법 제9조의 평등의 원칙을 처분 등의 직접적인 근거로 활용하여야 한다.

3. 일반법

행정기본법 제9조는 일반법이다. 개별 법률에 평등원칙에 관한 특별규정이 있다면, 그 특별규정이 적용된다. 개별 법률에 특별규정이 없다면, 행정기본법 제9조가 적용된다. 평등원칙을 규정하는 개별 법률도 있다(예: 건강가정기본법 제5조, 공공데이터의 제공 및 이용 활성화에 관한 법률 제3조, 교육기본법 제4조, 국가공무원법 제35조, 군인사법 제2조의2, 남녀고용평등과 일·가정 양립 지원에 관한 법률 제1조, 생활체육진흥법 제3조, 양성평등기본법 제1조).

[2] 평등의 원칙의 내용

1. 수범자

행정기본법 제9조는 행정청이 평등의 원칙을 준수할 것을 규정하고 있다. 행정청의 의미는 행정기본법 제2조 제2호에서 규정되고 있다. 행정기본법 제2조 제2호의 행정청에 해당하지 아니하는 행정기관은 헌법 제11조에 근거하여 평등원칙을 준수하여야 한다. 평등의 원칙은 행정청이 의무적으로 따라야 할 행정의 법원칙인 동시에 사인이 행정청에 평등한 대우를 요구할 수 있는 권리의 성질도 갖는다.

- 대판 2024. 7. 18, 2023두36800(행정기본법 제9조는 "행정청은 합리적 이유 없이 국민을 차별하여서는 아니 된다."라고 규정하여, 행정청에 헌법상 평등원칙에 따라 합리적 이유가 없는 한 모든 국민을 동등하게 처우해야 할 의무를 부과하고 있다).
- 헌재 2023. 3. 23, 2022헌바139(평등의 원칙은 국민의 기본권 보장에 관한 우리 헌법의 최고 원리로서 국가가 입법을 하거나 법을 해석 및 집행함에 있어 따라야 할 기준인 동시에, 국가에 대하여 합리적 이유 없이 불평등한 대우를 하지 말 것과, 평등한 대우를 요구할 수 있는 국민의 권리이다).

2. 적용범위

행정기본법 제9조의 평등의 원칙은 모든 행정에 적용된다. 침익적 행정과 수익적 행정, 질서행정과 급부행정, 침해행정과 급부행정 등 모든 행정에 적용된다. 행정기본법 제9조의 평등의 원칙의 수범자는 행정청이므로 행정기본법 제9조의 평등원칙에 반하는 행정작용은 사법적 통제의 대상이 될 수 있다.

3. 합리적 이유 있는 차별

(가) 상대적 평등　　학설과 판례는 헌법 제11조에서 말하는 평등이란 「어떠한 차이도 두지 않는 절대적 평등」이 아니라, 「국가의 모든 작용에 합리적인 이유 없는 차별을 하여서는 아니 된다는 상대적 평등」으로 이해한다. 행정기본법 제9조는 학설과 판례의 견해를 따라 헌법 제11조의 평등은 상대적 평등이라는 전제하에 「합리적 이유 없는 차별의 금지」를 명문화하였다. 행정기본법 제9조는 「상대적 평등」이라는 용어 대신에 「합리적 이유의 유무」라는 용어를 사용한다.

■ 대판 2024. 7. 18, 2023두36800(행정청의 행정행위가 합리적 이유 없는 차별대우에 해당하여 헌법상 평등원칙을 위반하였는지 여부를 확정하기 위해서는 먼저 행위의 근거가 된 법규의 의미와 목적을 통해 행정청이 본질적으로 같은 것을 다르게 대우했는지, 즉 다른 대우를 받아 비교되는 두 집단 사이에 본질적인 동일성이 존재하는지를 확정해야 한다. 다음으로 그러한 차별대우가 확인되면 비례의 원칙에 따라 행위의 정당성 여부를 심사하여 헌법상 평등원칙을 위반하였는지 여부를 판단하여야 한다).

■ 대판 2024. 7. 18, 2022두43528(헌법상 평등원칙은 본질적으로 같은 것을 자의적으로 다르게 취급함을 금지하는 것으로서, 일체의 차별적 대우를 부정하는 절대적 평등을 뜻하는 것이 아니라 입법을 하고 법을 적용할 때에 합리적인 근거가 없는 차별을 하여서는 아니 된다는 상대적 평등을 뜻한다).

■ 대판 2024. 4. 4, 2022두56661(헌법 제11조 제1항은 "모든 국민은 법 앞에 평등하다. 누구든지 성별·종교 또는 사회적 신분에 의하여 정치적·경제적·사회적·문화적 생활의 모든 영역에 있어서 차별을 받지 아니한다."라고 규정하고 있는데, 여기서 말하는 평등은 형식적 의미의 평등이 아니라 실질적 의미의 평등을 의미한다).

■ 헌재 2024. 2. 28, 2020헌마1587(평등원칙은 입법자에게 본질적으로 같은 것을 자의적으로 다르게, 본질적으로 다른 것을 자의적으로 같게 취급하는 것을 금하고 있다. 그러므로 비교의 대상을 이루는 두개의 사실관계 사이에 서로 상이한 취급을 정당화할 수 있을 정도의 차이가 없음에도 불구하고 두 사실관계를 서로 다르게 취급한다면 이것은 평등권을 침해하게 된다).

■ 헌재 2024. 5. 30, 2020헌바179(헌법 제11조 제1항이 규정하고 있는 평등원칙은 '본질적

으로 같은 것을 같게, 다른 것을 다르게' 취급해야 한다는 것을 의미한다. 그러나 이는 일체의 차별적 대우를 부정하는 절대적 평등을 의미하는 것이 아니라 불합리한 차별을 하여서는 안 된다는 상대적 평등을 뜻하는 것이므로, 합리적인 근거 없이 차별하는 경우에 한하여 평등원칙에 위반될 뿐이다).
■ 헌재 2024. 5. 30, 2019헌가29(평등원칙은 본질적으로 동일한 집단 사이의 차별취급이 있을 때 문제되는 것이므로, 두개의 비교집단은 본질적으로 동일할 것이 요구된다. 두개의 비교집단이 본질적으로 동일한가의 판단은 일반적으로 당해 법규정의 의미와 목적에 달려 있다).

(나) 합리적 차별 기준   행정기본법 제9조는 합리적 이유 없이 국민을 차별하는 것만을 금지한다. 행정기본법 제9조의 반대해석상 합리적 이유 있는 차별은 허용된다. 상대적 평등(합리적 이유의 유무)의 판단기준으로 자의금지(본질적으로 같은 것을 자의적·임의적으로 다르게, 본질적으로 다른 것을 자의적·임의적으로 같은 것으로 취급하는 것을 금지하는 것을 말한다), 형평(행정작용의 개시와 진행 과정뿐만 아니라 행정작용의 결과가 공정하여 행정법질서가 균형 잡힌 상태에 있는 것을 말한다), 합리성(행정청이 도입하는 행정작용의 내용·절차는 그 행정작용이 의도하는 목적에 비추어 이성적이어야 한다는 것을 말한다) 등이 활용되고 있다. 자의금지에 어긋나거나 형평에 반하거나 합리성이 결여된 행정작용은 평등원칙에 반하는 것이 된다.

■ 대판 2008. 6. 12, 2007추42(이 사건 조례안에 의하더라도 영종·용유지역 등 주민이 인천국제공항고속도로의 북인천 IC(북인천영업소)를 통과하여 인천(서울 포함)을 왕래하는 때에 납부하는 통행요금을 지원하되, 지원액은 예산의 범위 안에서 1가구에 차량 2대 이내로 지원하고, 감면횟수는 감면대상차량 1대당 1일 왕복 1회로 하며, 감면횟수를 초과한 차량은 정상요금을 납부하도록 되어 있는바, 이 사건 조례안 제정의 목적, 수혜자의 상황, 예산 등 여러 상황을 고려할 때, 이 사건 조례안의 시행으로 인하여 다른 지역에 거주하는 주민과의 사이에 다소 규율의 차이가 발생하기는 하나, 이 사건 조례안은 그에 정한 일정한 조건에 해당하는 경우에는 아무런 차별 없이 지원하겠다는 것으로서, 위와 같이 통행요금 지원대상의 조건으로 정한 내용이 현저하게 합리성이 결여되어 자의적인 기준을 설정한 것이라고 볼 수 없으므로 이 사건 조례안이 평등원칙에 위배된다고 할 수 없다).
■ 헌재 2021. 7. 15, 2020헌바1(서로 비교될 수 있는 두 사실관계가 모든 관점에서 완전히 동일한 것이 아니라 단지 일정 요소에 있어서만 동일한 경우에 비교되는 두 사실관계를 법적으로 동일한 것으로 볼 것인지 아니면 다른 것으로 볼 것인지를 판단하기 위하여 어떠한 요소가 결정적인 기준이 되는가가 문제된다. 두 개의 사실관계가 본질적으로 동일한가의 판단은 일반적으로 당해 법률조항의 의미와 목적에 달려 있다).

4. 위반의 효과

(가) 무효와 취소   평등원칙에 반하는 행정작용은 위법한 행정작용이 된다. 위법의 효과는 행정작용의 유형에 따라 다르다. ① 평등원칙에 반하는 행정입법은 무효이다. ② 평등원칙에 반하는 행정행위는 하자의 중대성과 명백성 여하에 따라 하자가 중대하고 명백하면 무효, 중대하지만 명백하지 않거나 명백하지만 중대하지 않으면 취소의 대상이 된다.

(나) 손해배상청구   평등원칙에 반하는 행정작용으로 손해를 입은 자는 국가배상법이 정하는 바에 따라 국가나 지방자치단체를 상대로 손해배상을 청구할 수 있다.

(다) 이의신청과 처분의 재심사   ① 평등원칙에 반하는 처분의 당사자는 행정기본법 제36조(처분에 대한 이의신청)가 정하는 바에 따라 이의신청을 할 수 있다.[1] ② 뿐만 아니라 행정기본법 제37조(처분의 재심사)가 정하는 바에 따라 처분의 재심사를 신청을 할 수 있다.[2]

(라) 행정심판과 행정소송   ① 평등원칙에 반하는 처분의 당사자나 이해관계 있는 제3자는 행정심판법이 정하는 바에 따라 행정심판을 제기할 수 있고, 또한 행정소송법이 정하는 바에 따라 행정소송을 제기할 수도 있다.

5. 행정실제상 평등원칙의 적용방법(행정의 자기구속의 원칙)

행정기본법 제정 전에도 행정의 실제상 평등원칙은 행정의 자기구속의 원칙으로 구체화되어 적용되어 왔다. 행을 바꾸어 살펴보기로 한다.

[3] 행정의 자기구속의 원칙

아래의 사례를 먼저 생각해본 후, 행정의 자기구속의 원칙을 보기로 한다.

[사례] 강남구에 소재하는 A단란주점이 2월 5일에 처음으로 청소년에 술을 팔다가 적발되어 강남구청장으로부터 영업정지 2개월의 행정처분을 받았다. A단란주점과 규모와 시설이 유사한 B단란주점이 또한 처음으로 3월 10일에 청소년에 술을 팔다가 적발되었다. 강남구청장은 B단란주점에게 어떠한 처분을 하여야 하는가?

---

1) 제36조(처분에 대한 이의신청)를 보라.
2) 제37조(처분의 재심사)를 보라.

[관련조문]

■ 식품위생법 제44조(영업자 등의 준수사항) ② 식품접객영업자는「청소년 보호법」제2조에 따른 청소년(이하 이 항에서 "청소년"이라 한다)에게 다음 각 호의 어느 하나에 해당하는 행위를 하여서는 아니 된다.

4. 청소년에게 주류(酒類)를 제공하는 행위

제75조(허가취소 등) ① 식품의약품안전처장 또는 특별자치시장·특별자치도지사·시장·군수·구청장은 영업자가 다음 각 호의 어느 하나에 해당하는 경우에는 대통령령으로 정하는 바에 따라 영업허가 또는 등록을 취소하거나 6개월 이내의 기간을 정하여 그 영업의 전부 또는 일부를 정지하거나 영업소 폐쇄(제37조 제4항에 따라 신고한 영업만 해당한다. 이하 이 조에서 같다)를 명할 수 있다. ….

13. 제44조 제1항·제2항 및 제4항을 위반한 경우

⑤ 제1항 및 제2항에 따른 행정처분의 세부기준은 그 위반 행위의 유형과 위반 정도 등을 고려하여 총리령으로 정한다.

■ 식품위생법 시행규칙 제89조(행정처분의 기준) 법 제71조, 법 제72조, 법 제74조부터 법 제76조까지 및 법 제80조에 따른 행정처분의 기준은 별표 23과 같다.

■ 식품위생법 시행규칙 [별표 23] 행정처분의 기준(제89조 관련)

Ⅰ. 일반기준

Ⅱ. 개별기준

3. 식품접객업(영 제21조 제8호의 식품접객업을 말한다).

위반사항	근거법령	행정처분기준		
		1차 위반	2차 위반	3차 위반
11. 법 제44조 제2항을 위반한 경우 라. 청소년에게 주류를 제공하는 행위(출입하여 주류를 제공한 경우 포함)를 한 경우	법 제75조	영업정지 2개월	영업정지 3개월	영업허가 취소 또는 영업소 폐쇄

[검토 사항]

강남구청장은 B단란주점에게도 영업정지 2개월 처분을 하여야 할 것인데, 왜 2개월 처분을 하여야 하는가? 답변의 논리로는 ① 식품위생법 시행규칙 [별표 23]의 행정처분의 기준은 반드시 따라야 하는 규정이기 때문이라 하든지, 아니면 ② A단란주점과 B단란주점의 법위반이 유사하기 때문에 A단란주점에 대한 재제내용과 B단란주점에 대한 재제내용이 동일하여야 평등하기 때문이라 할 것이다. 만약 식품위생법 시행규칙 [별표 23]의 행정처분의 기준은 반드시 따라야 하는 규정이 아니라 단순한 기준에 불과하다면(학설상 다툼이 있다), ①은 설득력이 약하고, ②가 설득력이 있다. ②를 논리적으로 자세히 구성한 이론이 바로 행정의 자기구속의 원칙이다.

1. 의의

행정의 자기구속의 원칙이란 행정청은 동일한 사안에 대하여는 동일한 결정

을 하여야 한다는 원칙을 말한다. 달리 말하면, 행정청은 스스로 정하여 시행하고 있는 기준을 지켜야 하며, 합리적인 이유 없이 그 기준을 이탈하여서는 안 되는데, 강학상 이를 행정의 자기구속의 원칙이라 부른다. 앞의 사례에서 A단란주점의 식품위생법 위반 사건과 B단란주점의 식품위생법 위반 사건은 동일한 사안인바, A단란주점에 영업정지 2개월의 행정처분을 하였으므로 A단란주점에도 영업정지 2개월의 행정처분을 하는 것이다.

2. 근거

① 학설은 평등의 원칙을 근거로 행정의 자기구속의 원칙을 인정한다. ② 헌법재판소는 행정의 자기구속의 법리를 명시적으로 인정할 뿐만 아니라 그 논거로 신뢰보호의 원칙과 평등원칙을 제시한다. ③ 대법원도 평등의 원칙이나 신뢰보호의 원칙을 근거로 자기구속원칙을 명시적으로 인정한다.

■ 헌재 1990. 9. 3, 90헌마13(재량권행사의 준칙인 규칙이 그 정한 바에 따라 되풀이 시행되어 행정관행이 이룩되게 되면, 평등의 원칙이나 신뢰보호의 원칙에 따라 행정기관은 그 상대방에 대한 관계에서 그 규칙에 따라야 할 자기구속을 당하게 되고, 그러한 경우에는 대외적인 구속력을 가지게 된다).
■ 대판 2024. 7. 18, 2023두36800(헌법 제11조 제1항은 "모든 국민은 법 앞에 평등하다. 누구든지 성별·종교 또는 사회적 신분에 의하여 정치적·경제적·사회적·문화적 생활의 모든 영역에 있어서 차별을 받지 아니한다."라고 규정하고 있다. 헌법상 평등원칙은 본질적으로 같은 것을 자의적으로 다르게 취급함을 금지하는 것으로서, 일체의 차별적 대우를 부정하는 형식적·절대적 평등을 뜻하는 것이 아니라 입법을 하고 법을 적용할 때에 합리적인 근거가 없는 차별을 하여서는 아니 된다는 실질적·상대적 평등을 뜻한다. 행정기본법 제9조는 "행정청은 합리적 이유 없이 국민을 차별하여서는 아니 된다."라고 규정하여, 행정청에 헌법상 평등원칙에 따라 합리적 이유가 없는 한 모든 국민을 동등하게 처우해야 할 의무를 부과하고 있다. 따라서 행정청이 내부준칙을 제정하여 그에 따라 장기간 일정한 방향으로 행정행위를 함으로써 행정관행이 확립된 경우, 그러한 내부준칙이나 확립된 행정관행을 통한 행정행위에 대해서도 헌법상 평등원칙이 적용된다).
■ 대판 2014. 11. 27, 2013두18964(재량준칙이 정한 바에 따라 되풀이 시행되어 행정관행이 이루어지게 되면 평등의 원칙이나 신뢰보호의 원칙에 따라 행정청은 상대방에 대한 관계에서 그 규칙에 따라야 할 자기구속을 받게 되므로, 이러한 경우에는 특별한 사정이 없는 한 그에 반하는 처분은 평등의 원칙이나 신뢰보호의 원칙에 어긋나 재량권을 일탈·남용한 위법한 처분이 된다).

3. 적용영역

행정의 자기구속은 수익적인 행위에서 평등의 보장을 위해 발전된 것이지만, 침익적 행위의 경우에도 적용이 배제될 이유는 없다. 특히 재량행위와 판단여지가 주어지는 경우에 특별한 의미를 갖는다. 기속행위에는 행정청에 아무런 선택의 자유가 없기 때문에 자기구속의 문제가 발생하지 아니한다.

4. 적용요건

① 행정의 자기구속은 법적으로 비교할 수 있는 생활관계에서 문제가 된다. ② 행정청이 한 선례와 새로운 결정이 의미와 목적에 있어서 동일하여야 한다. ③ 행정의 자기구속은 처분청에만 적용된다. ④ 행정의 자기구속의 법리는 선례(명시적인 행정관행)가 있는 경우라야 논리적으로 자기구속원칙을 인정할 수 있다는 견해가 다수설이다. 그러나 행정의 자기구속의 법리를 처음 적용하는 경우에도 행정규칙을 '선취(미리 정해진)된 행정관행'으로 보아 행정의 자기구속원칙을 인정함이 타당하다. 다만 대법원은 명시적인 관행이 필요하다는 입장인 것 같다(대판 2014. 11. 27, 2013두18964; 대판 2009. 12. 24, 2009두7967). ⑤ 행정의 자기구속은 근거되는 행정관행이 적법한 경우에만 적용된다. 위법(불법)행위에 대한 행정의 자기구속의 요구는 행정의 법률적합성의 원칙에 반하기 때문이다(대판 2009. 6. 25, 2008두13132).

5. 적용한계

기존의 관행과 다른 새로운 결정이 「종래 결정의 반복으로 인한 법적 안정성의 이익」을 능가하며, 새로운 행정결정이 이후의 모든 결정에 동등하게 적용될 것이 예정된 경우에는 종래의 행정관행으로부터의 이탈은 적법하다.

6. 기능

(가) 행정의 통제　　　행정의 자기구속의 원칙은 행정청이 법령상 주어진 재량권이나 판단여지를 행사함에 있어서, 스스로 만든 준칙에 얽매이게 함으로써, 행정청에게는 주어진 자유의 영역을 스스로 좁히는 효과, 즉 행정통제의 효과를 가져 오고, 이로써 국민에게는 권리보호의 효과를 가져 온다.

(나) 간접적 대외적 효력　　　행정의 자기구속의 원칙에 의하여 행정규칙은 간접적 대외적 효력을 갖게 된다는 것이 통설적 견해이다. 따라서 행정처분이 행정규

칙에 반하는 경우 처분의 상대방은 비록 처분이 행정규칙위반임을 주장하지 못하더라도, 처분이 행정의 자기구속의 원칙에 위반하여 위법임을 주장할 수 있게 된다.

7. 위반

(가) 무효와 취소　　행정의 자기구속의 원칙에 반하는 행정작용은 위법한 행정작용이 된다. 행정의 자기구속의 원칙에 반하는 처분은 하자의 중대성과 명백성 여하에 따라 하자가 중대하고 명백하면 무효, 중대하지만 명백하지 않거나 명백하지만 중대하지 않으면 취소의 대상이 된다.

(나) 손해배상청구　　행정의 자기구속의 원칙에 반하는 행정작용으로 손해를 입은 자는 국가배상법이 정하는 바에 따라 국가나 지방자치단체를 상대로 손해배상을 청구할 수 있다.

(다) 이의신청과 처분의 재심사　　① 행정의 자기구속의 원칙에 반하는 행정작용의 당사자는 행정기본법 제36조(처분에 대한 이의신청)가 정하는 바에 따라 이의신청을 할 수 있다.[1] ② 뿐만 아니라 행정기본법 제37조(처분의 재심사)가 정하는 바에 따라 처분의 재심사를 신청을 할 수 있다.[2]

(라) 행정심판과 행정소송　　① 행정의 자기구속의 원칙에 반하는 처분의 당사자나 이해관계 있는 제3자는 행정심판법이 정하는 바에 따라 행정심판을 제기할 수 있고, 또한 행정소송법이 정하는 바에 따라 행정소송을 제기할 수도 있다.

8. 행정실무에서 활용

행정실무에서 유사한 사건이 연이어 발생하는 경우, 행정청은 「선행사건에 행한 처분과 동일한 처분」을 후행사건에 하게 되는데, 그러한 경우, ① 개별 법률에 평등원칙의 규정이 없으면, 처분 사유로 행정기본법 제9조의 평등원칙을 제시하여도 좋고, 행정기본법 제9조의 평등원칙과 아울러 행정의 자기구속의 원칙을 함께 제시하여도 좋다. 후자의 사유가 보다 구체적이다. ② 개별 법률에 평등원칙의 규정이 있으면, 해당법률의 평등원칙조항과 행정기본법 제9조의 평등원칙을 제시하여도 좋고, 해당법률의 평등원칙조항과 행정기본법 제9조의 평등원칙, 아울러 행정의 자기구속의 원칙을 함께 제시하여도 좋다.

---

1) 제36조(처분에 대한 이의신청)를 보라.
2) 제37조(처분의 재심사)를 보라.

> **제10조(비례의 원칙)**[1] 행정작용은 다음 각 호의 원칙에 따라야 한다.[2] [3]
> 1. 행정목적을 달성하는 데 유효하고 적절할 것
> 2. 행정목적을 달성하는 데 필요한 최소한도에 그칠 것
> 3. 행정작용으로 인한 국민의 이익 침해가 그 행정작용이 의도하는 공익보다 크지 아니할 것
> [시행일 2021. 3. 23.]

[1] 행정기본법 제10조의 의의 — 비례의 원칙의 성문화

1. 행정기본법 제정 전 상황

행정기본법이 제정되기 전에도 학설과 판례는 행정법의 일반원칙으로서 비례원칙을 인정하는데 이론이 전혀 없었다. 여러 개별 법률에서도 비례원칙이 규정되어 왔다(행정규제기본법 제5조, 경찰관 직무집행법 제1조, 식품위생법 제79조, 행정대집행법 제2조 등). 사견으로, 헌법 제37조 제2항에서 말하는 "필요한 경우"라는 개념은 기본권 제한이라는 목적과 관련된 개념이지만, 동시에 헌법 제37조 제2항의 기본권 제한을 위한 수단의 도입 시에 고려되어야 할 원칙(비례원칙)을 선취하고 있는 개념으로 이해하여, 헌법 제37조 제2항을 비례원칙의 헌법적 근거로 보았다. 헌법재판소도 헌법 제37조 제2항에서 비례원칙을 도출하고 있다.

- 헌법 제37조 ② 국민의 모든 자유와 권리는 국가안전보장·질서유지 또는 공공복리를 위하여 필요한 경우에 한하여 법률로써 제한할 수 있으며, 제한하는 경우에도 자유와 권리의 본질적인 내용을 침해할 수 없다.
- 헌재 2015. 7. 30, 2014헌가13(심판대상조항은 동력수상레저기구를 이용하여 범죄행위를 한 경우에 그 조종면허를 취소하도록 하고 있으므로, 동력수상레저기구의 조종을 생업으로 하는 자에 대해서는 직업의 자유를 제한하게 되고, 취미활동으로 수상레저활동을 하는 자에 대해서는 일반적 행동자유권을 제한하게 되므로, 이러한 기본권 제한을 정당화하기 위해서는 헌법 제37조 제2항의 비례의 원칙을 준수하여야 한다).
- 대판 2024. 7. 11, 2023두62465(비례의 원칙은 법치국가 원리에서 당연히 파생되는 헌법상의 기본원리로서, 모든 국가작용에 적용된다. 행정목적을 달성하기 위한 수단은 그 목적 달성에 유효·적절하고, 또한 가능한 한 최소침해를 가져오는 것이어야 하며, 아울러 그 수단의 도입으로 인한 침해가 의도하는 공익을 능가하여서는 안 된다).

2. 비례의 원칙의 성문화

행정기본법상 비례원칙은 성문의 일반적인 법 원칙이다. 행정기본법상 비례원칙은 성문의 법규이므로, 국가의 모든 기관과 공무원들은 비례 원칙을 준수하여야 한다. 개별 법률에 비례원칙에 관한 규정이 없다고 하여도 공무원들은 행정법령을 집행할 때에 일반법인 행정기본법 제10조를 근거로 활용·적용하여야 한다.

[2] 비례의 원칙의 내용

1. 비례의 원칙의 의의

비례의 원칙이란 「행정의 목적과 그 목적을 실현하기 위한 수단의 관계에서 그 수단은 목적을 실현하는 데에 적합하고 또한 최소침해를 가져오는 것이어야 할 뿐만 아니라, 아울러 그 수단의 도입으로 인해 생겨나는 침해가 의도하는 이익·효과를 능가하여서는 아니 된다」는 원칙을 말한다.[1] 비례의 원칙은 행정의 목적과 그 목적을 실현하기 위한 수단의 관계는 이성적인 관계이어야 함을 뜻한다.

2. 비례의 원칙의 수범자와 내용

① 행정작용을 수행하는 모든 행정기관은 비례의 원칙을 준수하여야 한다. ② 행정기본법 제10조 제1호(적합성의 원칙), 제2호(최소침해의 원칙), 제3호(상당성의 원칙)가 비례의 원칙의 내용이 된다. 아래의 [3][4][5]에서 보기로 한다.

3. 비례의 원칙의 적용 범위

(가) 일반론   행정기본법 제10조는 비례의 원칙이 적용되는 행정영역에 아무런 제한을 두고 있지 않다. 비례의 원칙은 예외 없이 행정의 모든 영역에 적용된다. 침해행정인가 급부행정인가를 가리지 아니한다. 수익적 행위인가, 침익적 행위인가를 가리지 않는다.

(나) 행정작용의 유형별 비례의 원칙 적용 검토

1) 재량행위   재량권의 남용은 비례의 원칙에 반하는 것으로서 위법이 되어 사법심사의 대상이 되며(행정소송법 제27조), 행정기본법상 이에 관련된 특별규

---

1) 저자는 이러한 정의를 졸저, 행정법원론(상) 제4판(1995. 3)(옆번호 309)부터 유지하고 있다. 판례도 대판 1997. 9. 26, 63누10096부터 이러한 개념을 사용하는 것으로 보인다.

정으로 제21조가 있다.[1]

2) 처분의 부관   부관이 주된 행위의 효과를 무의미하게 만드는 경우라면 그러한 부관은 비례의 원칙에 반하는바, 하자있는 부관이 되어 다툼의 대상이 된다. 행정기본법상 이에 관련된 특별규정으로 제17조 제4항 제3호가 있다.[2]

3) 처분의 직권취소와 철회   처분의 직권취소와 철회 사이에 차이가 없는 것은 아니지만, 직권취소나 철회하고자 하는 공익상의 요구가 직권취소나 철회로 인하여 받는 사인의 불이익보다 큰 것이 아니라면, 그러한 직권취소나 철회는 하자있는 것이 된다. 행정기본법상 이에 관련된 특별규정으로 제18조[3] 및 제19조[4] 가 있다.

4) 제재처분   선택된 제재처분의 내용이 실현하고자 하는 공익과 상대방이 받는 불이익의 비교형량에서 비례의 원칙에 반한다면, 그러한 제재처분은 위법한 것이 된다. 행정기본법상 이에 관련된 특별규정으로 제18조[5]와 제22조가[6] 있다.

5) 행정계획   모든 이해관계자의 이해를 정당하게 형량하지 않고 국민에 대하여 구속력이 있는 행정계획이 책정된다면, 그것은 형량하자가 있는 것으로서 위법한 작용이 된다.

6) 행정지도   지도하고자 하는 공익상의 요구가 지도의 상대방이 받는 부담보다 크지 않다면, 그리고 그 방법과 수단이 상대방에게 최소의 부담을 주는 것이 아니라면, 그러한 지도는 하자가 있다.

7) 행정강제   강제수단의 선택과 실현과정에서 비례의 원칙이 유지되지 않는다면, 그러한 강제는 위법한 것이 된다. 행정기본법상 이에 관련된 특별규정으로 제30조, 제33조 등이 있다.[7] 특히 경찰권 발동의 경우에는 그 발동정도가 비례의 원칙에 합당하여야 함이 명문으로 규정되고 있다(경직법 제1조 제2항).

8) 행정쟁송   사정재결이나 사정판결도 비례의 원칙에 어긋나면 위법한 것으로서 사법적 분쟁(제소, 항소, 상고)의 대상이 된다. 말하자면 사정재결이나 사정

---

1) 제21조(재량행사의 기준) [2]2.를 보라.
2) 제17조(부관) [5]2.(다)를 보라.
3) 제18조(위법 또는 부당한 처분의 취소) [3]을 보라.
4) 제19조(적법한 처분의 철회) [3]을 보라.
5) 제18조(위법 또는 부당한 처분의 취소) [3]을 보라.
6) 제22조(제재처분의 기준) [2]3.을 보라.
7) 제30조(행정상 강제) [2]2.를 보라.

판결을 하지 아니하면 아니될 현저한 공공복리상의 요청이 있는 경우에만 그것은 적법한 것이 된다.

9) 급부행정 역시 비례의 원칙이 당연히 준수되어야 한다.

4. 비례의 원칙의 위반

(가) 무효와 취소 비례의 원칙에 반하는 행정작용은 위법한 행정작용이 된다. 위법의 효과는 행정작용의 유형에 따라 다르다. ① 비례의 원칙에 반하는 행정입법은 무효이다. ② 비례의 원칙에 반하는 행정행위는 하자의 중대성과 명백성 여하에 따라 하자가 중대하고 명백하면 무효, 중대하지만 명백하지 않거나 명백하지만 중대하지 않으면 취소의 대상이 된다.

(나) 손해배상청구 비례의 원칙에 반하는 행정작용으로 손해를 입은 자는 국가배상법이 정하는 바에 따라 국가나 지방자치단체를 상대로 손해배상을 청구할 수 있다.

■ 대판 2022. 9. 29, 2018다224408(헌법상 과잉금지의 원칙 내지 비례의 원칙을 위반하여 국민의 기본권을 침해한 국가작용은 국가배상책임에 있어 법령을 위반한 가해행위가 된다).

(다) 이의신청과 처분의 재심사 ① 비례의 원칙에 반하는 처분의 당사자는 행정기본법 제36조(처분에 대한 이의신청)가 정하는 바에 따라 이의신청을 할 수 있다.[1] ② 뿐만 아니라 행정기본법 제37조(처분의 재심사)가 정하는 바에 따라 처분의 재심사를 신청을 할 수 있다.[2]

(라) 행정심판과 행정소송 ① 비례의 원칙에 반하는 처분의 당사자나 이해관계 있는 제3자는 행정심판법이 정하는 바에 따라 행정심판을 제기할 수 있고, 또한 행정소송법이 정하는 바에 따라 행정소송을 제기할 수도 있다.

[3] 행정기본법 제10조 제1호 · 제2호 · 제3호

□ 아래의 사례부터 먼저 보기로 한다.

[사례] 국가공무원 A는 직무수행 중 순간의 실수로 민원인 B에게 폭행을 하였고, 이로 인

---

1) 제36조(처분에 대한 이의신청)를 보라.
2) 제37조(처분의 재심사)를 보라.

해 민원인 B는 전치 3주의 상해를 입었다. 권한행정청은 법정의 절차와 형식을 구비한 후 A에게 감봉처분을 하였다. 감봉처분은 적법한가? A공무원은 모범공무원으로 선정되어 대통령표창장을 받은 바 있다.

[관련조문]

■ 국가공무원법 제56조(성실 의무) 모든 공무원은 법령을 준수하며 성실히 직무를 수행하여야 한다.

제61조(청렴의 의무) ① 공무원은 직무와 관련하여 직접적이든 간접적이든 사례·증여 또는 향응을 주거나 받을 수 없다.

제63조(품위 유지의 의무) 공무원은 직무의 내외를 불문하고 그 품위가 손상되는 행위를 하여서는 아니 된다.

제78조(징계 사유) ① 공무원이 다음 각 호의 어느 하나에 해당하면 징계 의결을 요구하여야 하고 그 징계 의결의 결과에 따라 징계처분을 하여야 한다.

1. 이 법 및 이 법에 따른 명령을 위반한 경우

2. 직무상의 의무(다른 법령에서 공무원의 신분으로 인하여 부과된 의무를 포함한다)를 위반하거나 직무를 태만히 한 때

3. 직무의 내외를 불문하고 그 체면 또는 위신을 손상하는 행위를 한 때

제79조(징계의 종류) 징계는 파면·해임·강등·정직·감봉·견책(譴責)으로 구분한다.

[검토 사항]

A. 권한행정청의 사전 검토 과정

첫째, 징계할 사유가 있는가?
       ↳ 있다(국가공무원법 제73조, 제56조, 제61조, 제63조)
      징계의 목적은?
       ↳ 위법행위에 대한 응징, 재발방지, 교화, 개선, 공무원사회의 질서유지,
둘째, 징계의 종류는?
       ↳ 파면·해임·강등·정직·감봉·견책(국가공무원법 제79조)
셋째, 징계의 종류를 선택할 때 고려할 사항은?
       ↳ 위반행위의 내용, 위반의 정도 등
       ↳ 징계의 목적
넷째, 어떠한 종류의 징계를 할 것인가?

B. 권한행정청의 징계 종류 선택 과정

첫째, 징계목적을 달성할 수 있는 적절한 징계의 종류는?
       ↳ 정직이나 감봉
둘째, B의 불이익이 보다 작은 징계수단은?
       ↳ 감봉
셋째, 감봉으로 달성하고자 하는 이익이 감봉으로 B가 받는 불이익보다 중한가?

■ 비례원칙은 B부분을 논리적으로 구성한 것이다.

1. 행정기본법 제10조 제1호 — 적합성의 원칙

(가) 의의   행정기본법 제10조 제1호는 행정작용은 "행정목적을 달성하는 데 유효하고 적절할 것"을 규정하고 있다. 이것은 앞의 [검토 사항] 부분 중 B. 첫째 부분과 관련한다. "행정목적을 달성하는 데 유효하고 적절할 것"이란 「행정목적의 달성에 법적으로나 사실상으로 유용한 수단만이 채택되어야 한다」는 것을 의미한다. 이를 적합성의 원칙이라 부른다.

(나) 적합성 판단   ① 수단이 적합(유효하고 적절)한 것인가의 여부의 판단은 행위 시(예: 징계수단의 선택 시)에 행정청의 합리적인 판단에 따른다. ② 적합성의 원칙은 행정의 법 원칙이므로, 적합성의 판단은 법적 문제로서 사법심사의 대상이 된다. 적합성의 원칙에 반하는 행정작용은 위법한 작용이 된다.

2. 행정기본법 제10조 제2호 — 필요성의 원칙

(가) 의의   행정기본법 제10조 제2호는 행정작용은 "행정목적을 달성하는 데 필요한 최소한도에 그칠 것"을 규정하고 있다. 이것은 앞의 [검토 사항] 부분 중 B. 둘째 부분과 관련한다. "행정목적을 달성하는 데 필요한 최소한도에 그칠 것"이란 「적합한 수단 중에서 개인이나 공중에 최소한의 침해를 가져오는 수단만이 채택되어야 한다」는 것을 의미한다. 이를 최소침해의 원칙이라 부른다. 필요성의 원칙 또는 최소수단의 원칙이라고도 한다.

(나) 필요성 판단   ① 최소침해 여부의 판단은 행위 시(예: 징계수단의 선택 시)에 행정청의 합리적인 판단에 따른다. ② 최소침해의 원칙은 행정의 법 원칙이므로, 최소침해 여부의 판단은 법적 문제로서 사법심사의 대상이 된다. 최소침해의 원칙에 반하는 행정작용은 위법한 작용이 된다.

3. 행정기본법 제10조 제3호 — 상당성의 원칙

(가) 의의   행정기본법 제10조 제3호는 "행정작용으로 인한 국민의 이익 침해가 그 행정작용이 의도하는 공익보다 크지 아니할 것"을 규정하고 있다. 이것은 앞의 [검토 사항] 부분 중 B. 셋째 부분과 관련한다. "행정작용으로 인한 국민의 이익 침해가 그 행정작용이 의도하는 공익보다 크지 아니할 것"이란 「적용하고자 하는 수단으로부터 나오는 침해가 목적하는 효과를 능가하여서는 아니 된다」는 것을 의미한다. 이를 상당성의 원칙이라 부른다. 협의의 비례원칙 또는 협

의의 과잉금지의 원칙으로 부르기도 한다.

> ■ 문헌상 과잉금지는 ① 필요성의 원칙의 의미, ② 협의의 비례원칙의 의미, ③ 필요성의 원칙과 협의의 비례원칙을 포함하는 의미, ④ 넓은 의미의 비례원칙의 의미 등 다양하게 사용되고 있다

상당성의 원칙은 제3자효 있는 행위에도 적용된다. 상당성의 원칙을 적용한 판례도 적지 않다.

> ■ 대판 2007. 9. 20, 2007두6946; 대판 2006. 4. 14, 2004두3854(제재적 행정처분이 재량권의 범위를 일탈하였거나 남용하였는지 여부는 처분사유로 된 위반행위의 내용과 그 위반의 정도, 당해 처분에 의하여 달성하려는 공익상의 필요와 개인이 입게 될 불이익 및 이에 따르는 제반 사정 등을 객관적으로 심리하여 공익침해의 정도와 그 처분으로 인하여 개인이 입게 될 불이익을 비교 교량하여 판단하여야 한다.… 수입 녹용 전부에 대하여 전량 폐기 또는 반송처리를 지시한 경우, 녹용 수입업자가 입게 될 불이익이 의약품의 안전성과 유효성을 확보함으로써 국민보건의 향상을 기하고 고가의 한약재인 녹용에 대하여 부적합한 수입품의 무분별한 유통을 방지하려는 공익상 필요보다 크다고는 할 수 없으므로 위 폐기 등 지시처분이 재량권을 일탈·남용한 경우에 해당하지 않는다).

(나) 상당성 판단   ① 상당성의 원칙은 동기·목표·규율의 범위 사이에 이성적(합리적)인 관계, 즉 공익과 사익 사이의 형량을 요구한다. ② 상당성의 원칙은 행정의 법 원칙이므로, 적합성의 판단은 법적 문제로서 사법심사의 대상이 된다. 적합성의 원칙에 반하는 행정작용은 위법한 작용이 된다.

4. 행정기본법 제10조 제1호·제2호·제3호의 관계
(가) 넓은 의미의 비례원칙   용례상 적합성의 원칙, 최소침해의 원칙, 그리고 상당성의 원칙(좁은 의미의 비례원칙)을 합하여 넓은 의미의 비례원칙이라 부른다.

(나) 단계구조   적합성의 원칙, 최소침해의 원칙, 그리고 상당성의 원칙은 단계구조를 이룬다. 즉 적합성의 원칙에 반하는 행정작용은 위법하다. 최소침해의 원칙과 상당성의 원칙까지 검토할 필요가 없다. 적합성의 원칙에 합당한 행정작용이라 하여도 최소침해의 원칙에 반하면 위법하다. 상당성의 원칙까지 검토할 필요가 없다. 적합성의 원칙과 최소침해의 원칙에 합당한 행정작용이라 하여도 상당성의 원칙에 반하면 위법하다. 요약하면, 적합한 수단이, 적합한 수단에 중에

서 최소침해를 가져오는 수단이, 최소침해를 가져오는 수단 중에서도 상당성이 있는 수단만이 선택되어야 한다.

[참고] 과소보호금지의 원칙

국가는 기본권보호를 위해 적절하고 효율적인 최소한의 보호조치를 취하여야 한다는 원칙, 즉 과소보호금지의 원칙이 비례원칙의 한 형태로 인정되고 있다. 전통적인 비례원칙(광의의 비례원칙)은 국가권한행사의 과잉에 관련한 원칙으로 이해되는데 반해 과소보호금지의 원칙은 국가의 사인에 대한 보호의무의 이행과 관련하여 국가권한행사의 과소에 관한 원칙으로 이해되고 있다. 국가의 권한행사의 과소에는 입법권행사의 과소뿐만 아니라 행정권행사의 과소도 있다. 헌법재판소는 명시적으로 과소보호금지원칙을 인정하고 있다.

■ 헌재 2024. 8. 29, 2020헌마389등(어떠한 경우에 과소보호금지원칙에 미달하게 되는지에 대해서는 일반적·일률적으로 확정할 수 없다. 이는 개별 사례에 있어서 관련 법익의 종류 및 그 법익이 헌법질서에서 차지하는 위상, 그 법익에 대한 침해와 위험의 태양과 정도, 상충하는 법익의 의미 등을 비교 형량하여 구체적으로 확정하여야 한다).
■ 헌재 2008. 12. 26, 2008헌마 419 · 423 · 436(병합) 전원재판부[(미국산 쇠고기 및 쇠고기제품 수입위생조건 위헌확인을 구한 미국산 쇠고기사건에서) 국가가 국민의 생명 · 신체의 안전에 대한 보호의무를 다하지 않았는지 여부를 헌법재판소가 심사할 때에는 국가가 이를 보호하기 위하여 적어도 적절하고 효율적인 최소한의 보호조치를 취하였는가 하는 이른바 '과소보호 금지원칙'의 위반 여부를 기준으로 삼아, 국민의 생명 · 신체의 안전을 보호하기 위한 조치가 필요한 상황인데도 국가가 아무런 보호조치를 취하지 않았든지 아니면 취한 조치가 법익을 보호하기에 전적으로 부적합하거나 매우 불충분한 것임이 명백한 경우에 한하여 국가의 보호의무의 위반을 확인하여야 한다].

제11조(성실의무 및 권한남용금지의 원칙)[1] ① 행정청은 법령등에 따른 의무를 성실히 수행하여야 한다.[2]

② 행정청은 행정권한을 남용하거나 그 권한의 범위를 넘어서는 아니 된다.[3]

[시행일 2021. 3. 23.]

[1] 행정기본법 제11조의 의의 — 성실의무 및 권한남용금지의 원칙의 성문화

1. 행정기본법 제정 전 상황

행정기본법이 제정되기 전에도 학설은 행정청의 성실의무와 권한남용금지의 원칙을 다루었으나, 행정법의 일반원칙으로 강조한 것은 아니었다. 이러한 원칙을 규정하는 개별 법률은 약간 있었으나, 일반법은 없었다. 처분의 위법사유로 성실 의무의 원칙이나 권한남용금지의 원칙의 위반을 제시한 판례는 찾아보기 어려웠다. 행정기본법의 제정으로 종전의 사정은 변하게 되었다.

2. 법적 성질

행정기본법상 성실의무 및 권한남용금지의 원칙은 성문의 일반적인 법 원칙이다. 국가의 모든 행정기관과 공무원들은 성실의무 및 권한남용금지의 원칙을 준수하여야 한다. 개별 법률에 성실의무 및 권한남용금지의 원칙에 관한 규정이 없다고 하여도 공무원들은 행정법령을 집행할 때에 일반법인 행정기본법 제11조를 근거로 활용·적용하여야 한다. 성실의무 및 권한남용금지의 원칙에 반하는 행정작용은 위법한 것이 된다.

3. 성실의무 및 권한남용금지의 원칙의 관계

성실의무의 원칙은 행정청이 권한행사를 할 때에 갖추어야 하는 직무수행의 자세·태도의 문제와 관련되고, 권한남용금지의 원칙은 권한행사 자체와 관련되는 것으로 보인다. 성실의무의 원칙과 권한남용금지의 원칙은 관심방향을 달리하는 개념이다. 행정조직법정주의로 인해 행정권한은 법률로 정해지는 것이므로, 권한은 법률로 정해진 범위나 목적을 벗어나면 권한의 일탈이나 남용이 된다. 따라서 권한남용금지의 원칙을 단순히 성실의무의 원칙의 하부원칙으로 보기 어렵다.

[2] 행정기본법 제11조 제1항 — 성실의무의 원칙

1. 의의

행정기본법 제11조 제1항은 "행정청은 법령등에 따른 의무를 성실히 수행하여야 한다(행정기본법 제11조 제1항)"라고 규정하여 성실의무의 원칙을 선언하고 있다. 행정청은 국민을 위해 존재하고, 행정청의 인적 구성요소인 공무원은 국민에 대한 봉사자인 까닭에 행정청은 자신의 직무상 양심과 인격을 바탕으로 성의를 다하여 행정사무를 수행하여야 하는바, 여기에 성실의무의 원칙이 인정되는 이유가 있다. 저자는 종래부터 「신의성실의 원칙은 공·사법을 불문하고 적용되는 법의 일반원칙 중의 하나」라 보았다. 이러한 시각에서 행정기본법 제11조 제1항의 성실의무는 신의에 따라 의무를 성실히 수행하여야 하는 의무로 볼 수 있다.

2. 일반법과 개별법(특별법)

행정기본법 제11조 제1항이 규정하는 성실의무의 원칙은 행정의 법 원칙으로서, 일반적 규정이다(일반법). 개별 법률에 성실의무에 관한 규정이 없다고 하여도, 이 조항에 따라 법령등에 따른 의무를 성실히 수행하여야 한다. 성실의무를 규정하는 개별 법률로 행정절차법 제4조, 국가공무원법 제56조, 지방공무원법 제48조, 국세기본법 제15조 등을 볼 수 있다(개별법). 공무원은 행정청의 감독 하에 있으므로 공무원의 성실의무는 행정청의 의무로 연결된다. 따라서 공무원의 성실의무가 행정청의 성실의무와 무관하다고 보기 어렵다.

> [참고] 신의와 성실 관련 입법례
> - 행정절차법 제4조(신의성실 및 신뢰보호) ① 행정청은 직무를 수행할 때 신의에 따라 성실히 하여야 한다.
> - 국세기본법 제15조(신의·성실) 납세자가 그 의무를 이행할 때에는 신의에 따라 성실하게 하여야 한다. 세무공무원이 직무를 수행할 때에도 또한 같다.
> - 국가공무원법 제56조(성실 의무) 모든 공무원은 법령을 준수하며 성실히 직무를 수행하여야 한다.
> - 지방공무원법 제48조(성실의 의무) 모든 공무원은 법규를 준수하며 성실히 그 직무를 수행하여야 한다.
> - 민법 제2조(신의성실) ① 권리의 행사와 의무의 이행은 신의에 좇아 성실히 하여야 한다.

3. 의무자

행정기본법 제11조 제1항은 행정청으로 하여금 성실의무의 원칙을 준수할 것을 규정하고 있다. 여기서 행정청의 의미는 행정기본법 제2조 제2호에서 규정되고 있다.

4. 적용범위

행정기본법 제11조 제1항의 성실의무의 원칙은 모든 행정에 적용된다. 침익적 행정과 수익적 행정, 질서행정과 급부행정, 침해행정과 급부행정 등 모든 행정에 적용된다.

5. 내용

성실이라는 용어는 불확정개념으로 그 의미내용이 명백하지 않다. 학설과 판례에 의해 그 의미가 구체화되어야 할 개념이다. 사회의 변화와 더불어 성실의무의 내용에 새로운 사항들이 늘어날 것이다. 학설상 성실의무의 내용으로 ① 전후 모순되는 절차의 금지, ② 법규 남용의 금지, ③ 행정청의 사인에 대한 보호의무(예: 특별한 부담이 없이도 가능한 경우라면, 행정청은 사인에게 권리의 내용과 행사가능성을 일깨워 줄 의무를 부담한다), ④ 실효의 법리(상당한 기간의 경과, 권리자의 권리의 불행사, 권리의 불행사에 대한 의무자의 신뢰존재를 요건으로 들 수 있다), ⑤ 행정청의 불성실로 인해 사인의 법적 지위가 악화되는 것의 금지(예: 특별한 이유 없이 허가를 지연시킴으로 인해 신청인이 불이익을 받는 것은 금지되어야 한다) 등이 논급되고 있다.

[참고] 민법상 신의성실 개념
민법상 신의성실이란 「상대방의 신뢰를 헛되이 하지 않도록 성의를 가지고 행동하는 것」으로 이해된다. 여기서 신의성실은 상대방과 관련된 개념이다. 따라서 신의성실의 의미는 특정 상대방과의 관련 하에서 판단될 수 있다. 그러나 행정기본법상 행정청의 성실은 국민·주민과 관련된 개념이다. 따라서 성실의 의미는 특정 상대방이 아니라 국민·주민과 관련 하에서 판단될 수 있다. 이것은 행정기본법상 성실의 의미는 객관적으로 탐구되어야 함을 의미한다.

6. 위반

성실의무의 원칙에 반하는 명령·처분 등은 위법을 면할 수 없다. 성실의무의 원칙에 반하는 처분의 당사자는 행정기본법 제36조(처분에 대한 이의신청)가 정하는 바에 따라 이의신청을 할 수 있다.[1] 뿐만 아니라 행정기본법 제37조(처분의 재심사)가 정하는 바에 따라 처분의 재심사를 신청을 할 수 있다.[2] 또한 성실의무의 원칙을 위반한 처분은 행정쟁송의 대상이 되며, 경우에 따라서는 국가나 지방자치단체의 손해배상책임을 발생시킬 수 있다.

[3] 행정기본법 제11조 제2항 — 권한남용금지의 원칙

1. 의의

① 행정기본법 제11조 제2항은 "행정청은 행정권한을 남용하거나 그 권한의 범위를 넘어서는 아니 된다(행정기본법 제11조 제2항)"라고 규정하여 권한남용금지의 원칙을 선언하고 있다. 즉, 행정청은 자신에게 부여된 권한을 그 권한이 부여된 목적에 어긋나게 행사하여서도 아니 되고 주어진 권한을 넘어서서 행사하여서도 아니 된다는 원칙을 말한다. ② 권한남용금지의 원칙이 필요한 이유는 기본적으로 행정조직법정주의로부터 나온다. 헌법은 여러 조문에서 행정조직을 법률로써 정하도록 하여(헌법 제96조, 제100조, 제90조 제3항, 제91조 제3항, 제92조 제2항, 제93조 제2항) 행정조직법정주의를 택하고 있다.

2. 일반법과 개별법(특별법)

① 행정기본법 제11조 제2항이 규정하는 권한남용금지의 원칙은 행정의 법원칙으로서, 일반적 규정이다(일반법). ② 행정기본법 제21조는 "행정청은 재량이 있는 처분을 할 때에는 관련 이익을 정당하게 형량하여야 하며, 그 재량권의 범위를 넘어서는 아니 된다."고 하여 재량권의 남용과 일탈을 금지하고 있다. 행정기본법 제21조는 재량권과 관련하여 행정기본법 제11조 제2항에 대한 특별규정이다. ③ 개별 법률에 권한남용금지의 원칙에 관한 규정이 없다고 하여도, 개별 법률의 집행에 권한남용금지의 원칙은 준수되어야 한다. 권한남용을 금지하는 규정을 둔 개별 법률도 있다(예: 국가경찰과 자치경찰의 조직 및 운영에 관한 법률 제5조, 해양경찰법 제3조, 해양경비법 제8조(권한남용의 금지), 관세법 제111조, 국세기본법 제81조의4, 군인의 지위 및 복무에 관한 기본법 제26조, 독점규제 및 공정거래에 관한 법률 제50조의2, 지방세

---

1) 제36조(처분에 대한 이의신청)를 보라.
2) 제37조(처분의 재심사)를 보라.

기본법 제80조).

3. 수범자

행정기본법 제11조 제2항은 행정청으로 하여금 권한남용금지의 원칙을 준수할 것을 규정하고 있다. 여기서 행정청의 의미는 행정기본법 제2조 제2호에서 규정되고 있다.

4. 남용금지의 대상으로서 행정권한

(가) 행정권한의 의의   조직의 단일체가 갖는 사무의 범위 내지 그 사무수행에 필요한 각종의 권능과 의무의 총체를 권한이라 한다. 행정권한이란 행정청이 국가나 지방자치단체를 위하여, 그리고 국가나 지방자치단체의 행위로써 유효하게 사무를 처리할 수 있는 능력 또는 사무의 범위를 말한다.

(나) 행정권한의 성질   행정권한은 그 권한이 부여된 특정의 행정청만이 행사할 수 있고 다른 행정청은 행사할 수 없다. 권한행사는 그 권한이 부여된 특정 행정청의 의무이기도 하다. 주어진 행정권한이 재량적인 것이라 하여도 재량행사 자체는 있어야 한다는 의미에서 재량권의 행사 역시 의무적이다.

(다) 행정권한의 종류

1) 사물적 권한   행정청에 주어진 사물적인 사무영역을 사물적 권한 또는 사항적 권한이라 한다[예: 정부조직법 제33조(국방부)에 따라 국방부장관이 관장하는 국방에 관련된 군정 및 군령과 그 밖에 군사에 관한 사무]. 행정조직법정주의에 따라 사물적 권한은 법률에서 정해진다.

2) 지역적 권한   행정청에 주어진 공간상의 활동영역을 지역적 권한이라 한다. 즉 사물적 권한을 행사할 수 있는 공간 내지 지역상의 권한이다. 그 지역을 관할구역이라 부르기도 한다. 한편 관할구역이 전국인 행정청을 중앙관청, 관할구역이 일정지역인 행정청을 지방관청 또는 지방행정청이라 한다.

3) 인적 권한   행정권한이 미치는 사람에 대한 권한을 인적 권한이라 한다. 예컨대 국방부장관은 군인 또는 군무원의 신분을 가진 자에게만 권한을 가진다고 할 때의 권한이 인적 권한이다.

(라) 행정청 상호간 권한의 상호존중   ① 대등한 행정청 사이에서 행정청은 다른 행정청의 권한을 존중하여야 하고, 침범하지 못한다. 행정청의 권한은 행정

청 스스로가 정하는 것이 아니라 법령상 정해지는 것이기 때문이다. ② 대등한 행
정청 사이에서 행정청이 다른 행정청의 권한을 존중하지 않고 침해한다면, 행정
조직법정주의는 무너진다. 행정조직법정주의가 무너진다는 것은 국가의 법질서가
무너지는 것을 뜻한다.

5. 내용

행정권한의 남용·일탈의 의미를 정의하는 규정은 없다. 그것은 법해석의 문
제이다. 재량권 행사와 관련하여 정리되고 있는 남용·일탈의 의미를 활용할 수
있다.1) 재량권의 행사 역시 행정권의 행사이기 때문이다.

(가) 행정권한 남용의 금지　　① 행정권한의 남용이란 행정권한이 법령상 주
어진 권한의 범위 내에서(이 점에서 권한의 일탈이 아니다) 행사되었으나(이 점에서 권한
의 불행사가 아니다) 잘못된 방향으로 사고되어 권한행사가 이루어지는 경우를 말한
다. ② 행정권한의 남용의 예로 평등의 원칙에 반하는 권한행사, 비례의 원칙에
반하는 권한행사, 비이성적인 동기에 기인한 권한행사를 볼 수 있다.

(나) 행정권한 일탈의 금지　　① 행정권한의 일탈이란 법령상 주어진 권한의
범위를 벗어난 행정권한의 행사를 말한다. 이것은 행정권한에는 일정한 범위가
있음을 전제로 하는 것이다(행정권한의 종류 참조). ② 행정권한의 일탈의 예로 법령
에서 정한 액수 이상의 과징금을 부과하거나, 또는 법령이 허용한 수단이 아닌 수
단(예: 법령은 과태료부과만을 규정하고 있으나 행정청이 영업허가를 취소한 경우)을 도입하
는 경우를 볼 수 있다.

(다) 행정권한 불행사의 금지　　① 행정권한의 불행사란 행정청이 자신에게
부여된 행정권한을 합리적인 이유 없이 행사하지 아니하는 것을 말한다. 행정권
한의 불행사에는 행정권한을 전혀 행사하지 아니하는 경우(예: 행정청이 특정 법 위반
자를 비호하여 아무런 처분도 하지 않는 경우)와 행정권한을 아주 미흡하게 행사하여 실
제상으로는 행정권한을 행사하지 아니한 경우와 동일시 할 수 있는 경우를 말한
다. ② 행정기본법 제11조 제2항은 행정권한의 불행사에 관해 언급하는 바가 없
다. 행정권한의 행사는 행정청의 의무이므로, 합리적인 이유 없이 행정권한을 행
사하지 않는 것은 위법하다. ③ 행정권의 불행사는 합리적인 이유 없이 행정권을
행사하지 않았다는 의미에서 행정권한의 남용으로 볼 수 있다.

---

1) 제21조(재량행사의 기준) [2]2.를 보라.

6. 적용범위

행정기본법 제11조 제2항의 권한남용금지의 원칙은 모든 행정에 적용된다. 말하자면 침익적 행정과 수익적 행정, 질서행정과 급부행정, 침해행정과 급부행정 등 모든 행정에 적용된다.

7. 위반

(가) 무효와 취소　　권한남용금지의 원칙에 반하는 행정작용은 위법한 행정작용이 된다. 위법의 효과는 행정작용의 유형에 따라 다르다. ① 권한남용금지의 원칙에 반하는 행정입법은 무효이다. ② 권한남용금지의 원칙에 반하는 행정행위는 하자의 중대성과 명백성 여하에 따라 하자가 중대하고 명백하면 무효, 중대하지만 명백하지 않거나 명백하지만 중대하지 않으면 취소의 대상이 된다.

(나) 손해배상청구　　권한남용금지의 원칙에 반하는 행정작용으로 손해를 입은 자는 국가배상법이 정하는 바에 따라 국가나 지방자치단체를 상대로 손해배상을 청구할 수 있다.

(다) 이의신청과 처분의 재심사　　권한남용금지의 원칙에 반하는 처분의 당사자는 행정기본법 제36조(처분에 대한 이의신청)가 정하는 바에 따라 이의신청을 할 수 있다.[1] 뿐만 아니라 행정기본법 제37조(처분의 재심사)가 정하는 바에 따라 처분의 재심사를 신청을 할 수 있다.[2]

(라) 행정심판과 행정소송　　권한남용금지의 원칙에 반하는 처분의 당사자나 이해관계 있는 제3자는 행정심판법이 정하는 바에 따라 행정심판을 제기할 수 있고, 또한 행정소송법이 정하는 바에 따라 행정소송을 제기할 수도 있다.

---

1) 제36조(처분에 대한 이의신청)를 보라.
2) 제37조(처분의 재심사)를 보라.

제12조(신뢰보호의 원칙)[1] ① 행정청은 공익 또는 제3자의 이익을 현저히 해칠 우려가 있는 경우를 제외하고는 행정에 대한 국민의 정당하고 합리적인 신뢰를 보호하여야 한다.[2]

② 행정청은 권한 행사의 기회가 있음에도 불구하고 장기간 권한을 행사하지 아니하여 국민이 그 권한이 행사되지 아니할 것으로 믿을 만한 정당한 사유가 있는 경우에는 그 권한을 행사해서는 아니 된다. 다만, 공익 또는 제3자의 이익을 현저히 해칠 우려가 있는 경우는 예외로 한다.[3]

[시행일 2021. 3. 23.]

[1] 행정기본법 제12조의 의의

1. 신뢰보호의 원칙과 실권의 원칙의 성문화

(가) 의의　　　행정기본법은 제12조에서 신뢰보호의 원칙과 실권의 원칙을 선언하고 있다. 행정법기본법의 제정으로 신뢰보호의 원칙과 실권의 원칙은 성문의 법 원칙이 되었다. 신뢰보호의 원칙과 실권의 원칙은 행정권 행사의 한계를 설정하는 행정의 법 원칙이기도 하다.

[참고] 학설과 판례는 행정기본법 제정 전부터 신뢰보호의 원칙을 헌법적 지위를 갖는 법원칙으로 인정하였다. 행정기본법 제12조 제1항은 이러한 신뢰보호의 원칙을 행정의 영역에 명시적으로 도입한 것이다. 입법의 영역에서는 헌법의 해석으로부터 나오는 신뢰보호의 원칙이 여전히 적용됨은 물론이다.

■ 헌재 2022. 9. 29, 2021헌마929(신뢰보호원칙이란 국민이 어떤 법률이나 제도가 그대로 존속될 것이라는 합리적인 신뢰를 바탕으로 하여 일정한 법적 지위를 형성한 경우, 국가는 그 법률이나 제도의 개폐에 있어서 국민의 신뢰를 보호하여야 한다는 원칙으로 법치국가원칙으로부터 도출된다).

■ 헌재 2024. 5. 30, 2022헌바238등(헌법상 법치국가원리로부터 신뢰보호원칙이 도출된다. 법률의 개정 시 구법질서에 대한 당사자의 신뢰가 합리적이고도 정당하며 법률의 개정으로 야기되는 당사자의 손해가 극심하여 새로운 입법으로 달성하고자 하는 공익적 목적이 그러한 당사자의 신뢰의 파괴를 정당화할 수 없다면 그러한 새 입법은 신뢰보호원칙상 허용될 수 없다. 그러나 사회환경이나 경제여건의 변화에 따른 필요성에 의하여 법률은 신축적으로 변할 수밖에 없고, 변경된 새로운 법질서와 기존의 법질서 사이에는 이해관계의 상충이 불가피하므로, 국민이 가지는 모든 기대 내지 신뢰가 헌법상 권리로서 보호될 것은 아니고, 신뢰의 근거 및 종류, 상실된 이익의 중요성, 침해의 방법 등에 의하여 개정된 법규·제도의 존속에 대한 개인의 신뢰가 합리적이어서 권리로서 보호할 필요성이 인정되어야 한다).

(나) **법적 성질**   신뢰보호의 원칙과 실권의 원칙은 행정이 준수해야 하는 행정의 법 원칙(행위규범)이면서 동시에 법관이 준수하여야 하는 행정의 법 원칙이다(재판규범). 물론 국민도 따라야 하는 법 원칙이다(행위규범). 신뢰보호의 원칙과 실권의 원칙에 반하는 행정작용은 위법한 것이 된다.

2. 신뢰보호의 원칙과 실권의 원칙의 관계

행정기본법 제12조는 신뢰보호의 원칙이라는 명칭 하에 제1항에서 신뢰보호의 원칙, 제2항에서 실권의 원칙을 규정하고 있는바, 행정기본법은 실권의 원칙도 (넓은 의미의) 신뢰보호의 원칙의 한 부분으로 규정하고 있다. 양자는 적용요건에 차이가 난다.

3. 신뢰보호의 원칙, 실권의 원칙과 성실의무의 원칙의 관계

① 신뢰보호의 원칙 및 실권의 원칙은 법적 안정성의 관점에서 국민·주민의 보호와 관련되는 원칙인바, 신뢰보호의 원칙 및 실권의 원칙의 준수 여부에 대한 판단은 국민·주민의 보호를 염두에 두면서 이루어져야 한다. ② 성실의무의 원칙은 행정청이 권한행사를 할 때 국민·주민에 대하여 갖추어야 하는 직무수행의 자세·태도와 관련되는 원칙인바, 성실의무의 원칙의 준수 여부에 대한 판단은 행정청의 자세·태도를 염두에 두면서 이루어져야 한다. ③ 앞에서 지적한 사항은 양자의 관심방향에 대한 것이고, 양자를 엄밀하게 구분하는 것은 어렵다. 성실의 의미, 신뢰보호의 의미, 실권의 의미는 객관적으로 탐구되어야 한다.

[2] 행정기본법 제12조 제1항 — 신뢰보호의 원칙

1. 의의

(가) **규정내용**   행정기본법 제12조 제1항은 "행정청은 공익 또는 제3자의 이익을 현저히 해칠 우려가 있는 경우를 제외하고는 행정에 대한 국민의 정당하고 합리적인 신뢰를 보호하여야 한다."고 규정하여 신뢰보호의 원칙을 선언하고 있다. 신뢰보호의 원칙은 행정청의 어떠한 행위(적극적인 행위인가, 소극적인 행위인가를 불문한다)의 존속이나 정당성을 사인이 신뢰한 경우, 보호할 가치있는 사인의 신뢰는 보호되어야 한다는 원칙이라 말할 수도 있다.

(나) **인정배경**   신뢰보호의 원칙은 행정조직이 너무 방대할 뿐만 아니라

행정의 작용영역도 아주 다양하며, 특히 행정법규의 내용을 사인이 알기가 매우 어려워 사인은 행정청이 제시하는 법령의 해석 등을 준수할 수밖에 없어서 사인이 행정청의 언동에 의존하는 경향이 강하다고 할 수 있는바, 이와 관련하여 사인의 믿음을 어떻게 보호할 것인가의 문제를 그 배경으로 해왔다.

(다) 법률유보의 원칙의 관계　신뢰보호의 원칙과 법률유보의 원칙의 관계가 문제된다. 이에 관해서는 제8조[3]7. 부분을 보라.

2. 행정기본법 제정 전 상황

행정기본법이 제정되기 전에도 신뢰보호의 원칙을 규정하는 개별 법률도 있어 왔고(예: 행정절차법 제4조, 국세기본법 제18조, 관세법 제5조), 학설과 판례도 법적 안정성을 근거로 행정법의 일반원칙으로서 신뢰보호의 원칙을 인정하였고, 이론은 전혀 없었다.

> ■ 대판 2007. 10. 29, 2005두4649(법령의 개정에서 신뢰보호원칙이 적용되어야 하는 이유는, 어떤 법령이 장래에도 그대로 존속할 것이라는 합리적이고 정당한 신뢰를 바탕으로 국민이 그 법령에 상응하는 구체적 행위로 나아가 일정한 법적 지위나 생활관계를 형성하여 왔음에도 국가가 이를 전혀 보호하지 않는다면 법질서에 대한 국민의 신뢰는 무너지고 현재의 행위에 대한 장래의 법적 효과를 예견할 수 없게 되어 법적 안정성이 크게 저해되기 때문이다).

3. 법적 성질

행정기본법상 신뢰보호의 원칙은 성문의 일반적인 법 원칙이다. 국가의 모든 기관과 공무원들은 신뢰보호의 원칙을 준수하여야 한다. 개별 법률에 신뢰보호의 원칙에 관한 규정이 없다고 하여도 공무원들은 행정법령을 집행할 때에 일반법인 행정기본법 제12조를 근거로 신뢰보호의 원칙을 적용하여야 한다.

4. 수범자

행정기본법 제12조 제1항은 행정청으로 하여금 신뢰보호의 원칙을 준수할 것을 규정하고 있다. 행정청의 의미는 행정기본법 제2조 제2호에서 규정되고 있다.

5. 적용 범위

행정기본법 제12조 제1항은 신뢰보호의 원칙이 적용되는 행정영역에 아무런 제한을 두고 있지 않다. 따라서 신뢰보호의 원칙은 예외 없이 행정의 모든 영역에 적용된다. 침해행정인가 급부행정인가를 가리지 아니한다. 수익적 행위인가, 침익적 행위인가를 가리지 않는다.

6. 적용요건(내용)

(가) 규정내용   행정기본법 제12조 제1항은 "행정청은 공익 또는 제3자의 이익을 현저히 해칠 우려가 있는 경우를 제외하고는 행정에 대한 국민의 정당하고 합리적인 신뢰를 보호하여야 한다."고 규정한다. 제1문 부분, 즉 "행정청은 공익 또는 제3자의 이익을 현저히 해칠 우려가 있는 경우를 제외하고는"이라는 부분은 신뢰보호의 원칙의 적용이 배제되는 요건(소극적 요건)의 규정이고. 제2문, 즉 "행정에 대한 국민의 정당하고 합리적인 신뢰를 보호하여야 한다."는 부분은 신뢰보호의 원칙이 적용되기 위한 요건(적극적 요건)의 규정이다.

(나) 행정기본법 제12조 제1항 제1문(소극적 요건)   공익 또는 제3자의 이익을 현저히 해칠 우려가 있는 경우에는 신뢰보호의 원칙은 적용되지 않는다. 공익 또는 제3자의 이익을 「현저히 해칠 우려」란 공익 또는 제3자의 이익을 해칠 가능성이 뚜렷한 경우를 의미한다. 공익 또는 제3자의 이익을 침해할 우려가 없거나, 있다고 하여도 현저히 해칠 우려가 있는 경우가 아니라면 신뢰보호의 원칙은 적용될 수 있다.

(다) 행정기본법 제12조 제1항 제2문(적극적 요건)   신뢰보호의 원칙은 「행정에 대한 국민의 정당하고 합리적인 신뢰」를 보호한다. 「행정에 대한 국민의 정당하고 합리적인 신뢰」의 의미가 법문상 불명확하다. 그렇지만, 행정기본법 제정 전 학설과 판례가 제시하였던 신뢰보호원칙의 적용요건은 행정기본법의 해석에도 적용될 수 있다. 「행정에 대한 국민의 정당하고 합리적인 신뢰」가 있다고 하기 위해서는 아래의 요건을 모두 구비하여야 할 것이다.

■ 대판 2017. 4. 7, 2014두1925(일반적으로 행정상의 법률관계에서 행정청의 행위에 대하여 신뢰보호의 원칙이 적용되기 위해서는, 첫째 행정청이 개인에게 신뢰의 대상이 되는 공적인 견해를 표명하여야 하고, 둘째 행정청의 견해표명이 정당하다고 신뢰한 데에 그 개인에게 귀책사유가 없어야 하며, 셋째 그 개인이 견해표명을 신뢰하고 이에 상응하는 행위를 하였어야 하고, 넷째 행정청이 견해표명에 반하는 처분을 함으로써 견해표명을 신뢰한 개인의 이익이 침해되는 결과가 초래되어야 하며, 마지막으로 견해표명에 따른 행정처분을

할 경우 이로 말미암아 공익 또는 제3자의 정당한 이익을 현저히 침해할 우려가 있는 경우가 아니어야 한다).

1) 행정청의 선행조치   사인의 신뢰가 형성될 수 있는 대상인 행정청의 선행조치가 있어야 한다. 선행조치에는 법령·행정계획·행정행위·확약·행정지도 등이 포함된다(선행조치). 선행조치는 적극적인 것인가, 소극적인 것인가를 가리지 않는다. 그리고 명시적인 행위인가, 묵시적인 행위인가도 가리지 않는다. 행정행위의 경우에는 적법행위인가, 또는 위법행위인가도 가리지 않는다. 다만 무효행위는 신뢰의 대상이 되지 아니한다. 판례는 행정청의 선행조치를 '공적 견해의 표명'으로 표현해 왔다.

2) 보호할 만한 사인의 신뢰   행정청의 선행조치에 대하여 사인의 신뢰가 있고, 또한 그 신뢰는 보호할 만한 것이어야 한다. 여기서 사인의 신뢰란 선행조치의 존속이나 정당성에 대한 신뢰를 의미한다. 그리고 그 신뢰가 보호할 만한 것인가는 정당한 이익형량에 의한다. 다만, 사후에 선행조치가 변경될 것을 사인이 예상하였거나 예상할 수 있었을 경우에는 보호가치 있는 신뢰라고 보기 어렵다(예: 선행조치가 신뢰한 자의 허위신고에 기한 경우, 또는 선행조치가 위법행위임을 신뢰한 자가 잘 알고 있는 경우 등)(보호가치).

3) 사인의 처리   사인의 처리가 있을 것이 요구된다. 말하자면 행정청의 선행조치를 믿은 것만으로는 부족하다. 그것을 믿고 사인이 어떠한 처리(예: 이주·특정사업착수)를 하여야 한다. 신뢰보호원칙은 행정청의 행위의 존속을 목적으로 하는 것이 아니라 행정청의 조치를 믿고 따른 사인을 보호하기 위한 것임을 유념할 필요가 있다(처리보호).

4) 인과관계   사인의 신뢰와 처리 사이에 인과관계가 있을 것을 요구한다. 사인의 처리가 행정청의 선행조치에 대한 신뢰에 근거한 것이라야 하고, 만약 다른 사정에 근거한 것이라면 보호받을 수가 없다. 왜냐하면 신뢰와 처리 사이에 인과관계가 없다면, 그러한 처분은 우연일 뿐이고 보호받아야 할 특별한 이유는 없기 때문이다.

5) 선행조치에 반하는 행정청의 조치   선행조치에 반하는 행정청의 조치가 요구된다. 왜냐하면 선행조치에 반하는 행정청의 조치가 있는 경우에 비로소 사인의 신뢰는 현실적으로 배반되고, 아울러 사인의 법생활의 안정도 구체적으로

침해되기 때문이다

6) 개인의 이익 침해　　개인의 이익 침해가 있어야 한다. 개인의 이익 침해가 없다면, 신뢰보호의 원칙을 적용할 실익이 없기 때문이다. 논자에 따라서는 이 요건을 들지 않기도 한다.

(라) 사정변경의 경우　　신뢰보호의 원칙은 상황의 변화에도 관계없이 적용되어야 하는 원칙일 수는 없다. 사인의 신뢰형성에 기초가 된 사실관계가 추후에 변화되고 관계당사자가 그 변화를 알게 되었다면, 그 후로는 관련사인도 변화 전의 상태를 이유로 신뢰보호를 주장할 수는 없다. 물론 새로운 상황과 관련하여 신뢰보호의 주장이 가능한 경우도 있을 것이다.

7. 유형별 적용 검토

(가) 법규명령　　법규명령에 대한 신뢰보호의 문제는 주로 법규명령의 소급효의 문제이다. 진정소급은 원칙적으로 금지되나 부진정소급은 원칙적으로 인정되고 있다. 그러나 경우에 따라서는 신뢰보호의 원칙으로 인해 부진정소급이 제한될 수도 있다. 입법의 실제상 법치국가적 근거에서 부진정소급의 경우에는 관계자의 이익보호와 관련하여 빈번히 경과규정을 둔다.

(나) 행정규칙　　행정규칙이나 행정관례와 관련한 신뢰보호의 문제는 행정의 자기구속의 문제로 다루어지고 있음이 일반적이다. 위법한 법률해석적 행정규칙에 의거하여 처분을 하는 경우, 그러한 처분은 위법하고, 사인은 그러한 처분과 동일한 처분의 발령을 구할 수는 없다. 위법한 행정작용은 행정의 자기구속의 원칙이 적용대상이 아니기 때문이다.

(다) 행정계획　　행정계획의 존속을 사인이 신뢰하였음에도 행정청이 사후에 그 계획을 변경 또는 폐지되는 경우, 그 사인은 보호되어야 하는 것이 아닌가의 문제는 계획보장청구권의 문제로 다루어지고 있다.

(라) 행정행위의 취소·철회　　개인의 신뢰보호를 위하여 경우에 따라서는 행정행위의 취소나 철회가 제한될 수 있다. 행정기본법 제18조 제2항의 취소의 제한,[1] 제19조 제2항의 철회의 제한[2]은 이를 반영하고 있다.

(마) 확약　　확약으로 인한 신뢰 역시 보호되어야 한다는 것은 학설상 널리

---

[1] 제18조(위법 또는 부당한 처분의 취소) [3]을 보라.
[2] 제19조(적법한 처분의 철회) [3]을 보라.

인정되고 있다. 적법한 확약이 위법한 확약보다 많이 보호되어야 한다.

(바) 공법상 계약   공법상 계약이 체결된 후 법령의 개폐 등으로 효력을 더 이상 존속시키기 곤란한 경우에는 사인의 보호가 문제된다. 이 경우 귀책사유 없는 사인은 신뢰보호의 원칙에 의거하여 보호(손실보상)되어야 할 것이다.

8. 신뢰보호의 원칙의 위반

(가) 위반의 효과로서 무효와 취소   신뢰보호의 원칙에 반하는 행정작용은 위법한 행정작용이 된다. 위법의 효과는 행정작용의 유형에 따라 다르다. ① 신뢰보호의 원칙에 반하는 행정입법은 무효이다. ② 신뢰보호의 원칙에 반하는 행정행위는 하자의 중대성과 명백성 여하에 따라 하자가 중대하고 명백하면 무효, 중대하지만 명백하지 않거나 명백하지만 중대하지 않으면 취소의 대상이 된다.

(나) 구제수단

1) 손해배상청구   신뢰보호의 원칙에 반하는 행정작용으로 손해를 입은 자는 국가배상법이 정하는 바에 따라 국가나 지방자치단체를 상대로 손해배상을 청구할 수 있다.

2) 이의신청과 처분의 재심사   ① 신뢰보호의 원칙에 반하는 처분의 당사자는 행정기본법 제36조(처분에 대한 이의신청)가 정하는 바에 따라 이의신청을 할 수 있다.[1] ② 뿐만 아니라 행정기본법 제37조(처분의 재심사)가 정하는 바에 따라 처분의 재심사를 신청할 수 있다.[2]

3) 행정심판과 행정소송   ① 신뢰보호의 원칙에 반하는 처분의 당사자나 이해관계 있는 제3자는 행정심판법이 정하는 바에 따라 행정심판을 제기할 수 있고, 또한 행정소송법이 정하는 바에 따라 행정소송을 제기할 수도 있다.

[3] 행정기본법 제12조 제2항 — 실권의 원칙

1. 의의

행정기본법은 제12조 제2항은 "행정청은 권한 행사의 기회가 있음에도 불구하고 장기간 권한을 행사하지 아니하여 국민이 그 권한이 행사되지 아니할 것으로 믿을 만한 정당한 사유가 있는 경우에는 그 권한을 행사해서는 아니 된다. 다

---

1) 제36조(처분에 대한 이의신청)를 보라.
2) 제37조(처분의 재심사)를 보라.

만, 공익 또는 제3자의 이익을 현저히 해칠 우려가 있는 경우는 예외로 한다."고 규정하여 실권의 원칙을 선언하고 있다.

2. 행정기본법 제정 전 상황

행정기본법이 제정되기 전에도 학설과 판례는 행정법의 일반원칙으로서 실권의 원칙(실효의 원칙)을 인정하였다.

■ 대판 1988. 4. 27, 87누915(실권 또는 실효의 법리는 법의 일반원리인 신의성실의 원칙에 바탕을 둔 파생원칙인 것이므로 공법관계 가운데 관리관계는 물론이고 권력관계에도 적용되어야 함을 배제할 수는 없다 하겠으나 그것은 본래 권리행사의 기회가 있음에도 불구하고 권리자가 장기간에 걸쳐 그의 권리를 행사하지 아니하였기 때문에 의무자인 상대방은 이미 그의 권리를 행사하지 아니할 것으로 믿을 만한 정당한 사유가 있게 되거나 행사하지 아니할 것으로 추인케 할 경우에 새삼스럽게 그 권리를 행사하는 것이 신의성실의 원칙에 반하는 결과가 될 때 그 권리행사를 허용하지 않는 것을 의미한다)

[참고] 실권에 관한 종래 판례의 견해
① 종래의 판례는 "실권 또는 실효의 법리는 공법관계 가운데 관리관계는 물론이고 권력관계에도 적용되어야 함을 배제할 수는 없다"고 하였다(대판 1988. 4. 27, 87누915). ② 행정청의 권한행사의 적부와 관련하여 실효의 법리가 활용된 판례(대판 1988. 4. 27, 87누915)는 신뢰보호의 원칙을 명시적으로 규정한 「행정절차법」이 1998년 1월 1일에 발효되기 이전의 경우이고, 이후의 경우에는 찾아보기 어렵다. 한편 사인의 권리행사의 적부와 관련하여 실효의 법리가 활용된 판례는 「행정절차법」시행 후에 계속되고 있다(대판 2002. 1. 8, 2001다60019; 대판 2005. 10. 28, 2005다45827). 87누915 사건은 신뢰보호의 원칙으로 해결될 수도 있었을 것이다.

[1] (서울특별시 성동구청장을 피고로 한 해고무효확인소송에서) 원고가 허가받은 때로부터 20년이 다되어 피고가 그 허가를 취소한 것이기는 하나 피고가 취소사유를 알고서도 그렇게 장기간 취소권을 행사하지 않은 것이 아니고 1985. 9. 중순에 비로소 위에서 본 취소사유를 알고 그에 관한 법적 처리방안에 관하여 다각도로 연구검토가 행해졌고 그러한 사정은 원고도 알고 있었음이 기록상 명백하여 이로써 본다면 상대방인 원고에게 취소권을 행사하지 않을 것이란 신뢰를 심어준 것으로 여겨지지 않으니 피고의 처분이 실권의 법리에 저촉된 것이라고 볼 수 있는 것도 아니다(대판 1988. 4. 27, 87누915). [행정청의 권리행사의 가부가 쟁점]
[2] (부산광역시를 피고로 한 부당이득금반환청구소송에서) 권리자가 장기간에 걸쳐 그 권리를 행사하지 아니하여 새삼스럽게 그 권리를 행사하는 것이 신의성실의 원칙에 위반되어 허용되지 아니한다고 하려면, 의무자인 상대방이 더 이상 권리자가 그 권리를 행사하지 아

니할 것으로 믿을 만한 정당한 사유가 있어야 한다(대판 2002. 1. 8, 2001다60019). [사인인 원고의 권리행사의 가부가 쟁점]

[3] (국립공원관리공단을 피고로 한 면직해임무효확인소송에서) 실효의 원칙이 적용되기 위하여 필요한 요건으로서의 실효기간(권리를 행사하지 아니한 기간)의 길이와 의무자인 상대방이 권리가 행사되지 아니하리라고 신뢰할 만한 정당한 사유가 있었는지의 여부는 일률적으로 판단할 수 있는 것이 아니라 구체적인 경우마다 권리를 행사하지 아니한 기간의 장단과 함께 권리자측과 상대방측 쌍방의 사정 및 객관적으로 존재한 사정 등을 모두 고려하여 사회통념에 따라 합리적으로 판단하여야 할 것이다(대판 2005. 10. 28, 2005다45827). [사인인 원고의 권리행사의 가부가 쟁점]

3. 성질

실권의 원칙은 신뢰보호의 원칙의 파생원칙이라 할 수 있으나, 행정기본법 제12조 제1항의 신뢰보호의 원칙과 제2항의 실권의 법리는 적용요건에 차이가 있다.

4. 적용요건

(가) 권한행사의 기회가 있을 것   행정청의 권한행사의 기회가 있어야 한다. 기회가 있었는지 여부는 담당 공무원의 주관적인 판단이 아니라 객관적으로 판단되어야 한다.

(나) 장기간 권한의 불행사가 있을 것   행정청이 장기간 권한을 행사하지 아니하여야 한다. 장기간의 의미를 일자 수로 정할 수는 없다. 권한을 행사함에 충분한 기간이 경과하였다면, 장기간 권한을 행사하지 아니한 것으로 볼 수 있을 것이다. 만약 제척기간 규정이 적용되는 사안에서는 실권의 원칙이 적용되는 것이 아니라 제척기간이 적용된다. 제척기간 규정이 적용되지 않는 사안일지라도 실권의 원칙을 적용할 때에는 제재처분의 제척기간을 규정하는 행정기본법 제23조의 취지를[1] 고려할 필요가 있다

(다) 권한의 불행사에 대한 국민의 신뢰가 있을 것   국민이 행정청이 그 권한을 행사하지 아니할 것으로 믿을 만한 정당한 사유가 있어야 한다. 권한을 행사하지 아니할 것으로 믿을 만한 정당한 사유는 행정청이 그러한 사정을 제공한 것으로 볼 수 있는 경우에 인정하기가 용이할 것이다. 실권의 원칙은 행정청에 대한 신뢰의 보호를 위한 원칙이기 때문이다.

(라) 공익 등을 해칠 우려가 없을 것   공익 또는 제3자의 이익을 현저히 해

---

1) 본서 175쪽을 보라.

칠 우려가 없어야 한다(행정기본법 제12조 제2항). 공익 또는 제3자의 이익을 「현저
히 해칠 우려」란 공익 또는 제3자의 이익을 해칠 가능성이 뚜렷한 경우를 의미한
다. 공익 또는 제3자의 이익을 침해할 우려가 없거나, 있다고 하여도 현저히 해칠
우려가 있는 경우가 아니라면 실권의 원칙은 적용될 수 있다.

5. 효과

실권의 원칙의 적용요건이 구비되면, 행정청은 그 권한을 행사할 수 없다. 행
사할 수 없는 권한에는 취소권·정지권·철회권 등이 포함된다.

6. 위반

(가) 위법　　실권의 원칙에 위반하는 행정작용은 위법한 것이 된다. 실권의
원칙에 반하는 행정작용은 경우에 따라 무효 또는 취소의 대상이 된다.

(나) 손해배상　　실효의 원칙에 반하는 행정작용으로 손해를 입은 자는 국
가배상법이 정하는 바에 따라 국가나 지방자치단체를 상대로 손해배상을 청구할
수 있다.

(다) 행정상 쟁송　　실효의 원칙에 반하는 위법한 처분의 당사자는 행정기
본법 제36조(처분에 대한 이의신청)가 정하는 바에 따라 이의신청을 할 수 있다.[1] 뿐
만 아니라 행정기본법 제37조(처분의 재심사)가 정하는 바에 따라 처분의 재심사를
신청을 할 수 있다.[2] 뿐만 아니라 실효의 원칙에 반하는 위법한 처분의 당사자나
이해관계 있는 제3자는 행정심판법이 정하는 바에 따라 행정심판을 제기할 수 있
고, 또한 행정소송법이 정하는 바에 따라 행정소송을 제기할 수 있다.

---

1) 이에 관해 제36조(처분에 대한 이의신청)를 보라.
2) 이에 관해 제37조(처분의 재심사)를 보라.

제13조(부당결부금지의 원칙)[1] 행정청은 행정작용을 할 때 상대방에게 해당 행정작용과 실질적인 관련이 없는 의무를 부과해서는 아니 된다.[2]
　[시행일 2021. 3. 23.]

[1] 행정기본법 제13조의 의의

1. 행정기본법 제정 전 상황

행정기본법이 제정되기 전에도 학설과 판례는 행정법의 일반원칙으로서 부당결부금지의 원칙을 인정하는데 이론이 전혀 없었다. 부당결부금지의 원칙을 규정하는 개별 법률도 있었다(예: 주택법 제17조 제1항).

- 대판 2009. 2. 12, 2005다65500(부당결부금지의 원칙이란 행정주체가 행정작용을 함에 있어서 이와 실질적인 관련이 없는 상대방의 의무를 부과하거나 그 이행을 강제하여서는 아니 된다는 원칙을 말한다).
- 대판 1997. 3. 11, 96다49650(원고의 이 사건 토지 중 2,791㎡는 자동차전용도로로 도시계획시설결정이 된 광1류6호선에 편입된 토지이므로, 그 위에 도로개설을 하기 위하여는 소유자인 원고에게 보상금을 지급하고 소유권을 취득하여야 할 것임에도 불구하고, 소외 인천시장은 원고에게 주택사업계획승인을 하게 됨을 기화로 그 주택사업과는 아무런 관련이 없는 토지인 위 2,791㎡를 기부채납하도록 하는 부관을 위 주택사업계획승인에 붙인 사실이 인정되므로, 위 부관은 부당결부금지의 원칙에 위반되어 위법하다).

- 구 주택법(2021. 2. 19. 시행) 제17조(기반시설의 기부채납) ① 사업계획승인권자는 제15조 제1항 또는 제3항에 따라 사업계획을 승인할 때 사업주체가 제출하는 사업계획에 해당 주택건설사업 또는 대지조성사업과 직접적으로 관련이 없거나 과도한 기반시설의 기부채납(寄附採納)을 요구하여서는 아니 된다.

2. 일반법

행정기본법상 부당결부금지의 원칙은 성문의 일반 법 원칙이다. 국가의 모든 기관과 공무원들은 부당결부금지의 원칙을 준수하여야 한다. 개별 법률에 부당결부금지의 원칙에 관한 규정이 없다고 하여도 공무원들은 행정법령을 집행할 때에 일반법인 행정기본법 제13조를 근거로 부당결부금지의 원칙을 준수하여야 한다.

[2] 부당결부금지의 원칙

1. 의의

행정기본법은 제13조는 "행정청은 행정작용을 할 때 상대방에게 해당 행정작용과 실질적인 관련이 없는 의무를 부과해서는 아니 된다"는 부당결부금지의 원칙을 규정하고 있다. 부당결부금지의 원칙이란 행정작용과 사인이 부담하는 급부 — 그 급부가 사실상의 것이든 혹은 법적 근거를 가진 것이든 불문한다 — 는 부당한 내적인 관련(실체적 관련성)을 가져서는 아니 되고 또한 부당하게 상호 결부되어서도 아니 된다는 원칙으로 이해된다. 예를 들어, 건축행정청이 건축허가신청인에게 건축허가를 함에 있어 그 건축허가신청인의 부동산을 건축행정청에게 매각할 것을 건축허가발령의 조건으로 한다면, 그 허가는 부당결부금지의 원칙에 위반하는 것이 된다.

2. 수범자

행정기본법 제13조는 행정청으로 하여금 부당결부금지의 원칙을 준수할 것을 규정하고 있다. 여기서 행정청의 의미는 행정기본법 제2조 제2호에서 규정되고 있다.

3. 적용범위

행정기본법 제13조 제1항의 부당결부금지의 원칙은 모든 행정에 적용된다. 말하자면 침익적 행정과 수익적 행정, 질서행정과 급부행정, 침해행정과 급부행정 등 모든 행정에 적용된다. 행정실무상으로 부당결부금지의 원칙은 행정행위의 부관(예: 건축허가를 하면서 다른 토지의 기부채납을 부관으로 부담하게 하는 경우), 공법상 계약(예: 주차장시설의무의 면제와 천만원의 납부의무를 내용으로 공법상 계약을 체결하는 경우), 또는 행정의 실효성 확보수단(예: 사업에 관한 허가등의 제한)과 관련하여 문제되고 있다.

4. 부당결부 여부의 판단기준

(가) 의의　　　부당결부금지의 원칙은 「행정청이 행정작용을 할 때 상대방에게 해당 행정작용과 실질적인 관련이 없는 의무를 부과해서는 아니 되는 것」인바, 부당결부금지의 원칙의 적용을 위해서는 「해당 행정작용과 실질적인 관련의 유무

를 판단하는 기준을 마련하는 것」이 필요하다.

(나) 행정작용의 원인과 목적   관련성 유무의 판단기준으로 행정작용의 원
인과 행정작용의 목적을 활용할 수 있다. 법령상 사인의 의무가 행정작용의 원인
으로 규정되어 있거나 법령상 사인의 의무가 행정작용의 목적과 같은 목적을 지
향한다면, 해당 행정작용 상대방의 의무 사이에 실질적인 관련이 있다고 볼 것
이다.

5. 위반

(가) 무효와 취소   부당결부금지의 원칙에 반하는 행정작용은 위법한 행정
작용이 된다. 위법의 효과는 행정작용의 유형에 따라 다르다. ① 부당결부금지의
원칙에 반하는 행정입법은 무효이다. ② 부당결부금지의 원칙에 반하는 행정행위
는 하자의 중대성과 명백성 여하에 따라 하자가 중대하고 명백하면 무효, 중대하
지만 명백하지 않거나 명백하지만 중대하지 않으면 취소의 대상이 된다.

(나) 손해배상청구   부당결부금지의 원칙에 반하는 행정작용으로 손해를
입은 자는 국가배상법이 정하는 바에 따라 국가나 지방자치단체를 상대로 손해배
상을 청구할 수 있다.

(다) 이의신청과 처분의 재심사   ① 부당결부금지의 원칙에 반하는 위법한
처분의 당사자는 행정기본법 제36조(처분에 대한 이의신청)가 정하는 바에 따라 이의
신청을 할 수 있다.[1] ② 뿐만 아니라 행정기본법 제37조(처분의 재심사)가 정하는
바에 따라 처분의 재심사를 신청할 수 있다.[2]

(라) 행정심판과 행정소송   ① 부당결부금지의 원칙에 반하는 위법한 처분
의 당사자나 이해관계 있는 제3자는 행정심판법이 정하는 바에 따라 행정심판을
제기할 수 있고, 또한 행정소송법이 정하는 바에 따라 행정소송을 제기할 수도
있다.

[참고] 국세징수법 제112조와 부당결부금지의 원칙
   □ 행정기본법 제13조는 행정작용에 적용되는 법 원칙이다. 법률 조항이 부당결부금지의
   원칙에 반한다면, 행정기본법 제13조의 위반이 아니라 헌법 위반의 문제가 된다. 이와 관련
   하여 국세징수법 제112조가 문제된다. 건축법 제79조에도 유사한 문제가 있다.

---

1) 제36조(처분에 대한 이의신청)를 보라.
2) 제37조(처분의 재심사)를 보라.

■ 국세징수법 제112조(사업에 관한 허가등의 제한) ① 관할 세무서장은 납세자가 허가·인가·면허 및 등록 등(이하 이 조에서 "허가등"이라 한다)을 받은 사업과 관련된 소득세, 법인세 및 부가가치세를 체납한 경우 해당 사업의 주무관청에 그 납세자에 대하여 허가등의 갱신과 그 허가등의 근거 법률에 따른 신규 허가등을 하지 아니할 것을 요구할 수 있다. 다만, 재난, 질병 또는 사업의 현저한 손실, 그 밖에 대통령령으로 정하는 사유가 있는 경우에는 그러하지 아니하다.
② 관할 세무서장은 허가등을 받아 사업을 경영하는 자가 해당 사업과 관련된 소득세, 법인세 및 부가가치세를 3회 이상 체납하고 그 체납된 금액의 합계액이 500만원 이상인 경우 해당 주무관청에 사업의 정지 또는 허가등의 취소를 요구할 수 있다. 다만, 재난, 질병 또는 사업의 현저한 손실, 그 밖에 대통령령으로 정하는 사유가 있는 경우에는 그러하지 아니하다.
③ 관할 세무서장은 제1항 또는 제2항의 요구를 한 후 해당 국세를 징수한 경우 즉시 그 요구를 철회하여야 한다.
④ 해당 주무관청은 제1항 또는 제2항에 따른 관할 세무서장의 요구가 있는 경우 정당한 사유가 없으면 요구에 따라야 하며, 그 조치 결과를 즉시 관할 세무서장에게 알려야 한다.

□ 국가재정의 확보는 국가존립의 기초를 이룬다. 국세징수의 확보는 국가재정확보의 중심에 놓인다. 국세징수법 제112조는 국세징수의 무력화를 방지하고 국세징수의 확보를 목적으로 하는 것이므로 궁극적으로는 국가재정확보를 목적으로 한다. 한편, 부당결부금지의 원칙도 국가존립을 전제로 하는 것이므로, 국세징수법 제112조 제2항과 관련하는 한 국가존립의 이익이 부당결부금지의 원칙이 갖는 이익보다 우선한다고 판단된다. 따라서 세징수법 제112조 제2항은 합헌이라 본다.

■ 건축법 제79조(위반 건축물 등에 대한 조치 등) ② 허가권자는 제1항에 따라 허가나 승인이 취소된 건축물 또는 제1항에 따른 시정명령을 받고 이행하지 아니한 건축물에 대하여는 다른 법령에 따른 영업이나 그 밖의 행위를 허가·면허·인가·등록·지정 등을 하지 아니하도록 요청할 수 있다. 다만, 허가권자가 기간을 정하여 그 사용 또는 영업, 그 밖의 행위를 허용한 주택과 대통령령으로 정하는 경우에는 그러하지 아니하다.

제 3 장

행정작용

제1절 처분

제14조(법 적용의 기준)[1] ① 새로운 법령등은 법령등에 특별한 규정이 있는 경우를 제외하고는 그 법령등의 효력 발생 전에 완성되거나 종결된 사실관계 또는 법률관계에 대해서는 적용되지 아니한다.[2]

② 당사자의 신청에 따른 처분은 법령등에 특별한 규정이 있거나 처분 당시의 법령등을 적용하기 곤란한 특별한 사정이 있는 경우를 제외하고는 처분 당시의 법령등에 따른다.[3]

③ 법령등을 위반한 행위의 성립과 이에 대한 제재처분은 법령등에 특별한 규정이 있는 경우를 제외하고는 법령등을 위반한 행위 당시의 법령등에 따른다.[4] 다만, 법령등을 위반한 행위 후 법령등의 변경에 의하여 그 행위가 법령등을 위반한 행위에 해당하지 아니하거나 제재처분 기준이 가벼워진 경우로서 해당 법령등에 특별한 규정이 없는 경우에는 변경된 법령등을 적용한다.[5]

[시행일 2021. 3. 23.]

[제14조 제3항 단서의 규정은 이 법 시행일 이후 제재처분에 관한 법령등이 변경된 경우부터 적용한다(부칙 제2조)].

[1] 행정기본법 제14조의 의의 — 법 적용의 기준

1. 행정기본법 제정 전 상황

개별 행정법은 민사법이나 형사법에 비하여 비교적 자주 개정되는바, 법령의 개정 시 적용할 법령을 정하는 것도 빈번히 문제된다. 그런데 행정기본법이 제정되기 전부터 법 적용의 기준을 정하는 개별 법률은 있으나(예: 질서위반행위 규제법 제3조, 국세기본법 제18조 제2항, 화재예방, 소방시설 설치·유지 및 안전관리에 관한 법률 제11조 제1항), 행정 전반에 적용되는 일반규정으로서 법 적용의 기준을 정하는 법률(일반법)은 없었다.

2. 일반법

행정기본법 제14조는 법 적용의 기준에 관한 성문의 일반 법 원칙이다. 개별 법률에 법 적용의 기준에 관한 규정이 없다고 하여도 공무원들은 행정법령을 집행할 때에 일반법인 행정기본법 제14조를 따라야 한다.

3. 의미

행정법령의 개정이 있는 경우, 구법과 신법 중 어느 법령이 적용되어야 하는지의 문제가 발생할 수도 있다. 이러한 문제의 발생을 방지하기 위해 행정기본법 제14조는 법 적용의 기준을 명확히 하고 있다. 행정기본법 제14조로 국민들은 행정의 법 적용을 보다 더 분명하게 예측할 수 있고, 그로 인해 국민들은 보다 더 안정된 법 생활을 할 수 있으며, 입법자는 개별 행정법령의 개정 시, 특별한 사정이 없다면 구법과 신법 중에서 적용할 법령에 관한 규정을 둘 필요가 없다.

[2] 행정기본법 제14조 제1항 — 불소급의 원칙

1. 의의

① 행정기본법 제14조 제1항은 "새로운 법령등은 법령등에 특별한 규정이 있는 경우를 제외하고는 그 법령등의 효력 발생 전에 완성되거나 종결된 사실관계 또는 법률관계에 대해서는 적용되지 아니한다."고 규정하여 불소급의 원칙을 선언하고 있다. ② 법령등의 소급적용에는 그 법규의 효력발생일 이전에 이미 완성된 사항에 소급적용하는 진정소급과 효력 발생 일까지 진행 중인 사항에 대한 소

급적용인 부진정소급이 있다. 행정기본법 제14조 제1항은 「진정소급은 원칙적으로 배제된다」는 것을 규정하고 있다.

2. 성격

불소급의 원칙은 법치국가의 본질인 법적 안정성의 견지에서 개인의 보호를 위한 것이다. 불소급의 원칙은 국민의 신뢰의 대상이 구 법령등인 경우에 적용되는 신뢰보호의 원칙의 특별한 형태로 볼 수 있다.

- 대판 2024. 5. 23, 2021두35834(기존의 법에 의하여 이미 형성된 개인의 법적 지위를 사후입법을 통하여 박탈함을 내용으로 하는 진정소급입법은 개인의 신뢰보호와 법적 안정성을 내용으로 하는 법치국가원리에 의하여 허용되지 않는 것이 원칙이다).

3. 적용대상

행정기본법 제14조 제1항은 사실관계 또는 법률관계를 대상으로 한다. 사실관계의 예로 20년 이상 노후화된 차량의 통행을 제한하는 법률이 제정·개정된 경우, 20년 이상 노후화된 차량이 그 법률의 적용 대상이 되는데, 20년 이상 노후화는 사실관계의 문제이다. 법률관계의 예로 여객자동차운수사업의 양도·양수가 있는 경우에 신고절차를 강화하는 법률이 제정·개정된 경우, 여객자동차운수사업의 양도·양수가 그 법률의 적용 대상이 되는데, 여객자동차운수사업의 양도·양수는 법률관계의 문제이다.

4. 적용범위

(가) 진정소급의 원칙적 금지   행정기본법 제14조 제1항은 "새로운 법령등은 … 그 법령등의 효력 발생 전에 완성되거나 종결된 사실관계 또는 법률관계에 대해서는 적용되지 아니한다."고 하여 새로운 법령등의 진정소급 적용을 배제하고 있다.

- 대판 2021. 10. 14. 2019두39635(법령이 제정되거나 개정되면 그 법령은 장래의 행위에 대하여만 적용되는 것이 원칙이다. 따라서 법령이 제정되거나 개정되기 전에 이루어진 행위는 특별한 사정이 없는 한 그 행위 당시 시행되던 법령에 의하여 규율된다).

(나) 진정소급의 예외적 허용

1) 특별규정 우선　　행정기본법 제14조 제1항은 "새로운 법령등은 법령등에 특별한 규정이 있는 경우를 제외하고는… 적용되지 아니한다."고 하여 특별한 규정이 있는 경우에는 진정소급 적용을 허용하고 있다. 이것은 「특별법은 일반법(행정기본법)에 우선한다」는 원칙의 표현이기도 하다. 적절한 예는 아니지만, 진정소급을 규정하는 예로 헌법재판소법 제47조 제3항 본문(위헌으로 결정된 형벌에 관한 법률 또는 법률의 조항은 소급하여 그 효력을 상실한다)을 볼 수 있다. 그러나 형벌법규가 아닌 경우에는 소급하지 아니한다(헌재법 제47조 제2항).

2) 특별규정의 의의　　행정기본법 제14조 제1항에서 말하는 특별한 규정에는 명문의 규정 외에 해석상 도출되는 경우도 포함되는가의 문제가 있다. 불소급의 원칙이 법치국가의 본질인 법적 안정성의 견지에서 개인의 보호를 위한 것이라는 관점에서 보면, 개인의 지위보호와 무관하거나 유익한 경우는 해석상 특별한 규정에 포함시킬 수 있을 것이다. 판례는 공익적 중대성이 압도적인 경우에는 침익적 법령의 진정소급적용이 가능하다는 견해를 취하였다.

■ 대판 2005. 5. 13, 2004다8630(법령의 소급적용, 특히 행정법규의 소급적용은 일반적으로는 법치주의의 원리에 반하고, 개인의 권리·자유에 부당한 침해를 가하며, 법률생활의 안정을 위협하는 것이어서, 이를 인정하지 않는 것이 원칙이고(법률불소급의 원칙 또는 행정법규불소급의 원칙), 다만 법령을 소급적용하더라도 일반 국민의 이해에 직접 관계가 없는 경우, 오히려 그 이익을 증진하는 경우, 불이익이나 고통을 제거하는 경우 등의 특별한 사정이 있는 경우에 한하여 예외적으로 법령의 소급적용이 허용된다).
■ 헌재 2021. 1. 28, 2018헌바88(소급입법은 새로운 입법으로 이미 종료된 사실관계 또는 법률관계에 작용하도록 하는 진정소급입법과 현재 진행 중인 사실관계 또는 법률관계에 작용하도록 하는 부진정소급입법으로 나눌 수 있는바, 부진정소급입법은 원칙적으로 허용되지만 소급효를 요구하는 공익상의 사유와 신뢰보호의 요청 사이의 교량과정에서 신뢰보호의 관점이 입법자의 형성권에 제한을 가하게 되는 데 반하여, 진정소급입법은 개인의 신뢰보호와 법적 안정성을 내용으로 하는 법치국가원리에 의하여 특단의 사정이 없는 한 헌법적으로 허용되지 아니하는 것이 원칙이나 예외적으로 법적 상태가 불확실하고 혼란스러웠거나 하여 보호할 만한 신뢰의 이익이 적은 경우, 신뢰보호의 요청에 우선하는 심히 중대한 공익상의 사유가 소급입법을 정당화하는 경우에는 예외적으로 허용될 수 있다).
■ 헌재 2024. 8. 29, 2023헌바73(소급입법은 신법이 이미 종료된 사실관계나 법률관계에 적용되는지, 아니면 현재 진행 중인 사실관계나 법률관계에 적용되는지에 따라 '진정소급입법'과 '부진정소급입법'으로 구분되는데, 전자는 헌법상 원칙적으로 허용되지 않고 특단의 사정이 있는 경우에만 예외적으로 허용되는 반면, 후자는 원칙적으로 허용되지만 소급효를

요구하는 공익상의 사유와 신뢰보호 요청 사이의 교량과정에서 신뢰보호의 관점이 입법자의 입법형성권에 일정한 제한을 가하게 된다는 데 차이가 있다).

(다) 부진정소급의 허용과 금지　　① 행정기본법 제14조 제1항은 부진정소급에 관해서는 규정하는 바가 없다. 이 부분에 관해서는 학설과 판례가 보충하여야 한다. 학설과 판례는 부진정소급을 원칙적으로 인정한다. ② 예외적으로 공익과 사익을 형량하여 사익이 우월한 경우에는 부진정 소급이 제한된다는 것이 판례의 입장이다.

- 대판 2014. 4. 24, 2013두26552(행정처분은 그 근거 법령이 개정된 경우에도 경과규정에서 달리 정함이 없는 한 처분 당시 시행되는 법령과 그에 정한 기준에 의하는 것이 원칙이다. 개정 법령이 기존의 사실 또는 법률관계를 적용대상으로 하면서 국민의 재산권과 관련하여 종전보다 불리한 법률효과를 규정하고 있는 경우에도 그러한 사실 또는 법률관계가 개정 법령이 시행되기 이전에 이미 완성 또는 종결된 것이 아니라면 개정 법령을 적용하는 것이 헌법상 금지되는 소급입법에 의한 재산권 침해라고 할 수는 없다. 다만 개정 전 법령의 존속에 대한 국민의 신뢰가 개정 법령의 적용에 관한 공익상의 요구보다 더 보호가치가 있다고 인정되는 경우에 그러한 국민의 신뢰를 보호하기 위하여 그 적용이 제한될 수 있는 여지가 있을 따름이다. 법령불소급의 원칙은 그 법령의 효력발생 전에 완성된 요건 사실에 대하여 당해 법령을 적용할 수 없다는 의미일 뿐, 계속 중인 사실이나 그 이후에 발생한 요건 사실에 대한 법령적용까지를 제한하는 것은 아니라고 할 것이다).
- 헌재 2017. 7. 27, 2015헌바240(소급입법은 신법이 이미 종료된 사실관계에 작용하는지 아니면 현재 진행 중인 사실관계에 작용하는지에 따라 '진정소급입법'과 '부진정소급입법'으로 구분된다. 전자는 헌법적으로 허용되지 않는 것이 원칙이며 특단의 사정이 있는 경우에만 예외적으로 허용될 수 있는 반면, 후자는 원칙적으로 허용되지만 소급효를 요구하는 공익상의 사유와 신뢰보호의 요청 사이의 교량과정에서 신뢰보호의 관점이 입법자의 형성권에 제한을 가하게 된다); 헌재 2016. 7. 28, 2014헌바372; 헌재 2008. 5. 29, 2006헌바99; 헌재 2001. 2. 22, 98헌바19.

[3] 행정기본법 제14조 제2항 — 신청에 따른 처분에 대한 법 적용의 기준

1. 의의

당사자의 신청에 따른 처분의 경우, 신청시점과 처분시점 사이에 시간적 간격이 있다. 이 때문에 당사자의 신청 후 근거되는 법령등이 개정되는 경우가 있다. 이러한 경우에 신청 시의 법령등을 적용할 것인지 아니면 처분 시의 법령등을 적용할 것인지의 문제가 발생할 수 있다. 이러한 문제의 해결책으로 행정기본법

제14조 제2항은 「당사자의 신청에 따른 처분」에 대한 법 적용의 기준을 규정하고 있다.

2. 「처분 당시의 법령등 적용」의 원칙

행정기본법 제14조 제2항은 당사자의 신청에 따른 처분의 경우, 처분 당시의 법령등에 따르는 것을 원칙으로 한다. 예를 들어 2월 2일에 단란주점영업허가를 신청하였는데, 2월 5일에 관련 법령등의 개정이 있었고, 허가권자가 2월 10일에 처분을 하려고 하면, 허가권자는 2월 5일에 개정된 법령을 따라야 한다. 행정법령의 개정이 빈번히 이루어지는 것은 변화하는 행정환경에 유효적절하게 대응하기 위한 것이다. 따라서 당사자의 신청과 행정청의 처분 사이에 시간적 간격이 있다면, 당연히 개정된 법령등에 따르는 것이 행정환경에 보다 적합하다. 이것이 행정기본법 제14조 제2항이 갖는 의미이다.

3. 「처분 당시의 법령등 적용」의 예외

(가) 의의　　행정기본법 제14조 제2항은 "법령등에 특별한 규정이 있거나 처분 당시의 법령등을 적용하기 곤란한 특별한 사정이 있는 경우"에는 처분 당시의 법령등을 따르지 않는다는 것을 규정하고 있는바, 반대해석상 이러한 경우에는 신청 시의 법령등이 예외적으로 적용된다.

(나) 특별한 규정　　개별 법령등에 「신청 시의 법령등을 적용한다.」는 규정을 두는 경우에는 당연히 「처분 당시의 법령등」을 적용하는 것이 아니라 「신청 시의 법령등」을 적용한다. 이것은 특별법이 우선 적용됨을 의미하는 것이기도 하다.

(다) 특별한 사정　　개별 법령등에 「신청 시의 법령등을 적용한다.」는 규정이 없다고 하여도 「처분 당시의 법령등을 적용하기 곤란한 특별한 사정이 있는 경우」에는 「신청 시의 법령등」을 적용한다. 특별한 사정은 불확정개념이다. 특별한 사정의 의미를 일의적으로 말하기는 어렵다. 「특별한 사정의 유무」는 객관적으로 판단되어야 한다. 예를 들어, 신청 후 근거 법령이 개정된 경우, 개정 전 법령의 존속에 대한 국민의 신뢰가 개정 법령의 적용에 관한 공익상의 요구보다 더 보호가치가 있다면, 특별한 사정이 있는 것으로 볼 수 있을 것이다.

■ 대판 2023. 2. 2, 2020두4372(행정처분은 그 근거 법령이 개정된 경우에도 경과 규정에서 달리 정함이 없는 한 처분 당시 시행되는 개정 법령과 거기에서 정한 기준에 의하는 것이 원칙이고, 개정 법령의 적용과 관련하여 개정 전 법령의 존속에 대한 국민의 신뢰가 개정 법령의 적용에 관한 공익상의 요구보다 더 보호가치가 있다고 인정되는 경우에 국민의 신뢰를 보호하기 위하여 개정 법령의 적용이 제한될 수 있는 여지가 있다).

[4] 행정기본법 제14조 제3항 본문 — 법위반행위의 성립과 제재처분에 대한 법 적용의 기준

1. 의의

법령등에 위반되는 행위를 하면, 그 행위를 이유로 제재처분을 하는 경우가 있다(예: 음주운전으로 인한 운전면허 취소·정지). 이러한 경우, 법령등 위반행위 후 법령등의 개정이 있는 경우, 위반행위 시의 법령등에 따라야 하는지 아니면 제재처분 시의 법령등에 따라야 하는지 문제된다. 이러한 문제의 해결책으로 행정기본법 제14조 제3항은 법령등 위반 행위의 성립과 제재처분에 대한 법 적용의 기준을 규정하고 있다.

2. 「위반 행위 시 법령등 적용」의 원칙

행정기본법 제14조 제3항 본문은 법령등을 위반한 행위 당시의 법령등을 적용하는 것을 원칙으로 한다. 예를 들어 2월 2일에 음주운전을 하였는데, 2월 10일에 관련 법령등의 개정으로 제재처분이 강화되었고, 운전면허권자가 2월 20일에 처분을 하려고 하면, 면허권자는 2월 2일에 유효한 법령등을 따라야 한다. 국민들은 행위 시의 법령등을 준수할 수 있는 것이지 미래에 개정될 법령을 미리 준수할 수 있는 것은 아니기 때문에, 행정기본법 제14조 제3항 본문은 법령등을 위반한 행위 당시의 법령등의 적용을 원칙으로 하는 것이다.

■ 형법 제1조(범죄의 성립과 처벌) ① 범죄의 성립과 처벌은 행위 시의 법률에 의한다.
■ 질서위반행위규제법 제3조(법 적용의 시간적 범위) ① 질서위반행위의 성립과 과태료 처분은 행위 시의 법률에 따른다.

3. 「위반 행위 시 법령등 적용」의 예외

(가) 의의   행정기본법 제14조 제3항 본문은 "법령등에 특별한 규정이 있

는 경우"에는 「법령등을 위반한 행위 시 적용」의 원칙이 배제됨을 규정하고 있다. 말하자면 특별규정이 있으면 그 특별규정에 의한다. 이것은 「특별법 우선의 원칙」의 적용이다.

　　(나) 특별한 사정　　행정기본법 제14조 제2항은 특별한 규정 외에 특별한 사정이 있는 경우에도 「처분 당시의 법령등 적용」의 예외를 규정하고 있으나, 행정기본법 제14조 제3항 본문은 특별한 규정이 있는 경우에만 「위반 행위 시 법령등 적용」의 예외를 규정하고 있을 뿐 특별한 사정이 있는 경우에는 「위반 행위 시 법령등 적용」의 예외를 규정하고 있지 않다.

[5] 행정기본법 제14조 제3항 단서 ― 제재 완화 법령등의 개정 시, 법 적용의 기준

1. 의의

　　행정기본법 제14조 제3항 본문은 법령등을 위반한 행위의 성립과 이에 대한 제재처분은 법령등을 위반한 행위 당시의 법령등에 따르는 것을 원칙으로 하고 있다. 그런데 법령등의 위반행위(A행위)가 있은 후, 위반행위(A행위)가 위법한 행위에 해당하지 아니는 것으로 법령등의 개정이 있거나, 면허취소 사유였던 위반행위(A행위)를 면허정지 사유로 변경하는 법령등의 개정이 있게 되면, 어느 법령등에 따라야 하는지 문제된다. 이러한 문제의 해결책을 행정기본법 제14조 제3항 단서가 규정하고 있다. 행정기본법 제14조 제3항 단서는 행정기본법 제14조 제3항 본문을 보완하는 규정이다.

2. 적용대상(제재처분)

　　① 행정기본법 제14조 제3항은 제재처분에 적용된다. ② 행정기본법상 "제재처분"이란 법령등에 따른 의무를 위반하거나 이행하지 아니하였음을 이유로 당사자에게 의무를 부과하거나 권익을 제한하는 처분을 말한다. 다만, 제30조 제1항 각 호에 따른 행정상 강제는 제외한다(같은법 제2조 제5호)고 규정하고 있다. 따라서 행정상 강제에는 행정기본법 제14조 제3항이 적용되지 아니한다. 행정상 강제의 경우에는 일반법이 없다. ③ 제재처분의 하나인 과태료의 경우는 특별한 규정인 질서위반행위규제법 제3조 제2항·제3항이 적용된다. ④ 벌금등 행정형벌에는 형사법(형법 제1조 제2항·제3항)이 적용되며, 행정기본법 제14조 제3항은 적용되지 아

니한다.

3. 「개정 법령등의 적용」의 원칙

(가) 의의   행정기본법 제14조 제3항 단서는 변경된 법령등을 적용하는 것을 원칙으로 한다. 예를 들어 2월 2일에 식품위생법 위반행위(A행위)를, 2월 10일에 관련 식품위생법의 개정으로 위반행위(A행위)에 대한 제재처분이 영업허가취소에서 영업정지 3개월로 완화되고, 허가권자가 2월 20일에 처분을 하려고 하면, 허가권자는 영업정지 3개월로 하여야 한다. 제재처분의 완화는 위반행위(A행위)에 대한 종전의 국가와 사회의 인식에 변화가 있음을 반영하는 것이다. 변화된 인식을 반영하는 것이 시대에 적합한 사고이다.

> ■ 질서위반행위규제법 제3조(법 적용의 시간적 범위) ② 질서위반행위 후 법률이 변경되어 그 행위가 질서위반행위에 해당하지 아니하게 되거나 과태료가 변경되기 전의 법률보다 가볍게 된 때에는 법률에 특별한 규정이 없는 한 변경된 법률을 적용한다.
> ③ 행정청의 과태료 처분이나 법원의 과태료 재판이 확정된 후 법률이 변경되어 그 행위가 질서위반행위에 해당하지 아니하게 된 때에는 변경된 법률에 특별한 규정이 없는 한 과태료의 징수 또는 집행을 면제한다.
> ■ 형법 제1조(범죄의 성립과 처벌) ② 범죄후 법률의 변경에 의하여 그 행위가 범죄를 구성하지 아니하거나 형이 구법보다 경한 때에는 신법에 의한다.
> ③ 재판확정후 법률의 변경에 의하여 그 행위가 범죄를 구성하지 아니하는 때에는 형의 집행을 면제한다.

(나) 제재처분 기준의 의미   행정기본법 제14조 제3항 단서에서 말하는 제재처분의 기준이란 제재처분의 사유 · 유형 · 상한과 제재처분의 가중 · 감경 기준 등을 포함하는 의미로 이해된다.

(다) 제14조 제3항 단서의 적용 시점   행정기본법 부칙 제2조는 "제14조 제3항 단서의 규정은 이 법 시행일 이후 제재처분에 관한 법령등이 변경된 경우부터 적용한다."고 규정하고 있다. 부칙 제2조는 행정기본법 시행일 이후에 법령등의 변경이 있는 경우에 제14조 제3항 단서의 규정이 적용된다고 규정하고 있을 뿐, 제재처분의 대상이 되는 위법행위가 행정기본법 시행일 이후에 있는 경우에 적용됨을 규정하고 있는 것은 아니다. 따라서 제재처분의 대상이 되는 위법행위가 행정기본법의 시행일 이전에 발생한 경우에도 행정기본법의 시행일 이후에 제재

처분에 관한 관련 법령등이 변경되면, 제14조 제3항 단서의 규정이 적용된다. 법령등의 변경이 있다는 시점은 개정 법령의 효력발생일을 기준으로 판단할 것이다.

[참고] 제재처분을 요건으로 후속 제재처분을 신설하는 경우, 법 적용 기준
2030. 3. 10.: A는 부정한 방법(예: 불법건축물을 지원대상 사업의 사업장으로 한 경우)으로 보조금 지원결정을 받았다.
2030. 3. 20.: 부정한 방법에 근거하여 결정된 보조금지원결정이 취소되는 경우, 향후 1년간 보조금지원을 신청할 수 없다는 조항이 신설되었다.
2030. 4. 10.: 관할 행정청은 A에 대한 보조금지원결정을 취소하였다. A는 향후 1년간 보조금지원을 신청할 수 없는가?
(해설) A가 불법건축물을 지원대상 사업의 사업장으로 하는 한, 향후 1년간 보조금지원을 신청할 수 없음은 분명하다. A가 적법건축물을 지원대상 사업의 사업장으로 하는 경우에는 향후 1년간 보조금지원을 신청할 수 없다고 단언하기 어렵다. 2030. 3. 20.자 신설 규정은 침익적 규정이어서 행정기본법 제14조 제3항 단서의 적용 대상이 아니다.

[참고] 제재처분에 대한 취소소송이 계속 중에 법령등의 변경에 의하여 그 행위가 법령등을 위반한 행위에 해당하지 아니하거나 제재처분 기준이 가벼워진 경우, 행정기본법 제14조 제3항이 적용되는지 여부
행정기본법 제14조 제3항 단서는 제재처분 전에 법령등의 변경이 있는 경우에 관한 조항이다. 제재처분으로 제재절차는 완성·종결된다. 제재처분에 대한 취소소송은 제재처분 후의 절차이다. 따라서 설문의 경우의 제재처분은 완성·종결된 것이므로 불소급의 원칙을 규정하는 행정기본법 제14조 제1항이 적용된다. 다만 법령등에 특별한 규정이 있다면, 그에 따를 것이다.

[참고] 질서위반행위규제법상 법 적용의 시간적 범위
(1) 원칙 질서위반행위의 성립과 과태료 처분은 행위 시의 법률에 따른다(같은법 제3조 제1항).
(2) 과태료 처분이나 과태료 재판 전에 법률의 변경이 있는 경우 질서위반행위 후 법률이 변경되어 그 행위가 질서위반행위에 해당하지 아니하게 되거나 과태료가 변경되기 전의 법률보다 가볍게 된 때에는 법률에 특별한 규정이 없는 한 변경된 법률을 적용한다(같은법 제3조 제2항)(대결 2020. 11. 3, 2020마5594).
(3) 과태료 처분이나 과태료 재판 확정 후 법률의 변경이 있는 경우 행정청의 과태료 처분이나 법원의 과태료 재판이 확정된 후 법률이 변경되어 그 행위가 질서위반행위에 해당하지 아니하게 된 때에는 변경된 법률에 특별한 규정이 없는 한 과태료의 징수 또는 집행을 면제한다(같은법 제3조 제3항).

4. 「개정 법령등의 적용」의 예외

(가) 의의   행정기본법 제14조 제3항 단서는 "해당 법령등에 특별한 규정이 없는 경우"에 변경된 법령등을 적용하는 것을 규정하는바, 특별한 규정이 있으면 그 특별한 규정에 의한다. 이것은 특별법 우선의 원칙의 적용이다.

(나) **특별한 사정**   행정기본법 제14조 제3항 단서의 해석상 특별한 규정이 아니라 특별한 사정이 있다는 이유로 변경되기 전의 법령등이 적용된다고 보기 어렵다.

제15조(처분의 효력)[1] 처분은 권한이 있는 기관이 취소 또는 철회하거나 기간의 경과 등으로 소멸되기 전까지는 유효한 것으로 통용된다.[2] 다만, 무효인 처분은 처음부터 그 효력이 발생하지 아니한다.[3]
[시행일 2021. 3. 23.]

[1] 행정기본법 제15조의 의의

1. 행정기본법 제정 전 상황

행정기본법이 제정되기 전에도 학설과 판례는 처분의 효력으로서 공정력이라는 개념을 인정하여 왔다. 공정력의 인정근거에 관해서는 논란이 있었다. 무효인 처분은 처음부터 그 효력이 발생하지 않는다는 것도 학설과 판례상 논란이 없었다. 공정력이나 무효의 성질을 명시적으로 규정하는 법률은 없었다.

■ 대판 2013. 4. 26, 2010다79923(행정처분이 아무리 위법하다고 하여도 그 하자가 중대하고 명백하여 당연 무효라고 보아야 할 사유가 있는 경우를 제외하고는 아무도 그 하자를 이유로 무단히 그 효과를 부정하지 못하는 것이다).

2. 일반법

행정기본법 제15조는 처분의 효력에 관한 성문의 일반규정(일반법)이다. 개별 법률에 처분의 효력에 관한 규정이 없다고 하여도 공무원들은 행정법령을 집행할 때에 일반법인 행정기본법 제15조를 근거로 활용·적용하여야 한다.

3. 의미

행정기본법 제15조는 처분의 효력(구속력) 중 공정력에 관한 규정이고, 공정력은 위법한 처분과 관련하는 개념이다. 위법한 처분에 대한 효력을 분명히 하여 공법관계의 안정성을 도모할 필요가 있다. 이에 응하고자 하는데 행정기본법 제15조의 의미가 있다.

4. 규정내용

행정기본법 제15조는 "처분의 효력"이라는 제목 하에 "처분은 권한이 있는 기관이 취소 또는 철회하거나 기간의 경과 등으로 소멸되기 전까지는 유효한 것으로 통용된다. 다만, 무효인 처분은 처음부터 그 효력이 발생하지 아니한다."고 규정하고 있다. 행정기본법 제15조의 이해를 위해 먼저 처분, 효력, 하자의 의미를 살펴볼 필요가 있다. 처분의 의미는 제2조 제2호에 규정되어 있다.[1] 효력의 의미에 관해서는 행정기본법에 정의하는 바가 없다. 행을 바꾸어 효력과 하자에 관해 검토한다.

5. 처분의 효력

(가) 효력의 의의   강학상 처분(행정행위)은 적법요건을 구비하면 효력을 발생한다고 하는데, 그 효력의 의미는 다양하다. 넓게는 ① 처분이 법적으로 존재한다는 것, ② 처분은 관계자에 대하여 구속적이라는 것(관계자는 처분에 따라야 한다는 점에서 구속적), ③ 처분은 계속적으로 법적 의미를 갖는다는 것 등을 의미한다. ②의 구속적인 내용도 다양하다. 행을 바꾸어서 보기로 한다.

(나) 효력(구속력)의 종류

1) 내용상 구속력   단란주점허가(처분)를 받은 자는 허가받은 내용대로 영업을 하여야 하는 구속을 받는다. 예를 들어 허가받은 장소에서 허가받은 종류의 영업만 하여야 한다. 일반화하여 말하면, 처분청은 물론이고, 상대방은 처분의 내용에 따라야 하는 구속을 받는바, 여기서 처분이 처분청과 상대방을 구속하는 힘을 내용상 구속력이라 한다.

2) 공정력   당연무효의 처분이 아닌 한, 권한을 가진 기관(처분청·감독청·법원)에 의해 취소될 때까지 처분의 상대방이나 제3자는 처분의 그 효력을 부인할 수 없는 구속을 받는바, 여기서 처분이 상대방이나 제3자를 구속하는 힘을 공정력이라 한다. 공정력은 하자 있는 처분과 관련하여 의미를 갖는다.

3) 구성요건적 효력   A군수는 법정절차를 거쳐 B를 A군 소속 운전기사로 채용하려고 한다. B는 서울지방경찰청장이 발급한 운전면허증 사본을 첨부하였다. A군수는 서울지방경찰청장의 운전면허처분의 존재를 인정하고, 그 내용을 받아들여야 한다. 여기서 서울지방경찰청장의 운전면허처분은 A군수의 운전기사 채용절차상 구성요건의 하나로서 A군수는 그 내용에 구속된다. 이와 같이 특정한 처분(예: 서울지방경찰청장의 운전면허처분)의 존재와 그 규율내용은 그 행위와 관련 있는 행정기관이나 법원의 다른 결정(예: 운전기사채용)의 구성요건요소로서 그 행

---

1) 제2조(정의) [13]을 보라.

정기관이나 법원을 구속하는 힘을 갖는바, 그 힘을 구성요건적 효력이라 한다.

　4) 존속력　　존속력에는 형식적 존속력과 실질적 존속력이 있다. ① 존속력은 구제수단의 포기, 쟁송기간의 경과, 판결을 통한 처분의 확정 등의 사유가 존재하면, 처분의 상대방 등은 더 이상 그 처분의 효력을 다툴 수 없게 되는바, 처분이 갖는 이러한 효력을 형식적 존속력 또는 불가쟁력이라 한다. ② 전통적 견해는, 처분은 경우에 따라 처분청도 해당 처분에 구속되어 직권으로 취소·변경할 수 없는바, 처분이 갖는 이러한 힘을 실질적 존속력 또는 불가변력이라 한다.

　(다) 효력의 발생·소멸　　처분은 적법성의 요건에 명백하고 중대한 하자가 없는 한, 원칙적으로 외부에 표시(송달·통지)함으로써 효력을 발생한다. 적법성에 의심이 있어도 행정행위는 효력을 발생한다. 행정행위는 스스로 소멸되는 것이 아닌 한, 권한을 가진 기관에 의해 폐지됨으로써 효력을 상실한다. 폐지되지 않은 한 효력을 갖는다.

> ■ 계속효 있는 처분(예: 공용지정·교통표지·공무원임명·음식점영업허가)은 영속적인 법률관계를 가져온다. 처분의 효과는 지속한다. 1회적 상황의 규율을 내용으로 하는 일회적 처분(예: 소득세부과·건축허가)도 처분의 효과(예: 납부의무)는 계속된다. 계속되지 않는다면, 납부한 세금의 징수근거가 없어지는 결과가 된다.

6. 처분의 하자

　(가) 하자의 의의　　외부효를 갖는 법령에서 요구되는 적법요건을 완전하게 구비한 것이 아닌 처분을 위법한 처분(행위)이라 하고, 적법요건을 구비하였다고 하여도 비합목적적인 재량행사가 있는 처분(행위)을 부당한 행위라 한다. 위법과 부당을 하자라 하고, 위법한 처분과 부당한 처분을 합하여 하자 있는 처분이라 한다.

　(나) 하자의 유형　　하자 있는 처분은 하자의 강약에 따라 처분의 부존재, 무효인 처분, 취소할 수 있는 처분으로 구분되고 있다. 행정실무상으로는 무효와 취소의 구별기준, 그 효과 등이 문제된다. 항을 바꾸어 살피기로 한다.

[2] 행정기본법 제15조 본문 — 무효가 아닌 처분의 통용

1. 유효한 것으로 통용되는 처분의 유형

　행정기본법 제15조 단서가 무효인 처분에 관해 규정하고 있음을 볼 때, 행정기본법 제15조 본문은 처분이 무효가 아닌 경우를 규정하고 있다고 보아야 한다.

통용되는 처분의 유형, 즉 처분이 무효가 아닌 경우에는 처분이 적법한 경우(타당한 경우 + 부당한 경우)와 처분이 위법한 경우가 있다.

2. 처분이 유효한 것으로 통용되는 기한

(가) 위법한 처분   위법한 처분은 권한이 있는 기관이 취소하기 전까지 유효한 것으로 통용된다. 권한이 있는 기관이란 처분청(직권취소의 경우), 행정심판기관(쟁송취소의 경우), 법원(쟁송취소의 경우) 등을 말한다. 취소란 행정청이 위법 또는 부당한 처분의 전부나 일부를 소급하여 또는 장래를 향하여 처분의 효력을 소멸시키는 의사표시를 말한다.[1]

(나) 부당한 처분   부당한 처분은 권한이 있는 기관이 취소하기 전까지 유효한 것으로 통용된다. 권한이 있는 기관이란 처분청(직권취소의 경우)과 행정심판기관(쟁송취소의 경우)을 말한다. 부당한 처분은 적법한 처분의 한 종류이다. 부당한 처분은 재량처분에서 다소 합리성을 결여한 처분을 말한다. 다소 합리성을 결여한다는 것은 재량권의 남용이나 일탈에 이르지는 않지만, 정당한 재량행사라고 보기는 어려운 경우를 말한다.

(다) 적법한 처분   적법한 처분은 권한이 있는 기관이 철회하기 전까지 유효한 것으로 통용된다. 권한이 있는 기관이란 처분청을 말한다.

(라) 존속기간이 있는 처분   발령 시에 존속기간이 정해져 있는 처분(위법처분·적법처분)은 그 기간 경과할 시점까지 유효한 것으로 통용된다.

3. 유효한 처분으로 통용된다는 의미

(가) 일반론   ① 통용된다는 것은 사실상 유효한 것으로 인정된다는 것을 의미한다. ② 통용된다는 것은 처분이 적법하다는 것을 의미하는 것은 아니다. ③ 적법한 처분(부당한 처분 포함)이 통용된다는 것은 당연하다. ④ 위법한 처분도 통용된다는 것이 행정기본법 제15조를 두는 결정적인 이유이다.

(나) 위법한 처분이 통용되어야 하는 논거

1) 인정 필요성   헌법에 반하는 법률, 법률에 반하는 대통령령은 모두 무효라는 점에서 보면, 「위법은 무효로 만든다」는 법의 논리가 도출된다. 처분의 경우, 「법령에 반하는 처분은 무효이다」라는 논리를 관철시킬 수 없다. 만약 이 논

---

1) 제18조(위법 또는 부당한 처분의 취소)를 보라.

리를 관철시키려면, 처분의 상대방은 처분이 위법하기 때문에 무효라 주장할 수 있어야 한다. 처분의 상대방이 이러한 주장을 하면, 행정청은 행정임무수행을 제대로 할 수 없다. 따라서 행정법관계의 안정, 상대방의 신뢰보호, 행정의 원활한 운영 등을 고려하여 단순위법의 처분은 원칙적으로 유효한 것으로 하고, 사후적으로 이를 다툴 수 있게 할 필요가 있다. 행정기본법 제15조 본문은 이러한 필요에 응하기 위해 나타난 조항이다.

2) 공정력 개념의 도출　　행정기본법 제15조로 인해 위법한 처분도 권한이 있는 기관이 취소할 때까지 유효한 것으로 통용되는데, 이를 역으로 보면, 상대방 등은 위법한 처분도 권한이 있는 기관에 의해 취소되기 전까지는 그 유효성을 부인할 수 없는 구속을 받는다. 여기서 처분이 상대방 등을 구속하는 힘을 공정력이라 불러왔다. 행정기본법이 제정되기 전까지 학설과 판례는 처분의 공정력을 인정하였으나, 공정력을 규정한 법률은 없었다. 행정기본법 제15조 본문은 내용상 「취소할 수 있는 처분은 공정력을 갖는다」는 것을 분명히 하고 있다.

[3] 행정기본법 제15조 단서 ─ 무효인 처분의 효력

1. 의의

행정기본법 제15조 단서는 「무효인 처분은 처음부터 그 효력이 발생하지 않는다」고 규정한다. 무효인 처분에는 공정력이 인정되지 아니하므로, 누구도 무효인 처분을 따라야 할 구속을 받지 아니한다.

2. 무효와 취소의 구별필요성

무효인 처분에는 공정력이 인정되지 않고, 취소할 수 있는 행위에는 공정력이 인정되는바, 처분의 하자의 효과로서 무효와 취소의 구별이 문제된다. 행정기본법에는 무효와 처분의 취소의 구별에 관한 규정이 없다. 따라서 학설과 판례가 처분의 무효와 취소의 구별기준을 마련하여야 한다. 개별 법률에서 무효사유를 규정하는 경우는 국가공무원법 제13조 제2항, 지방공무원법 제18조 제2항을 제외하고는 찾아보기 어렵다.

3. 무효와 취소의 구별기준

(가) 학설　　무효와 취소의 구별기준에 관한 학설로 중대설(능력규정이나 강행

규정을 위반하면 하자가 중대하다고 보아 무효이고, 명령규정이나 비강행규정 위반시는 취소사유가 된다), 신중대설(행정행위에 대해서 유효한 외관이나 잠정적인 통용이나마 용인하는 것이 법치국가원리적 질서와 요청과 불일치하다고 여겨질 정도의 하자가 중대하다"고 하고, 이러한 경우에 무효가 된다), 중대명백설, 명백성보충요건설(중대한 하자를 가진 처분은 무효이나, 제3자나 공공의 신뢰보호의 필요가 있는 경우에는 보충적으로 명백성요건이 필요하다) 등이 있다. 중대명백설이 통설이다.

(나) 판례   대법원판례는 중대명백설을 취한다.

■ 대판 1995. 7. 11, 94누4615의 다수의견(하자 있는 행정처분이 당연무효가 되기 위하여는 그 하자가 법규의 중요한 부분을 위반한 중대한 것으로서 객관적으로 명백한 것이어야 하며 하자가 중대하고 명백한 것인지 여부를 판별함에 있어서는 그 법규의 목적, 의미, 기능 등을 목적론적으로 고찰함과 동시에 구체적 사안 자체의 특수성에 관하여도 합리적으로 고찰함을 요한다); 대판 2005. 6. 24, 2004두10968(도지사의 인사교류안 작성과 그에 따른 인사교류의 권고가 전혀 이루어지지 않은 상태에서 행하여진 관할구역 내 시장의 인사교류에 관한 처분은 지방공무원법 제30조의 2(인사교류) 제2항의 입법 취지에 비추어 그 하자가 중대하고 객관적으로 명백하여 당연무효이다); 대판 2016. 7. 14, 2015두46598; 대판 2016. 12. 29, 2014두2980 · 2997; 대판 2018. 7. 19, 2017다242409.

명백성보충요건설은 판례의 소수견해로 주장된 바 있다. 헌법재판소는 원칙적으로 중대명백설을 취하지만, 예외적으로 법적 안정성을 해치지 않는 반면에 그 하자가 중대하여 권리구제의 필요성이 큰 경우에 무효를 인정한다.

■ 헌재 1994. 6. 30, 92헌바23(판례나 통설은 행정처분이 당연무효인가의 여부는 그 행정처분의 하자가 중대하고 명백한가의 여부에 따라 결정된다고 보고 있지만 행정처분의 근거가 되는 법규범이 상위법 규범에 위반되어 무효인가 하는 점은 그것이 헌법재판소 또는 대법원에 의하여 유권적으로 확정되기 전에는 어느 누구에게도 명백한 것이라고 할 수 없기 때문에 원칙적으로 당연무효사유에는 해당할 수 없게 되는 것이다. 그러나 행정처분 자체의 효력이 쟁송기간 경과 후에도 존속중인 경우, 특히 그 처분이 위헌법률에 근거하여 내려진 것이고 그 행정처분의 목적달성을 위하여서는 후행 행정처분이 필요한데 후행행정처분은 아직 이루어지지 않은 경우, 그 행정처분을 무효로 하더라도 법적 안정성을 크게 해치지 않는 반면에 그 하자가 중대하여 그 구제가 필요한 경우에 대하여서는 그 예외를 인정하여 이를 당연무효사유로 보아서 쟁송기간 경과 후에라도 무효확인을 구할 수 있는 것이라고 봐야 할 것이다. 학설상으로도 중대명백설 외에 중대한 하자가 있기만 하면 그것이 명백하지 않더라도 무효라고 하는 중대설도 주장되고 있고, 대법원의 판례로도 반드시 하자가 중대명백한 경우에만 행정처분의 무효가 인정된다고는 속단할 수 없기 때문이다).

4. 중대명백설

(가) 의의　　중대명백설에 의하면, 하자가 중대하고 동시에 명백한 행정행위는 무효가 되고, 단순위법의 행위(즉 하자가 중대하지만 명백하지 않거나, 명백하지만 중대하지 않은 행위)는 행정청이나 법원에 의한 취소의 대상이 된다.

- 대판 2024. 3. 12, 2021다224408(과세대상이 되지 아니하는 어떤 법률관계나 사실관계에 대하여 이를 과세대상이 되는 것으로 오인할 만한 객관적인 사정이 있는 경우에 그것이 과세대상이 되는지의 여부가 사실관계를 정확히 조사하여야 비로소 밝혀질 수 있는 경우라면 하자가 중대한 경우라도 외관상 명백하다고 할 수 없어 그와 같이 과세요건 사실을 오인한 위법의 과세처분을 당연무효라고 볼 수 없다).
- 대판 2004. 11. 26, 2003두2403(적법한 권한 위임 없이 세관출장소장에 의하여 행하여진 관세부과처분이 그 하자가 중대하기는 하지만 객관적으로 명백하다고 할 수 없어 당연무효는 아니다.

다만 부당한 행위는 행정청에 의한 취소의 대상이 될 뿐이다(행정심판법 제1조).

(나) 특징　　중대명백설은 한편으로는 쟁송기간이 경과하면 하자에도 불구하고 행정행위의 존속이 정당화되고 더 이상 하자를 다툴 수 없도록 함으로써 법적 안정성의 원칙을 내용으로 하고 있고, 또 한편으로는 하자가 중대하고 명백한 행정행위의 경우에는 무효로 함으로써 실질적 정의의 원칙을 내용으로 하고 있는바, 법적 안정성의 원칙과 정의의 원칙의 조화를 내용으로 한다.

[참고] 처분의 무효 사유의 명문화

행정기본법은 무효인 처분의 효력을 규정할 뿐, 무효의 사유에 관해서는 규정하는 바가 없다. 행정법질서의 명료화를 위해 무효의 사유를 행정기본법에 반영할 필요가 있다. 저자는 행정기본법(안) 마련을 위한 논의과정에서 아래의 내용을 제안한 바 있다.

제00조(처분의 무효 사유) 다음 각 호의 어느 하나에 해당하는 처분은 무효이다.
1. 처분의 하자가 중대하고 명백한 경우
2. 제1호 외에 처분의 효력을 인정할 수 없는 특별한 사정이 있는 경우

제16조(결격사유)[1] ① 자격이나 신분 등을 취득 또는 부여할 수 없거나 인가, 허가, 지정, 승인, 영업등록, 신고 수리 등(이하 "인허가"라 한다)을 필요로 하는 영업 또는 사업 등을 할 수 없는 사유(이하 이 조에서 "결격사유"라 한다)는 법률로 정한다.[2]
② 결격사유를 규정할 때에는 다음 각 호의 기준에 따른다.[3]
1. 규정의 필요성이 분명할 것
2. 필요한 항목만 최소한으로 규정할 것
3. 대상이 되는 자격, 신분, 영업 또는 사업 등과 실질적인 관련이 있을 것
4. 유사한 다른 제도와 균형을 이룰 것
[시행일 2021. 3. 23.]

[1] 행정기본법 제16조의 의의 ─ 자격제도 · 결격사유

1. 의의

모든 국민은 직업선택의 자유를 가진다(헌법 제15조), 직업의 자유에는 영업의 자유, 기업의 자유, 경쟁의 자유가 포함된다. 그러나 사회질서나 공공복리를 위해 필요한 경우, 직업의 자유는 제한될 수 있다(헌법 제37조 제2항). 그 제한의 방법으로서 특정한 직업이나 영업에 일정한 자격을 요구하고, 요구되는 자격을 갖추지 못한 자에게는 그러한 직업이나 영업에 종사할 수 없게 하는 제도를 자격제도라 한다. 자격제도에서 자격을 취득할 수 없는 사유를 결격사유라 한다.

■ 헌재 2001. 5. 31, 99헌바94(입법자가 일정한 자격제도를 마련하면서 그 자격제도를 둔 취지와 양립할 수 없는 결격사유를 규정하고 있는 이상, 일단 자격을 취득하여 그 자격제도에 포섭된 자일지라도 결격사유에 해당하게 됨으로써 당해 자격제도의 범주에서 벗어난 경우, 이 법률조항과 같이 필요적으로 그 자격을 취소, 박탈하는 것은 자격취득에 관한 요건으로 결격사유를 설정한 자격제도 자체에서 유래하는 본질적인 한계에 속하고, 단지 그 결과만을 두고 최소침해성의 원칙에 위반된다고 볼 수도 없다).

2. 행정기본법 제정 전 입법상황

행정기본법이 제정되기 전부터 행정법령상 결격사유를 규정하는 법률은 적지 않았다. 그러나 결격사유의 기준이나 규정방식 등을 규정하는 일반적인 규정은 없었다. 이 때문에 결격사유에 대한 통일적인 관리는 용이하지 않았다.

3. 의미

(가) 공익의 보호　　자격제도는 국민의 건강이나 재산에 중대한 영향을 미치는 직업, 국민의 신뢰가 무엇보다 중요한 직업, 고도의 전문성이나 윤리성이 요구되는 직업의 행사로 인해 발생할 수 있는 위험을 방지하고, 아울러 불충분한 서비스 제공으로부터 국민을 보호하기 위한 의미를 갖는다.

(나) 법률유보의 반영　　자격제도는 사회생활의 안전, 건전한 사회질서의 유지 등을 목적으로 특정 영업, 특정 경제활동을 제한하는 것인바, 목적은 국민을 위한 것이지만, 제도 자체는 관련 사인의 기본권 제한을 가져온다. 이 때문에 행정기본법 제16조는 헌법 제37조 제2항에 근거하여 자격제도를 도입하는 경우, 결격사유를 법률로 정할 것을 명시하고, 아울러 개별 법률의 제정·개정 시에 반드시 고려하여야 할 기준을 규정하고 있다.

> ■ 헌법 제37조 ② 국민의 모든 자유와 권리는 국가안전보장·질서유지 또는 공공복리를 위하여 필요한 경우에 한하여 법률로써 제한할 수 있으며, 제한하는 경우에도 자유와 권리의 본질적인 내용을 침해할 수 없다.

(다) 결격사유의 사후발생　　자격을 취득할 당시에는 결격사유가 없었으나, 자격취득 후에 결격사유가 발생한 경우, 취득한 자격이 자동적으로 소멸되는 것은 아니다. 행정청은 행정기본법 제19조가 정하는 바에 따라 철회할 수 있을 뿐이다.

[2] 행정기본법 제16조 제1항 — 결격사유 법정주의

1. 규정의 취지

행정기본법 제16조 제1항은 결격사유를 법률로 정하도록 하는 결격사유 법정주의를 규정하고 있다. 따라서 법률에 근거 없는 사유를 결격사유로 내세우는 것은 허용되지 아니한다.

2. 결격사유

(가) 결격사유의 유형　　행정기본법 제16조 제1항은 결격사유를 ① 자격이나 신분 등을 취득 또는 부여할 수 없게 하는 사유(자격·신분 취득제한 사유로서 결격사유)와 ② 인가, 허가, 지정, 승인, 영업등록, 신고 수리 등(이하 "인허가"라 한다)을

필요로 하는 영업 또는 사업 등을 할 수 없게 하는 사유(영업·사업 제한사유로서 결격사유)의 2종류로 규정하고 있다.

(나) 자격·신분 취득 제한 사유로서 결격사유   자격·신분 취득 제한 사유로서 결격사유란 자격·신분의 취득이 제한됨으로써 그 자격·신분 관련 직업의 자유를 누릴 수 없게 하는 사유를 말한다. 자격·신분이란 어떠한 일을 하는데 필요한 조건·능력을 말한다. 이 조문을 해석함에 있어서. 자격과 신분을 엄밀하게 구분하여 논할 필요는 없다. 자격·신분 취득 제한 사유로서 결격사유를 규정하는 법률은 적지 않다(감정평가 및 감정평가사에 관한 법률 제12조, 건축사법 제9조, 공인노무사법 제4조, 국가공무원법 제33조, 도로교통법 제82조, 변호사법 제5조, 식품위생법 제54조, 의료법 제8조).

(다) 영업·사업 제한사유로서 결격사유   영업·사업 제한사유로서 결격사유란 인허가를 필요로 하는 영업 또는 사업의 경우, 그 인허가가 제한됨으로써 직업의 자유를 누릴 수 없게 하는 사유를 말한다. 인허가란 인가, 허가, 지정, 승인, 영업등록, 신고 수리만 뜻하는 것은 아니다. 그 밖에도 국가나 지방자치단체의 의사표시가 있어야 할 수 있는 모든 영업 또는 사업을 뜻한다. 영업·사업이란 영리 등을 목적으로 지속적으로 행하는 일을 말한다. 이 조문을 해석함에 있어서. 영업과 사업을 엄밀하게 구분하여 논할 필요는 없다. 몇몇 법률에서 영업·사업 제한 사유로서 결격사유를 규정하는 것을 볼 수 있다(관광진흥법 제7조, 가축분뇨의 관리 및 이용에 관한 법률 제31조, 결혼중개업의 관리에 관한 법률 제6조, 소방시설공사업법 제5조).

[3] 행정기본법 제16조 제2항 — 결격사유 기준 제시

1. 규정의 취지

행정기본법 제16조 제2항은 개별 법률에서 결격사유를 규정하는 경우, 기준으로 삼아야 할 사항 4가지를 규정하고 있다.

2. 규정의 성격

행정기본법 제16조 제2항은 기준을 정하는 법률이다. 행정기본법 제16조 제2항이 정하는 사항은 예시적이다. 개별 법률에서 그 법률의 특성을 고려하여 추가하여야 할 사항이 있다면, 추가할 수 있다. 이와 달리 결격사유를 규정하는 개별 법률에 4가지 사항 중 일부가 결여되었다고 하여 위헌이라 단언하기도 어렵다.

3. 규정의 내용

(가) 결격사유의 분명한 필요성   결격사유를 규정할 때에는 규정의 필요성이 분명해야 한다. 규정의 필요성이 분명해야 한다는 것은 결격사유를 정하는 목적이 뚜렷해야 함을 의미한다. 필요성이 분명한지 여부는 입법자 주관이 아니라 객관적으로 판단되어야 한다.

(나) 결격사유의 최소화   결격사유를 규정할 때에는 필요한 항목만 최소한으로 규정하여야 한다. 결격사유를 규정한다는 것은 기본권을 제한한다는 것이고, 기본권을 제한할 때에는 헌법 제37조 제2항의 비례원칙에 따라야 하기 때문이다.[1] 필요한 항목 이상으로 규정하면, 그것은 비례원칙에 반하는 것이 된다.

■ 헌재 2016. 10. 27, 2014헌마709(성범죄로 형을 선고받아 확정된 자에 대하여 재범의 위험성에 관계없이 일정기간 아동·청소년 관련기관 등을 운영하거나 이에 취업할 수 없도록 하는 결격제도는 정당하다고 하더라도, 범죄행위의 유형이나 구체적 태양 등을 구체적으로 고려하지 않고 일군의 성범죄를 저지른 사람 전부에 대해서 동일한 취업제한 기간을 두는 것은 구체적 타당성에도 반한다).

■ 헌재 2014. 4. 24, 2013헌바25(심판대상조항은 건설업을 영위하는 법인의 임원이 저지른 범죄의 종류가 건설업과 관련이 있는지 여부를 가리지 않고, 금고 이상의 형을 선고받은 경우 법인의 건설업 등록을 말소하도록 하고 있다. '건설업 등록 말소'라는 제재의 위하(威嚇) 효과를 통하여 법인 및 그 임원으로 하여금 건설업에 관련된 규범을 준수하도록 하려면, 건설업에 관련된 죄로 형을 선고받은 경우에 건설업의 등록을 말소하는 것으로도 충분한데, 건설업과 관련 없는 죄로 형을 선고받은 자가 임원으로 있다는 이유로 법인이 건설업을 영위할 수 없도록 하는 것이 부실시공을 방지하고자 하는 심판대상조항의 입법목적을 달성하기에 적합한 수단으로는 보이지 아니한다).

(다) 결격사유와 자격등의 실질적 관련성   결격사유를 규정할 때에는 대상이 되는 자격, 신분, 영업 또는 사업 등과 실질적인 관련이 있어야 한다. 자격, 신분, 영업 또는 사업 등과 실질적 관련성이 없는 사유를 결격사유로 한다는 것은 자격, 신분, 영업 또는 사업 등과 결격사유를 부당하게 결부시킨 것이 된다는 점에서 부당결부금지의 원칙에 반한다.[2] 뿐만 아니라 대상이 되는 자격, 신분, 영업 또는 사업 등과 실질적인 관련이 없는 사유를 결격사유로 규정하면, 결격제도의

---

1) 제10조(비례의 원칙)를 보라.
2) 제13조(부당결부금지의 원칙)를 보라.

목적 달성에 적합하지 아니한 수단을 도입한 것이라는 점에서 적합성의 원칙에도 반한다.[1]

(라) 유사제도와의 균형성　결격사유를 규정할 때에는 유사한 다른 제도와 균형을 이루어야 한다. 유사한 다른 제도와 균형을 이루지 아니하면 평등원칙에 반하는 결과가 된다. 왜냐하면 A직업에는 결격사유가 아닌 사항을 B직업에서 결격사유로 규정한다면, 그리고 A직업과 B직업이 유사한 직업 영역에 속한다면, B직업을 갖고자 하는 자는 보다 많은 기본권 제한을 받게 된다. 이것은 합리적인 이유 없이 차별하는 것이 되기 때문이다.[2]

[참고] 자격을 갖춘다고 하여도 영업·사업을 실제로 하기 위해서는 신고나 등록 등이 요구되기도 한다. 이러한 신고나 등록 등도 넓은 의미에서 자격제도의 한 부분으로 볼 수 있다.

■ 변호사법 제5조(변호사의 결격사유) 다음 각 호의 어느 하나에 해당하는 자는 변호사가 될 수 없다.
1. 금고 이상의 형(刑)을 선고받고 그 집행이 끝나거나 그 집행을 받지 아니하기로 확정된 후 5년이 지나지 아니한 자
(제2호 이하 생략)
제7조(자격등록) ① 변호사로서 개업을 하려면 대한변호사협회에 등록을 하여야 한다.
■ 결혼중개업의 관리에 관한 법률 제3조(국내결혼중개업의 신고) ① 국내결혼중개업을 하고자 하는 자는 보증보험금 및 중개사무소 등 대통령령으로 정하는 기준을 갖추어 특별자치시장·시장(「제주특별자치도 설치 및 국제자유도시 조성을 위한 특별법」에 따른 행정시장을 포함한다. 이하 같다)·군수·구청장(자치구의 구청장을 말한다. 이하 같다)에게 신고하여야 한다.
제6조(결격사유) 다음 각 호의 어느 하나에 해당하는 자는 결혼중개업을 운영하거나 그 업무에 종사할 수 없다.
1. 미성년자·피성년후견인·피한정후견인 또는 파산선고를 받고 복권되지 아니한 자
(제2호 이하 생략)

□ 대판 2021. 1. 28, 2019다260197(변호사등록은 헌법상 보장된 직업선택의 자유를 공익목적을 위하여 입법자가 제정한 법률로 전면적으로 금지시켜 놓은 다음 일정한 자격을 갖춘 자에 한하여 직업선택의 자유를 회복시켜 주는 '자격제도'의 일부로서, 법률에서 정한 자격을 갖추었는지를 심사하여 자격을 갖추었다고 판단되는 자를 명부에 등록함으로써 그 자가 적법하게 변호사로서의 직업에 종사할 수 있도록 하는 제도이다).

---
1) 제10조(비례의 원칙)를 보라.
2) 제9조(평등의 원칙)를 보라.

[참고] 결격사유의 발생시기

■ 대판 2022. 11. 10, 2022두50670(세무사법 제4조 제10호 … 제7호, 제8호, 제9호 역시 일정한 범위의 형사처벌을 받은 경우를 세무사등록 결격사유로 정하였고, 이는 모두 그 형사판결을 선고받은 때를 결격사유의 발생시기로 정하였는바, 이때 '일정한 범위의 형사판결을 선고받은 때'는 '해당 형사판결이 확정된 때'를 의미하므로, 해당 조문의 문언·체계·입법취지·목적에 비추어 같은 조 제10호에서 정한 결격사유 역시 '세무사법과 조세범 처벌법에 따른 벌금형이 확정된 때'에 발생한다고 봄이 타당하다).

[참고] 자격기본법

자격에 관한 기본적인 사항을 정함으로써 자격제도의 관리·운영을 체계화하고 평생직업능력 개발을 촉진하여 국민의 사회경제적 지위를 높이고 능력중심사회의 구현에 이바지함을 목적으로 자격기본법이 제정되어 있다. 동법상 자격은 직무수행에 필요한 지식·기술·소양 등의 습득정도가 일정한 기준과 절차에 따라 평가 또는 인정된 것을 말한다(동법 제2조 제1호). 동법상 자격에는 국가자격(동법 제2조 제4호)과 민간자격(동법 제2조 제5의1호)이 있고, 민간자격은 등록자격(동법 제2조 제5의2호)과 공인자격(동법 제2조 제5의3호)으로 구분되고 있다.

제17조(부관)[1] ① 행정청은 처분에 재량이 있는 경우에는 부관(조건, 기한, 부담, 철회권의 유보 등을 말한다. 이하 이 조에서 같다)을 붙일 수 있다.[2]

② 행정청은 처분에 재량이 없는 경우에는 법률에 근거가 있는 경우에 부관을 붙일 수 있다.[3]

③ 행정청은 부관을 붙일 수 있는 처분이 다음 각 호의 어느 하나에 해당하는 경우에는 그 처분을 한 후에도 부관을 새로 붙이거나 종전의 부관을 변경할 수 있다.[4]

1. 법률에 근거가 있는 경우
2. 당사자의 동의가 있는 경우
3. 사정이 변경되어 부관을 새로 붙이거나 종전의 부관을 변경하지 아니하면 해당 처분의 목적을 달성할 수 없다고 인정되는 경우

④ 부관은 다음 각 호의 요건에 적합하여야 한다.[5]

1. 해당 처분의 목적에 위배되지 아니할 것
2. 해당 처분과 실질적인 관련이 있을 것
3. 해당 처분의 목적을 달성하기 위하여 필요한 최소한의 범위일 것

[시행일 2021. 3. 23.]

[1] 행정기본법 제17조의 의의

1. 행정기본법 제정 전 상황

(가) 입법상황　　행정임무는 매우 다양하기 때문에, 전형적인 상황에 맞추어 정해진 단순한 처분은 공익의 필요에 충분히 대처할 수 없다. 이 때문에 행정청이 상황의 특성에 맞추어 보다 적합한 처분을 할 수 있도록 도와주는 것이 처분의 부관이다. 처분의 부관은 행정의 합리성·신축성·탄력성·경제성의 보장에 그 의미를 갖는다. 이러한 연유로 행정기본법 제정 전부터 부관은 여러 개별 법률에 규정되었다. 개별 법률에 규정이 없다고 하여도 행정실무상 부관은 많이 활용되어 왔다.

(나) 일반법의 필요성　　부관은 상대방의 권리를 제한하거나 의무를 부과하는 등의 효과를 갖는 것이므로, 행정청이 과도하게 부관을 활용하면 국민들은 그만큼 권익의 침해를 받게 된다. 말하자면 철회권의 유보를 남용하거나 과중한 부담을 활용하는 경우 등에는 부관이 오히려 국민의 권익에 장애가 될 수도 있다. 따라서 입법상 부관의 남용에 대한 적절한 실체적·절차적 통제책의 마련이 필요

하였다.

2. 일반법으로서 행정기본법 제17조

행정기본법 제17조는 기술한 일반법의 필요성에 응하는 조문이다. 행정기본법 제17조는 처분의 부관에 관한 일반법이다. 개별 법률에 부관에 관한 조항이 있다면, 그 조항은 특별법으로서 우선 적용된다. 개별 법률에 규정이 없다면, 행정기본법 제17조가 적용된다. 행정기본법 제17조는 처분에 적용된다. 부관은 공법상 계약이나 사법상 행위에도 활용되고 있지만, 행정기본법 제17조는 오직 처분에 적용된다.

3. 부관의 의의

(가) 부관의 개념 행정기본법 제17조는 부관이라는 용어를 사용하지만, 부관의 개념을 정의하는 바는 없다. 부관의 개념은 학문상으로 정리되어야 한다. 저자는 처분의 부관을 "처분의 효력범위를 보다 자세히 정하기 위하여 주된 처분에 부가된 규율"로 정의한다. 자세히 정하는 방식에는 ① 처분의 효과를 제한하는 부관(예: 해제조건)을 붙이는 방식, ② 처분의 효과를 보충하는 부관(예: 정지조건)을 붙이는 방식, ③ 특별한 의무를 부과하는 부관(예: 부담)을 붙이는 방식 등이 있다. 개별 법률에서는 빈번히 조건으로 규정되고 있으나(예: 검역법 제23조, 관광진흥법 제24조, 광업법 제25조, 도로교통법 제80조 등), 부관으로 규정된 경우도 있다(공유수면 관리 및 매립에 관한 법률 제29조).

(나) 법정 부관 처분으로서 부관은 법정부관과 구별된다. 광업법 제8조와 같이 법률에서 직접 규정되고 있는 부관을 법정부관이라 한다.

> ■ 광업법 제28조(광업권설정) ① 광업출원인은 광업권설정의 허가통지서를 받으면 허가통지를 받은 날부터 60일 이내에 대통령령으로 정하는 바에 따라 등록세를 내고 산업통상자원부장관에게 등록을 신청하여야 한다.
> ② 제1항에 따른 등록을 신청하지 아니하면 허가는 효력을 상실한다.

4. 부관의 성질

부관은 처분의 한 부분이다. 부관은 주된 처분과의 관계에서 종된 지위를 가진다(부종성). 형식적으로 보면 부관은 주된 처분을 전제로 한다. 주된 처분에 종속된다는 것이 부관의 본질적인 특징이다. 주된 처분이 소멸되면, 부관도 소멸된다.

[2] 행정기본법 제17조 제1항 — 재량처분과 부관, 부관의 종류

행정기본법 제17조 제1항은 부관을 붙일 수 있는 처분(재량처분)과 부관의 종류(조건, 기한, 부담, 철회권의 유보 등)를 규정하고 있다. 행정기본법 제17조 제1항이 정하는 부관의 종류는 제2항에서 제4항에 이르기까지 모두 적용된다.

1. 부관을 붙일 수 있는 처분으로서 재량처분

① 행정청은 처분에 재량이 있는 경우에는 부관을 붙일 수 있다(행정기본법 제17조 제1항). ② 행정기본법 제정 전에도 판례는 재량행위(자유재량행위)에만 부관을 붙일 수 있고, 기속행위(기속재량행위)에는 붙일 수 없다고 하였다.

- 대판 2007. 7. 12, 2007두6663(주택재건축사업시행의 인가는 … 행정청의 재량행위에 속하므로, 처분청으로서는 법령상의 제한에 근거한 것이 아니라 하더라도 공익상 필요 등에 의하여 필요한 범위 내에서 여러 조건(부담)을 부과할 수 있다)
- 대판 1998. 12. 22, 98다51305(기속행위 내지 기속적 재량행위 행정처분에 부담인 부관을 붙인 경우 일반적으로 그 부관은 무효라 할 것이다)

③ 재량행위에 부관을 붙일 수 있다고 하여도 그것은 의무에 합당한 재량에 따라 부관을 붙일 수 있음을 의미하며, 자의로 부관을 붙일 수 있음을 뜻하는 것은 아니다. 재량행위가 부관에 친한 것은 재량행위의 거부보다 부관부 재량행위가 상대방에게 더 유리하기 때문이다. 재량행위의 경우에도 성질상 부관을 붙일 수 없는 경우(예: 귀화허가)가 있다.

2. 부관의 종류

(가) 조건 ① 조건이란 처분의 효력의 발생·소멸을 장래에 발생 여부가 불확실한 사실에 의존시키는 부관을 말한다. 여기서 장래 발생의 불확실성은 객관적으로 불확실함을 의미한다. ② 조건은 기한이나 철회권의 유보와 같이 처분의 비독립적인 한 부분이다. 따라서 조건은 독립성이 없다. ③ 일정사실의 발생(이를 조건의 성취라 부른다)으로 수익이나 부담을 발생시키는 경우(예: 시설완성을 학교법인설립인가의 사유로 하는 경우)의 조건을 정지조건이라 하고, 수익이나 부담을 소

멸시키는 경우(예: 일정기간 내 사업불착수를 허가소멸사유로 하는 경우)의 조건을 해제조건이라 한다.

(나) 기한　① 기한이란 처분의 효력의 발생·소멸을 장래에 그 발생 여부가 확실한 사실, 즉 장래의 특정시점에 종속시키는 부관을 말한다. 시점이 특정되어 있다는 점에서 조건과 다르다. ② 기한은 조건이나 철회권의 유보와 같이 처분의 비독립적인 한 부분이다. 따라서 기한은 독립성이 없다. ② 당해 사실의 발생으로 효과가 발생하는 경우(예: 2030년 9월 1일부로 허가한다)의 기한을 시기라 하고, 효과가 소멸하는 경우(예: 2030년 8월 31일까지 허가한다)의 기한을 종기라 한다. 또한 사실의 발생시점이 확정된 기한을 확정기한이라 하고, 발생시점이 불확정적인 기한을 불확정기한이라 한다. 한편 경우에 따라서는 기한을 행정행위의 존속기간이 아니라 행정행위의 갱신기간으로 보아야 할 경우도 있고, 부담으로 보아야 할 경우도 있을 것이다.

> ■ 대판 2004. 11. 25, 2004두7023(일반적으로 행정처분에 효력기간이 정하여져 있는 경우에는 그 기간의 경과로 그 행정처분의 효력은 상실되며, 다만 허가에 붙은 기한이 그 허가된 사업의 성질상 부당하게 짧은 경우에는 이를 그 허가 자체의 존속기간이 아니라 그 허가조건의 존속기간으로 보아 그 기한이 도래함으로써 그 조건의 개정을 고려한다는 뜻으로 해석할 수 있다).

(다) 부담

1) 의의　부담이란 수익적 처분에 부가된 부관으로 상대방에게 작위·부작위·수인·급부의무를 명하는 것을 말한다(예: 도로점용허가시 도로점용료납부명령, 단란주점영업허가시 각종 행위제한 등). 법령이나 실무상으로는 조건으로 규정되거나 불리기도 한다.

2) 성질　① 조건, 기한, 철회권의 유보와 달리 부담은 처분의 효과의 발생 또는 소멸과 직결된 것이 아니다. 부담의 불이행이 있다고 하여 당연히 효력의 소멸을 가져오는 것은 아니다. 반면 주된 행위가 무효이면 부담은 효력을 갖지 못한다. 부담은 주된 행위에 의존하는 것이기 때문이다. ② 부담은 주된 처분으로부터 분리가능하다. 즉, 부담 그 자체는 하나의 행정행위이다. 다만, 부담이 주된 처분과 관련되어 있고, 부담의 존재와 부담의 이행이 주된 처분의 유효성에 의존한다

는 점, 즉 종속적인 점에서 부담이 부관이다. 부담은 그 자체가 독립적으로 행정
상 강제의 대상, 행정상 쟁송의 대상이 된다.

　　3) 정지조건과 구분　　부담부 처분은 부담의 이행여부를 불문하고 효력이
발생하지만 정지조건부 행위는 조건이 성취되어야 효력이 발생하고, 부담의 불이
행에는 강제이행의 문제가 따르지만 정지조건에는 강제이행의 문제가 따르지 아
니한다는 점에서 부담과 정지조건은 법적 의미를 달리한다(예컨대, "건축을 허가한다.
단 안전시설을 갖출 것"이라는 처분의 경우, 단서부분을 조건이라 하면 안전시설을 갖추지 아니
하고 개시한 건축은 무허가건축이 된다. 만약 부담이라 하면 안전시설을 갖추지 아니하고 개시
한 건축은 — 건축허가의 철회사유에 해당한다고 할지라도 — 무허가건축은 아니고 유허가 건축
이다). 경우에 따라서는 부담과 정지조건(특히 정지조건의 내용이 작위·부작위·수인·급
부를 내용으로 하는 경우)의 구별이 용이하지 아니하다. 양자의 구분에는 행정청의
객관적인 의사가 중요하다.

　　4) 불이행에 대한 조치　　부담의 불이행은 행정강제의 사유(예: 검역법 제23조
제3항)가 되기도 하고, 행정행위의 철회의 사유(관광진흥법 제24조 제2항)가 되기도
한다. 그리고 후행행위의 발령의 거부사유(예: 고등학교 이하 각급 학교 설립·운영 규정
시행규칙 제7조)가 되기도 한다.

> ■ 대판 1985. 2. 8, 83누625(개간허가의 준공인가는 개간공사에 의하여 조성된 토지상태가
> 개간허가 및 그 부대조건에 적법한가의 여부를 확인하는 일종의 확인행위이고 개간허가를
> 받은 자는 준공인가 후 이를 대부받아 개간지상에 건물을 신축하여 사용할 수 있을 뿐만
> 아니라 수의계약에 의하여 이를 매수할 수 있는 지위를 얻게 되므로 이러한 지위 내지 이
> 익도 법률상으로 보호받아야 하므로 기간허가관청으로서는 개간허가기간 경과 후라 할지라
> 도 허가기간 내의 개간공사로 인하여 조성된 토지상태가 개간허가의 용도에 적합하고 이에
> 부수하여 부과된 부관이 이행되었느냐를 검토 확인하여 준공인가를 할 것인가를 판단하여야
> 할 것이며 단순히 개간허가기간이 경과되었다는 사유로 개간준공인가를 거부할 수 없다).

(라) 철회권의 유보

　　1) 의의　　철회권의 유보란 일정요건 하에서 처분을 철회하여 처분의 효력
을 소멸케 할 수 있음을 정하는 부관을 말한다. 한편 용례상 철회권의 유보는 취
소권의 유보라 불리기도 한다.

　　2) 성질　　「철회권의 행사 그 자체가 조건일 수 있다」는 점에서 성질상 철

회권의 유보는 해제조건의 한 특수한 경우에 해당한다. 철회는 독립의 행정행위
인 까닭에 만약 철회권이 위법하게 행사되면, 철회행위에 대해 권리구제절차를
밟을 수 있다. 철회권의 유보는 조건이나 기한과 마찬가지로 행정행위의 비독립
적인 한 부분이다.

　　3) 행사　　철회권의 유보가 있다고 하여 언제나 철회권의 행사가 용이한 것
은 아니다. 그것은 행정기본법 제19조가 정하는 바에 따라야 한다.[1]

　　(마) 기타(부담유보)

　　행정기본법 제17조 제1항은 부관의 종류를 조건, 기한, 부담, 철회권의 유보
등으로 표현하고 있으므로, 조건, 기한, 부담, 철회권의 유보 외의 부관도 인정될
수 있다. 그 예로서 부담유보를 볼 수 있다.

　　1) 의의　　부담유보란 사후적으로 부담을 설정·변경·보완할 수 있는 권리
를 미리 유보해 두는 부관을 말한다. 부담유보는 사전에 상황변화를 예측하기 곤
란하거나 또는 사후의 사정변경에 대비하기 위한 것이다. 부담유보의 사후적인
행사는 새로운 행정행위를 뜻한다. 부담의 유보는 행정행위의 사후변경의 유보,
부담의 추가·변경 또는 보충권의 유보 등으로 불리기도 한다.

　　2) 의미　　부담유보는 영속적인 효과를 갖는 처분에서 변화하는 환경에 적
합한 행정을 실현하고자 하는 데에 그 기능이 있다. 부담유보는 수익적인 행정행
위의 발령시점에 그 행위의 효과가 충분히 예견될 수 없는 경우에 특히 의미를
갖는다.

　　3) 성질　　부담유보의 구조는 철회권의 유보와 유사하다. 미래를 향하여 이
루어지는 주된 행위에 대한 제한이라는 점도 유사하다. 그러나 철회권의 유보는
효력의 전부 또는 일부의 소멸을 가져오지만, 부담유보는 행정행위의 효력의 소
멸과는 무관하며, 다만 효과에 수정만 가져 온다

> [참고] 행정 실무상으로는 처분문서 등에서 조건·기한·부담·철회권의 유보 등을 구분하
> 여 기재하지 않고 단순히 조건(넓은 의미의 조건, 부관이라는 의미의 조건)이라는 용어를
> 사용하는 경우가 적지 않다. 따라서 처분문서 등에서 조건이라는 용어가 사용되는 경우, 그
> 것이 조건·기한·부담·철회권의 유보 등 중 어느 것에 해당하는지는 부관의 내용과 행정
> 청의 객관적 의사를 종합적으로 고려하여 판단하여야 한다.

---

[1] 제19조(적법한 처분의 철회)를 보라.

[3] 행정기본법 제17조 제2항 — 기속행위와 부관

1. 의의

행정기본법 제17조 제2항은 "행정청은 처분에 재량이 없는 경우에는 법률에 근거가 있는 경우에 부관을 붙일 수 있다"고 규정한다. 처분에 재량이 없는 경우란 기속처분을 말한다. 따라서 행정기본법 제17조 제2항은 기속행위의 경우에는 법률에 근거가 있는 경우에 부관을 붙일 수 있다는 것을 규정하고 있는 셈이다.

2. 법률의 근거 없이 기속행위에 부관을 붙일 수 있는지 여부

행정기본법 제17조 제2항 문면의 반대 해석상 법률에 근거가 없이는 기속행위에 부관을 붙일 수 없는 것으로 보인다. 저자는 이러한 해석에 견해를 달리한다. 부관이 법령의 전제요건을 충족시키게 될 때에는 기속행위에도 부관을 붙일 수 있다고 본다. 바꾸어 말하면, 요건불비의 허가신청이 있는 경우, 기속행위일지라도 요건보완을 조건으로 허가하면 부관을 붙이는 것이 된다. 이것은 무조건의 거부(요건구비 후 재신청)보다도 부담부 내지 조건부행위가 덜 침익적이라는 이유에서, 즉 비례원칙에 의거하여 인정할 수 있다. 논자에 따라서는 이것이 법적 효과를 제한하는 의미의 부관이 아니라는 주장도 가능하지만, 그것 역시 법적 효과의 발생을 의존시키는 것이므로, 부관의 일종으로 볼 것이다.

[4] 행정기본법 제17조 제3항 — 사후부관, 부관의 사후변경

1. 행정기본법 제정 전 상황

행정기본법 제정 전에 사후부관과 부관의 사후변경의 인정 가능성의 문제는 부관의 시간적 한계 문제로서 연구되었다. 사후부관과 부관의 사후변경의 인정 가능성에 관해 학설은 부정설(부관은 주된 처분과 별개로 사후에 붙일 수 없고, 또 본인의 동의가 있는 경우에 한하여 사후에 부관을 붙일 수 있다고 하지만, 그것은 벌써 본래의 부관은 아니라는 견해) · 부담긍정설(부담의 경우에는 사후부관이 가능하다는 견해. 일종의 제한적 긍정설이다) · 제한적 긍정설(명문의 규정이 있거나, 행정행위 그 자체에 사후부관의 가능성이 유보되어 있거나, 본인의 동의가 있는 경우에는 사후부관이 가능하다는 견해)로 나뉘었고, 판례는 제한적 긍정설을 취하였다.

■ 대판 2016. 11. 24, 2016두45028(부관은 면허 발급 당시에 붙이는 것뿐만 아니라 면허 발급 이후에 붙이는 것도 법률에 명문의 규정이 있거나 그 변경이 미리 유보되어 있는 경우 또는 상대방의 동의가 있는 경우 등에는 특별한 사정이 없는 한 허용된다); 대판 1997. 5. 30, 97누2627(행정처분에 이미 부담이 부가되어 있는 상태에서 그 의무의 범위 또는 내용 등을 변경하는 부관의 사후변경은, 법률에 명문의 규정이 있거나 그 변경이 미리 유보되어 있는 경우 또는 상대방의 동의가 있는 경우에 한하여 허용되는 것이 원칙이지만, 사정변경으로 인하여 당초에 부담을 부가한 목적을 달성할 수 없게 된 경우에도 그 목적달성에 필요한 범위 내에서 예외적으로 허용된다).

2. 논쟁의 의의 약화

행정기본법 제17조 제3항은 사후부관을 붙일 수 있는 사유와 부관을 사후에 변경할 수 있는 사유를 규정하고 있다. 행정기본법 제17조 제3항으로 인해 사후부관에 관한 종래의 논란은 의미가 없게 되었다. 앞으로의 주된 관심은 행정기본법 제17조 제3항의 의미를 잘 새기는 일이다.

3. 사후부관, 부관의 사후변경의 뜻

(가) 의의　　「처분을 한 후에 부관을 붙일 수 있는가」의 문제와「처분에 이미 부관이 부가되어 있는 경우에 그 부관을 사후에 변경할 수 있는가」의 문제는 개념상 다르다고 할 수 있으나, 처분에 이미 부관이 부가되어 있는 경우의 변경도 부분적으로는 새로운 내용의 처분이 되는 것이므로 양자를 모두 사후부관의 문제로 보아 무방하다.

(나) 진정사후부관·부진정사후부관　　사후부관에는 처분의 발령 시에 전혀 부관에 관한 사항이 없음에도 사후에 붙이는 부관(진정사후부관)과 사후부관에 관한 명문의 규정이 있거나, 사후부관이 유보되어 있거나(일종의 부담유보), 본인의 동의가 있는 경우에 붙이는 부관(부진정사후부관)으로 구분할 수 있다. 이러한 구분방식에 의하면, 행정기본법 제17조 제3항 제1호와 제2호는 부진정사후부관을. 행정기본법 제17조 제3항 제3호는 진정사후부관을 규정하고 있다.

4. 사후부관, 부관의 사후변경이 가능한 경우

(가) 법률의 근거　　법률에 근거가 있는 경우, 사후부관과 부관의 사후변경이 가능하다(행정기본법 제17조 제3항 제1호). 이것은 입법자의 의사에 따라 사후부관과 부관의 사후변경이 가능함을 의미한다.

(나) 당사자의 동의   당사자의 동의가 있는 경우, 사후부관과 부관의 사후
변경이 가능하다(행정기본법 제17조 제3항 제2호). 사후부관과 부관의 사후변경이 당
사자에게 불리한 것일지라도 당사자의 동의는 당사자와 행정청 사이의 법적 분쟁
을 방지해 주기 때문이다.

(다) 사정변경

1) 의의   사정이 변경되어 부관을 새로 붙이거나 종전의 부관을 변경하지
아니하면 해당 처분의 목적을 달성할 수 없다고 인정되는 경우, 사후부관과 부관
의 사후변경이 가능하다(행정기본법 제17조 제3항 제3호). 만약 제3호를 인정하지 않
는다면, 행정청은 기존 처분을 철회하고, 새로운 처분으로서 부관부 처분을 할 수
밖에 없을 것이다. 「기존 처분을 철회하고, 새로운 처분으로서 부관부 처분을 하
는 것」보다 「사후부관과 부관의 사후변경을 인정하는 것」이 당사자의 피해를 줄
이는 것이고(최소침해의 원칙), 동시에 행정의 효율을 높이는 것이다. 여기에 제3호
의 의미가 있다.

2) 적용대상   부관을 새로이 붙이는 것은 그 만큼 처분의 상대방에게 침익
적이다. 종전의 부관을 변경하지 아니하면 해당 처분의 목적을 달성할 수 없는 경
우, 새로운 부관이 처분의 상대방에게 수익적이라면 처분의 상대방의 동의를 받
아 변경하면 된다(제17조 제3항 제2호 적용). 따라서 종전의 부관을 변경하지 아니하
면 해당 처분의 목적을 달성할 수 없는 경우란 새로운 부관이 처분의 상대방에게
침익적인 경우와 관련한다. 요컨대 행정기본법 제17조 제3항 제3호는 사정변경으
로 인해 처분의 상대방에게 침익적인 내용으로의 부관 변경을 위한 근거규정이
다. 이 때문에 행정기본법 제17조 제3항 제3호를 근거로 처분의 상대방에게 수익
적인 내용으로 부관을 변경하는 것은 어렵다.

[5] 행정기본법 제17조 제4항 — 부관의 요건

1. 접근방법

(가) 행정기본법 제정 전   ① 행정기본법 제정 전 학설은 행정정기본법 제
17조 제4항이 규정하는 내용을 부관의 한계 문제로서 접근하였다. ② 그 한계를
목적상 한계, 사항적 한계, 성질상 한계의 문제로 접근하였다.

(나) 행정기본법   ① 행정기본법 제17조 제4항 본문은 요건으로 표현하고

있다. ② 행정기본법 제17조 제4항은 부관의 요건으로「1. 해당 처분의 목적에 위배되지 아니할 것. 2. 해당 처분과 실질적인 관련이 있을 것. 3. 해당 처분의 목적을 달성하기 위하여 필요한 최소한의 범위일 것」을 규정하고 있다. ③ 행정기본법 제17조 제4항에는 종래 강학상 논의되었던 성질상 한계 부분은 규정하는 바가 없고, 그 대신 제17조 제4항 제3호에서 비례원칙이 규정되고 있다.

2. 부관의 요건

(가) 해당 처분의 목적에 위배되지 아니할 것　　해당 처분의 목적에 위배되는 부관은 붙일 수 없다(행정기본법 제17조 제4항 제1호). 예를 들어 소음이 따르는 건축허가를 허가하면서 부관으로 소음발생방지를 명하는 경우, 또는 주택건축허가를 하면서 다만 영업목적으로 사용할 것을 부관으로 정하는 경우, 그러한 부관은 처분의 목적에 반하는 것이다.

(나) 해당 처분과 실질적인 관련이 있을 것　　해당 처분과 실질적인 관련이 없는 부관은 붙일 수 없다(행정기본법 제17조 제4항 제2호). 예를 들어 주된 처분이 식품위생법에 근거한 음식점영업허가임에도 부관에서 식품위생과 실질적인 관련성이 없는 주차장의 설치에 관한 사항을 정하고 있거나 또는 해당 건축과 무관한 토지를 기부할 것을 조건으로 건축허가를 하는 경우, 그 부관은 해당 처분과 실질적인 관련이 없는 경우가 된다. 이러한 부관은 부당결부금지의 원칙에 반하는 것이기도 하다.

(다) 해당 처분의 목적을 달성하기 위하여 필요한 최소한의 범위일 것　　해당 처분의 목적을 달성하기 위하여 필요한 최소한의 범위를 벗어나는 부관은 붙일 수 없다(행정기본법 제17조 제4항 제3호). 이것은 부관도 비례원칙을 준수하여야 함을 의미한다. 에를 들어 에너지위기를 타개하는 방법의 하나로 식품접객영업자에게 영업시간을 오후 2:00부터 오후 8:00까지로 제한한다면, 이러한 제한은 해당 처분의 목적을 달성하기 위하여 필요한 최소한의 범위를 벗어나는 부관이 된다.

(라) 처분의 성질상 허용될 것　　행정기본법에 정함이 없지만, 처분의 성질에 비추어 부관을 붙이는 것이 허용되지 아니하는 경우도 있다. 예를 들어, 귀화허가는 한국인의 신분을 설정하는 재량처분이라 하여, 귀화허가 시에「한국 형법을 위반하면 귀화허가를 취소할 수 있다」라는 조건을 붙일 수 있겠는가? 귀화허가를 받는 자의 한국인으로서의 법적 안정성을 고려할 때, 그러한 조건은 성질상

붙일 수 없다.

[참고] 판례는 부관 중 부담만은 그 자체로서 쟁송의 대상이 된다는 견해를 취한다. 판례의 견해를 따르게 되면, 부관부 처분(행정행위)에서 부관만을 취소하거나 철회하는 것은 가능하게 된다.

■ 대판 1992. 1. 21, 91누1264(행정행위의 부관은 행정행위의 일반적인 효력이나 효과를 제한하기 위하여 의사표시의 주된 내용에 부가되는 종된 의사표시이지 그 자체로서 직접 법적 효과를 발생하는 독립된 처분이 아니므로 현행 행정쟁송제도 아래서는 부관 그 자체만을 독립된 쟁송의 대상으로 할 수 없는 것이 원칙이나 행정행위의 부관 중에서도 행정행위에 부수하여 그 행정행위의 상대방에게 일정한 의무를 부과하는 행정청의 의사표시인 부담의 경우에는 다른 부관과는 달리 행정행위의 불가분적인 요소가 아니고 그 존속이 본체인 행정행위의 존재를 전제로 하는 것일 뿐이므로 부담 그 자체로서 행정쟁송의 대상이 될 수 있다).

제18조(위법 또는 부당한 처분의 취소)[1] ① 행정청은 위법 또는 부당한 처분의 전부나 일부를 소급하여 취소할 수 있다. 다만, 당사자의 신뢰를 보호할 가치가 있는 등 정당한 사유가 있는 경우에는 장래를 향하여 취소할 수 있다.[2]

② 행정청은 제1항에 따라 당사자에게 권리나 이익을 부여하는 처분을 취소하려는 경우에는 취소로 인하여 당사자가 입게 될 불이익을 취소로 달성되는 공익과 비교·형량(衡量)하여야 한다. 다만, 다음 각 호의 어느 하나에 해당하는 경우에는 그러하지 아니하다.[3]

1. 거짓이나 그 밖의 부정한 방법으로 처분을 받은 경우
2. 당사자가 처분의 위법성을 알고 있었거나 중대한 과실로 알지 못한 경우

[시행일 2021. 3. 23.]

[1] 행정기본법 제18조의 의미

1. 행정기본법 제정 전 상황

행정은 적법하여야 한다.1) 뿐만 아니라 행정은 적정하여야 한다.2) 그리하여 행정은 국민의 권익보호에 소홀함이 없어야 한다.3) 여기에 위법 또는 부당한 처분이 취소되어야 하는 이유가 있다. 이 때문에 학설은 개별 법률의 규정 유무를 불문하고, 직권취소의 법리를 정리하였다. 물론 행정기본법 제정 전부터 개별 법률에 직권취소가 규정되기도 하였다(예: 도로교통법 제93조 제1항 제8호, 변호사법 제105조 제1항, 가맹사업거래의 공정화에 관한 법률 제31조 제1항 제1호, 공유재산 및 물품 관리법 제25조 제1항, 기업구조조정투자회사법 제55조).

2. 일반법

행정기본법 제18조는 위법 또는 부당한 처분의 직권취소에 관한 일반법이다. ① 행정기본법 제18조는 직권취소에만 적용된다. ② 행정기본법 제18조는 일반조항(일반법)이다. 따라서 개별 법률에 위법 또는 부당한 처분의 취소에 관한 조항이 있다면, 그 조항은 특별법으로서 우선 적용된다. 개별 법률에 규정이 없다면, 행정기본법 제18조가 적용된다. 해석을 통해 인정되던 직권취소가 일반법에 의해 인정된다는 것은 당사자의 권리가 보다 확실하게 보장된다는 의미도 갖는다.

---

1) 제1조(목적) [3]2. 및 제8조를 보라.
2) 제1조(목적) [4]1.을 보라.
3) 제1조(목적) [4]를 보라.

[2] 행정기본법 제18조 제1항 — 위법 또는 부당한 처분의 직권취소

1. 직권취소의 의의

(가) 직권취소의 정의　　행정기본법 제18조의 취소는 행정청이 직권으로 하는 직권취소를 말한다. 직권취소란 일단 유효하게 발령된 처분을 처분청이나 감독청이 그 행위에 위법 또는 부당한 하자가 있음을 이유로 하여 직권으로 그 효력을 소멸시키는 처분을 말한다. 직권취소는 행정청 스스로의 반성에 의거하여 행하는 처분이다.

(나) 철회등과 구별　　취소는 유효하게 성립한 처분의 효과를 사후에 소멸시키는 점에서 처음부터 효력이 없는 무효행위임을 선언하는 행위와 구별되고, 성립에 흠이 있는 행위의 효과를 소멸시킨다는 점에서 사후의 새로운 사정을 이유로 효력을 소멸시키는 철회와 구별된다. 용례상 취소와 철회를 구분하고 있는 개별 법률로 난민법 제22조를 볼 수 있다.

- 대판 2018. 6. 28, 2015두58195(행정행위의 '취소'는 일단 유효하게 성립한 행정행위를 그 행위에 위법한 하자가 있음을 이유로 소급하여 효력을 소멸시키는 별도의 행정처분을 의미함이 원칙이다. 반면, 행정행위의 '철회'는 적법요건을 구비하여 완전히 효력을 발하고 있는 행정행위를 사후적으로 효력의 전부 또는 일부를 장래에 향해 소멸시키는 별개의 행정처분이다. 그리고 행정행위의 '취소 사유'는 원칙적으로 행정행위의 성립 당시에 존재하였던 하자를 말하고, '철회 사유'는 행정행위가 성립된 이후에 새로이 발생한 것으로서 행정행위의 효력을 존속시킬 수 없는 사유를 말한다).
- 국유재산법 제36조(사용허가의 취소와 철회) ① 중앙관서의 장은 행정재산의 사용허가를 받은 자가 다음 각 호의 어느 하나에 해당하면 그 허가를 취소하거나 철회할 수 있다.
1. 거짓 진술을 하거나 부실한 증명서류를 제시하거나 그 밖에 부정한 방법으로 사용허가를 받은 경우
2. 사용허가 받은 재산을 제30조제2항을 위반하여 다른 사람에게 사용·수익하게 한 경우
3. 해당 재산의 보존을 게을리하였거나 그 사용목적을 위배한 경우
4. 납부기한까지 사용료를 납부하지 아니하거나 제32조제2항 후단에 따른 보증금 예치나 이행보증조치를 하지 아니한 경우
5. 중앙관서의 장의 승인 없이 사용허가를 받은 재산의 원래 상태를 변경한 경우
② 중앙관서의 장은 사용허가한 행정재산을 국가나 지방자치단체가 직접 공용이나 공공용으로 사용하기 위하여 필요하게 된 경우에는 그 허가를 철회할 수 있다.
③ 제2항의 경우에 그 철회로 인하여 해당 사용허가를 받은 자에게 손실이 발생하면 그 재산을 사용할 기관은 대통령령으로 정하는 바에 따라 보상한다.

④ 중앙관서의 장은 제1항이나 제2항에 따라 사용허가를 취소하거나 철회한 경우에 그 재산이 기부를 받은 재산으로서 제30조제2항 단서에 따라 사용·수익하고 있는 자가 있으면 그 사용·수익자에게 취소 또는 철회 사실을 알려야 한다.

(다) 쟁송취소와 구별　　직권취소는 처분청등의 행정청이 행하는 처분인 점에서 행정심판기관이 하는 취소와 법원이 하는 취소와 구별된다. 행정심판기관이 하는 취소와 법원이 하는 취소를 합하여 쟁송취소라 부른다.

> ■ 행정심판법 제5조(행정심판의 종류) 행정심판의 종류는 다음 각 호와 같다.
> 1. 취소심판: 행정청의 위법 또는 부당한 처분을 취소하거나 변경하는 행정심판
> 제43조(재결의 구분) ③ 위원회는 취소심판의 청구가 이유가 있다고 인정하면 처분을 취소…한다.
> ■ 행정소송법 제4조(항고소송) 항고소송은 다음과 같이 구분한다.
> 1. 취소소송: 행정청의 위법한 처분등을 취소 또는 변경하는 소송
> 제27조(재량처분의 취소) 행정청의 재량에 속하는 처분이라도 재량권의 한계를 넘거나 그 남용이 있는 때에는 법원은 이를 취소할 수 있다고…한다.

(라) 용어 사용례　　① 직권취소를 최협의의 취소라 하고, ② 직권취소와 쟁송취소(행정기관에 의한 행정심판 또는 법원에 의한 행정소송을 통한 취소)를 합하여 협의의 취소라 부르기도 한다. 협의의 취소는 성립에 하자있는 행위에 대해 소급적으로 효력을 제거하는 새로운 의사표시라는 의미에서 본래의 의미의 취소라고도 한다. ③ 협의의 취소에 무효선언과 철회를 합하여 광의의 취소라 부르기도 한다. 한편 철회를 취소라 부를 때도 있고, 무효행위의 무효를 확인하고 선언하는 의미에서의 무효선언을 취소라 부를 때도 있다.

2. 취소권자 — 행정청

(가) 처분청　　행정청은 직권취소를 할 수 있다. 행정청이 직권취소권자이다. 행정청의 의미는 행정기본법 제2조 제2호에서 정의되고 있다.[1] 본 조항에서 행정청이란 실제상 처분을 행한 행정청, 즉 처분행정청(처분청)을 말한다.

(나) 감독청　　행정기본법에 정함이 없지만, 개별 법률에 명문의 규정이 없는 경우에 감독청도 직권취소를 할 수 있는가의 문제가 있다. 논리적으로는 소극

---

1) 제2조(정의) [9]를 보라.

설(감독청에 의한 취소는 감독청이 처분청의 권한을 침해하는 결과를 가져오기 때문에 감독청은 처분청에 대해 취소를 명할 수 있을 뿐 스스로 취소할 수는 없다는 견해) · 적극설(감독청에 의한 취소는 교정적 · 사후적 통제수단이므로 감독의 목적달성을 위해 감독청이 당연히 취소권을 갖는다는 견해)로 나뉘지만, 실제상 논의의 실익이 없다. 왜냐하면 정부조직법과 지방자치법에 관련 규정이 있기 때문이다.

■ 정부조직법 제11조(대통령의 행정감독권) ② 대통령은 국무총리와 중앙행정기관의 장의 명령이나 처분이 위법 또는 부당하다고 인정하면 이를 중지 또는 취소할 수 있다.
제18조(국무총리의 행정감독권) ② 국무총리는 중앙행정기관의 장의 명령이나 처분이 위법 또는 부당하다고 인정될 경우에는 대통령의 승인을 받아 이를 중지 또는 취소할 수 있다.
제26조(행정각부) ③ 장관은 소관사무에 관하여 지방행정의 장을 지휘 · 감독한다.
■ 지방자치법 제169조(위법 · 부당한 명령 · 처분의 시정) ① 지방자치단체의 사무에 관한 그 장의 명령이나 처분이 법령에 위반되거나 현저히 부당하여 공익을 해친다고 인정되면 시 · 도에 대하여는 주무부장관이, 시 · 군 및 자치구에 대하여는 시 · 도지사가 기간을 정하여 서면으로 시정할 것을 명하고, 그 기간에 이행하지 아니하면 이를 취소하거나 정지할 수 있다. 이 경우 자치사무에 관한 명령이나 처분에 대하여는 법령을 위반하는 것에 한한다.

[참고] 사인이 취소신청권을 갖는가의 여부
행정기본법 제18조에 근거하여 사인은 행정청에 대하여 개인적 공권으로서 취소신청권을 갖는가의 문제가 있다. 행정기본법 제18조는 행정청이 스스로 위법이나 부당을 바로잡기 위한 규정일 뿐, 사인에게 위법이나 부당을 바로잡을 수 있도록 하기 위하여 절차상의 권리를 부여한 것은 아니다.[1] 개별 법률에서 사인에게 취소신청권을 부여한다면, 그에 따르면 된다. 개별 법률에 규정이 없다면, 민원처리에 관한 법률에 따른 민원의 신청을 통해 처분의 취소를 신청할 수 있다.

■ 대판 2006. 6. 30, 2004두701(산림법령에는 채석허가처분을 한 처분청이 산림을 복구한 자에 대하여 복구설계서승인 및 복구준공통보를 한 경우 그 취소신청과 관련하여 아무런 규정을 두고 있지 않고, 원래 행정처분을 한 처분청은 그 처분에 하자가 있는 경우에는 원칙적으로 별도의 법적 근거가 없더라도 스스로 이를 직권으로 취소할 수 있지만, 그와 같이 직권취소를 할 수 있다는 사정만으로 이해관계인에게 처분청에 대하여 그 취소를 요구할 신청권이 부여된 것으로 볼 수는 없다).

3. 취소의 사유 — 위법 또는 부당

취소는 처분의 위법 또는 부당을 사유로 한다. 처분의 상대방 등이 법률상 이

---

1) 이와 관련하여 본서 315쪽 이하를 보라.

익에 대하여 침해받았는가의 여부는 사유가 아니다. 취소는 위법한 행위를 바로 잡기 위한 것이기 때문이다.

(가) 위법

1) 의의   위법이란 법령위반을 말한다. 법령이란 법률과 명령, 즉 법규를 의미하는바, 불문법도 포함된다. 고시·훈령형식의 법규명령도 이에 포함된다. 판례는 종래 인권존중,[1] 권리남용금지,[2] 신의성실원칙[3]도 법령에 포함된다고 하였으나, 이러한 내용들은 이제 행정기본법에 반영되어 있다.

■ 대판 2015. 8. 27, 2012다204587(국가배상법 제2조 제1항의 '법령을 위반하여'라고 함은 엄격하게 형식적 의미의 법령에 명시적으로 공무원의 행위의무가 정하여져 있음에도 이를 위반하는 경우만을 의미하는 것은 아니고, 인권존중·권력남용금지·신의성실과 같이 공무원으로서 마땅히 지켜야 할 준칙이나 규범을 지키지 아니하고 위반한 경우를 비롯하여 널리 그 행위가 객관적인 정당성을 결여하고 있는 경우도 포함한다).

2) 행정규칙위반   행정규칙위반은 원칙적으로 위법이 되지 아니한다. 행정규칙은 행정 외부적으로 구속효를 갖는 규범이 아니기 때문이다.

■ 대판 1998. 6. 9, 97누19915(개발제한구역관리규정(1995. 11. 11. 건설교통부훈령 제126호로 개정된 것)은 그 규정의 내용이나 성질 등에 비추어 볼 때 개발제한구역의 관리 등에 관한 행정청 내부의 사무처리준칙을 정한 것에 불과하여 대내적으로 행정청을 기속함은 별론으로 하되 대외적으로 법원이나 일반국민을 기속하는 효력은 없으므로, 위 개발제한구역관리규정이 정한 기준에 부합한다고 하여 바로 토지형질변경불허가처분 등이 적법하게 되는 것은 아니고, 그 처분의 적법여부는 관계 법령의 규정내용과 취지 및 공익상의 필요 여부 등에 따라 별도로 판단되어야 한다).

3) 단순위법   직권취소의 원인으로서 위법이란 단순위법을 말한다. 단순위법이란 무효원인이 아닌 위법을 말한다. 무효원인이 되는 위법이란 하자가 중대하고 명백한 경우를 말한다.[4] 따라서 단순위법이란 하자가 중대하지만 명백하지 않거나 하자가 중대하지 않지만 명백한 경우를 말한다.

---

1) 제1조(목적) [5]를 보라.
2) 제11조(비례의 원칙) [1][3]을 보라.
3) 제11조(비례의 원칙) [1][2]를 보라.
4) 제15조(처분의 효력) [3]을 보라.

(나) 부당의 의의　　부당이란 재량이 있는 처분을 할 때 합목적성이 다소 결여된 경우를 말한다. 말하자면 부당이란 재량행사에 합리성이 다소 미비된 것을 말하는데, 그 미비가 행정기본법 제21조가 정하는 강도의 미비에 이르지 못한 경우를 말한다. 행정기본법 제21조는 "행정청은 재량이 있는 처분을 할 때에는 관련 이익을 정당하게 형량하여야 하며, 그 재량권의 범위를 넘어서는 아니 된다."고 규정하는바, 이에 위반하면 부당이 아니라 위법이 된다.[1]

4. 취소의 대상 — 처분

행정청은 처분을 직권취소할 수 있다. 행정기본법 제18조가 정하는 직권취소의 대상은 처분이다. 공법상 계약이나 행정계획과 같이 처분이 아닌 행정작용은 행정기본법 제18조가 정하는 직권취소의 대상이 아니다. 처분의 의미는 행정기본법 제2조 제4호에 규정되고 있다.[2] 행정기본법 제정(2021. 3. 23.) 이전에 이루어진 처분도 물론 취소의 대상이 된다.

5. 취소의 범위 — 일부나 전부

행정청은 처분의 전부나 일부를 직권취소를 할 수 있다. 판례는 종전부터 전부취소 외에 일부취소도 인정하고 있다.

■ 대판 2021. 9. 30, 2020두48857(공정거래위원회가 위반행위에 대한 과징금을 부과하면서 여러 개의 위반행위에 대하여 외형상 하나의 과징금 납부명령을 하였으나 여러 개의 위반행위 중 일부의 위반행위에 대한 과징금 부과만이 위법하고 소송상 그 일부의 위반행위를 기초로 한 과징금액을 산정할 수 있는 자료가 있는 경우에는, 하나의 과징금 납부명령일지라도 그 일부의 위반행위에 대한 과징금액에 해당하는 부분만을 취소하여야 한다); 대판 2016. 7. 14, 2015두4167; 대판 1995. 11. 16, 95누8850.

일부취소는 ① 발령된 처분이 분리가능하고, ② 취소 후 남는 부분이 적법하고, ③ 취소 후 남는 부분이 행정청의 의사로 볼 수 있을 때 가능하다. 행정청의 의사란 개별 공무원의 주관적 의사가 아니라 객관적으로 법률에 합치되는 행정청의 의사를 말한다. 법효과가 분리 불가능하도록 결합되어 있다면, 전체 처분을 폐지하여야 한다.

---

1) 제21조(재량행사의 기준)를 보라.
2) 제2조(정의) [13]을 보라.

6. 취소의 효과 — 소급효와 장래효

(가) 원칙으로 소급효 ① 행정청은 위법 또는 부당한 처분의 전부나 일부를 소급하여 취소할 수 있다(행정기본법 제18조 제1항 본문). 말하자면 처분의 직권취소는 처분의 적법요건에 하자있음을 이유로 처분의 효력을 부인하는 것이므로, 취소의 효과는 소급적인 것이 원칙이다(예: 위법한 과징금부과처분은 소급하여 취소하여야 한다). ② '소급하여'는 처음부터 처분이 효력이 없다는 의미이다. 말하자면 처분의 발령시점부터 효력이 없다는 뜻이다.

(나) 보완책으로서 장래효 당사자의 신뢰를 보호할 가치가 있는 등 정당한 사유가 있는 경우에는 장래를 향하여 취소할 수 있다(행정기본법 제18조 제1항 단서). 상대방 등이 처분의 위법 또는 부당 여부를 잘 알 수 있는 것이 아닐뿐더러, 위법 또는 부당 여부를 불문하고, 처분이 있으면, 그 처분을 근거로 새로운 법생활이 생겨나는 경우가 적지 아니하다. 이러한 상황을 무시하고 하자가 있다는 이유로 처분의 효력을 언제나 소급하여 소멸시키면, 상대방 등의 안정된 법생활은 무너질 수 있다. 이러한 경우에는 장래를 향하여 소멸시키는 것이 보다 정당할 수 있다(예: 위법한 식품판매업허가는 장래를 향하여 취소하여야 한다. 소급하여 취소한다면, 그 동안의 판매행위는 위법한 것이 된다. 허가를 받아 행한 영업을 모두 위법한 것으로 하는 것은 정당하지 않다). 본조는 이러한 이유에서 장래를 향하여 취소할 수 있음을 규정하는 것이다. ② 대체로 말해, 수익적 처분은 장래를 향하여 취소할 수 있을 것이다. 「당사자의 신뢰를 보호할 가치가 있는 등 정당한 사유」의 유무는 사회통념을 기준으로 판단할 수 있을 것이다.

(다) 효과의 발생시점의 명시 ① 법률관계의 명료화를 위해 취소처분에서 ① 취소의 효과가 소급한다거나, 소급효가 명시된 개별 법률도 있다(예: 5 · 18민주유공자예우 및 단체설립에 관한 법률 제9조 제3항 제1호). ② 취소처분이 있는 날부터 또는 취소처분을 하는 날 이후의 특정일부터 효과가 발생한다는 등을 명시하는 것이 바람직하다. 한편, 행정청이 취소의 효과의 발생시점을 결정할 때에는 재량권의 남용이나 일탈이 없어야 한다.

7. 행정기본법에 규정되지 아니한 사항

(가) 직권취소의 기간(제척기간) ① 행정기본법은 행정청이 언제까지 직권

취소를 할 수 있는지를 규정하는 바가 없다. 학설과 판례가 정할 부분이다. ② 직권취소를 인정하는 취지에 비추어 직권취소에 기간 상 제한이 없다고 본다. 그러나 수익적 처분의 직권취소의 경우에는 행정기본법 제12조 제2항의 실권의 법리가 적용될 수 있는바, 이러한 범위에서 수익적 처분의 직권취소는 기간상 제한을 받는다. 이러한 제한은 그만큼 상대방을 보호하는 것이 된다.

　■ 대판 1987. 9. 8, 87누373(택시운전사가 1983. 4. 5 운전면허정지기간중의 운전행위를 하다가 적발되어 형사처벌을 받았으나 행정청으로부터 아무런 행정조치가 없어 안심하고 계속 운전업무에 종사하고 있던중 행정청이 위 위반행위가 있은 이후에 장기간에 걸쳐 아무런 행정조치를 취하지 않은채 방치하고 있다가 3년여가 지난 1986. 7. 7에 와서 이를 이유로 행정제재를 하면서 가장 무거운 운전면허를 취소하는 행정처분을 하였다면 이는 행정청이 그간 별다른 행정조치가 없을 것이라고 믿은 신뢰의 이익과 그 법적안정성을 빼앗는 것이 되어 매우 가혹할 뿐만 아니라 비록 그 위반행위가 운전면허취소사유에 해당한다 할지라도 그와 같은 공익상의 목적만으로는 위 운전사가 입게 될 불이익에 견줄바 못된다 할 것이다).

　(나) 직권취소와 행정쟁송의 관련　　① 제소기간의 경과 등으로 처분에 불가쟁력이 발생하였다고 하여도 직권취소는 가능하다. ② 처분에 대한 행정심판법상 취소재결이나 행정소송법상 취소판결이 있으면, 더 이상 그 처분은 존재하지 아니하므로 그 처분에 대한 직권취소는 할 수 없다. ③ 행정청은 소송 진행 중이라도 직권취소할 수 있다.

　(다) 직권취소신청권　　직권취소의 사유가 존재한다고 하여도 사인은 행정청에 대하여 원칙적으로 직권취소신청권을 갖는다고 보기 어렵다. 예외적으로 관련법령이 사익보호성을 규정하고 있다면 사정이 다를 것이다

　■ 대판 2006. 6. 30, 2004두701(산림법령에는 채석허가처분을 한 처분청이 산림을 복구한 자에 대하여 복구설계서승인 및 복구준공통보(이하 '복구준공통보 등'이라 한다)를 한 경우 그 취소신청과 관련하여 아무런 규정을 두고 있지 않고, 원래 행정처분을 한 처분청은 그 처분에 하자가 있는 경우에는 원칙적으로 별도의 법적 근거가 없더라도 스스로 이를 직권으로 취소할 수 있지만, 그와 같이 직권취소를 할 수 있다는 사정만으로 이해관계인에게 처분청에 대하여 그 취소를 요구할 신청권이 부여된 것으로 볼 수는 없다).

　(라) 피해보상(손실보상)　　직권취소로 인해 상대방에게 재산상 피해가 발생

하는 경우, 행정청이 그 피해를 보상하여야 하는지를 규정하는 바가 없다. 학설과 판례가 정할 부분이다. 적어도 상대방에게 귀책사유가 없음에도 수익적 처분을 취소하는 경우, 피해를 보상하는 규정을 두는 것은 의미 있을 것이다.

[3] 행정기본법 제18조 제2항 — 수익적 처분의 취소 제한사유로서 공익·사익의 형량

1. 의의

행정기본법 제18조 제2항은 수익적 처분의 직권취소의 경우, 행정청은 「취소로 인하여 당사자가 입게 될 불이익」과 「취소로 달성되는 공익」을 비교·형량할 것을 규정하고 있다. 행정의 법률적합성의 원칙(적법상태의 회복을 위한 위법행위의 폐지의 요구)에 비추어 보면, 행정청은 위법하거나 부당한 처분을 제한 없이 취소할 수 있어야 한다. 그러나 법적 안정성 또는 신뢰보호원칙(행정청발령의 처분의 존속에 대한 신뢰의 내용으로서 위법한 처분도 유지될 것을 요구)에 비추어 보면, 행정청은 위법하거나 부당한 처분을 제한 없이 취소할 수 있어서는 곤란하다. 행정기본법 제18조 제2항은 이와 같이 상충되는 2가지의 요청을 조화롭게 해결하기 위한 조항이다.

2. 적용범위

이 조항은 수익적 처분의 직권취소에 적용되고, 침익적 처분의 취소에는 적용되지 아니한다. 따라서 행정청은 자유롭게 침익적 처분을 직권취소할 수 있다.

3. 공익과 사익의 비교·형량

(가) 비교·형량의 대상　　　비교·형량의 대상은 취소로 인하여 당사자가 입게 될 불이익과 취소로 달성되는 공익이다. 당사자가 입게 될 불이익이란 처분의 직권취소로 인해 처분으로 받았던 이익이 없어지게 되는 것(예: 식품판매업 허가 취소의 경우, 허가로 받았던 직업자유의 기본권과 영업을 통해 사실상 누리던 경제상 이익 등이 사라지게 되는 불이익), 처분에 관련된 신뢰의 상실, 침해되는 법률생활의 안정 등을 말한다. 달성되는 공익이란 위법 또는 부당한 처분을 취소하여 법질서를 회복·유지하는 이익을 말한다.

(나) 비교·형량의 방법　　　비교·형량이란 당사자가 입게 될 불이익과 취소로 달성되는 공익을 저울질하는 것을 말한다. 비교·형량의 결과가 숫자로 표현될

수 있는 정량적인 것은 아니지만, 그럼에도 크고 작음은 정해야 한다. 비교·형량은 공무원 개인의 주관이 아니라 객관적으로 이루어져야 한다.

4. 비교·형량이 불요한 경우

(가) 사유   행정기본법 제18조 제2항 단서는 ① 거짓이나 그 밖의 부정한 방법으로 처분을 받은 경우와 ② 당사자가 처분의 위법성을 알고 있었거나 중대한 과실로 알지 못한 경우에는 비교·형량이 필요하지 아니함을 규정하고 있다.

바꾸어 말하면, 이러한 경우에 행정청은 이익형량의무를 부담하지 아니한다. 행정기본법 제18조 제2항 단서는 종전 판례의 견해이기도 하다.

■ 대판 2014. 11. 27, 2013두16111(수익적 행정처분을 취소할 때에는 이를 취소하여야 할 공익상의 필요와 취소로 인하여 당사자가 입게 될 기득권과 신뢰보호 및 법률생활 안정의 침해 등 불이익을 비교·교량한 후 공익상의 필요가 당사자가 입을 불이익을 정당화할 만큼 강한 경우에 한하여 취소할 수 있으며, 나아가 수익적 행정처분의 하자가 당사자의 사실 은폐나 기타 사위의 방법에 의한 신청행위에 기인한 것이라면 당사자는 처분에 의한 이익이 위법하게 취득되었음을 알아 취소가능성도 예상하고 있었다 할 것이므로, 그 자신이 처분에 관한 신뢰이익을 원용할 수 없음은 물론 행정청이 이를 고려하지 아니하였더라도 재량권의 남용이 되지 아니한다).

(나) 의미   행정기본법 제18조 제2항 단서가 규정하는 경우는 취소로 인하여 당사자가 입게 될 불이익이 없거나 아니면 당사자가 입게 될 불이익이 취소로 달성되는 공익보다 작다는 것을 뜻한다. 이러한 경우에는 행정청은 직권취소가 자유롭다.

제19조(적법한 처분의 철회)[1] ① 행정청은 적법한 처분이 다음 각 호의 어느 하나에 해당하는 경우에는 그 처분의 전부 또는 일부를 장래를 향하여 철회할 수 있다.[2]
1. 법률에서 정한 철회 사유에 해당하게 된 경우
2. 법령등의 변경이나 사정변경으로 처분을 더 이상 존속시킬 필요가 없게 된 경우
3. 중대한 공익을 위하여 필요한 경우
② 행정청은 제1항에 따라 처분을 철회하려는 경우에는 철회로 인하여 당사자가 입게 될 불이익을 철회로 달성되는 공익과 비교·형량하여야 한다.[3]
[시행일 2021. 3. 23.]

[1] 행정기본법 제19조의 의미

1. 행정기본법 제정 전 상황

행정은 적정하여야 한다.1) 뿐만 아니라 행정은 효율성을 갖추어야 한다.2) 그런데 행정행위의 발령에 근거되었던 사실관계나 법관계가 고정적인 것만은 아니고 변화하는 경우도 적지 않다. 이때 기존의 행정행위의 내용을 변화된 상황에 맞게 시정한다는 것은 공익실현을 목적으로 하는 합리적인 공행정작용에는 불가피하다. 말하자면 발령 당시에는 적법·타당한 행위였을지라도 현재의 법이나 현재의 사실관계와 모순관계에 놓일 수도 있고, 만약 사정이 그러하다면 그 모순을 시정하는 것은 필요한 일이 된다. 이러한 필요에 응하는 법적 수단이 바로 철회이다. 이 때문에 학설은 개별 법률의 규정 유무를 불문하고, 철회의 법리를 정리하였다. 물론 행정기본법 제정 전부터 개별 법률에 직권취소(철회 의미의 취소)가 규정되기도 하였다(예: 도로교통법 제93조 제1항 제1호).

> ■ 도로교통법 제93조(운전면허의 취소·정지) ① 지방경찰청장은 운전면허(연습운전면허는 제외한다. 이하 이 조에서 같다)를 받은 사람이 다음 각 호의 어느 하나에 해당하면 행정안전부령으로 정하는 기준에 따라 운전면허(운전자가 받은 모든 범위의 운전면허를 포함한다. 이하 이 조에서 같다)를 취소하거나 1년 이내의 범위에서 운전면허의 효력을 정지시킬 수 있다.
> 1. 제44조 제1항을 위반하여 술에 취한 상태에서 자동차등(개인형 이동장치는 제외한다. 이하 이 조에서 같다)을 운전한 경우

---

1) 제1조(목적) [4]1.을 보라.
2) 제1조(목적) [4]2.를 보라.

제44조(술에 취한 상태에서의 운전 금지) ① 누구든지 술에 취한 상태에서 자동차등(「건설기계관리법」 제26조 제1항 단서에 따른 건설기계 외의 건설기계를 포함한다. 이하 이 조, 제45조, 제47조, 제93조 제1항 제1호부터 제4호까지 및 제148조의2에서 같다), 노면전차 또는 자전거를 운전하여서는 아니 된다.
④ 제1항에 따라 운전이 금지되는 술에 취한 상태의 기준은 운전자의 혈중알코올농도가 0.03퍼센트 이상인 경우로 한다.

2. 일반법

행정기본법 제19조는 적법한 처분의 철회에 관한 일반법이다. 개별 법률에 위법 또는 부당한 처분의 철회에 관한 조항이 있다면, 그 조항은 특별법으로서 우선 적용된다. 개별 법률에 규정이 없다면, 행정기본법 제19조가 적용된다. 종래에 법적인 근거 없이도 철회가 가능한가의 여부에 논란이 있었던 점을 고려할 때, 행정기본법 제18조는 행정법관계의 안정에 의미가 있다.

[2] 행정기본법 제19조 제1항 — 적법한 처분의 철회

1. 철회의 의의

행정기본법 제19조 제1항은, 「행정청은 적법한 처분일지라도 일정한 사유가 있으면 그 처분의 전부 또는 일부를 장래를 향하여 철회할 수 있다」는 취지로 규정하고 있다. 처분의 철회란 발령 당시에 적법요건을 구비하여 완전히 효력을 발하고 있는 처분을 사후의 새로운 사정을 이유로 장래를 향해 소멸시키는 원 처분과는 별개의 독립된 처분이다.[1] 철회는 개별 법률에서 취소로 불리기도 한다(예: 도로교통법 제93조 제1항 제1호).

2. 철회권자 — 행정청

(가) 처분청　　　행정청은 철회를 할 수 있다. 행정청이 철회권자이다. 행정청의 의미는 행정기본법 제2조 제2호에서 정의되고 있다.[2] 본 조항에서 행정청이란 실제상 처분을 행한 행정청, 즉 처분행정청을 말한다.

(나) 감독청　　　감독청은 철회권을 갖지 못한다. 왜냐하면 철회도 하나의 독립된 새로운 처분인데 감독청이 철회한다면, 이는 감독청이 합리적인 이유 없이 처분청의 권한을 침해하는 결과가 되고, 이러한 결과는 처분청을 둔 행정조직의

---

1) 철회와 직권취소의 구별에 관해서는 제18조(위법 또는 부당한 처분의 취소) [2]1.(나)를 보라.
2) 이에 관해 제2조(정의) [9]를 보라.

목적에 반하기 때문이다.

[참고] 사인이 철회신청권을 갖는가의 여부

행정기본법 제19조에 근거하여 사인은 행정청에 대하여 개인적 공권으로서 철회신청권을 갖는가의 문제가 있다. 행정기본법 제19조는 행정청이 스스로 새로운 환경에 적합한 행정으로 나아가도록 하는 규정일 뿐, 사인에게 행정청이 새로운 환경에 적합한 행정으로 나아가도록 하기 위하여 절차상의 권리를 부여한 것은 아니다.[1] 개별 법률에서 사인에게 철회신청권을 부여한다면, 그에 따르면 된다. 개별 법률에 규정이 없다면, 민원처리에 관한 법률에 따른 민원의 신청을 통해 처분의 철회를 신청할 수 있다.

■ 대판 1997. 9. 12, 96누6219(도시계획법령이 토지형질변경행위허가의 변경신청 및 변경허가에 관하여 아무런 규정을 두지 않고 있을 뿐 아니라, 처분청이 처분 후에 원래의 처분을 그대로 존속시킬 필요가 없게 된 사정변경이 생겼거나 중대한 공익상의 필요가 발생한 경우에는 별도의 법적 근거가 없어도 별개의 행정행위로 이를 철회 또는 변경할 수 있지만 이는 그러한 철회 또는 변경의 권한을 처분청에게 부여하는 데 그치는 것일 뿐 상대방 등에게 그 철회 또는 변경을 요구할 신청권까지를 부여하는 것은 아니다).

■ 대판 2005. 4. 14, 2003두7590(행정청이 행한 공사중지명령의 상대방은 그 명령 이후에 그 원인사유가 소멸하였음을 들어 행정청에게 공사중지명령의 철회를 요구할 수 있는 조리상의 신청권이 있다 할 것이고, 상대방으로부터 그 신청을 받은 행정청으로서는 상당한 기간 내에 그 신청을 인용하는 적극적 처분을 하거나 각하 또는 기각하는 등의 소극적 처분을 하여야 할 법률상의 응답의무가 있다).

3. 철회의 사유

행정기본법 제19조 제1항은 철회를 할 수 있는 사유로 ① 법률에서 정한 철회 사유에 해당하게 된 경우, ② 법령등의 변경이나 사정변경으로 처분을 더 이상 존속시킬 필요가 없게 된 경우, ③ 중대한 공익을 위하여 필요한 경우를 규정하고 있다.

(가) 법률에서 정한 철회 사유에 해당하게 된 경우 도로교통법은 혈중알코올농도가 0.03퍼센트 이상에서의 운전을 금지하고(도로교통법 제44조 제1항·제4항), 만약 이에 위반하여 운전을 하면, 처분청(면허청)은 운전면허의 취소까지 할 수 있음을 규정하고 있다(도로교통법 제93조 제1항 제1호). 이와 같이 개별 법률(예: 기업구조조정투자회사법 제31조 제1항 제5호, 배타적 경제수역에서의 외국인어업 등에 대한 주권적 권리

---

1) 이와 관련하여 본서 316쪽을 보라.

의 행사에 관한 법률 제13조, 관광진흥법 제24조, 체육시설의 설치·이용에 관한 법률 제32조 제
1항)에서 철회를 규정하고 있는 경우의 철회는 그 개별 법률의 집행이다.

(나) 법령등의 변경이나 사정변경으로 처분을 더 이상 존속시킬 필요가 없게 된 경우

1) 법령등의 변경   법령등의 변경으로 처분을 더 이상 존속시킬 필요가 없
게 된 경우란, 처분의 발령 후에 법적 상황이 변화되고, 행정청이 더 이상 그러한
처분을 발령할 수 없음을 전제로 한다. 그리고 상대방이 그 처분과 관련된 아무런
권리행사도 없어야 하며, 아울러 법적 상황의 변화로 인해 철회 없이는 공동체의
중대한 이익이 위험에 빠지는 경우라야 철회가 가능하다(예: 건축허가를 하였으나, 당
해 지역이 법령에 의해 건축불허지역으로 변경되고, 아울러 건축이 개시되지 아니한 경우). 한
편, 판례는 법원(法源)이라 보기 어려우므로, 판례의 변경은 여기서 말하는 법적
상황의 변화에 해당하지 아니한다.

2) 사정변경   사정변경으로 처분을 더 이상 존속시킬 필요가 없게 된 경우
란, 사후적인 사정의 변화로 처분의 발령에 중요한 사실관계가 문제되고 또한 공
동체의 중요한 이익에 대한 직접적이고 급박한 침해를 제거 또는 방지하기 위하
여 불가피한 경우(예: A운수회사에 B지점을 주차장으로 허가하였으나, 수년이 지난 후 인구
집중현상으로 더이상 B지점을 주차장으로 하면, 엄청난 교통상 지체를 가져오게 되는 경우)를
말한다.

> ■ 대판 1964. 11. 10, 64누33(건축허가에 허가 당시는 하자가 없었고 본법에 의해 취소권
> (철회권)의 유보가 되어 있는 경우가 아니라 하더라도, 사정의 변천에 따라 허가를 존속하
> 는 것이 공익에 적합하지 아니할 때에는 이를 취소(철회)할 수 있으므로, 철도용지에 대해
> 대지사용허가와 그 위에 건축을 하는 내용의 건축허가를 한 후 철도용지를 부두용지로 사
> 용하기 위해 대지사용허가를 취소하여 그 취소로 건축주가 건축허가를 받은 대지 위에 건
> 축을 할 권원이 없게 되었고 더욱이 건축으로 말미암아 대지의 공공적 이용에 중대한 지장
> 이 있음이 명백한 때에는 건축허가를 취소(철회)할 수 있다).

3) 사유로 보기 어려운 경우   철회하는 처분의 효력이 장래에 별다른 의미
를 갖지 아니하거나 또는 발령시점에만 일정 사실관계의 존재가 요구되는 경우에
는 사실관계의 변화는 철회사유가 아니다. 또한 사실관계에 대한 행정청의 단순
한 견해의 변화는 철회의 사유가 아니다.

(다) 중대한 공익을 위하여 필요한 경우

1) 의의   중대한 공익을 위하여 필요한 경우란, 공익에 대한 중대한 침해를 방지 또는 제거하기 위한 경우를 말한다(예: 건축허가가 있고, 건축이 개시되었으나, 당해 건축지역이 고속도로건설부지로 정해진 경우). 이 요건은 불확정개념이어서, 그 의미내용을 분명히 하기는 어렵다. 중대한 침해의 의미는 헌법 제10조와 제37조 제2항 등의 의미를 고려하면서 판단되어야 한다. 상기의 (가)(나)의 2가지 경우에 해당하지 아니하면, 이 요건에 의한 철회가 이루어질 것이므로, 이 요건의 활용가능성은 매우 광범위하다. 말하자면 이 요건은 행정청이 비교적 폭넓게 철회의 근거로 활용할 수 있는 일반조항의 성질을 갖는다. 그렇지만 이 경우도 엄격하게 적용되어야 한다.

[참고] 행정기본법 제정 전에 저자는 철회의 사유로 철회권의 유보, 부담의 불이행, 사실관계의 변화, 법적 상황의 변화, 공익상 중대한 침해를 들었다. 행정기본법은 이 중에서 사실관계의 변화를 사정변경으로, 법적 상황의 변화를 법률등의 변경으로, 공익상 중대한 침해를 중대한 공익을 위하여로 바꾸어 부르고 있다고 볼 수 있겠는데, 철회권의 유보와 부담의 불이행에 관해서는 명시적으로 규정하는 바가 없으나, 사정변경의 한 형태로 볼 수 있을 것이다. 물론 법률에서 철회권의 유보나 부담의 불이행을 법령에서 규정한다면(예: 고등학교 이하 각급 학교 설립·운영 규정 시행규칙 제7조), 그것은 행정기본법 제19조 제1항 제1호의 사유의 문제가 된다.

■ 고등학교 이하 각급 학교 설립·운영 규정 시행규칙 제7조(취소권의 유보) 시·도교육감이 학교설립을 인가할 때에는 인가후 보충할 시설의 연도별 보충계획에 따른 시설보충을 이행하지 아니할 경우에는 설립인가를 취소한다는 부관을 붙여야 한다.

2) 입법례   입법의 실제상으로는 (나)의 사유는 (다)의 사유와 함께 규정되는 것(군 공항 이전 및 지원에 관한 특별법 제13조 제6항 제3호, 아시아문화중심도시 조성에 관한 특별법 제50조, 공유수면 관리 및 매립에 관한 법률 제20조, 규제자유특구 및 지역특화발전특구에 관한 규제특례법 제91조, 규제자유특구 및 지역특화발전특구에 관한 규제특례법 시행령 제66조 제1항)이 일반적인 것으로 보인다(예: 공유수면 관리 및 매립에 관한 법률 제20조).

4. 철회의 대상 — 처분

① 행정청은 처분을 철회할 수 있다. 공법상 계약이나 행정계획과 같이 처분이 아닌 행정작용은 행정기본법 제19조가 정하는 철회의 대상이 아니다. 처분의

의미는 행정기본법 제2조 제4호에 규정되고 있다.[1] ② 행정기본법 제19조가 정하는 철회의 대상은 적법한 처분이다. 위법한 처분은 직권취소의 대상이지 철회의 대상은 아니다. 행정기본법 제정(2021. 3. 23.) 이전에 이루어진 처분도 물론 철회의 대상이 된다.

5. 철회의 범위 — 일부나 전부

① 행정청은 처분의 전부나 일부를 철회할 수 있다. ② 일부철회는 법 효과가 다수이고, 처분의 법 효과를 분리하는 것이 가능한 경우에 일부 철회가 가능하다. 법 효과가 분리 불가능하도록 결합되어 있다면, 전체 행정행위를 철회하여야 한다.

6. 철회의 효과 — 장래효

(가) 의의   행정청은 처분을 장래를 향하여 철회할 수 있다. 철회의 효과는 언제나 장래적이다. 철회의 대상은 적법한 처분이므로, 소급적으로 효과를 소멸시킬 수 없다. 철회는 원칙적으로 계속효 있는 행정행위에서만 문제된다.[2]

(나) 효과의 발생시점의 명시   법률관계의 명료화를 위해 철회에서 철회의 효과가 철회처분이 있는 날부터 발생한다거나 아니면 철회처분을 하는 날 이후의 특정일부터 효과가 발생한다는 등을 명시하는 것이 바람직하다.

7. 행정기본법에 규정되지 아니한 사항

(가) 철회의 기간(제척기간)   ① 행정기본법은 행정청이 언제까지 철회를 할 수 있는지를 규정하는 바가 없다. 학설과 판례가 정할 부분이다. ② 철회를 인정하는 취지에 비추어 철회에 기간 상 제한이 없다고 본다. 그러나 수익적 처분의 철회의 경우에는 행정기본법 제12조 제2항의 실권의 법리가 적용될 수 있는바, 이러한 범위에서 수익적 처분의 철회는 기간상 제한을 받는다. 이러한 제한은 그만큼 상대방을 보호하는 것이 된다.

(나) 철회신청권   철회의 사유가 존재한다고 하여도 사인은 행정청에 대하여 철회신청권을 갖는다고 보기 어렵다. 예외적으로 관련법령이 사익보호성을 규정하고 있다면 사정이 다를 것이다

---

1) 이에 관해 제2조(정의) [13]을 보라.
2) 제15조 [1]5.(다) 각주 참조.

(다) 철회권 행사

1) 보충성　　행정기본법 제19조에 명시되어 있지 않지만, 처분청은 행정기본법 제10조(비례의 원칙)에 따라, ① 철회보다 경미한 침해를 가져오는 다른 방법(예: 행정지도)이 의미를 갖는다면, 철회는 채택할 수 없고 그 다른 방법을 채택하여야 하며, ② 일부철회가 가능하다면 전부철회가 아닌 일부철회의 방법을 채택하여야 한다. 왜냐하면 철회권의 행사에도 비례원칙이 적용되기 때문이다.

2) 절차　　철회절차와 관련하여 명문의 규정이 있다면 그에 의한다. 그러나 명문의 규정이 없는 경우, 철회는 그 자체가 원 처분과는 별개의 독립된 행위이므로, 행정절차법의 적용을 받는다. 특히 수익적 행정행위의 철회의 경우는 사전통지(절차법 제21조 제1항), 의견청취(절차법 제22조 제3항), 이유제시(절차법 제23조) 절차 등이 준수되어야 한다.

(라) 철회로 인한 피해의 보상　　수익적 처분의 철회로 인해 상대방이 재산상의 특별한 손해를 입게 되면, 상대방에게 귀책사유가 없는 한 철회행정청은 그 손실을 보상해 주는 것이 정당하다. 그러나 행정기본법에 이에 관한 규정이 없다. 행정기본법의 개정이 필요하다. 개별 법률에서는 손실보상을 규정하기도 한다(국유재산법 제36조 제3항, 공유재산 및 물품 관리법 제25조, 광업법 제34조, 기업도시개발 특별법 제9조 제4항).

[3] 행정기본법 제19조 제2항 — 철회의 제한사유로서 공익과 사익의 형량

1. 의의

행정기본법 제19조 제2항은 철회의 경우, 행정청은 철회로 인하여 당사자가 입게 될 불이익과 철회로 달성되는 공익을 비교·형량할 것을 규정하고 있다. 철회의 제한은 기본적으로 당사자의 안정된 법생활의 보장을 위한 것이다.

2. 공익과 사익의 비교·형량

(가) 비교·형량의 대상　　비교·형량의 대상은 「철회로 인하여 당사자가 입게 될 불이익」과 「철회로 달성되는 공익」이다. 당사자가 입게 될 불이익이란 처분의 철회로 인해 처분으로 받았던 이익이 없어지게 되는 것(예: 석탄 관련 영업허가의 철회의 경우, 허가로 받았던 직업자유의 기본권과 영업을 통해 사실상 누리던 경제상 이익 등이 사라지게 되는 불이익), 처분에 관련된 신뢰의 상실, 침해되는 법률생활의 안정

등을 말한다. 달성되는 공익이란 철회를 통하여 달성하려는 이익(예: 석탄 관련 영업
허가의 철회의 경우, 탄소연료 감축, 공기질 향상 등)을 말한다.

　　(나) 비교·형량의 방법　　비교·형량이란 당사자가 입게 될 불이익과 철회
로 달성되는 공익을 저울질하는 것을 말한다. 비교·형량의 결과가 숫자로 표현될
수 있는 정량적인 것은 아니지만, 그럼에도 크고 작음은 정해야 한다. 비교·형량
은 공무원 개인의 주관이 아니라 객관적으로 이루어져야 한다.

[참고] 취소 또는 철회로 인한 손실보상의 법제화

취소 또는 철회에서 일정한 사유가 있는 경우에 행정청에게 손실보상책임을 부담하게 하는
조항을 신설하여야 한다는 견해도 있다. 국가행정법제위원회는 다음과 같은 조문의 신설에
관해 논의한 적이 있다.

제19조의2(취소 또는 철회의 손실보상) ① 행정청은 제18조 제1항에 따라 처분(인허가 등 당
사자에게 권리나 이익을 부여하는 처분만 해당한다. 이하 이 항에서 같다)을 취소하거나 제
19조 제1항 제2호 또는 제3호에 해당하는 사유로 처분을 철회한 경우로서 다음 각 호의 요
건을 모두 충족하는 경우에는 법률로 정하는 바에 따라 손실보상을 한다.
1. 처분의 취소 또는 철회로 당사자에게 재산상 손실이 발생하였을 것
2. 당사자의 신뢰가 법적으로 보호할 가치가 있을 것
3. 당사자에게 처분의 취소 또는 철회에 대한 귀책사유가 없을 것
② 제1항에 따른 손실보상의 근거가 되는 법률에는 다음 각 호의 사항을 규정하여야 한다.
1. 손실보상의 대상과 범위
2. 손실보상금의 산정기준(손익상계에 관한 사항을 포함한다)
3. 손실보상금의 지급방법과 절차

> **제20조(자동적 처분)**[1] 행정청은 법률로 정하는 바에 따라 완전히 자동화된 시스템(인 공지능 기술을 적용한 시스템을 포함한다)으로 처분을 할 수 있다. 다만, 처분에 재 량이 있는 경우는 그러하지 아니하다.[2]
>
> [시행일 2021. 3. 23.]

[1] 행정기본법 제20조의 의의

1. 자동적 처분의 도입을 위한 실정법적 근거

① 행정기본법 제20조는 법률로 자동적 처분이 활용될 수 있음을 규정하고 있다. 행정기본법 제20조를 근거로 바로 자동적 처분이 발급될 수 있는 것은 아니 다. ② 자동적 처분을 도입하는 법률을 제정할 때에는 행정기본법 제20조가 정하 는 바를 따라야 한다. ③ 행정기본법 제20조는 자동적 처분이 활용될 수 있는 조 건의 대강을 규정하고 있을 뿐이다. 자동적 처분을 도입하는 법률의 제정 시에 고 려되어야 할 사항은 적지 않다.

2. 제정 배경

행정기본법 제20조는 이른바 제4차 산업혁명(데이터 혁명)에 선제적으로 대응 하여 행정의 디지털화를 촉진하고 행정의 효율성과 국민의 편의를 높이기 위한 조문으로 이해된다. 자동적 처분은 행정비용의 절약, 절차의 신속화, 행정작용의 중립성·객관성 확보 등에 의미를 갖는다. 한편, 자동적 처분을 시행하는 경우, 당 사자의 절차법상 권리의 약화, 개별 사안의 특수성 반영 곤란 등의 문제점이 발생 하지 않도록 세심한 주의가 필요하다.

3. 자동적 처분의 의의

(가) 자동적 처분의 정의   행정기본법 제20조의 자동적 처분은「완전히 자 동화된 시스템(인공지능 기술을 적용한 시스템을 포함한다)으로 발급하는 처분」을 말한 다. 자동적 처분은 사람인 행위자(공무원)의 인식(의사적용) 없이 완전히 자동화된 시스템으로 발급되는 처분으로 이해된다. 논리적으로 본다면, 완전히 자동화된 시 스템(인공지능 기술을 적용한 시스템을 포함한다)도 인간에 의한 것이라는 점에서「완전 히 자동화된 시스템이 행위자(행정청, 공무원)의 인식(의사작용)과 전혀 무관하다고

표현하기는 어렵다.

　(나) 자동적으로 결정되는 처분과 구별　　자동적으로 결정되는 처분은 처분의 내용이 자동적으로 결정될 뿐, 상대방 등에 대한 처분의 통지는 행정청(공무원)에 의해 이루어지는 처분을 말한다. 달리 말하면, 자동적으로 결정되는 처분은 행위자(행정청, 공무원)의 인식(의사적용)을 최종적인 바탕으로 하여 발급되는 처분이다.

[사례 검토]
(1) 스스로 학습능력을 가진 AI가 도로에서 교통경찰을 대신하여 운전자에게 직접 차량이동명령, 주정차금지명령 등을 하게 되면, 그러한 행위는 완전히 자동화된 시스템에 의한 처분, 즉 자동적 처분에 해당한다.
(2) CCTV에 의한 과속단속의 경우, 단속이나 처분 내용은 자동적으로 결정되지만(카메라에 의한 과속단속, 지방경찰청장에 의한 과속·번호판·오류의 확인), 처분의 적법요건의 하나인 상대방 등에 대한 통지(과태료 부과 사전통지와 납부고지)는 행정청(경찰서장 등)이 하는바, 자동적 처분이 아니라 자동적으로 결정되는 처분이다. 컴퓨터추첨에 의한 학교배정의 경우도 유사하다.
(3) 도로상 교통신호등에 적색불이 들어오면, 차량운행의 정지를 명하는 처분이 발령된 것으로 이해된다. 경찰공무원의 개입 없이 신호등 자체만으로 정지처분이 발령된 것으로 볼 것이다. 이런 시각에서 보면, 교통신호등의 신호는 자동적 처분에 해당한다. 이러한 논리는 도로상 교통신호등의 교통신호를 일반처분으로 보는 저자의 시각에서 나온 것이다. 도로상 교통신호등의 신호가 처분인가는 논외로 한다.

[2] 자동적 처분의 요건

1. 법령으로 정할 것

　자동적 처분이 행정에 활용되기 위해서는 법률의 근거가 필요하다. 자동적 처분의 활용을 위한 근거 법률의 입법방식에는 개별 법률에서 규정하는 방식과 자동적 처분에 관한 전반적 사항을 규정하는 일반법의 제정 방식이 있을 수 있다.

　법률의 근거 없이 자동적 처분이 발령된다면, 그러한 자동적 처분은 하자가 중대하고 명백하여 무효이다.

2. 완전히 자동화된 시스템으로 할 것

　① 완전히 자동화된 시스템」의 의미는 행정기본법상 정해진 바가 없다. 과학기술은 계속하여 발전·진보하는 것이므로, 완전히 자동화된 시스템」의 의미는 과학기술의 변화에 따라 변할 것이다. ②「자동적으로 결정되는 처분」과 비교할 때,

자동적 처분을 위한 「완전히 자동화된 시스템」은 스스로 학습하면서 스스로의 판단에 따라 처분을 할 수 있는 시스템으로 진화할 것이다. 이러한 시스템은 과학과 법이 함께 찾아가야 할 것이다. ③ 완전히 자동화된 시스템의 구축을 위한 기초작업은 현행 법령상 가능하다.

> ■ 전자정부법 제4조(전자정부의 원칙) ① 행정기관등은 전자정부의 구현·운영 및 발전을 추진할 때 다음 각 호의 사항을 우선적으로 고려하고 이에 필요한 대책을 마련하여야 한다.
> 1. 대민서비스의 전자화 및 국민편익의 증진
> 2. 행정업무의 혁신 및 생산성·효율성의 향상
> 3. 정보시스템의 안전성·신뢰성의 확보 (제4호 이하 생략)
> ② 행정기관등은 전자정부의 구현·운영 및 발전을 추진할 때 정보기술아키텍처를 기반으로 하여야 한다. (제3항 이하 생략)
> 제9조(방문에 의하지 아니하는 민원처리) ① 행정기관등의 장은 민원인이 해당 기관을 직접 방문하지 아니하고도 민원사항 등을 처리할 수 있도록 관계 법령의 개선, 필요한 시설 및 시스템의 구축 등 제반 여건을 마련하여야 한다.
> ② 행정기관등의 장은 제1항에 따른 민원처리제도를 시행하기 위하여 인터넷에 전자민원창구를 설치·운영할 수 있다. 다만, 전자민원창구를 설치하지 아니하였을 때에는 제3항의 통합전자민원창구에서 민원사항 등을 처리하게 할 수 있다. (제3항 이하 생략)

3. 처분을 대상으로 할 것

행정기본법 제20조가 규정하는 자동적 처분은 모든 행정작용을 대상으로 하는 것이 아니라 다만 처분만을 대상으로 한다. 처분 개념은 행정기본법 제2조 제4호에 규정되고 있다.[1]

4. 처분에 재량이 없을 것

① 행정기본법 제20조 단서는 "처분에 재량이 있는 경우는 그러하지 아니하다."고 하여 재량처분은 자동적 처분으로 발급될 수 없음을 규정하고 있다. ② 기속행위와 재량행위의 구별이 용이하지 아니하므로,[2] 완전히 자동화된 시스템으로 처분을 할 수 있음을 규정하는 법률을 제정·개정하는 경우에 어려움이 따를 것이다.

---

1) 제2조(정의) [13]을 보라.
2) 제21조(재량행사의 기준)를 보라.

[참고] 자동적 처분의 시행을 위한 법률의 제정 시, 고려·반영할 사항

(1) 당사자의 절차법적 권리가 약화되지 않도록 하여야 한다.

(2) 개별사안의 특수성 반영이 이루어져야 한다.

(3) 재량행위가 자동적 처분으로 발령될 수 없도록 하여야 한다.

(4) 인공지능을 구성하는 알고리즘의 안전성과 적법성이 보장되어야 한다(알고리즘 법정주의).

[참고] 자동적 처분의 입법례

[우리나라]

■ 수입식품안전관리 특별법 제20조의2(수입신고 수리의 자동화) ① 제20조제1항에 따른 수입신고 중 국민건강에 미치는 위해발생의 우려가 낮고 반복적으로 수입되는 수입식품등의 수입신고는 「행정기본법」 제20조에 따라 제39조의2의 수입식품통합정보시스템에 의하여 완전히 자동화된 방식으로 수리할 수 있다.

② 제1항에 따라 자동화된 방식으로 수리하는 수입신고의 대상 및 절차 등에 관한 세부적인 사항은 총리령으로 정한다.

[독일]

■ 연방행정절차법 제35a조(행정행위의 완전히 자동화된 발급) 법규정에 의해 허용되고 재량이나 판단여지가 존재하지 아니하면, 행정행위는 완전히 자동화된 설비에 의해 완전히 발해질 수 있다.

■ 사회행정절차법 제31a조(전적으로 자동화된 행정행위의 발령) 직무담당자에 의해 개별 사건이 처리되지 않아도 되는 경우, 행정행위는 완전히 자동화된 설비에 의해 발령될 수 있다. 행정청이 행정행위 발령을 위해 자동화된 설비를 활용하는 경우 자동화된 절차를 통해 조사되지 않을 수 있는 당사자의 중요한 사실적 사항을 고려해야만 한다.

■ 조세기본법 제31a조(전적으로 자동화된 행정행위의 발령) 직무담당자에 의해 개별 사건이 처리되지 않아도 되는 경우, 행정행위는 완전히 자동화된 설비에 의해 발령될 수 있다. 행정청이 행정행위 발령을 위해 자동화된 설비를 활용하는 경우 자동화된 절차를 통해 조사되지 않을 수 있는 당사자의 중요한 사실적 사항을 고려해야만 한다.

[스웨덴]

■ 신행정절차법 제28조 결정은 한 명의 공무원이 단독으로 또는 여러 명이 공동으로 또는 자동으로 내릴 수 있다.

[스페인]

■ 신행정절차법 제41조(자동화된 행정결정) (1) 자동화된 행정 결정은 행정절차의 틀 내에서 행정청이 전적으로 전자적 수단을 통해 수행하며 공무원이 직접 관여하지 않은 모든 결정 또는 조치를 의미한다. (2) 자동화된 행정 결정의 경우, 사양 정의, 프로그래밍, 유지 관리, 감독 및 품질 관리, 그리고 적절한 경우 정보 시스템 감사를 위해 관할 기관(들)을 사전에 설립해야 하고 시스템과 소스 코드, 이의제기에 대한 책임을 져야 할 기관을 명시하여야 한다.

제21조(재량행사의 기준)[1] 행정청은 재량이 있는 처분을 할 때에는 관련 이익을 정당하게 형량하여야 하며, 그 재량권의 범위를 넘어서는 아니 된다.[2]
[시행일 2021. 3. 23.]

[1] 행정기본법 제21조의 의의 — 재량행사의 기준

1. 규정의 취지

행정기본법 제21조는 처분을 함에 있어 행정청에 재량권이 부여되어 있는 경우, 그 재량 행사의 기준을 보다 명확히 제시하여 행정처분의 적법성·타당성을 확보하고자 하는 것을 취지로 한다. 행정기본법 제21조가 정하는「재량행사의 기준」의 이해를 위해 먼저「재량처분(재량행위)의 의미」부터 살펴본다.

2. 재량처분의 의의

(가) 재량처분의 개념　　행정법령은 요건이 충족될 때(예: 도로교통법 제93조 제1항의 경우, 각 호가 정하는 사유에 해당하게 될 때), 행정청이 선택할 수 있는 효과를 다수 설정하고 있는 경우(예: 도로교통법 제93조 제1항의 경우, 운전면허취소 또는 1년 이내의 운전면허정지)가 적지 않다. 이때 특정 효과를 선택·결정하는(예: 운전면허취소와 1년 이내의 운전면허정지 중에서 선택·결정) 권한은 행정청에 부여된 것이다. 여기서 행정청이 갖는 선택과 결정의 자유가 재량이고, 재량에 따른 처분이 재량처분이다.

> ■ 도로교통법 제93조(운전면허의 취소·정지) ① 지방경찰청장은 운전면허(연습운전면허는 제외한다. 이하 이 조에서 같다)를 받은 사람이 다음 각 호의 어느 하나에 해당하면 행정안전부령으로 정하는 기준에 따라 운전면허(운전자가 받은 모든 범위의 운전면허를 포함한다. 이하 이 조에서 같다)를 취소하거나 1년 이내의 범위에서 운전면허의 효력을 정지시킬 수 있다. 다만, 제2호, 제3호, 제7호부터 제9호까지(정기 적성검사 기간이 지난 경우는 제외한다), 제14호, 제16호부터 제18호까지, 제20호의 규정에 해당하는 경우에는 운전면허를 취소하여야 한다.
> 1. 제44조 제1항을 위반하여 술에 취한 상태에서 자동차등(개인형 이동장치는 제외한다. 이하 이 조에서 같다)을 운전한 경우
> 14. 이 법에 따른 교통단속 임무를 수행하는 경찰공무원등 및 시·군공무원을 폭행한 경우

(나) 기속처분과 구별　　재량처분과 대비되는 개념으로 기속처분이 있다. 기

속처분이란 법령에서 정한 요건이 충족되는 경우, 행정청이 선택할 수 있는 효과
가 특정되어 있는 경우도 적지 않다. 이러한 경우에 행정청은 반드시 그 특정의
처분을 하여야 하는바, 그러한 처분이 기속처분이다(예: 도로교통법 제93조 제1항 제14
호). 달리 말하면, 기속처분은 효과의 선택과 결정에 있어 행정청이 자유영역을 갖
지 못하는 처분이다

    (다) 판단여지와 구별   재량과 비교할 개념으로 판단여지가 있다. 법률에
불확정개념이 사용되는 경우(예: 출입국관리법 제4조 제1호 제5호의 이익, 공공의 안전, 경
제질서, 해할 우려), 불확정개념을 해석 · 적용할 때 행정청이 갖는 판단의 자유영역
을 판단여지라 한다. 재량은 법 효과의 선택과 관련하고, 판단여지는 요건부분의
해석과 관련한다. 재량과 판단여지는 성질이 다르다는 견해도 있고, 같다는 견해
도 있다. 판례는 같다는 견해를 취한다.

    ■ 출입국관리법 제4조(출국의 금지) ① 법무부장관은 다음 각 호의 어느 하나에 해당하는 국
    민에 대하여는 6개월 이내의 기간을 정하여 출국을 금지할 수 있다.
    5. 그 밖에 제1호부터 제4호까지의 규정에 준하는 사람으로서 대한민국의 이익이나 공공의
        안전 또는 경제질서를 해칠 우려가 있어 그 출국이 적당하지 아니하다고 법무부령으로
        정하는 사람

    ■ 대판 2020. 7. 9, 2017두3978(구 군사기지 및 군사시설 보호법 등의 문언, 체제, 형식과
    군사기지 및 군사시설을 보호하고 군사작전을 원활히 수행하기 위하여 필요한 사항을 규정
    함으로써 국가안전보장에 이바지하려는 구 군사기지법의 목적(제1조) 등을 종합하면, 협의
    요청의 대상인 행위가 군사작전에 지장을 초래하거나 초래할 우려가 있는지, 그러한 지장
    이나 우려를 해소할 수 있는지, 항공등화의 명료한 인지를 방해하거나 항공등화로 오인될
    우려가 있는지 등은 해당 부대의 임무, 작전계획, 군사기지 및 군사시설의 유형과 특성, 주
    변환경, 지역주민의 안전에 미치는 영향 등을 종합적으로 고려하여 행하는 고도의 전문적 ·
    군사적 판단 사항으로서, 그에 관해서는 국방부장관 또는 관할부대장 등에게 재량권이 부
    여되어 있다).

    (라) 재량처분이 필요한 이유   인간의 생활관계의 변동에 대한 예견이 언제
나 가능한 것은 아니지만 행정은 공동체의 발전을 고려해야 한다. 공동체의 발전
은 국가가 지향해야 하는 기본적인 임무이기 때문이다. 이 때문에 입법자는 행정
주체가 구체적인 경우에 동적으로 합리적인 사회형성을 하도록 하기 위해, 하나
의 요건에 하나의 효과를 결합시키는 대신 다수의 가능한 법적 효과를 결합시키

고, 그 선택을 행정청에 위임할 필요가 있다. 여기에 재량처분이 필요한 이유가 있다.

3. 재량처분과 기속처분의 구별 필요성

법령에 반하는 기속처분은 모두 취소소송의 대상이 된다. 그러나 재량처분의 경우, 재량권행사에 문제가 있는 모든 처분이 아니라 재량권일탈·재량권남용이 있는 처분등만이 취소소송의 대상이 된다. 이 때문에 재량처분과 기속처분의 구별이 필요하다.

■ 행정소송법 제27조(재량처분의 취소) 행정청의 재량에 속하는 처분이라도 재량권의 한계를 넘거나 그 남용이 있는 때에는 법원은 이를 취소할 수 있다.

4. 재량처분과 기속처분의 구별기준

(가) 학설　　　효과재량설[재량은 행정행위의 요건인정이 아니라 법률효과의 선택에 있다는 것을 전제로 하여 ① 침익적 행위는 기속행위(기속재량행위), ② 수익적 행위는 법규상 또는 해석상 특별한 기속이 없는 한 재량행위(자유재량행위), ③ 국민의 권리·의무와 관련 없는 행위도 재량행위(자유재량행위)라는 견해]이 지지된 적도 있으나, 오늘날에는 종합설(재량은 법적 요건이 아니라 법적 효과와 관련된다는 전제하에 기속행위와 재량행위의 구분은 법령의 규정방식, 그 취지·목적, 행정행위의 성질 등을 함께 고려하여 구체적 사안마다 개별적으로 판단하여야 한다는 견해)이 지지되고 있다.

(나) 판례　　　재량처분과 기속처분의 구분에 관해 판례는 ① 주류적으로 종합설을 취하지만(예: 대판 2018. 10. 4, 2014두37702), ② 보충적으로 효과재량설을 취하기도 하고(예: 대판 2011. 1. 27, 2010두23033), ③ 경우에 따라서는 공익성을 구별기준으로 들기도 한다(예: 대판 2001. 1. 19, 99두3812). ②의 경우에 왜 수익적인 행위는 재량행위이어야 하는가에 관해 언급하는 바가 없다.

■ 대판 2024. 4. 25, 2023두54242(어느 행정행위가 기속행위인지 재량행위인지는 일률적으로 말할 수 없고, 당해 처분의 근거가 된 규정의 형식이나 체계 또는 문언에 따라 개별적으로 판단하여야 한다).
■ 대판 2018. 10. 4, 2014두37702(행정행위가 그 재량성의 유무 및 범위와 관련하여 이른바 기속행위 내지 기속재량행위와 재량행위 내지 자유재량행위로 구분된다고 할 때, 그 구분은 당해 행위의 근거가 된 법규의 체재·형식과 그 문언, 당해 행위가 속하는 행정 분야

의 주된 목적과 특성, 당해 행위 자체의 개별적 성질과 유형 등을 모두 고려하여 판단하여
야 한다).
- 대판 2011. 1. 27, 2010두23033(구 주택건설촉진법 제33조에 의한 주택건설사업계획의
승인은 상대방에게 권리나 이익을 부여하는 효과를 수반하는 이른바 수익적 행정처분으로
서 법령에 행정처분의 요건에 관하여 일의적으로 규정되어 있지 아니한 이상 행정청의 재
량에 속한다).
- 대판 2001. 1. 19, 99두3812(구 자동차운수사업법의 관련 규정에 의하면 마을버스운송사
업면허의 허용여부는 사업구역의 교통수요, 노선결정, 운송업체의 수송능력, 공급능력 등에
관하여 기술적·전문적인 판단을 요하는 분야로서 이에 관한 행정처분은 운수행정을 통한
공익실현과 아울러 합목적성을 추구하기 위하여 보다 구체적 타당성에 적합한 기준에 의하
여야 할 것이므로 그 범위 내에서는 법령이 특별히 규정한 바가 없으면 행정청의 재량에
속하는 것이라고 보아야 할 것이고, 또한 마을버스 한정면허시 확정되는 마을버스 노선을
정함에 있어서도 기존 일반노선버스의 노선과의 중복 허용 정도에 대한 판단도 행정청의
재량에 속한다)

(다) 사견

1) 법문의 표현이 명백한 경우   법문의 표현이 명백한 경우에는 법문을 따
라야 한다. 예를 들어 법령이 행정청에 대해 "…를 할 수 없다," "…을 하여야 한
다," "…을 하여서는 아니 된다"는 등의 표현을 사용하면, 그것은 기속행위이다.
그러나 법령이 "…을 할 수 있다"고 규정하거나 또는 이와 유사하게 규정하면, 그
것은 재량행위이다.

2) 법문의 표현이 불명한 경우   법문상 표현이 명백하지 않다는 것은 개인
에게는 의무를 부과하고 있으나(예: 식품위생법은 사인이 일정영업을 하기 위해서는 허가
를 받아야 함을 규정하고 있다), 행정청에 대해서는 허가 또는 불허가에 관해 명시하
는 바가 없는 경우(예: 식품위생법·동시행령·동시행규칙은 요건을 구비한 영업허가신청에
대해 허가를 하여야 하는가에 대해 명백한 규정을 두고 있지 않다) 등을 말한다. 이러한 경
우에는 종합설과 기본권기준설에 따라 판단할 수밖에 없다.

3) 기본권 기준설   종합설에 따른다고 하여도 양자의 구분이 용이하지 아
니한 한계적인 경우에는 최종적으로 「기본권」과 「행정행위의 내용과 성질」에서
그 기준을 찾아야 한다. 말하자면 한계적인 경우에는 '기본권의 최대한 보장'이라
는 헌법상 명령과 행정행위의 '공익성'을 재량행위와 기속행위의 구분기준으로 삼
아야 한다(기본권기준설). 그리하여 원칙으로서 기본권의 보장이 보다 강하게 요청
되는 경우에는 사인의 기본권실현에 유리하게 기속행위로 판단하고, 공익실현이

보다 강하게 요청되는 경우에는 공익실현에 유익하도록 재량행위로 판단하여야할 것이다.

[2] 행정기본법 제21조의 내용 — 관련 이익의 정당한 형량 등

1. 일반론

(가) 의무에 합당한 재량　　재량행사는 행정의 고유영역에 속한다. 그렇다고 재량행사가 행정청의 임의나 자의를 의미하는 것은 아니다. 그것은 입법의 취지·목적·성질과 헌법질서의 구속 하에, 그리고 당해 처분에 관련된 본질적인 관심사에 대한 고려 하에 행사되어야 한다. 따라서 재량은 언제나 의무에 합당한 재량인 것이다. 판례도 재량은 의무에 합당한 재량이어야 한다고 판시하고 있다(대판 2006. 9. 28, 2004두5317). 법에 구속된 재량이라고도 한다. 순수한 의미의 자유재량은 법치국가에서 있을 수 없다(대판 1990. 8. 28, 89누8255).

(나) 재량하자

1) 의의　　재량권이 주어진 목적과 한계 내에서 이루어진 재량처분에는 당·부당의 문제는 생길지언정 위법의 문제는 생기지 않는다. 그러나 목적과 한계를 벗어나면 재량하자 있는 처분이 된다. 이러한 처분은 위법한바, 사법심사의 대상된다.[1)]

2) 유형　　행정기본법 제21조는 재량이 있는 처분을 할 때에는 관련 이익을 정당하게 형량하여야 하며, 그 재량권의 범위를 넘어서는 아니 된다고 하는바, 행정청이 처분을 할 때에 관련 이익을 정당하게 형량하지 않거나, 그 재량권의 범위를 넘어서면, 그러한 처분은 행정기본법 제21조의 위반이 된다. 따라서 행정기본법 제21조는 ① 관련 이익을 정당하게 형량하지 않는 것, 그리고 ② 그 재량권의 범위를 넘어서는 것을 재량하자로 규정하고 있다.

2. 행정기본법 제21조 제1문

(가) 관련 이익의 정당한 형량의 의미　　「관련 이익을 정당하게 형량한다」는 것은 재량처분이 입법의 취지·목적·성질과 헌법질서의 구속 하에, 그리고 당해 처분에 관련된 본질적인 관심사에 대한 고려 하에 이루어져야 하고, 또한 상충되는 여러 관련 이익을 조화롭게 통합하고, 같은 방향의 효과는 더 높이는 것이어야

---

1) 제21조(재량행사의 기준) [1]3(가) 참조.

함을 의미한다.

(나) 관련 이익의 정당한 형량의 방법   「관련 이익을 정당하게 형량한다」는 것은 재량행사에 다음 사항들이 준수되어야 함을 의미한다.

1) 사실인정의 무오류   판단의 기초가 되는 사실인정에 중대한 오류가 없어야 한다.

2) 법 원칙의 준수   행정의 법 원칙, 즉 법치행정의 원칙, 평등의 원칙, 비례의 원칙, 성실의무 및 권한남용금지의 원칙, 신뢰보호의 원칙, 부당결부금지의 원칙이 준수되어야 한다.[1]

■ 대판 2022. 12. 29, 2020두49041(학교용지부담금의 설치 근거가 되는 부담금관리 기본법 제5조 제1항은 '부담금은 설치목적을 달성하기 위하여 필요한 최소한의 범위 안에서 공정성 및 투명성이 확보되도록 부과되어야 한다.'고 규정하고 있다. 따라서 학교용지부담금의 부과 대상이 되는 개발사업에 대하여 구체적 사정에 따라 학교용지부담금을 부과하는 것이 부담금관리 기본법에서 정한 위와 같은 한계를 넘거나 비례·평등원칙 등에 위배된다고 볼 만한 특별한 사정이 있을 때에 한하여 재량권을 일탈·남용한 것으로서 위법하게 된다).

3) 적정성의 고려   처분의 적정성과 효율성이 고려되어야 한다.[2]

4) 공익목적의 고려   재량처분에 의하여 달성하려는 공익목적 및 이에 따르는 제반 사정 등을 객관적으로 고려하여야 한다.[3]

5) 이성적 방식   재량권의 부여된 목적이나 입법의 취지에 비추어 도저히 허용될 수 없는, 인정될 수 없는 비이성적인 방식으로 재량결정이 이루어지는 것(예: 특허신청인이 특허기관의 장과 적대관계에 있음을 이유로 하는 특허거부처분)은 배제되어야 한다. 재량처분이 비이성적이 아니라는 이유만으로는 족하지 않다. 그것은 이성적이어야 한다.

(다) 재량권의 남용   ① 관련 이익을 정당하게 형량하지 아니하고 재량처분을 하는 것을 재량권의 남용이라 부른다. 달리 말하면, 재량권의 남용이란 법령상 주어진 재량권의 범위 내에서(이 점에서 재량권의 일탈과 다르다) 재량권이 고려되었으나(이 점에서 재량권의 불행사가 아니다) 잘못된 방향으로 사고되어 재량행사가 이

---

1) 제8조~제13조를 보라.
2) 제1조[4]를 보라.
3) 제1조[5]를 보라.

루어지는 경우를 말한다. 이것은 재량권의 내재적인 한계를 넘은 경우로서 내재적 흠이라고도 한다. ② 재량권을 남용하여 발급한 재량처분은 위법하다. 이러한 처분은 제36조가 정하는 처분의 이의신청이나 제37조가 정하는 처분이 재심사의 대상이 될 수 있고, 아울러 행정심판절차와 행정소송절차에서 다툴 수 있다.

> ■ 대판 2024. 7. 11, 2021두4(행정청이 행정행위를 함에 있어 이익형량을 전혀 하지 아니하거나 이익형량의 고려 대상에 마땅히 포함시켜야 할 사항을 누락한 경우 또는 이익형량을 하였으나 정당성·객관성이 결여된 경우 그 행정행위는 재량권을 일탈·남용하여 위법하다고 할 수 있다).

(라) 재량권의 불행사　　① 재량권의 불행사란 행정청이 자신에게 부여된 재량권을 고려 가능한 모든 관점을 고려하여 행사한 것이 아닌 경우를 말한다. 재량권의 불행사에는 재량권을 전혀 행사하지 아니하는 경우(예: 행정청이 재량처분을 기속처분으로 오해한 경우, 또는 행정규칙에 구속되는 것으로 오해한 경우)와 재량권을 충분히 행사하지 아니한 경우가 있다. 재량권의 불행사는 재량결여, 또는 재량권미달이라고도 한다. ② 행정기본법 제2조는 재량권의 불행사에 관해 규정하는 바가 없다. 재량권의 충분한 행사 그 자체는 행정청의 의무이기 때문에, 재량권의 불행사에 따른 처분은 하자 있는 처분으로 보아야 한다. 재량권의 불행사는 재량권남용의 한 형태로 볼 수도 있다.

> ■ 대판 2019. 7. 11, 2017두38874(처분의 근거 법령이 행정청에 처분의 요건과 효과 판단에 일정한 재량을 부여하였는데도, 행정청이 자신에게 재량권이 없다고 오인한 나머지 처분으로 달성하려는 공익과 그로써 처분상대방이 입게 되는 불이익의 내용과 정도를 전혀 비교형량 하지 않은 채 처분을 하였다면, 이는 재량권 불행사로서 그 자체로 재량권 일탈·남용으로 해당 처분을 취소하여야 할 위법사유가 된다).

3. 행정기본법 제21조 제2문

(가)「재량권의 범위를 넘어서는 아니 된다」는 의미　　① 재량권의 범위를 넘어서는 아니 된다는 것은 법령상 주어진 재량의 한계를 벗어나지 말아야 함을 의미한다. 이것은 재량에는 일정한 범위가 있음을 전제로 한다. ② 예를 들어, 법령에서 정한 액수 이상의 과태료를 부과하거나, 또는 법령이 허용한 수단이 아닌 수단(예: 법령은 과태료부과만을 예정하고 있으나 행정청이 영업허가를 취소한 경우)을 도입하는 경우, 재량권의 범위를 넘어서는 것이 된다.

(나) 재량권의 일탈   ① 재량권의 범위를 넘어서서 재량처분을 하는 것을 재량권의 일탈이라 부른다. 달리 말하면, 재량권의 일탈이란 법령상 주어진 재량권의 범위를 벗어나서(이 점에서 재량권의 남용과 다르다) 재량권이 행사된 것(이 점에서 재량권의 불행사가 아니다)을 말한다. ② 재량권을 일탈하여 발급한 재량처분은 위법하다. 이러한 처분은 제36조가 정하는 처분의 이의신청이나 제37조가 정하는 처분이 재심사의 대상이 될 수 있고, 아울러 행정심판절차와 행정소송절차에서 다툴 수 있다.

4. 재량하자에 대한 사법심사방법

재량행위는 법률이 행정청에 대하여 일정한 범위에서 자유를 부여한 것이므로, 법원은 행정청이 그 범위 내에서 어떠한 선택을 하여야 하는지를 판단할 수 없다. 만약 법원이 그러한 판단을 할 수 있다면, 그것은 법률이 행정청에 대하여 일정한 범위에서 자유를 부여한 것에 배치되기 때문이다. 따라서 법원은 행정청의 선택이 그 일정한 범위를 벗어난 것인가의 여부만을 판단하여야 한다.

> ■ 대판 2024. 7. 11, 2021두4(재량행위에 대한 사법심사는 행정청의 재량에 기초한 공익판단의 여지를 감안하여 법원이 독자적인 결론을 내리지 않고 해당 처분에 재량권 일탈·남용이 있는지 여부만을 심사하게 되고, 사실오인과 비례·평등의 원칙 위반 여부 등이 그 판단 기준이 된다).

> ■ 대판 2016. 1. 28, 2015두52432(행정행위를 기속행위와 재량행위로 구분하는 경우 양자에 대한 사법심사는, 전자의 경우 그 법규에 대한 원칙적인 기속성으로 인하여 법원이 사실인정과 관련 법규의 해석·적용을 통하여 일정한 결론을 도출한 후 그 결론에 비추어 행정청이 한 판단의 적법 여부를 독자의 입장에서 판정하는 방식에 의하게 되나, 후자의 경우 행정청의 재량에 기한 공익판단의 여지를 감안하여 법원은 독자의 결론을 도출함이 없이 해당 행위에 재량권의 일탈·남용이 있는지 여부만을 심사하게 되고, 이러한 재량권의 일탈·남용 여부에 대한 심사는 사실오인, 비례·평등의 원칙 위배 등을 그 판단 대상으로 한다).

5. 재량하자의 증명책임자

판례는 누가 재량하자의 유무를 증명하여야 하는가와 관련하여 입증책임분배설을 취하고 있다.

> ■ 대판 2023. 7. 13, 202023두35661(처분이 재량권을 일탈·남용하였다는 사정은 그 처분

의 효력을 다투는 자가 주장·증명하여야 한다. 행정청이 폐기물처리사업계획서 반려 내지 부적합 통보를 하면서 그 처분서에 불확정개념으로 규정된 법령상의 허가기준 등을 충족하지 못하였다는 취지만을 간략히 기재하였다면, 반려 내지 부적합 통보에 대한 취소소송절차에서 행정청은 그 처분을 하게 된 판단 근거나 자료 등을 제시하여 구체적 불허가사유를 분명히 하여야 한다. 이러한 경우 재량행위인 폐기물처리사업계획서 반려 내지 부적합 통보의 효력을 다투는 원고로서는 행정청이 제시한 구체적인 불허가사유에 관한 판단과 근거에 재량권 일탈·남용의 위법이 있음을 밝히기 위하여 소송절차에서 추가적인 주장을 하고 자료를 제출할 필요가 있다).

제22조(제재처분의 기준)[1] ① 제재처분의 근거가 되는 법률에는 제재처분의 주체, 사유, 유형 및 상한을 명확하게 규정하여야 한다. 이 경우 제재처분의 유형 및 상한을 정할 때에는 해당 위반행위의 특수성 및 유사한 위반행위와의 형평성 등을 종합적으로 고려하여야 한다.[2]
② 행정청은 재량이 있는 제재처분을 할 때에는 다음 각 호의 사항을 고려하여야 한다.[3]
1. 위반행위의 동기, 목적 및 방법
2. 위반행위의 결과
3. 위반행위의 횟수
4. 그 밖에 제1호부터 제3호까지에 준하는 사항으로서 대통령령으로 정하는 사항
[시행일 2021. 9. 24.]

[1] 행정기본법 제22조의 의의

1. 규정의 취지

행정기본법 제22조는 제재처분의 기준이라는 제목 하에 제재처분법정주의와 그 내용, 제재처분을 할 때 고려하여야 할 사항을 규정하고 있다. 제재처분은 국민의 권리와 이익을 제한하는 침익적 처분이다. 따라서 헌법 제37조 제2항등에 비추어 제재처분은 엄격한 법의 통제 하에 이루어질 필요가 있다. 행정기본법 제22조는 그러한 필요에 응하기 위한 규정이다. 제재처분의 개념은 행정기본법 제2조 제5호에 정의되어 있다.[1] 행정기본법 제22조로 인해 제재처분의 예측이 가능하고, 법령 위반자에 가해지는 제재처분 사이에 형평성을 제고할 수 있다.

2. 수범자

① 행정기본법 제22조 제1항은 입법자가 제재처분의 근거가 되는 법률을 제정할 때 지켜야 할 사항을 규정하고 있다. 따라서 이 조항은 입법자를 수범자로 한다. ② 행정기본법 제22조 제2항은 행정청이 처분을 할 때 지켜야 할 사항을 규정하고 있다. 따라서 이 조항은 행정청을 수범자로 한다. 달리 말하면 이 조항은 행정청이 처분을 할 때 바로 적용되는 조항이다.

---

1) 제2조(정의) [14]를 보라.

[2] 행정기본법 제22조 제1항 — 제재처분 법정주의

1. 제재처분 법정주의 의의

행정기본법 제22조 제1항은 「행정청은 법령으로 정하는 바에 따라 제재처분을 할 수 있다」라는 표현을 사용하지 않고, "제재처분의 근거가 되는 법률에는"이라는 표현을 하고 있다. 그럼에도 행정기본법 제22조 제1항은 제재처분은 법률에 근거가 있어야 함을 전제로 한 표현으로 이해된다. 왜냐하면 헌법 제37조 제2항에 비추어 제재처분을 하기 위해서는 법률의 근거가 있어야 하기 때문이다. 법률의 근거가 필요함을 명시하는 개별 법률도 있다.

> ■ 질서위반행위 규제법 제6조(질서위반행위 법정주의) 법률에 따르지 아니하고는 어떤 행위도 질서위반행위로 과태료를 부과하지 아니한다.

2. 제재처분의 근거가 되는 법률의 내용

(가) 제재처분의 주체　　① 제재처분의 근거가 되는 법률에는 제재처분을 할 수 있는 권한행정청(권한을 가진 행정청)을 명확하게 규정하여야 한다. ② 법률에서 권한행정청의 종류 등을 정함이 없이 대통령령에서 권한행정청을 정하도록 위임하는 것은 행정기본법 제22조 제1항에 반한다.

(나) 제재처분의 사유

1) 의의　　① 제재처분의 근거가 되는 법률에는 제재처분의 사유를 명확하게 규정하여야 한다. ② 제재처분의 사유는 해당 법령등에 따른 각종 의무의 위반 또는 각종 의무의 불이행일 것이다. 법령들이란 행정기본법 제2조 제1호가 정하는 법령을 말한다.[1]

2) 예　　의무의 위반이란 음주를 한 직후 혈중 알코올 농도 0.04%인 상태에서 운전을 하여 도로교통법상 음주운전금지의무(도로교통법」 제44조 제4항)를 위반하는 것과 같이 행정법상 의무를 위반하는 것을 말하고, 의무의 불이행이란 국세를 납부기한까지 납부하지 않는 것과 같이 행정법상 의무를 이행하지 않는 것을 말한다. 의무의 위반은 의무의 이행의 여지가 없지만. 의무의 불이행은 이행의 여지가 남아 있다는 점에서 의무의 위반과 의무의 불이행은 구분된다.

---

1) 제2조(정의) [2]~[7]을 보라.

(다) 제재처분의 유형

1) 의의　　① 제재처분의 근거가 되는 법률에는 제재처분의 유형을 명확하게 규정하여야 한다. ② 제재처분은 당사자에게 의무를 부과하거나 권익을 제한하는 것을 내용으로 하는바(행정기본법 제2조 제5호), 제재처분의 유형은 크게 보아 의무를 부과하거나 권익을 제한하는 것으로 구분할 수 있다.

2) 예　　행정기본법 제23조 제1항은 제재처분의 내용으로 인허가의 정지·취소·철회처분, 등록 말소처분, 영업소 폐쇄처분과 정지처분을 갈음하는 과징금 부과처분을 규정하고 있다. ① 인허가의 정지·취소·철회처분, 등록 말소처분, 영업소 폐쇄처분은 권익의 제한에 해당하고, ② 정지처분을 갈음하는 과징금 부과처분은 의무의 부과에 해당한다.

3) 특수성·형평성　　① 제재처분의 근거가 되는 법률은 제재처분의 사유가 되는 위반행위의 특수성을 고려하여야 한다. ② 뿐만 아니라 제재처분의 근거가 되는 법률은 여러 종류의 의무의 부과를 규정하고 있음이 일반적이고, 그 각종의 의무의 성질도 다양할 것인데, 형평성을 고려하여 의무의 성질이 유사하거나 동일한 경우는 그 제재처분의 내용도 동일하거나 유사하여야 한다.

■ 헌재 2023. 6. 29, 2022헌바227(행정법규 위반의 정도와 그에 대한 행정제재 간의 비례관계가 형사상 책임과 그에 대한 형벌 간의 비례관계와 비교하여 판단의 차원을 같이하는 것이라 볼 수 없다. 운전면허의 필요적 취소라는 행정제재는 형법에 규정된 형이 아니고, 그 절차도 형사소송절차와는 다를 뿐만 아니라, 주취 중 운전금지라는 행정상 의무를 전제로 하면서 그 이행을 확보하기 위하여 마련된 수단이라는 점에서 형벌과는 다른 목적과 기능을 가진다. 입법자는 음주운전 금지규정을 2회 이상 위반한 사람의 경우 운전자가 갖추어야 할 안전의식·책임의식이 결여되었다고 보아 음주운전행위로부터 이들을 즉각적으로 배제하기 위해 필요적으로 면허취소를 규정하였다. 음주운전 금지규정을 2회 이상 위반한 사람의 경우 운전면허를 필요적으로 취소하도록 규정한 것은, 재판에서 위반행위의 모든 정황을 고려하여 형을 정하는 사법기관과 달리 행정청은 각 위반행위에 내재된 비난가능성의 내용과 정도를 일일이 판단하기가 쉽지 않기 때문이다. 형사제재와 행정제재를 부과하는 목적·기능과 그 절차상 차이를 고려하면, 운전면허 취소에 있어 과거 위반 전력이나 혈중알코올농도 수준 등을 개별적으로 고려하지 않는 취소조항이 지나치다고 보기는 어렵다).

(라) 제재처분의 상한

　　① 제재처분의 근거가 되는 법률에는 제재처분의 상한을 명확하게 규정하여야 한다. ② 제재처분은 침익적 처분이므로, 제재처분의

근거가 되는 법률에는 제재처분의 내용을 규정하면서 동시에 제재처분의 하한과 상한을 규정하여야 한다(예: 영업정지처분의 경우, 정지기간을 1개월 이상 6개월 이하로 하는 방법). ③ 상한을 정할 때에는 해당 위반행위의 특수성 및 유사한 위반행위와의 형평성 등을 종합적으로 고려하여야 한다. 특히 형평성을 고려할 때, 의무의 성질이 유사하거나 동일한 경우에는 제재처분의 하한과 상한은 동일하여야 한다.

3. 이중의 제재처분

행정기본법에는, 하나의 법위반행위가 둘 이상의 제재처분의 사유가 되는 경우, 예를 들어 하나의 법위반행위가 영업정지처분과 과태료부과처분의 사유가 되거나 아니면 과징금부과처분과 과태료부과처분의 사유가 되는 경우, 이중으로 제재처분을 할 것인지 아니면 그 중 어느 하나의 제재처분만을 할 것인지에 관해 규정하는 바가 없다. 이에 관한 보완이 필요해 보인다.

[3] 행정기본법 제22조 제2항 — 제재처분 시 고려사항

1. 의의

(가) 규정내용　　행정기본법 제22조 제2항에 따라 행정청은 제재처분을 할 때에는 ① 위반행위의 동기, 목적 및 방법, ② 위반행위의 결과, ③ 위반행위의 횟수, ④ 그 밖에 제1호부터 제3호까지에 준하는 사항으로서 대통령령으로 정하는 사항을 고려하여야 한다. 유사 입법례로 질서위반행위 규제법을 볼 수 있다.

> ■ 질서위반행위 규제법 제14조(과태료의 산정) 행정청 및 법원은 과태료를 정함에 있어서 다음 각 호의 사항을 고려하여야 한다.
> 1. 질서위반행위의 동기·목적·방법·결과
> 2. 질서위반행위 이후의 당사자의 태도와 정황
> 3. 질서위반행위자의 연령·재산상태·환경
> 4. 그 밖에 과태료의 산정에 필요하다고 인정되는 사유

(나) 적용대상인 제재처분　　행정기본법 제22조 제2항은 재량이 있는 제재처분을 적용대상으로 하는바, 기속적인 제재처분의 경우에는 적용되지 아니하다. 따라서 기속적인 제재처분의 경우에는 특별한 고려사항이 필요하지 아니하다.

(다) 규정의 의미(제재처분 면제의 가부)　　행정기본법 제22조 제2항은 행정청이 제재처분이 재량행위일 때 고려하여야 할 사항을 정하는 일반법이다. 달리

말하면 행정기본법 제22조 제2항은 개별 법률에 제재처분의 가중 또는 감경 기준이 없거나 미비한 경우에 행정청이 합리적으로 재량행사를 할 수 있도록 하는 규정이다. 행정기본법 제22조 제2항은 재량권을 행사할 때 고려사항을 정하는 것일 뿐, 행정기본법 제22조 제2항을 근거로 제재처분을 면제할 수는 없다. 제재처분의 면제가 가능한가의 여부는 개별 법률이 정하는 바에 따를 것이다.

2. 필요적 고려사항

① 행정기본법 제22조 제2항은 행정청이 국민의 권리와 이익을 중대하게 제한하는 행위인 제재처분을 할 때, 권한행사의 적정성을 확보하기 위해 고려하여야 할 사항을 규정하고 있다. 행정기본법 제22조 제2항이 정하는 사항은 행정청이 제재처분을 할 때 필요적으로 고려하여야 하는 사항들이다. ② 행정기본법 제22조 제2항 제4호에서 말하는 '그 밖에 제1호부터 제3호까지에 준하는 사항'이란 제1호, 제2호, 제3호에 해당하는 사항은 아니지만, 제재처분을 할 때 반드시 고려하여야 할 사항을 의미하는데, 그것은 대통령령으로 정한다. 대통령령인 행정기본법 시행령은 제1호부터 제3호까지에 준하는 사항으로 ① 위반행위자의 귀책사유 유무와 그 정도, ② 위반행위자의 법 위반상태 시정·해소를 위한 노력 유무를 규정하고 있다(행정기본법 시행령 제3조). 위임입법의 법리[1]에 따라 부령에 위임할 수 있다.

3. 제재처분의 강약

위반행위의 동기, 목적, 방법 및 횟수 등에 비추어 위반행위에 대한 비난가능성의 강도가 강하면 강할수록, 위반행위의 결과가 가져오는 공익에 대한 피해가 크면 클수록, 위반행위의 횟수가 많으면 많을수록, 선택해야 할 제재처분은 보다 강한 것이어야 한다(비례원칙의 적용).

■ 대판 2022. 4. 14, 2021두60960(제재적 행정처분이 재량권의 범위를 일탈하였거나 남용하였는지는, 처분사유인 위반행위의 내용과 그 위반의 정도, 그 처분에 의하여 달성하려는 공익상의 필요와 개인이 입게 될 불이익 및 이에 따르는 여러 사정 등을 객관적으로 심리하여 공익침해의 정도와 처분으로 인하여 개인이 입게 될 불이익을 비교·교량하여 판단하여야 한다).
■ 대판 2024. 5. 30, 2021두58202(일반적으로 제재적 행정처분은 행정목적을 달성하기 위

1) 제2조 [5]~[7]을 보라.

하여 행정법규 위반이라는 객관적 사실에 대하여 가하는 제재로서 반드시 현실적인 행위자가 아니라도 법령상 책임자로 규정된 자에게 부과되는 것이고, 처분의 근거 법령에서 달리 규정하거나 위반자에게 의무 위반을 탓할 수 없는 정당한 사유가 있는 등 특별한 사정이 없는 한 위반자에게 고의나 과실이 없더라도 부과할 수 있다).

4. 처분기준을 정하는 부령의 법적 성질

많은 부령에서 처분기준을 정하고 있다. 판례는 이러한 부령을 사무준칙(행정규칙)으로 본다.

■ 경비업법 제19조(경비업 허가의 취소 등) ② 허가관청은 경비업자가 다음 각 호의 어느 하나에 해당하는 때에는 대통령령으로 정하는 행정처분의 기준에 따라 그 허가를 취소하거나 6개월 이내의 기간을 정하여 영업의 전부 또는 일부에 대하여 영업정지를 명할 수 있다. (각호 생략)
■ 경비업법 시행령 제24조(행정처분의 기준) 법 제19조 제2항에 따른 행정처분의 기준은 별표 4와 같다.
■ 경비업법 시행령 [별표 4]

행정처분 기준(제24조 관련)

1. 일반기준
가. 제2호에 따른 행정처분이 영업정지인 경우에는 위반행위의 동기, 내용 및 위반의 정도 등을 고려하여 가중하거나 감경할 수 있다.
나. 위반행위가 2 이상인 경우로서 그에 해당하는 각각의 처분기준이 다른 경우에는 그 중 중한 처분기준에 따르며, 2 이상의 처분기준이 동일한 영업정지인 경우에는 중한 처분기준의 2분의 1까지 가중할 수 있다. 다만, 가중하는 경우에도 각 처분기준을 합산한 기간을 초과할 수 없다.
다. 위반행위의 횟수에 따른 행정처분 기준은 최근 2년간 같은 위반행위로 행정처분을 받은 경우에 적용한다. 이 경우 기준 적용일은 위반행위에 대한 행정처분일과 그 처분 후의 위반행위가 다시 적발된 날을 기준으로 한다.
라. 영업정지처분에 해당하는 위반행위가 적발된 날 이전 최근 2년간 같은 위반행위로 2회 영업정지처분을 받은 경우에는 제2호의 기준에도 불구하고 그 위반행위에 대한 행정처분기준은 허가취소로 한다.

■ 대판 2022. 4. 14, 2021두60960(제재적 행정처분의 기준이 부령 형식으로 규정되어 있더라도 그것은 행정청 내부의 사무처리준칙을 규정한 것에 지나지 않아 대외적으로 국민이나 법원을 기속하는 효력이 없다. 따라서 그 처분의 적법 여부는 처분기준만이 아니라 관계 법령의 규정 내용과 취지에 따라 판단하여야 한다).

제23조(제재처분의 제척기간)[1] ① 행정청은 법령등의 위반행위가 종료된 날부터 5년이 지나면 해당 위반행위에 대하여 제재처분(인허가의 정지·취소·철회, 등록 말소, 영업소 폐쇄와 정지를 갈음하는 과징금 부과를 말한다. 이하 이 조에서 같다)을 할 수 없다.[2]

② 다음 각 호의 어느 하나에 해당하는 경우에는 제1항을 적용하지 아니한다.[3]

1. 거짓이나 그 밖의 부정한 방법으로 인허가를 받거나 신고를 한 경우

2. 당사자가 인허가나 신고의 위법성을 알고 있었거나 중대한 과실로 알지 못한 경우

3. 정당한 사유 없이 행정청의 조사·출입·검사를 기피·방해·거부하여 제척기간이 지난 경우

4. 제재처분을 하지 아니하면 국민의 안전·생명 또는 환경을 심각하게 해치거나 해칠 우려가 있는 경우

③ 행정청은 제1항에도 불구하고 행정심판의 재결이나 법원의 판결에 따라 제재처분이 취소·철회된 경우에는 재결이나 판결이 확정된 날부터 1년(합의제행정기관은 2년)이 지나기 전까지는 그 취지에 따른 새로운 제재처분을 할 수 있다.[4]

④ 다른 법률에서 제1항 및 제3항의 기간보다 짧거나 긴 기간을 규정하고 있으면 그 법률에서 정하는 바에 따른다.[5]

[시행일 2023. 3. 24.]

[제23조는 부칙 제1조 단서에 따른 시행일 이후 발생하는 위반행위부터 적용한다 (부칙 제3조)].

[1] 행정기본법 제23조의 의의

1. 제척기간의 의의

행정기본법 제23조는 제재처분의 제척기간이라는 제목 하에 행정청이 제재처분을 할 수 있는 기간 등에 관해 규정하고 있다. 제척기간이란 행정청이 일정한 기간 내에 권한을 행사하지 아니하면 그 기간의 경과로 해당 권한이 소멸되어 더 이상 권한을 행사할 수 없게 하는 제도를 말한다. 유사한 제도로 소멸시효제도가 있다.

[참고] 제척기간은 법률이 예정하고 있는 권리의 존속기간이다. 제척기간은 기간의 경과로 권리소멸의 효과가 발생한다는 점에서 소멸시효와 동일하지만, 소급효가 없고, 시효처럼 중단제도가 없다는 점에서 다르다. 이의신청기간(행정기본법 제36조 제1항)이나 처분의 재심사 신청기간(행정기본법 제37조 제3항)은 대표적인 제척기간이다.

	제척기간	소멸시효
조문상 표현	(예)5년이 지나면 정지처분을 할 수 없다.	(예) 시효로 인하여 완성한다.
인정 취지	법률관계의 조속한 확정	기존 법관계유지
중단·정지	없음	있음
포기	없음	있음
효과발생	기간경과 시부터 장래 향하여 소멸	기간경과하면, 기산일에 소급하여 발생
소송상 주장	법원의 직권조사사항	당사자 주장이 있어야 법원이 고려

2. 취지

행정기본법 제23조는 제재처분의 처분권자인 행정청이 그 처분 권한을 장기간 행사하지 않아 발생하는 법률관계의 불안정한 상태를 신속히 확정시키고, 당사자의 신뢰보호 및 행정의 법적 안정성을 높이는데 기여한다.

3. 일반법

행정기본법 제23조는 제재처분의 제척기간에 관한 일반법이다. 개별 법률에 특별한 규정(예: 감정평가 및 감정평가서에 관한 법률 제32조 제4항, 건설산업기본법 제84조의2 제1호, 공인중개사법 제39조 제3항, 관세법 제21조, 국세기본법 제26조의2, 도시교통정비 촉진법 제41조 제1항, 독점규제 및 공정거래에 관한 법률 제49조 제4항, 변리사법 제18조 제2항, 부동산개발업 관리 및 육성에 관한 법률 제21조, 이동통신단말장치 유통개선에 관한 법률 제14조 제5항, 지방세기본법 제38조 제1항, 질서위반행위규제법 제19조 제1항, 행정사법 제32조 제3항)이 있는 경우에는 그 특별규정이 적용되고, 특별규정이 없는 경우에는 행정기본법 제23조가 일반법으로 적용된다. 특별규정에 미흡함이 있으면, 행정기본법 제23조가 보충적으로 적용된다.

4. 시행일 전 법령등의 위반행위

행정기본법 부칙 제3조는 "제23조는 부칙 제1조 단서에 따른 시행일 이후 발생하는 위반행위부터 적용한다"고 규정하고, 부칙 제1조 단서는 "제23조는 공포 후 2년이 경과한 날부터 시행한다"고 규정하고 있다. 행정기본법은 2021년 3월 23일 공포·시행에 들어갔다. 따라서 2021년 3월 23일 전에 발생한 법령등의 위반행위에는 제23조가 적용되지 아니한다. 그러나 그러한 행위도 행정기본법 제12조 제2항이 정하는 실권의 원칙은 적용된다. 따라서 행정청이 장기간 권한을 행사하지 아니하면, 경우에 따라 제재처분할 수 없는 제한을 받을 수 있다.

[2] 행정기본법 제23조 제1항 — 제재처분의 5년의 제척기간

1. 의의

행정기본법 제23조 제1항은 "행정청은 법령등의 위반행위가 종료된 날부터 5년이 지나면 해당 위반행위에 대하여 제재처분을 할 수 없다."고 규정하고 있다. 따라서 행정청이 제재처분을 할 수 있는 기간은 법령등의 위반행위가 종료된 날부터 5년이다.

2. 적용대상

(가) 제재처분   행정기본법 제2조 제5호는 "'제재처분'이란 법령등에 따른 의무를 위반하거나 이행하지 아니하였음을 이유로 당사자에게 의무를 부과하거나 권익을 제한하는 처분을 말한다. 다만, 제30조 제1항 각 호에 따른 행정상 강제는 제외한다."고 규정하고 있다.

(나) 적용대상인 제재처분

1) 제16조 제1항의 인허가와 제23조 제1항의 인허가   행정기본법 제16조 제1항은 인가, 허가, 지정, 승인, 영업등록, 신고 수리 등을 인허가로 나열하고 이를 묶어 "이하 인허가라 한다"고 규정하고 있는바, 행정기본법 제23조 제1항의 인허가는 행정기본법 제16조 제1항의 인허가와 행정기본법 규정의 표현상 동일한 개념이다. 그러나 행정기본법 제16조 제1항은 '자격이나 신분 등을 취득 또는 부여할 수 없거나' 하는 부분을 '인가, 허가, 지정, 승인, 영업등록, 신고 수리 등'의 부분과 분리하여 규정하고 있으므로, 행정기본법 제16조 제1항의 '자격이나 신분 등을 취득 또는 부여할 수 없거나' 하는 부분은 행정기본법 제23조 제1항의 인허가와 거리가 있다.

■ 행정기본법 제16조(결격사유) ① 자격이나 신분 등을 취득 또는 부여할 수 없거나 인가, 허가, 지정, 승인, 영업등록, 신고 수리 등(이하 "인허가"라 한다)을 필요로 하는 영업 또는 사업 등을 할 수 없는 사유(이하 이 조에서 "결격사유"라 한다)는 법률로 정한다.

2) 열거적 규정   행정기본법 제23조 제1항은 적용대상을 「인허가의 정지 · 취소 · 철회, 등록 말소, 영업소 폐쇄와 정지를 갈음하는 과징금 부과」로 한정하고

있는바, 행정기본법 제23조 제1항 적용대상으로서 제재처분의 의미는 행정기본법 제2조 제5호가 규정하는 제재처분의 의미보다 좁다.

3) 영업소 정지를 갈음하는 과징금 부과　　모든 종류의 과징금 부과처분이 행정기본법 제23조 제1항에서 말하는 제재처분에 해당하는 것이 아니다. 모든 종류의 과징금 부과처분 중 정지를 갈음하는 과징금 부과처분(예: 영업정지처분에 갈음하는 과징금)만이 행정기본법 제23조 제1항에서 말하는 제재처분에 해당한다.

(다) 비대상적용인 제재처분　　행정기본법 제23조 제1항의 적용대상이 아닌 제재처분에 행정기본법 제23조는 적용되지 않는다고 하여도, 행정기본법 제12조 제2항이 정하는 실권의 원칙은 적용된다. 따라서 행정청이 비적용대상인 제재처분에 대하여 장기간 권한을 행사하지 아니하면, 행정청은 경우에 따라 제재처분할 수 없는 제한을 받을 수 있다.

3. 기산일

(가) 의의　　제재처분의 기산일과 만료일은 행정기본법 제6조 제2항이 정하는 바에 의한다. 따라서 제재처분의 기산일은 법령등의 위반행위가 종료된 날이다. 기산일은 종료된 날이며, 말일이 토요일 또는 공휴일이라면 그 토요일 또는 일요일로 만료한다.[1]

(나) 법령등의 위반상태가 계속되는 경우　　개별법에 특별한 규정이 없는 한, 법령등의 위반상태가 계속되고 있는 경우에는 제척기간이 진행되지 않는다. 법령등의 위반상태가 종료되는 날이 제척기간의 기산일이다. 예를 들어, A 식품영업자가 2022. 1. 5.부터 식품위생법 제44조 제1항 제2호(「야생생물 보호 및 관리에 관한 법률」을 위반하여 포획·채취한 야생생물은 이를 식품의 제조·가공에 사용하거나 판매하지 말 것)에 반하는 영업을 해왔으나 오늘부터 이를 중단하였다면, 과징금 부과처분이라는 제재처분의 제척기간은 오늘부터 진행한다. 행정기본법 제23조 제1항의 적용대상이라 하여도 특별한 규정이 있는 경우와 행정기본법 제23조 제1항의 적용대상이 아닌 제재처분의 경우에는 사정이 다를 수 있다.

4. 효과

「기간의 경과」라는 사실만으로 제재처분을 할 수 있는 권한은 소멸된다. 행

---

1) 제6조(행정에 관한 기간의 계산)를 보라.

정청은 상대방과 합의하여 제척기간을 연장할 수도 없다. 재판에서 상대방이 제척기간의 경과를 주장하지 않는다고 하여도 법원은 직권으로 제척기간의 경과 여부를 조사하여야 한다(직권조사사항). 행정청이 제척기간 만료 직전에 법령등의 위반행위를 인지하고 제재처분의 절차(예: 사전통지·의견제출)를 진행하는 중에 5년이 경과한다면, 행정청은 제재처분을 할 수 없다.

[3] 행정기본법 제23조 제2항 — 제재처분의 제척기간 적용의 배제

1. 의의

행정기본법 제23조 제2항은 제1항에서 규정하는 제척기간의 적용을 받지 아니하는 경우로 4가지를 규정하고 있다. 이러한 경우는 제척기간의 적용으로 제재처분 상대방이 얻는 이익보다 제척기간을 적용하지 아니함으로 인하여 오는 공익이 보다 크다고 본 것이다.

2. 적용이 배제되는 경우

(가) 부정한 방법을 활용한 경우   거짓이나 그 밖의 부정한 방법으로 인허가를 받거나 신고를 한 경우(행정기본법 제23조 제2항 제1호)에는 제척기간 적용이 배제된다. 이러한 경우에는 거짓 등을 행한 상대방에게 「제재처분 배제에 대한 신뢰」를 인정하지 않는 것이 정의롭기 때문이다.

(나) 위법을 알고 있는 경우   당사자가 인허가나 신고의 위법성을 알고 있었거나 중대한 과실로 알지 못한 경우(행정기본법 제23조 제2항 제2호)에는 제척기간의 적용이 배제된다. 왜냐하면 위법을 저지른 상대방을 보호할 필요는 없기 때문이다.

(다) 부당한 업무방해의 경우   정당한 사유 없이 행정청의 조사·출입·검사를 기피·방해·거부하여 제척기간이 지난 경우(행정기본법 제23조 제2항 제3호)에는 제척기간 적용의 배제된다. 왜냐하면 정당한 사유 없이 행정청의 조사·출입·검사를 기피·방해·거부한다는 것은 정상적인 제척기간의 적용을 방해하는 것으로서, 달리 말하면 정상적인 법집행을 방해하는 것이므로, 이러한 경우에 정상적인 제척기간을 적용한다는 것은 법의 그릇된 집행이 되기 때문이다.

(라) 공익을 위한 경우   제재처분을 하지 아니하면 국민의 안전·생명 또는 환경을 심각하게 해치거나 해칠 우려가 있는 경우(행정기본법 제23조 제2항 제4호)에

는 제척기간의 적용이 배제된다. 제재처분을 하지 아니하면 국민의 안전·생명 또는 환경을 심각하게 해치거나 해칠 우려가 있는 경우는 제재처분의 적용배제로 얻는 상대방의 이익보다 국민의 안전·생명 또는 환경에 대한 이익이 보다 크다고 보기 때문이다.

[참고] 적용배제 사유의 입법적 보완(제23조 제2항 단서 신설과 제5호 신설)

제재처분의 절차(예: 사전통지·의견제출)를 진행하는 중에 제척기간이 경과한 경우, 또는 제척기간이 끝나기 전에 다른 행정기관이 소관 행정청에 해당 제재처분을 요청한 경우에 행정청이 제재처분을 할 수 없다는 것은 문제이다. 이를 보완할 필요가 있다. 국가행정법제위원회는 다음과 같은 조문을 논의한 바 있다.

제23조(제재처분의 제척기간) ② (본문) 다만, 행정청은 제5호에 해당하는 경우에는 제1항 또는 제4항에 따른 기간이 끝나는 날부터 1년이 지나면 해당 위반행위에 대하여 제재처분을 할 수 없다.
5. 제1항 또는 제4항에 따른 기간이 끝나기 전에 다른 행정기관의 제재처분 요청 또는 행정청의 사전 통지 등으로 「행정절차법」 제21조에 따라 제재처분의 절차(다른 법률에서 그에 관한 특별한 규정이 있는 경우에는 해당 법률에 따른 제재처분의 절차를 포함한다)가 시작된 경우

[4] 행정기본법 제23조 제3항 — 재결·판결 후의 새로운 제재처분

1. 의의

행정기본법 제23조 제3항은 "행정청은 제1항에도 불구하고 행정심판의 재결이나 법원의 판결에 따라 제재처분이 취소·철회된 경우에는 재결이나 판결이 확정된 날부터 1년(합의제행정기관은 2년)이 지나기 전까지는 그 취지에 따른 새로운 제재처분을 할 수 있다"고 규정하고 있다.

2. 규정취지

(가) 기속력에 따른 재처분   심판청구를 인용하는 재결은 피청구인과 그 밖의 관계행정청을 기속하고(행정심판법 제49조 제1항), 처분등을 취소하는 확정판결은 그 사건에 관하여 당사자인 행정청과 그 밖의 관계행정청을 기속한다(행정소송심판법 제30조 제1항). 기속이란 피청구인인 행정청과 관계행정청이 재결의 취지에 따라야 함을 의미한다. 따라서 취소재결이나 취소판결이 있으면, 행정청은 취소한 재결의 취지를 고려하여 위법하지 않은 내용의 새로운 제재처분을 하여야 한다.

(나) 제1항의 특례로서 재처분   「법령등의 위반행위가 종료된 날부터 5년」
이 지난 후에 취소재결이나 취소판결이 있게 되는 경우, 제1항에 의하면 새로운
제재처분을 할 수가 없다. 이러한 문제점을 해소하기 위해「법령등의 위반행위가
종료된 날부터 5년」이 지난 후에 취소재결이나 취소판결이 있게 되는 경우에도
새로운 제재처분을 할 수 있도록 하는 것이 본 조항의 취지이다.

3. 재처분의 기한

(가) 원칙   행정심판의 재결이나 법원의 판결에 따라 제재처분이 취소·철
회된 경우에는 재결이나 판결이 확정된 날부터 1년이 지나기 전까지는 그 취지에
따른 새로운 제재처분을 할 수 있다.

(나) 합의제 행정청   해당 행정청이 합의제행정기관인 경우에는 그 기간을
2년으로 하고 있는데, 그것은 독임제 행정청과 달리 합의제행정기관은 의사결정
(예: 새로운 처분을 위한 과징금 재산정의 소요기간)에 보다 많은 기간이 소요된다는 점
을 반영한 것이다.

[5] 행정기본법 제23조 제4항 — 개별법 우선

행정기본법 제23조 제4항은 "다른 법률에서 제1항 및 제3항의 기간보다 짧거
나 긴 기간을 규정하고 있으면 그 법률에서 정하는 바에 따른다."고 하여, 특별법
우선의 원칙을 규정하고 있다. 행정기본법 제5조(다른 법률과의 관계) 제1항을 확인
하는 의미를 갖는 조항이다.

제2절 인허가의제

1. 행정기본법 제정 전 상황

인허가의제는 여러 법률에 규정된 인허가를 받는 데에 소요되는 시간과 비용을 줄임으로써 규제를 완화하고 국민 편익을 제고하기 위해 1973년 산업기지개발촉진법에 도입된 이래 2020. 12. 31. 현재 116개 법률에 규정되었다.[1]

2. 행정기본법 제2절(제24조부터 제26조)의 취지 — 공통 절차와 집행 기준 마련

인허가의제를 규정하고 있는 개별 법률의 규정 방식·내용 등이 상이하고, 관련 인허가의 절차적 요건 준수 여부, 사후 관리·감독 여부 등에 관한 명확한 원칙·기준이 없어 국민과 일선 공무원의 혼란이 큰 바, 이에 관한 공통 절차와 집행 기준을 마련할 필요가 있었다. 행정기본법 제24조, 제25조, 제26조는 이러한 필요에 응하기 위한 조문이다.

3. 행정기본법 제2절(제24조부터 제26조)의 성격 — 강행규정

① 행정기본법 제24조, 제25조, 제26조는 단순한 선언적 규정이 아니다. 행정청이 인허가의제를 규정하는 개별 법률을 집행할 때에 반드시 따라야 하는 강행규정이다. 이에 위반하면 위법한 행위가 된다. ② 개별 법률에 인허가의제에 관한 특별한 규정이 있다면, 그 규정이 특별규정으로서 먼저 적용된다(특별법 우선의 원칙).

제24조(인허가의제의 기준)[1] [7] ① 이 절에서 "인허가의제"란 하나의 인허가(이하 "주된 인허가"라 한다)를 받으면 법률로 정하는 바에 따라 그와 관련된 여러 인허가(이하 "관련 인허가"라 한다)를 받은 것으로 보는 것을 말한다.[2]

② 인허가의제를 받으려면 주된 인허가를 신청할 때 관련 인허가에 필요한 서류를 함께 제출하여야 한다. 다만, 불가피한 사유로 함께 제출할 수 없는 경우에는 주된 인허가 행정청이 별도로 정하는 기한까지 제출할 수 있다.[3]

③ 주된 인허가 행정청은 주된 인허가를 하기 전에 관련 인허가에 관하여 미리 관련 인허가 행정청과 협의하여야 한다.[4]

④ 관련 인허가 행정청은 제3항에 따른 협의를 요청받으면 그 요청을 받은 날부터

---

1) 법제처, 행정기본법 조문별 제정이유서(2020. 6), 69쪽.

20일 이내(제5항 단서에 따른 절차에 걸리는 기간은 제외한다)에 의견을 제출하여
야 한다. 이 경우 전단에서 정한 기간(민원 처리 관련 법령에 따라 의견을 제출하여
야 하는 기간을 연장한 경우에는 그 연장한 기간을 말한다) 내에 협의 여부에 관하
여 의견을 제출하지 아니하면 협의가 된 것으로 본다.[5]
⑤ 제3항에 따라 협의를 요청받은 관련 인허가 행정청은 해당 법령을 위반하여 협
의에 응해서는 아니 된다. 다만, 관련 인허가에 필요한 심의, 의견 청취 등 절차에
관하여는 법률에 인허가의제 시에도 해당 절차를 거친다는 명시적인 규정이 있는
경우에만 이를 거친다.[6]
[시행일 2023. 3. 24.]

[1] 행정기본법 제24조의 의의

1. 인허가의제의 절차규정

행정기본법 제23조는 인허가의제의 기준이라는 제목 하에 5개의 항을 두고
있다. 제목은 기준이지만, 규정내용은 대부분 인허가의제를 받기까지의 절차에 관
한 것이다.

2. 일반법(일반규정)

행정기본법 제24조는 인허가의제의 기준에 관한 일반법(일반규정)이다. 개별
법률에 특별 규정이 있으면, 그 특별 규정이 우선 적용된다. 만약 개별 법률에 특
별 규정이 없다면, 인허가의제의 기준에 관해서는 행정기본법 제24조가 적용된다.

[2] 행정기본법 제24조 제1항 — 인허가의제 법정주의

1. 인허가의제 법정주의의 의의

행정기본법 제31조 제1항은 "인허가의제"란 하나의 인허가(이하 "주된 인허가"
라 한다)를 받으면 「법률로 정하는 바에 따라」 그와 관련된 여러 인허가(이하 "관련
인허가"라 한다)를 받은 것으로 보는 것을 말한다."고 규정하고 있는바, 행정기본법
제31조 제1항은 인허가의제 법정주의를 취하고 있다. 따라서 인허가의제에는 법
률의 근거가 필요하다.

■ 대판 2022. 9. 7, 2020두40327(인·허가의제 제도는 관련 인·허가 행정청의 권한을 제한
하거나 박탈하는 효과를 가진다는 점에서 법률 또는 법률의 위임에 따른 법규명령의 근거

가 있어야 한다).

2. 인허가의제의 의의

행정기본법 제24조 제1항은 「이 절에서 "인허가의제"란 하나의 인허가(이하 "주된 인허가"라 한다)를 받으면 법률로 정하는 바에 따라 그와 관련된 여러 인허가(이하 "관련 인허가"라 한다)를 받은 것으로 보는 것을 말한다」고 규정하고 있다. 예를 들어 건축법 제11조 제5항 제9호는 「건축법 제11조 제1항에 따른 건축허가를 받으면, 도로법 제61조에 따른 도로의 점용 허가를 받은 것으로 본다」고 규정하고 있는데, 이와 같이 특정한 허가(예: 건축허가. 본조항은 이를 주된 인허가라 부른다)를 받으면 다른 특정한 허가(예: 도로점용허가. 본 조항은 이를 관련 인허가라 부른다)도 받은 것으로 보는 것을 허가의 의제라 한다. 이러한 의제는 신고·인가·등록 등의 경우에도 활용되기 때문에 인허가의제라는 용어가 널리 사용되고 있다.

3. 인허가의제의 취지

하나의 사업을 위해 여러 종류의 인·허가를 받아야 하는 경우, 모든 인·허가절차를 거치게 되면 많은 시간, 많은 비용이 소요되는 등 민원인에게 많은 불편이 따르게 되는데, 이를 시정하여 민원인에게 편의를 제공하고자 하는 것이 인·허가의제를 두는 취지이다.

■ 대판 2018. 7. 12, 2017두48734(중소기업창업법 제35조 제1항의 인허가의제 조항은 창업자가 신속하게 공장을 설립하여 사업을 개시할 수 있도록 창구를 단일화하여 의제되는 인허가를 일괄 처리하는 데 그 입법 취지가 있다).

[참고] 민원인이 인허가의제를 원하지 않는다면, 민원인은 인허가의제 제도를 이용하지 않고, 개별법에 따라 인허가를 받을 수도 있다. 인허가의제 제도는 민원인의 편의를 위한 것이므로, 민원인이 그 편의를 원하지 않는다면, 민원인에게 이를 강제할 필요는 없기 때문이다.

[3] 행정기본법 제24조 제2항 — 주된 인허가 신청 시 관련 인허가 서류제출

1. 의의

행정기본법 제24조 제2항은 "인허가의제를 받으려면 주된 인허가를 신청할 때 관련 인허가에 필요한 서류를 함께 제출하여야 한다. 다만, 불가피한 사유로 함께 제출할 수 없는 경우에는 주된 인허가 행정청이 별도로 정하는 기한까지 제출할 수 있다.”고 규정하고 있다.

2. 동시 제출주의

행정기본법 제24조 제2항 본문은 인허가의제를 받으려면 주된 인허가를 신청할 때 관련 인허가에 필요한 서류를 함께 제출하여야 한다고 규정하여 주된 인허가 신청에 필요한 서류와 관련 인허가에 필요한 서류의 동시 제출주의를 규정하고 있다.

3. 동시제출의 예외

행정기본법 제24조 제2항 단서는 불가피한 사유로 함께 제출할 수 없는 경우에는 주된 인허가 행정청이 별도로 정하는 기한까지 제출할 수 있다고 하여 동시제출의 예외를 규정하고 있다. 「불가피한 사유」란 선행하는 절차나 처분의 부존재 등 사실상 서류를 제출할 수 없는 등의 사유를 의미하는 것으로 보인다. 행정청은 함께 제출할 수 없는 불가피한 사유에 해당하는지 여부를 판단함에 있어서 객관적이어야 한다. 동시제출의 예외를 규정한 개별 법률도 있다.

■ 도시 및 주거환경정비법 제57조(인·허가등의 의제 등) ③ 사업시행자는 정비사업에 대하여 제1항 및 제2항에 따른 인·허가등의 의제를 받으려는 경우에는 제50조 제1항에 따른 사업시행계획인가를 신청하는 때에 해당 법률에서 정하는 관계 서류를 함께 제출하여야 한다. 다만, 사업시행계획인가를 신청한 때에 시공자가 선정되어 있지 아니하여 관계 서류를 제출할 수 없거나 제6항에 따라 사업시행계획인가를 하는 경우에는 시장·군수등이 정하는 기한까지 제출할 수 있다.

4. 관련 인허가 일부 의제의 신청

(가) 허용 여부　　인허가의제를 규정하는 법률들은 주된 인허가가 있는 경우에 의제되는 관련 인허가를 다수 규정함이 일반적이다. 이러한 경우에 민원인이 의제되는 관련 인허가 중 일부의 관련 인허가만을 신청할 수 있다. 인허가의제를 규정하는 법률들은 여러 종류의 관련인허가를 규정하고 있고, 민원인이 모든 종류의 관련인허가를 원하는 것은 아닐 것이므로 일부 관련 인허가만의 신청은 당연하다.

(나) 제출서류　　민원인이 일부의 관련 인허가만을 신청하고자 하면, 의제를 받으려는 인허가에 필요한 서류만을 주된 인허가 행정청에 함께 제출하여야 할 것이다(예: 건축법상 건축허가의 경우, 도로법 제61조에 따른 도로의 점용 허가는 필요하지만, 하천법 제33조에 따른 하천점용 등의 허가는 불요한 경우, 민원인은 건축행정청에 도로의 점용 허가에 필요한 서류만 제출하면 되고, 하천의의 점용 허가에 필요한 서류는 제출할 필요가 없다).

> ■ 도로법 제11조(건축허가) ① 건축물을 건축하거나 대수선하려는 자는 특별자치시장·특별자치도지사 또는 시장·군수·구청장의 허가를 받아야 한다. 다만, 21층 이상의 건축물 등 대통령령으로 정하는 용도 및 규모의 건축물을 특별시나 광역시에 건축하려면 특별시장이나 광역시장의 허가를 받아야 한다.
> ⑤ 제1항에 따른 건축허가를 받으면 다음 각 호의 허가 등을 받거나 신고를 한 것으로 보며, 공장건축물의 경우에는 「산업집적활성화 및 공장설립에 관한 법률」 제13조의2와 제14조에 따라 관련 법률의 인·허가등이나 허가등을 받은 것으로 본다.
> 9. 「도로법」 제61조에 따른 도로의 점용 허가
> 10. 「하천법」 제33조에 따른 하천점용 등의 허가

5. 관련 인허가의 사후 신청

행정기본법 제24조 제2항은 민원인이 주된 인허가의 신청 시점에 관련인허가의 의제를 신청할 의사가 있음에도 불구하고 불가피한 사유로 관련인허가에 필요한 서류를 함께 제출할 수 없는 경우에 관한 규정이다. 이와 달리 민원인이 주된 인허가의 신청 시점에 관련인허가를 신청하지 아니하였다가 추후에 관련인허가를 신청하는 경우에 관해서는 규정하는 바가 없다. 이러한 경우, 행정청이 사후적인 관련인허가의 신청을 허용할 것인가의 여부는 관련인허가 법률의 관련 규정, 민원처리에 관한 법률등의 관련 내용을 종합적으로 고려하여 판단하여야 할 것이다.

6. 인허가의제 신청의 의무성 여부

개별 법률에서 인허가의제를 규정하고 있는 경우, 주된 인허가를 신청할 때 관련 인허가도 반드시 신청하여야 하는가의 문제가 있다. 이것은 개별 법률의 해석 문제이다. 개별 법률에서 의무적으로 규정한다면, 관련 인허가의 신청은 의무적이다. 그러나 개별 법률에서 인허가의 가능성만 규정하고 있다면, 의무적이 아니다. 민원인은 관련 인허가 신청 여부를 선택할 수 있다. 인허가의제 제도는 민

원인을 위한 것이기 때문이다

■ 대판 2023. 9. 21, 2022두31143(건축법 제14조 제2항, 제11조 제5항 제3호에 따르면, 건축신고 수리처분이 이루어지는 경우 국토계획법 제56조에 따른 개발행위(토지형질변경)의 허가가 있는 것으로 본다. 이처럼 어떤 개발사업의 시행과 관련하여 여러 개별 법령에서 각각 고유한 목적과 취지를 가지고 그 요건과 효과를 달리하는 인허가 제도를 각각 규정하고 있다면, 그 개발사업을 시행하기 위해서는 개별 법령에 따른 여러 인허가 절차를 각각 거치는 것이 원칙이다. 다만 어떤 인허가의 근거 법령에서 절차간소화를 위하여 관련 인허가를 의제 처리할 수 있는 근거 규정을 둔 경우에는, 사업시행자가 인허가를 신청하면서 하나의 절차 내에서 관련 인허가를 의제 처리해줄 것을 신청할 수 있다. 관련 인허가 의제 제도는 사업시행자의 이익을 위하여 만들어진 것이므로, 사업시행자가 반드시 관련 인허가 의제 처리를 신청할 의무가 있는 것은 아니다).

[4] 행정기본법 제24조 제3항 — 관련 인허가 행정청과 협의

1. 의의

행정기본법 제24조 제3항은 "주된 인허가 행정청은 주된 인허가를 하기 전에 관련 인허가에 관하여 미리 관련 인허가 행정청과 협의하여야 한다."고 규정하고 있다.

2. 협의

① 행정기본법 제24조 제3항이 정하는 협의는 반드시 거쳐야 하는 필요적 절차이다. ② 협의절차는 주된 인허가를 하기 전에 이루어져야 한다. ③ 주된 인허가 행정청이 관련 인허가에 필요한 서류를 받았으므로, 주된 인허가 행정청이 적극적으로 협의를 진행하여야 한다.

3. 회의의 개최

행정기본법법 제24조 제1항에 따른 주된 인허가(이하 "주된인허가"라 한다) 행정청은 같은 조 제3항에 따른 협의 과정에서 협의의 신속한 진행이나 이견 조정을 위하여 필요하다고 인정하는 경우에는 같은 조 제1항에 따른 관련 인허가(이하 "관련인허가"라 한다) 행정청과 협의·조정을 위한 회의를 개최할 수 있다(행정기본법 시행령 제4조). 협의와 관련하여 실무회의를 규정하는 개별 법률도 있다

■ 도시개발법 제19조(관련 인·허가등의 의제) ④ 지정권자는 제3항에 따른 협의 과정에서 관

계 행정기관 간에 이견이 있는 경우에 이를 조정하거나 협의를 신속하게 진행하기 위하여 필요하다고 인정하는 때에는 대통령령으로 정하는 바에 따라 관계 행정기관과 협의회를 구성하여 운영할 수 있다. 이 경우 관계 행정기관의 장은 소속 공무원을 이 협의회에 참석하게 하여야 한다.

[5] 행정기본법 제24조 제4항 — 관련 인허가 행정청의 의견제출

1. 의의

행정기본법 제24조 제4항은 "관련 인허가 행정청은 제3항에 따른 협의를 요청받으면 그 요청을 받은 날부터 20일 이내(제5항 단서에 따른 절차에 걸리는 기간은 제외한다)에 의견을 제출하여야 한다. 이 경우 전단에서 정한 기간(민원 처리 관련 법령에 따라 의견을 제출하여야 하는 기간을 연장한 경우에는 그 연장한 기간을 말한다) 내에 협의 여부에 관하여 의견을 제출하지 아니하면 협의가 된 것으로 본다."고 규정하고 있다. 민원처리에 관한 법령의 예로 민원 처리에 관한 법률 제20조를 볼 수 있다.

> ■ 민원 처리에 관한 법률 제20조(관계 기관·부서 간의 협조) ① 민원을 처리하는 주무부서는 민원을 처리할 때 관계 기관·부서의 협조가 필요한 경우에는 민원을 접수한 후 지체 없이 그 민원의 처리기간 내에서 회신기간을 정하여 협조를 요청하여야 하며, 요청받은 기관·부서는 그 회신기간 내에 이를 처리하여야 한다.
> ② 협조를 요청받은 기관·부서는 제1항에 따른 회신기간 내에 그 민원을 처리할 수 없는 특별한 사정이 있는 경우에는 그 회신기간의 범위에서 한 차례만 기간을 연장할 수 있다.
> ③ 협조를 요청받은 기관·부서가 제2항에 따라 기간을 연장하려는 경우에는 제1항에 따른 회신기간이 끝나기 전에 그 연장사유·처리진행상황 및 회신예정일 등을 협조를 요청한 민원 처리 주무부서에 통보하여야 한다.

2. 의견제출의무와 제출기한

① 관련 인허가 행정청은 협의를 요청을 받으면 반드시 의견을 제출하여야 한다. ② 의견제출기한은 요청을 받은 날부터 20일 이내이다. 제5항 단서에 따른 절차에 걸리는 기간은 20일의 계산에 포함되지 아니한다. 협의 기간을 20일 이내로 한 것은 협의가 지나치게 길어지는 것을 방지하기 위한 것이다.

3. 의견을 제출하지 아니하는 경우

의견제출기한 내에 협의 여부에 관하여 의견을 제출하지 아니하면 협의가 된 것으로 본다(협의의 간주). 이것은 인허가의제가 지연되는 것을 방지하기 위한 것이다. 민원 처리 관련 법령에 따라 의견을 제출하여야 하는 기간을 연장한 경우에는 그 연장한 기간이 의견제출기간이다.

[6] 행정기본법 제24조 제5항 — 관련 인허가의 요건 심사

1. 의의

행정기본법 제24조 제5항은 "제3항에 따라 협의를 요청받은 관련 인허가 행정청은 해당 법령을 위반하여 협의에 응해서는 아니 된다. 다만, 관련 인허가에 필요한 심의, 의견 청취 등 절차에 관하여는 법률에 인허가의제 시에도 해당 절차를 거친다는 명시적인 규정이 있는 경우에만 이를 거친다."고 규정하고 있다.

2. 관련 인허가의 실체적 요건 — 협의의무의 한계

(가) 실체적 요건의 준수 ① 행정기본법 제24조 제4항에 따라 관련 인허가 행정청은 협의에 응할 의무를 부담하지만, 해당 법령을 위반하여 협의에 응해서는 아니 된다. 여기에 협의의무의 한계가 있다. ②「법령을 위반하여 협의에 응해서는 아니 된다」는 것은 관련 인허가도 해당 법령(예: 건축법 제11조 제1항에 따른 건축허가를 받으면, 도로법 제61조에 따른 도로의 점용 허가를 받은 것으로 본다는 경우, 도로법이 인허가 관련 법령이다)에 따른 실체적 요건을 충족하여야 한다는 것을 의미한다.

■ 주택법 제19조(다른 법률에 따른 인가·허가 등의 의제 등) ④ 제3항에 따라 사업계획승인권자의 협의 요청을 받은 관계 행정기관의 장은 해당 법률에서 규정한 인·허가등의 기준을 위반하여 협의에 응하여서는 아니 된다.

(나) 실체적 요건의 심사 행정기본법에는 관련 인허가 요건의 심사에 관해 명시적으로서 언급하는 바가 없다. 인허가의제 제도의 취지에 비추어 보면, 주된 인허가 행정청이 관련 인허가에 대한 권한행정청으로 볼 것이므로, 주된 인허가 행정청이 관련 인허가 요건을 심사할 수밖에 없는 셈이다.

[참조] "인허가 의제 협의 시 관련 인허가 행정청은 해당법령에 따라 협의를 해야 한다. 해당 법령에 따른다는 것은 결국 해당 법령에 따른 실체적 심사하여야 함을 내포하고 있다고 보아야 한다. 주된 인허가 행정청과 더불어 관련 인허가 행정청도 관련 인허가에 대해서는 해당법령에 따라 실체적 심사를 하고 그 결과를 바탕으로 주된 인허가 행정청과 협의하는 것이 타당하다고 볼 것이다"라고 하여 본서의 시각에 비판적인 견해가 있다(법제처, 행정기

본법 해설서, 2021. 12, 246쪽). 그러나 ① 행정기본법 제24조 제4항 단서(이 경우 전단에서 정한 기간(…)내에 협의 여부에 관하여 의견을 제출하지 아니하면 협의가 된 것으로 본다)가 적용되는 경우, 관련 인허가 행정청이 관련 인허가 요건 중 실체적 요건을 심사하였다고 말하기 어렵다는 점, ② 관련 인허가의 의제는 주된 인허가의 발령에 의존하는 것이라는 점을 고려할 때, 관련 인허가의 실체적 요건에 대한 종국적인 심사기관은 주된 인허가 행정청이라고 말하는 것이 논리적일 것이다.

판례의 견해이기도 하다.

■ 대판 2021. 4. 29, 2020두55695(일정한 건축물에 관한 건축신고는 건축법 제14조 제2항, 제11조 제5항 제3호의 인허가의제로 인해 건축법상 건축신고와「국토의 계획 및 이용에 관한 법률」(이하 '국토계획법'이라고 한다)상 개발행위허가의 성질을 아울러 갖게 되므로, 국토계획법상의 개발행위허가를 받은 것으로 의제되는 건축신고가 국토계획법령이 정하는 개발행위허가기준을 갖추지 못한 경우 행정청으로서는 이를 이유로 그 수리를 거부할 수 있다).

3. 관련 인허가의 절차적 요건 — 관련 인허가에 거쳐야 할 절차

(가) 원칙　　절차의 간소화 등을 내용으로 하는 인허가의제 제도의 취지에 비추어, 주된 인허가 행정청은 관련 인허가의 절차적 요건을 준수하여야 하는 것은 아니다.

(나) 예외　　관련 인허가에 필요한 심의, 의견 청취 등 절차에 관하여는 법률에 인허가의제 시에도 해당 절차를 거친다는 명시적인 규정이 있는 경우에만 이를 거친다(행정기본법 제24조 제5항 단서). 관련 인허가 행정청은 이러한 경우에는 다음 각 호(1. 관련 인허가절차의 내용, 2. 관련 인허가절차에 걸리는 기간, 3. 그 밖에 관련 인허가절차의 이행에 필요한 사항)의 사항을 구체적으로 밝혀 지체 없이 주된 인허가 행정청에 통지해야 한다(행정기본법 시행령 제5조 제1항). 명시적 규정은 주된 인허가를 규정하는 법률의 규정일 수도 있고 관련 인허가를 규정하는 법률의 규정일 수도 있다.

■ 제주특별자치도 설치 및 국제자유도시 조성을 위한 특별법 제148조(인·허가 등의 의제) ② 도지사가 제147조에 따라 개발사업의 시행승인을 하거나 의견을 제시하려는 경우 그 사업계획에 제1항 각 호의 어느 하나에 해당하는 사항이 포함되어 있으면 관계 행정기관의 장과 미리 협의하여야 한다.
④ 관계 행정기관의 장은 제2항에 따른 협의내용에 각종 위원회의 심의를 필요로 하는 사항이 포함된 경우에는 해당 위원회의 심의를 거친 후 그 결과에 따라 협의를 하여야 한다.

4. 관련 인허가에 필요한 절차를 거쳐야 하는지 여부

(가) 의의   협의를 요청받은 관련 인허가 행정청은 법률에서 규정하고「인허가에 필요한 심의, 의견 청취 등 절차」를 이행하여야 하는가의 문제가 있다. 행정기본법 제24조 제5항 단서는 법률에 인허가의제 시에도 해당 절차를 거친다는 명시적인 규정이 있는 경우에만 거치도록 규정하고 있다. 따라서 법률에서 인허가의제 시에 그러한 절차를 거칠 것을 명시하고 있지 않다면, 행정청은 민원인에게 그러한 절차를 거필 것을 요구할 수 없고, 민원인도 거칠 의무가 없다. 여기서 법률이란 주된 인허가를 규정하는 법률 또는 관련 인허가를 규정하는 법률을 의미한다. 필수적으로 거쳐야 할 절차를 규정한다면, 입법체계상 관련 인허가를 규정하는 법률에 규정하는 것이 바람직하다. 법률의 근거 없이 행정입법으로 규정할 수는 없다.

(나) 관련 인허가 절차를 거쳐야 하는 경우   관련 인허가 행정청은 법 제24조 제5항 단서에 따라 관련인허가에 필요한 심의, 의견 청취 등의 절차(이하 이 조에서 "관련 인허가절차"라 한다)를 거쳐야 하는 경우에는 다음 각 호(1. 관련 인허가절차의 내용, 2. 관련 인허가절차에 걸리는 기간, 3. 그 밖에 관련 인허가절차의 이행에 필요한 사항)의 사항을 구체적으로 밝혀 지체 없이 주된 인허가 행정청에 통지해야 한다(행정기본법 제5조 제1항).

[7] 통지

1. 주된 인허가 행정청의 통지

주된 인허가 행정청은 법 제24조 및 제25조에 따라 주된 인허가를 한 … 때에는 지체 없이 관련 인허가 행정청에 그 사실을 통지해야 한다(행정기본법 시행령 제5조 제2항). 주된 인허가의 통지를 규정하는 개별 법률도 있다.

■ 관광진흥법 제16조(사업계획 승인 시의 인·허가 의제 등) ② 특별자치시장·특별자치도지사·시장·군수·구청장은 제1항 각 호의 어느 하나에 해당하는 사항이 포함되어 있는 사업계획을 승인하려면 미리 소관 행정기관의 장과 협의하여야 하고, 그 사업계획을 승인한 때에는 지체 없이 소관 행정기관의 장에게 그 내용을 통보하여야 한다.

2. 중요 사항의 상호 통지

주된 인허가 행정청 또는 관련인허가 행정청은 제1항 및 제2항에서 규정한 사항 외에 주된 인허가 또는 관련인허가의 관리·감독에 영향을 미치는 중요 사항이 발생한 경우에는 상호 간에 그 사실을 통지해야 한다(행정기본법 시행령 제5조 제3항). 중요사항은 불확정 개념으로서 한마디로 정의할 수는 없다. 예를 들어, 주된 인허가나 관련 인허가의 취소 또는 무효의 사유, 또는 제재처분의 사유에 해당할만한 사항은 중요사항에 해당할 것이다.

[참고] 민원인에 대한 통지

(1) 주된 인허가 행정청의 민원인에 대한 통지   주된 인허가 행정청은 주된 인허가를 할 때 의제된 인허가를 함께 적시하여 통지할 것인데, 이러한 통지는 주된 인허가에 대해서는 적법요건(성립·발효 요건)의 한 부분이고, 통지로서 주된 인허가 처분은 존재하게 된다. 이와 달리 관련 인허가의 경우는 주된 인허가가 적법요건을 갖추는 시점에 주된 인허가 법률에 근거하여 바로 적법요건을 갖춘 것이 된다.

(2) 관련 인허가 행정청의 민원인에 대한 통지   행정기본법은 관련 인허가 행정청이 민원인에게 의제된 인허가를 통지하여야 하는가의 여부에 관해 규정하는 바가 없다. 해석상 관련 인허가의 효과는 주된 인허가 행정청이 민원인에게 주된 인허가 등을 통지할 때에 발생하는 것이므로 관련 인허가 행정청이 민원인에게 관련 인허가를 통지하지 않아도 문제되지 아니한다. 그러나 관련 인허가 행정청은 관련 인허가의 사후관리와 관련하여 필요한 사항을 민원인에게 알리는 것은 바람직하다.

제25조(인허가의제의 효과)[1] [4] ① 제24조 제3항·제4항에 따라 협의가 된 사항에 대해서는 주된 인허가를 받았을 때 관련 인허가를 받은 것으로 본다.[2]
② 인허가의제의 효과는 주된 인허가의 해당 법률에 규정된 관련 인허가에 한정된다.[3]
[시행일 2023. 3. 24.]

[1] 행정기본법 제25조의 의의 — 일반법(일반규정)

① 행정기본법 제25조는 인허가의제의 효과라는 제목 하에 인허가가 의제되는 사항과 인허가의제의 효과의 발생시점, 인허가의제 효과의 범위를 규정하고 있다. ② 행정기본법 제25조는 인허가의제의 효과에 관한 일반법이다. 개별 법률에 특별한 규정이 없다면, 인허가의제의 효과에 관해서는 행정기본법 제25조가 적용된다.

[2] 행정기본법 제25조 제1항 — 인허가의제의 효과

1. 의의

행정기본법 제25조 제1항은 "제24조 제3항·제4항에 따라 협의가 된 사항에 대해서는 주된 인허가를 받았을 때 관련 인허가를 받은 것으로 본다."고 규정하고 있다. 관련 인허가의 효과는 처분으로서 관련 인허가가 있었기에 발생하는 것이 아니라, 주된 인허가가 있는 시점에 법률의 규정(행정기본법 제25조)에 의해 발생한다. 달리 말하면 관련 인허가는 처분이 아니라 법률의 규정에 의해 처분으로 간주되는 행위이다. 한편, 사후협의를 규정하는 개별 법률도 있다.

■ 주한미군 공여구역주변지역 등 지원 특별법 제29조(인·허가등의 의제) ③ 제2항에도 불구하고 「공익사업을 위한 토지 등의 취득 및 보상에 관한 법률」 제4조에 따른 공익사업을 시급하게 시행할 필요가 있고, 제1항 각 호의 사항 중 사업시행을 위한 중요한 사항에 대한 협의가 있는 경우에는 필요한 모든 사항에 대한 협의가 끝나지 아니하더라도 그 필요한 협의가 완료될 것을 조건으로 제11조 제4항에 따른 사업의 시행승인을 할 수 있다.
④ 제3항에서 "사업시행을 위한 중요한 사항에 대한 협의"란 다음 각 호와 같다.
1. 「국토의 계획 및 이용에 관한 법률」 제30조에 따른 도시·군관리계획의 결정
2. 「도시개발법」 제4조에 따른 개발계획의 수립
3. 「택지개발촉진법」 제3조에 따른 택지개발지구 지정

4. 「산업입지 및 개발에 관한 법률」 제5조의2에 따른 산업입지공급계획의 수립
5. 「물류시설의 개발 및 운영에 관한 법률」 제22조에 따른 물류단지의 지정
6. 「관광진흥법」 제52조에 따른 관광지 및 관광단지의 지정

2. 인허가가 의제되는 사항

인허가가 의제되는 사항은 행정기본법 제24조 제3항·제4항에 따라 협의가
된 사항에 한한다. 협의가 누락되거나 단계적인 협의가 가능한 사항은 인허가가
의제되지 아니한다. 종전 판례의 견해도 이와 같다.

■ 대판 2021. 3. 11, 2020두42569(관련 인·허가 사항에 관한 사전 협의가 이루어지지 않
은 채 중소기업창업법 제33조 제3항에서 정한 20일의 처리기간이 지난 날의 다음날에 사업
계획승인처분이 이루어진 것으로 의제된다고 하더라도, 창업자는 중소기업창업법에 따른
사업계획승인처분을 받은 지위를 가지게 될 뿐이고 관련 인·허가까지 받은 지위를 가지는
것은 아니다. 따라서 창업자는 공장을 설립하기 위해 필요한 관련 인·허가를 관계 행정청
에 별도로 신청하는 절차를 거쳐야 한다. 만일 창업자가 공장을 설립하기 위해 필요한 「국
토의 계획 및 이용에 관한 법률」에 따른 개발행위허가를 신청하였다가 거부처분이 이루어
지고 그에 대하여 제소기간이 도과하는 등의 사유로 더 이상 다툴 수 없는 효력이 발생한
다면, 시장 등은 공장설립이 객관적으로 불가능함을 이유로 중소기업창업법에 따른 사업계
획승인처분을 직권으로 철회하는 것도 가능하다).

3. 인허가 효과의 발생시점

주된 인허가를 받았을 때 관련 인허가를 받은 것으로 본다. 바꾸어 말하면,
주된 인허가를 받게 되면, 그 시점에 관련 인허가를 받은 것이 된다. 주된 인허가
의 효력발생시점과 관련 인허가의 효력발생시점은 같다. 종전 판례의 견해도 이
와 같다(대판 2018. 10. 25, 2018두43095).

■ 대판 2018. 10. 25, 2018두43095(인허가 의제 제도는 목적사업의 원활한 수행을 위해 창
구를 단일화하여 행정절차를 간소화하는 데 입법 취지가 있고 목적사업이 관계 법령상 인
허가의 실체적 요건을 충족하였는지에 관한 심사를 배제하려는 취지는 아닌 점 등을 아울
러 고려하면, 공항개발사업 실시계획의 승인권자가 관계 행정청과 미리 협의한 사항에 한
하여 그 승인처분을 할 때에 인허가 등이 의제된다고 보아야 한다).

4. 수수료 등 비용부담

개별 법률에 따라서는 의제된 인허가와 관련하여 수수료 등 비용부담에 관한 규정을 두기도 한다.

[의제되는 인허가 근거 법률에 따른 수수료 등을 내도록 한 입법례]

■ 송유관안전관리법 제4조(허가 등의 의제) ① 산업통상자원부장관이 제3조 제1항 본문 또는 제3항 본문에 따른 공사계획의 인가 또는 변경인가를 할 때에 다음 각 호의 허가·인가·면허 또는 지정(이하 "허가등"이라 한다)에 관하여 제2항에 따라 관계 행정기관의 장과 협의를 한 사항에 대하여는 그 허가등을 받은 것으로 본다.
1. 「도로법」 제61조 제1항에 따른 도로의 점용허가
2. 「농지법」 제34조 제1항에 따른 농지의 전용허가 (이하생략)
③ 송유관설치자는 제3조 제1항 본문 또는 제3항 본문에 따른 공사계획의 인가 또는 변경인가를 받았을 때에는 제1항 각 호의 법률에 따른 허가등과 관련된 수수료·점용료·사용료 등을 내야 한다.

[이행보증금 예치 대상에 다른 법률에 따라 의제되는 인가·허가 등을 포함한 입법례]

■ 국토의 계획 및 이용에 관한 법률 제60조(개발행위허가의 이행 보증 등) ① 특별시장·광역시장·특별자치시장·특별자치도지사·시장 또는 군수는 기반시설의 설치나 그에 필요한 용지의 확보, 위해 방지, 환경오염 방지, 경관, 조경 등을 위하여 필요하다고 인정되는 경우로서 대통령령으로 정하는 경우에는 이의 이행을 보증하기 위하여 개발행위허가(다른 법률에 따라 개발행위허가가 의제되는 협의를 거친 인가·허가·승인 등을 포함한다. 이하 이 조에서 같다)를 받는 자로 하여금 이행보증금을 예치하게 할 수 있다. 다만, 다음 각 호의 어느 하나에 해당하는 경우에는 그러하지 아니하다.
1. 국가나 지방자치단체가 시행하는 개발행위 (이하 생략)

[농지전용부담금 부과 대상에 다른 법률에 따라 농지전용허가가 의제되는 협의를 포함한 입법례]

■ 농지법 제38조(농지보전부담금) ① 다음 각 호의 어느 하나에 해당하는 자는 농지의 보전·관리 및 조성을 위한 부담금(이하 "농지보전부담금"이라 한다)을 농지관리기금을 운용·관리하는 자에게 내야 한다.
4. 다른 법률에 따라 농지전용허가가 의제되는 협의를 거친 농지를 전용하려는 자

[의제된 인허가에 대한 수수료 면제 입법례]

■ 주택법 제19조(다른 법률에 따른 인가·허가 등의 의제 등) ⑤ 대통령령으로 정하는 비율 이상의 국민주택을 건설하는 사업주체가 제1항에 따라 다른 법률에 따른 인·허가등을 받은 것으로 보는 경우에는 관계 법률에 따라 부과되는 수수료 등을 면제한다.

[3] 행정기본법 제25조 제2항 — 인허가의제의 효과가 미치는 범위

1. 의의(인허가의제의 재의제 배제)

인허가의제의 효과가 「주된 인허가의 해당 법률에 규정된 관련 인허가에 한정된다」는 것은 주된 인허가로 인한 의제의 효과는 주된 인허가의 해당 법률에서 규정하고 있는 관련인허가에만 미치고 관련인허가의 해당 법률에 규정된 관련 인허가에는 미치지 않는다는 것을 뜻한다. 달리 말하면, 인허가의제의 재의제는 허용되지 않는다는 것을 의미한다.

[사례]

A법률 제00조(관련 인허가등의 의제) 사업시행자가 제00조에 따라 실시계획의 승인 을 받은 경우에는 다음 각 호의 허가·인가·지정·승인·협의·해제·신고 등을 받거나 한 것으로 본다.

1.「B 법률」제00조에 따른 개발행위의 허가

B법률 제00조(관련 인허가등의 의제) 사업시행자가 제00조에 따라 개발행위의 허가를 받은 경우에는 다음 각 호의 허가·인가·지정·승인·협의·해제·신고 등을 받거나 한 것으로 본다.

1.「C 법률」제00조에 따른 채굴계획의 인가

(해설) A법률에 따른 실시계획의 승인(주된 인허가)을 받은 사업시행자는 B법률에 따른 개발행위의 허가(관련 인허가)를 받은 것으로 의제된다. 그러나 A법률에 따른 실시계획의 승인(주된 인허가)으로 C법률에 따른 채굴계획의 인가(인허가의제의 재의제)까지 받은 것으로 의제되는 것은 아니다.

한편, 실정법상 인허가의제의 재의제를 규정하는 개별 법률도 있다.

■ 사회기반시설에 대한 민간투자법 제17조(다른 법률에 따른 인가·허가 등의 의제) ① 주무관청이 제15조 제2항에 따라 실시계획을 고시한 때에는 해당 민간투자사업과 관련된 관계법률에서 정하고 있는 인가·허가 등과 관계법률에 따라 인가·허가 등을 받은 것으로 보는 다른 법률의 인가·허가 등을 받은 것으로 보며, 관계법률 및 다른 법률에 따른 고시 또는 공고가 있는 것으로 본다.

인허가의제의 재의제의 배제를 규정하는 개별 법률도 있다..

2. 관련 인허가가 해당 법률의 적용범위

(가) 의의   A법률에 따른 주된 인허가로 B법률에서 규정하는 관련 인허가의 효력이 발생하는 경우, 관련 인허가에 적용되는 B법률의 적용 범위가 문제된다. 달리 말하면 「A법률에 따른 주된 인허가로 인한 B법률에서 규정하는 관련 인허가」와 「B법률을 직접적인 근거로 발급되는 인허가」의 사이에 B법률의 적용 범위가 같은 것인지 아니면 다른 것인가의 문제가 있다. 예를 들어 개별 법률(B법률)에 행정청이 인허가 처분의 상대방에게 부담금 부과 등 침익적 내용의 처분을 할 수 있음을 규정하고 있는 경우, 법률(A법률)의 규정에 따른 관련 인허가의 상대방에게도 부담금 부과 등 침익적 내용의 처분을 할 수 있는가의 문제가 있다.

(나) 해결 방법   생각건대 관련 인허가는 처분이 아니라 법률(A법률)의 규정에 의해 처분으로 간주되는 행위이므로 개별 법률(B법률)을 직접적인 근거로 하는 인허가 처분과 성질을 달리하는바, 언제나 양자가 동일하다고 단언하기 어렵다. 일반적으로는 개별 법률(B법률)이 적용된다고 볼 수도 있으나, 사안에 따라서는 주된 인허가의 근거법률과 관련인허가의 근거 법률을 종합적으로 고려하여 판단할 수밖에 없다. 입법상 관련 인허가의 근거 법률에 명시적으로 적용 범위 내지 적용 여부 등을 명시적으로 규정하는 것이 필요하다.

[참고 판례]

■ 대판 2004. 7. 22, 2004다19715(구 건축법(1995. 1. 5. 법률 제4919호로 개정되기 전의 것) 제8조 제4항은 건축허가를 받은 경우, 구 도시계획법(1999. 2. 8. 법률 제5898호로 개정되기 전의 것) 제25조의 규정에 의한 도시계획사업 실시계획의 인가를 받은 것으로 본다는 인가의제규정만을 두고 있을 뿐, 구 건축법 자체에서 새로이 설치한 공공시설의 귀속에 관한 구 도시계획법 제83조 제2항을 준용한다는 규정을 두고 있지 아니하므로, 구 건축법 제8조 제4항에 따른 건축허가를 받아 새로이 공공시설을 설치한 경우, 그 공공시설의 귀속에 관하여는 구 도시계획법 제83조 제2항이 적용되지 않는다).

[쟁점] 구 건축법 제8조 제4항에 따른 건축허가를 받아 새로이 공공시설을 설치한 경우, 그 공공시설의 귀속에 관하여는 구 도시계획법 제83조 제2항이 적용되는지 여부

□ 당시 건축법 제8조(건축허가) ④ 제1항의 규정에 의한 건축허가를 받은 경우에는 제7조 제3항 각호 또는 다음 각호의 허가를 받거나 신고를 한 것으로 보며, 공장건축물의 경우에는 공업배치및공장설립에관한법률 제14조의 규정에 의하여 관계법률의 허가 또는 승인을

얻은 것으로 본다. (각호 생략)

제7조(건축에 관한 계획의 사전결정) ③ 시장·군수·구청장이 제2항의 규정에 의한 결정을 한 경우에는 다음 각호의 허가를 받은 것으로 본다.

2. 도시계획법 제25조의 규정에 의한 도시계획사업 실시계획의 인가

□ 당시 도시계획법 제25조(실시계획의 인가) ① 도시계획사업의 시행자는 대통령령이 정하는 바에 따라 그 사업의 실시계획을 작성하여 건설부장관의 인가를 받아야 한다. 인가 받은 실시계획을 변경 또는 폐지하고자 할 때에도 또한 같다. 다만, 건설부령이 정하는 경미한 사항을 변경하고자 하는 경우에는 그러하지 아니하다.

제83조 (공공시설등의 귀속) ② 행정청이 아닌 자가 제25조의 규정에 의한 실시계획의 인가 또는 제4조의 규정에 의한 허가를 받아 새로이 설치한 공공시설은 그 시설을 관리할 행정청에 무상으로 귀속되며, 도시계획사업 또는 토지의 형질변경등의 시행으로 인하여 그 기능이 대체되어 용도가 폐지되는 행정청의 공공시설은 국유재산법 및 지방재정법등의 규정에 불구하고 그가 새로 설치한 공공시설의 설치비용에 상당하는 범위안에서 그 인가 또는 허가를 받은 자에게 이를 무상으로 양도할 수 있다.

■ 대판 2016. 11. 24, 2014두47686(공공주택건설법 제12조 제1항이 단지조성사업 실시계획의 승인이 있는 때에는 도시개발법에 의한 실시계획의 작성·인가(제11호), 주택법에 의한 사업계획의 승인(제20호)을 받은 것으로 본다고 규정하고 있으나, 이는 공공주택건설법상 단지조성사업 실시계획의 승인을 받으면 그와 같은 인가나 승인을 받은 것으로 의제함에 그치는 것이지 더 나아가 그와 같은 인가나 승인을 받았음을 전제로 하는 도시개발법과 주택법의 모든 규정들까지 적용된다고 보기는 어렵다. 따라서 공공주택건설법에 따른 단지조성사업은 학교용지법 제2조 제2호에 정한 학교용지부담금 부과대상 개발사업에 포함되지 아니하고, 이와 달리 학교용지부담금 부과대상 개발사업에 포함된다고 해석하는 것은 학교용지부담금 부과에 관한 규정을 상대방에게 불리한 방향으로 지나치게 확장해석하거나 유추해석하는 것이어서 허용되지 아니한다).

한편, 실정법상 관련 인허가를 규정하는 개별 법률(B법률)에 관련 인허가의 적용 범위를 규정하는 경우도 있고, 관련 인허가에 수반되는 부담금 부과 등 권익 제한에 관한 사항을 규정하는 법률도 있다.

■ 건축법 제25조의2(건축관계자등에 대한 업무제한) ⑧ 제1항부터 제5항까지의 조치는 관계 법률에 따라 건축허가를 의제하는 경우의 건축관계자등에게 동일하게 적용한다.

■ 주택법 제19조(다른 법률에 따른 인가·허가 등의 의제 등) ⑤ 대통령령으로 정하는 비율 이상의 국민주택을 건설하는 사업주체가 제1항에 따라 다른 법률에 따른 인·허가등을 받은 것으로 보는 경우에는 관계 법률에 따라 부과되는 수수료 등을 면제한다.

3. 부분 인허가

개별 법률에 따라서는 부분 인허가를 규정하기도 한다.

■ 도시 및 주거환경 정비법 제57조(인·허가등의 의제 등) ⑥ 시장·군수등은 제4항 및 제5항에도 불구하고 천재지변이나 그 밖의 불가피한 사유로 긴급히 정비사업을 시행할 필요가 있다고 인정하는 때에는 관계 행정기관의 장 및 교육감 또는 교육장과 협의를 마치기 전에 제50조제1항에 따른 사업시행계획인가를 할 수 있다. 이 경우 협의를 마칠 때까지는 제1항 및 제2항에 따른 인·허가등을 받은 것으로 보지 아니한다. (이하 생략)

■ 주한미군 공여구역주변지역 등 지원 특별법 제29조(인·허가등의 의제) ③ 제2항에도 불구하고 「공익사업을 위한 토지 등의 취득 및 보상에 관한 법률」 제4조에 따른 공익사업을 시급하게 시행할 필요가 있고, 제1항 각 호의 사항 중 사업시행을 위한 중요한 사항에 대한 협의가 있은 경우에는 필요한 모든 사항에 대한 협의가 끝나지 아니하더라도 그 필요한 협의가 완료될 것을 조건으로 제11조 제4항에 따른 사업의 시행승인을 할 수 있다.

■ 대판 2012. 2. 9, 2009두16305(구 주한미군 공여구역주변지역 등 지원 특별법(2008. 3. 28. 법률 제9000호로 개정되기 전의 것, 이하 '구 지원특별법'이라 한다) 제29조의 인허가의제 조항은 목적사업의 원활한 수행을 위해 행정절차를 간소화하고자 하는 데 입법 취지가 있는데, 만일 사업시행승인 전에 반드시 사업 관련 모든 인허가의제 사항에 관하여 관계 행정기관의 장과 협의를 거쳐야 한다고 해석하면 일부의 인허가의제 효력만을 먼저 얻고자 하는 사업시행승인 신청인의 의사와 맞지 않을 뿐만 아니라 사업시행승인 신청을 하기까지 상당한 시간이 소요되어 그 취지에 반하는 점, 주한미군 공여구역주변지역 등 지원 특별법이 2009. 12. 29. 법률 제9843호로 개정되면서 제29조 제1항에서 인허가의제 사항 중 일부만에 대하여도 관계 행정기관의 장과 협의를 거치면 인허가의제 효력이 발생할 수 있음을 명확히 하고 있는 점 등 구 지원특별법 제11조 제1항 본문, 제29조 제1항, 제2항의 내용, 형식 및 취지 등에 비추어 보면, 구 지원특별법 제11조에 의한 사업시행승인을 하는 경우 같은 법 제29조 제1항에 규정된 사업 관련 모든 인허가의제 사항에 관하여 관계 행정기관의 장과 일괄하여 사전 협의를 거칠 것을 요건으로 하는 것은 아니고, 사업시행승인 후 인허가의제 사항에 관하여 관계 행정기관의 장과 협의를 거치면 그때 해당 인허가가 의제된다고 보는 것이 타당하다).

4. 행정기본법에 규정되지 아니한 사항

(가) 인허가의 취소 시, 의제된 인허가가 취소되는지 여부　　주된 인허가를 취소하는 경우, 의제된 인허가가 취소된 것으로 규정하는 개별 법률도 있으나(문학진흥법 제23조 제2항), 행정기본법은 이에 관해 규정하는 바가 없다.

■ 문학진흥법 제23조(다른 법률에 따른 허가·인가등의 의제) ① 제22조 제3항에 따라 시·도

지사가 다음 각 호의 어느 하나에 해당하는 사항에 관하여 소관 행정기관의 장과 협의를 한 때에는 그에 해당하는 허가·인가·지정을 받거나 신고나 협의(이하 이 조에서 "허가· 인가등"이라 한다)를 한 것으로 본다.

1. 「국토의 계획 및 이용에 관한 법률」 제56조 제1항 제1호 및 제2호에 따른 개발행위의 허가, 같은 법 제86조에 따른 도시·군계획시설사업 시행자의 지정, 같은 법 제88조에 따른 실시계획의 인가

2. 「도로법」 제36조에 따른 도로공사 시행 또는 도로 유지·관리의 허가, 같은 법 제61조에 따른 도로 점용의 허가

3. 「수도법」 제52조에 따른 전용상수도의 인가

4. 「하수도법」 제16조에 따른 공공하수도에 관한 공사 또는 유지의 허가

5. 「농지법」 제34조에 따른 농지전용의 허가 및 협의

6. 「산지관리법」 제14조에 따른 산지전용허가, 같은 법 제15조에 따른 산지전용신고 및 같은 법 제15조의2에 따른 산지일시사용의 허가·신고

7. 「산림자원의 조성 및 관리에 관한 법률」 제36조 제1항·제4항에 따른 입목벌채등의 허가·신고

8. 「산림보호법」 제9조 제1항 및 제2항 제1호·제2호에 따른 산림보호구역(산림유전자원보호구역은 제외한다)에서의 행위의 허가·신고와 같은 법 제11조 제1항 제1호에 따른 산림보호구역의 지정해제

② 제22조 제1항에 따라 사립문학관 설립 계획의 승인을 받은 자가 그 승인 내용을 다른 목적으로 변경한 때 또는 제24조에 따라 폐관 신고를 하거나 제27조에 따라 등록이 취소된 경우에는 제1항 각 호의 허가·인가등은 취소된 것으로 본다.

해석상 ① 주된 인허가가 취소되면, 의제된 인허가의 의미가 약화되므로, 주된 인허가가 취소되면 의제된 인허가도 취소된 것으로 보아야 한다는 견해, ② 주된 인허가가 취소되어도 의제된 인허가를 그대로 유지하는 것이 필요한 경우에는 의제된 인허가는 취소되지 않는 것으로 보아야 한다는 견해가 가능하다. ②의 견해가 보다 합리적으로 보인다. 입법적 보완이 필요하다.

(나) 의제된 인허가만 취소할 수 있는지 여부　　의제된 인허가는 처분이 실제로 존재하는 것이 아니므로 취소할 수 없다는 견해, 행정기본법 제26조(인허가의 제의 사후관리)에 따라 취소할 수 있다는 견해가 가능하다. 판례는 부분 인허가의제의 경우, 취소가 가능하다는 견해를 취한다.

■ 대판 2018. 11. 29, 2016두38792(구 주택법 제17조 제1항에 의하면, 주택건설사업계획 승인권자가 관계 행정청의 장과 미리 협의한 사항에 한하여 그 승인처분을 할 때에 인허가 등이 의제될 뿐이고, 그 각호에 열거된 모든 인허가 등에 관하여 일괄하여 사전협의를 거칠

것을 주택건설사업계획 승인처분의 요건으로 규정하고 있지 않다. 따라서 인허가 의제 대상이 되는 처분에 어떤 하자가 있다고 하더라도, 그로써 해당 인허가 의제의 효과가 발생하지 않을 여지가 있게 될 뿐이고, 그러한 사정이 주택건설사업계획 승인처분 자체의 위법사유가 될 수는 없다(대법원 2017. 9. 12. 선고 2017두45131 판결 참조). 또한 의제된 인허가는 통상적인 인허가와 동일한 효력을 가지므로, 적어도 '부분 인허가 의제'가 허용되는 경우에는 그 효력을 제거하기 위한 법적 수단으로 의제된 인허가의 취소나 철회가 허용될 수 있고(대법원 2018. 7. 12. 선고 2017두48734 판결 참조), 이러한 직권 취소·철회가 가능한 이상 그 의제된 인허가에 대한 쟁송취소 역시 허용된다. 따라서 주택건설사업계획 승인처분에 따라 의제된 인허가가 위법함을 다투고자 하는 이해관계인은, 주택건설사업계획 승인처분의 취소를 구할 것이 아니라 의제된 인허가의 취소를 구하여야 하며, 의제된 인허가는 주택건설사업계획 승인처분과 별도로 항고소송의 대상이 되는 처분에 해당한다).

■ 대판 2018. 7. 12, 2017두48734(구 중소기업창업 지원법(2017. 7. 26. 법률 제14839호로 개정되기 전의 것, 이하 '중소기업창업법'이라 한다) 제35조 제1항, 제33조 제4항, 중소기업창업 지원법 시행령 제24조 제1항, 중소기업청장이 고시한 '창업사업계획의 승인에 관한 통합업무처리지침'(이하 '업무처리지침'이라 한다)의 내용, 체계 및 취지 등에 비추어 보면 다음과 같은 이유로 중소기업창업법에 따른 사업계획승인의 경우 의제된 인허가만 취소 내지 철회함으로써 사업계획에 대한 승인의 효력은 유지하면서 해당 의제된 인허가의 효력만을 소멸시킬 수 있다).

(다) 의제된 인허가에 대한 제소가 가능한지 여부   종래 판례는 의제된 인허가의 직권취소나 철회가 가능한 경우에는 의제된 인허가만을 대상으로 제소할 수 있다는 견해를 취하였다.

■ 대판 2018. 11. 29, 2016두38792(의제된 인허가는 통상적인 인허가와 동일한 효력을 가지므로, 적어도 '부분 인허가 의제'가 허용되는 경우에는 그 효력을 제거하기 위한 법적 수단으로 의제된 인허가의 취소나 철회가 허용될 수 있고, 이러한 직권 취소·철회가 가능한 이상 그 의제된 인허가에 대한 쟁송취소 역시 허용된다. 따라서 주택건설사업계획 승인처분에 따라 의제된 인허가가 위법함을 다투고자 하는 이해관계인은, 주택건설사업계획 승인처분의 취소를 구할 것이 아니라 의제된 인허가의 취소를 구하여야 하며, 의제된 인허가는 주택건설사업계획 승인처분과 별도로 항고소송의 대상이 되는 처분에 해당한다).

(라) 주된 인허가 거부처분 사유에 관련 인허가 불허사유가 포함된 경우, 제소방법   종래 판례는 원고가 주된 인허가 거부처분을 다투면서(예: 건축허가 거부처분 취소의 소) 관련 인허가 불허사유(예: 도시계획법상의 형질변경불허가 또는 농지법상의 농지전용불허가 사유)는 위법사유로 다투어야 한다는 견해를 취하였다.

■ 대판 2001. 1. 16, 99두10988(구 건축법 제8조 제1항, 제3항, 제5항에 의하면, 건축허가를 받은 경우에는 구 도시계획법 제4조에 의한 토지의 형질변경허가나 농지법 제36조에 의한 농지전용허가 등을 받은 것으로 보며, 한편 건축허가권자가 건축허가를 하고자 하는 경우 당해 용도·규모 또는 형태의 건축물을 그 건축하고자 하는 대지에 건축하는 것이 건축법 관련 규정이나 같은 도시계획법 제4조, 농지법 제36조 등 관계 법령의 규정에 적합한지의 여부를 검토하여야 하는 것일 뿐, 건축불허가처분을 하면서 그 처분사유로 건축불허가 사유뿐만 아니라 형질변경불허가 사유나 농지전용불허가 사유를 들고 있다고 하여 그 건축불허가처분 외에 별개로 형질변경불허가처분이나 농지전용불허가처분이 존재하는 것이 아니므로, 그 건축불허가처분을 받은 사람은 그 건축불허가처분에 관한 쟁송에서 건축법상의 건축불허가 사유뿐만 아니라 같은 도시계획법상의 형질변경불허가 사유나 농지법상의 농지전용불허가 사유에 관하여도 다툴 수 있는 것이지, 그 건축불허가처분에 관한 쟁송과는 별개로 형질변경불허가처분이나 농지전용불허가처분에 관한 쟁송을 제기하여 이를 다투어야 하는 것은 아니며, 그러한 쟁송을 제기하지 아니하였어도 형질변경불허가 사유나 농지전용불허가 사유에 관하여 불가쟁력이 생기지 아니한다).

(마) 관련 인허가가 취소된 경우, 주된 인허가의 당연 소멸 여부   개별 법령에서 관련 인허가가 취소되면 주된 인허가가 소멸된다고 규정하거나 관련 인허가가 주된 인허가의 요건이 되었던 경우 등에 해당하는 특별한 사정이 없다면, 관련 인허가가 취소된다고 하여 주된 인허가가 당연히 소멸한다고 볼 수 없다. 종이 주를 극복할 수는 없기 때문이다. 궁극적으로는 사실관계 및 주된 인허가와 관련 인허가의 근거 법률을 종합적으로 판단하여 소멸 여부를 판단할 수밖에 없다.

[4] 주된인허가의 통지와 중요 사항의 통지

제24조 해설 중 [7] 부분과 같다.

제26조(인허가의제의 사후관리 등)[1] ① 인허가의제의 경우 관련 인허가 행정청은 관련 인허가를 직접 한 것으로 보아 관계 법령에 따른 관리·감독 등 필요한 조치를 하여야 한다.[2]
② 주된 인허가가 있은 후 이를 변경하는 경우에는 제24조·제25조 및 이 조 제1항을 준용한다.[3]
③ 이 절에서 규정한 사항 외에 인허가의제의 방법, 그 밖에 필요한 세부 사항은 대통령령으로 정한다.[4]
[시행일 2023. 3. 24.]

[1] 행정기본법 제26조의 의의 — 일반법(일반규정)

① 행정기본법 제26조는 인허가의제의 사후관리 등이라는 제목 하에 인허가의제의 사후관리, 주된 인허가 변경의 경우 관련 인허가의 변경, 시행령 등을 규정하고 있다. ② 행정기본법 제26조는 일반법이다. 개별 법률에 특별한 규정이 있으면, 그 특별한 규정에 의한다. 개별 법률에 특별한 규정이 없다면 행정기본법 제26조가 적용된다.

[2] 행정기본법 제26조 제1항 — 인허가의제의 사후관리

1. 의의

행정기본법 제26조 제1항은 "인허가의제의 경우 관련 인허가 행정청은 관련 인허가를 직접 한 것으로 보아 관계 법령에 따른 관리·감독 등 필요한 조치를 하여야 한다."고 규정하고 있다. 이를 명시적으로 규정하는 유사 입법례도 있다(행정심판법 제50조 제2항).

■ 행정심판법 제50조(위원회의 직접 처분) ① 위원회는 피청구인이 제49조제3항에도 불구하고 처분을 하지 아니하는 경우에는 당사자가 신청하면 기간을 정하여 서면으로 시정을 명하고 그 기간에 이행하지 아니하면 직접 처분을 할 수 있다. 다만, 그 처분의 성질이나 그 밖의 불가피한 사유로 위원회가 직접 처분을 할 수 없는 경우에는 그러하지 아니하다.
② 위원회는 제1항 본문에 따라 직접 처분을 하였을 때에는 그 사실을 해당 행정청에 통보하여야 하며, 그 통보를 받은 행정청은 위원회가 한 처분을 자기가 한 처분으로 보아 관계 법령에 따라 관리·감독 등 필요한 조치를 하여야 한다.

2. 사후관리 주체로서 관련 인허가 행정청

인허가의제가 있는 경우, 의제된 인허가는 처분으로 발령된 것이 아니므로 실재하지 않는다고 볼 수 있다. 따라서 어느 행정청이 의제된 인허가를 관리할 것인가의 문제가 있다. 주된 인허가 행정청과 관련 인허가 행정청 모두 의제된 인허가와 관련성을 갖는다. 이 중에서 본 조항은「관련 인허가 행정청이 관련 인허가를 직접 한 것으로 보아」관련 인허가 행정청이 사후관리를 하도록 규정하고 있다. 의제되는 인허가에 관한 사무는 원래 주된 인허가 행정청이 아니라 관련 인허가 행정청의 관할사무이기 때문에 관련 인허가 행정청이 보다 사후관리를 잘 할 수 있다고 보았기 때문이다.

3. 사후관리

사후관리란 관계 법령에 따른 관리·감독 등 필요한 조치를 하는 것을 말한다. 관계 법령이란 기본적으로 관련 인허가에 관련된 법령을 말한다.

[3] 행정기본법 제26조 제2항 ─ 주된 인허가 변경의 경우

1. 의의

행정기본법 제26조 제2항은 "주된 인허가가 있은 후 이를 변경하는 경우에는 제24조·제25조 및 이 조 제1항을 준용한다"고 규정하고 있다.

2. 변경절차의 필요성

예를 들어, 공항개발사업 실시계획이 승인(주된 인허가)된 후 집행과정에서 공항개발사업 실시계획이 변경될 수도 있다. 이런 경우, 공항개발사업의 승인으로 의제된「농지법」제34조에 따른 농지전용의 허가(관련 인허가)도 변경이 필요하게 된다. 이때 농지전용 허가의 변경절차가 문제된다.

> ■ 공항시설법 제8조(인·허가등의 의제 등) ① 국토교통부장관이 제7조(실시계획의 수립·승인 등) 제1항 및 제3항에 따라 실시계획을 수립하거나 승인하였을 때에는 다음 각 호의 승인·허가·인가·결정·지정·면허·협의·동의·심의 또는 해제 등(이하 "인·허가등"이라 한다)을 받은 것으로 보고, 국토교통부장관이 제7조 제6항에 따라 실시계획의 고시 또는 실시계획의 승인을 고시하였을 때에는 다음 각 호의 법률에 따른 인·허가등의 고시 또는 공고가 있는 것으로 본다.

8.「농지법」제34조에 따른 농지전용의 허가 또는 협의

3. 변경절차

본 조항은 "인허가가 있은 후 이를 변경하는 경우에는 제24조·제25조 및 이 조 제1항을 준용한다."고 하여 주된 인허가 변경도「변경대상이 된 주된 인허가의 발급을 위해 거쳤던 절차」와 동일하게 하여야 하고, 아울러 관련 인허가 변경 절차도「변경대상이 된 관련 인허가의 발급 시에 거쳤던 절차」와 동일하게 하여야 함을 규정하고 있다.

4. 변경의 의제

개별 법률에 따라서는 개발계획의 변경을 승인하는 경우, 관련 인허가의 변경을 의제하는 경우도 있다.

■ 온천법 제10조의2(다른 법령에 따른 인·허가등 의제) ① 제3항에 따라 관계 행정기관의 장과 미리 협의하여 제10조에 따른 개발계획의 승인 또는 변경승인(특별자치시장 및 특별자치도지사의 경우에는 개발계획을 수립하거나 변경수립한 경우를 말한다. 이하 이 조에서 같다)을 받은 경우에는 다음 각 호의 허가·신고·결정·승인·지정·인가·면허·협의·해제 등(이하 "인·허가등"이라 한다)을 받은 것으로 보며, 제5항에 따라 온천원보호지구 지정이 고시되었을 때에는 다음 각 호의 법률에 따라 요구되는 고시가 된 것으로 본다.
1.「건축법」제11조에 따른 허가, 같은 법 제14조에 따른 신고, 같은 법 제16조에 따른 허가·신고 사항의 변경, 같은 법 제20조에 따른 가설건축물의 허가·신고 및 제29조에 따른 협의 (이하 생략)

5. 주된인허가 변경 통지와 중요 사항의 통지

(가) 주된인허가 변경 통지 주된인허가 행정청은 … 법 제26조 제2항에 따라 주된인허가가 있은 후 이를 변경했을 때에는 지체 없이 관련인허가 행정청에 그 사실을 통지해야 한다(행정기본법 시행령 제5조 제2항).

(나) 중요 사항의 통지 주된인허가 행정청 또는 관련인허가 행정청은 제1항 및 제2항에서 규정한 사항 외에 주된 인허가 또는 관련인허가의 관리·감독에 영향을 미치는 중요 사항이 발생한 경우에는 상호 간에 그 사실을 통지해야 한다(행정기본법 시행령 제5조 제3항).

[4] 행정기본법 제26조 제3항 — 시행령

1. 의의

행정기본법 제26조 제3항은 "이 절에서 규정한 사항 외에 인허가의제의 방법, 그 밖에 필요한 세부 사항은 대통령령으로 정한다"고 규정하고 있다. 본 조항은 행정기본법 제3장 제2절이 정하는 인허가의제를 집행하기 위한 시행령 제정의 근거규정이다.

2. 내용

① 시행령의 내용으로 인허가의제의 집행방법이 세부적으로 규정된다(예: 주된 인허가 시 관련 인허가 기재 방법). ② 그 밖에 필요한 세부사항에 국민의 자유와 권리를 새로이 제한하는 사항은 포함될 수 없다. 행정기본법은 그러한 사항을 정할 수 있도록 구체적으로 범위를 정하여 위임하는 바가 없기 때문이다.

제3절 공법상 계약

1. 행정기본법 제정 전 상황

행정기본법 제정 전에는 공법상 계약에 관한 원칙적 규정들을 아우르는 법, 즉 공법상 계약에 관해 일반법의 지위를 갖는 법률(규정)이 없었다. 공법상 계약의 법리는 학설과 판례에서 정리되었다. 당시 행정현실에서는 법적 근거 없이 행정 청이 수익적 처분을 하면서 부담의 형식으로 임의로 의무를 부과하고 사인은 각 서를 제출하는 경우도 있었다.

2. 행정기본법 제27조의 취지

공법상 계약은 당사자의 합의를 바탕으로 하여 행정의 효율성과 민주성의 제 고에 부합할 뿐만 아니라 향후 행정의 주요 도구로서 활용이 증대할 것으로 예견 되는바, 공법상 계약을 둘러싼 분쟁을 사전적으로는 미연에 방지하고 사후적으로 는 보다 명쾌하게 해결할 수 있는 기준을 마련할 필요가 있었다. 행정기본법 제27 조는 이러한 필요에 응하기 위한 조문이다.

3. 행정기본법 제27조의 법적 성격

(가) 일반법   행정기본법 제27조는 일반법이다. ① 공법상 계약에 관한 특 별 법령(규정)이 있으면, 특별 법령(규정)이 우선 적용된다. ② 특별 법령(규정)이 없 으면, 행정기본법 제27조가 적용된다. ③ 행정기본법 제27조에도 규정하는 바가 없는 사항에 대해서는 성질이 허용하는 범위에서 민법이 일단 유추적용된다고 볼 것이다. 행정절차법은 처분, 신고, 행정상 입법예고, 행정예고 및 행정지도의 절차 에 적용되므로(행정절차법 제3조 제1항), 공법상 계약에 행정절차법은 적용되지 아니 한다. 한편, 행정주체가 일방 당사자인 사법상 계약은 국가를 당사자로 하는 법률 또는 지방자치단체를 당사자로 하는 법률의 적용을 받는다.

■ 대판 2002. 11. 26, 2002두5948(계약직공무원에 관한 현행 법령의 규정에 비추어 볼 때, 계약직공무원 채용계약해지의 의사표시는 일반공무원에 대한 징계처분과는 달라서 항고소 송의 대상이 되는 처분 등의 성격을 가진 것으로 인정되지 아니하고, 일정한 사유가 있을 때에 국가 또는 지방자치단체가 채용계약 관계의 한쪽 당사자로서 대등한 지위에서 행하는 의사표시로 취급되는 것으로 이해되므로, 이를 징계해고 등에서와 같이 그 징계사유에 한

하여 효력 유무를 판단하여야 하거나, 행정처분과 같이 행정절차법에 의하여 근거와 이유
를 제시하여야 하는 것은 아니다).

(나) 강행규정 ① 행정기본법 제27조는 단순한 선언적 규정이 아니다. 임
의적 규정도 아니다. 그것은 강행규정이고 효력규정이다. 공법상 계약을 체결하는
행정청과 상대방은 행정기본법 제27조를 준수하여야 한다. ② 행정기본법 제27조
에 반하는 공법상 계약은 위법한 것이 된다. 위법한(하자 있는) 공법상 계약에 관한
일반적인 규정은 없다. 명문의 규정이 없는 한, 하자 있는 공법상 계약은 무효로
볼 수밖에 없다. 그 하자가 경미하다면 유효로 볼 것이다. 무효 외에 취소도 가능
하다는 견해도 있다.

[당사자를 중심으로 본 공법상 계약의 유형]
1. 행정주체 간 공법상 계약
국가와 공공단체 또는 공공단체상호간에 특정의 행정사무의 처리를 합의하는 경우가 이에
해당한다. 이러한 종류의 계약의 예는 지방자치법상 공공단체상호간의 사무의 위탁, 공도
로법상 공공시설의 관리 또는 경비분담협의 등에서 볼 수 있다.
 ■ 지방자치법 제151조(사무의 위탁) ① 지방자치단체나 그 장은 소관 사무의 일부를 다른 지
방자치단체나 그 장에게 위탁하여 처리하게 할 수 있다. ….
 ■ 도로법 제24조(도로 관리의 협의 및 재정) ① 제23조에도 불구하고 행정구역의 경계에 있
는 도로는 관계 행정청이 협의하여 도로관리청과 관리방법을 따로 정할 수 있다.
제85조(비용부담의 원칙) ② 제1항에도 불구하고 제20조에 따라 노선이 지정된 도로나 행정
구역의 경계에 있는 도로에 관한 비용은 관계 지방자치단체가 협의하여 부담 금액과 분담
방법을 정할 수 있다.

2. 행정주체와 사인 간 공법상 계약
이러한 종류의 계약으로 행정권한의 위탁, 행정사무위탁, 임기제공무원임용, 환경보전협
정, 공익사업관련 손실보상협의 등을 볼 수 있다.
 ■ 정부조직법 제6조(권한의 위임 또는 위탁) ③ 행정기관은 법령으로 정하는 바에 따라 그 소
관사무 중 조사·검사·검정·관리 업무 등 국민의 권리·의무와 직접 관계되지 아니하는
사무를 지방자치단체가 아닌 법인·단체 또는 그 기관이나 개인에게 위탁할 수 있다.
 ■ 행정권한의 위임 및 위탁에 관한 규정 제13조(계약의 체결 등) ① 행정기관은 민간수탁기관
이 선정되면 민간수탁기관과 위탁에 관한 계약을 체결하여야 한다.
 ■ 공무원임용령 제22조의4(임기제공무원의 임용 절차 등) ① 임용권자 또는 임용제청권자는
정원(일반임기제공무원을 임용하는 경우만 해당한다) 및 예산의 범위에서 임기제공무원을
임용할 수 있다. 이 경우 소속 장관이 아닌 기관의 장이 일반임기제공무원 및 한시임기제공
무원을 임용한 경우에는 그 사실을 소속 장관에게 통보하여야 하며, 전문임기제공무원을
임용하려는 경우에는 소속 장관의 승인을 받아야 한다.

제22조의5(임기제공무원의 근무기간) ① 임기제공무원의 근무기간은 5년의 범위에서 해당 사업을 수행하는 데 필요한 기간으로 한다. 다만, 한시임기제공무원의 근무기간은 1년 6개월의 범위에서 업무를 대행하는 데 필요한 기간으로 한다.

■공익사업을 위한 토지 등의 취득 및 보상에 관한 법률 제9조(사업 준비를 위한 출입의 허가 등) ④ 사업시행자는 제1항에 따라 타인이 점유하는 토지에 출입하여 측량·조사함으로써 발생하는 손실을 보상하여야 한다.
⑥ 제4항에 따른 손실의 보상은 사업시행자와 손실을 입은 자가 협의하여 결정한다.

■ 폐기물관리법 제16조(협약의 체결) ① 시·도지사나 시장·군수·구청장은 폐기물의 발생억제 및 처리를 위하여 관할 구역에서 폐기물을 배출하는 자 또는 이들로 구성된 단체와 협약을 체결할 수 있다.

3. 사인과 사인 간 공법상 계약

사인상호간이란 순수한 사인상호간을 의미하는 것이 아니라, 국가로부터 공권을 위탁받은 사인(수탁사인)과 다른 사인간을 의미한다. 이러한 종류의 공법상 계약은 원칙적으로 법이 인정하는 경우에 한하여 성립이 가능하다(예: 기업자로서의 사인과 토지소유자간의 토지수용에 관한 합의).

■공익사업을 위한 토지 등의 취득 및 보상에 관한 법률 제26조(협의 등 절차의 준용) ① 제20조에 따른 사업인정을 받은 사업시행자는 토지조서 및 물건조서의 작성, 보상계획의 공고·통지 및 열람, 보상액의 산정과 토지소유자 및 관계인과의 협의 절차를 거쳐야 한다. 이 경우 제14조부터 제16조까지 및 제68조를 준용한다.
제16조(협의) 사업시행자는 토지등에 대한 보상에 관하여 토지소유자 및 관계인과 성실하게 협의하여야 하며, 협의의 절차 및 방법 등 협의에 필요한 사항은 대통령령으로 정한다.
제17조(계약의 체결) 사업시행자는 제16조에 따른 협의가 성립되었을 때에는 토지소유자 및 관계인과 계약을 체결하여야 한다.

제27조(공법상 계약의 체결) ① 행정청은 법령등을 위반하지 아니하는 범위에서 행정목적을 달성하기 위하여 필요한 경우에는 공법상 법률관계에 관한 계약(이하 "공법상 계약"이라 한다)을 체결할 수 있다. 이 경우 계약의 목적 및 내용을 명확하게 적은 계약서를 작성하여야 한다.[1]
② 행정청은 공법상 계약의 상대방을 선정하고 계약 내용을 정할 때 공법상 계약의 공공성과 제3자의 이해관계를 고려하여야 한다.[2]
[시행일 2021. 3. 23.]
[제27조는 이 법 시행 이후 공법상 계약을 체결하는 경우부터 적용한다(부칙 제4조)].

[1] 행정기본법 제27조 제1항 — 공법상 계약의 체결가능성과 형식

1. 공법상 계약의 체결가능성

(가) 행정기본법 제정 전 상황　　행정기본법 제정 전 학설은 공법상 계약을 권력적인 작용을 보완하는 행정의 행위형식으로 새기는 데 이론이 없었다. 명문으로 금지하지 않는 한, 그리고 법규에 저촉되지 않는 한 공법상 계약은 자유로이 체결할 수 있는 것으로 보았다.

(나) 행정기본법상 공법상 계약 체결의 자유　　행정기본법 제27조 제1항은 "행정청은 법령등을 위반하지 아니하는 범위에서 행정목적을 달성하기 위하여 필요한 경우에는 공법상 법률관계에 관한 계약(이하 "공법상 계약"이라 한다)을 체결할 수 있다"고 하여 공법상 계약 체결의 자유를 명시적으로 규정하고 있다.

> [참고] 국가를 당사자로 하는 계약에 관한 법률 제5조(계약의 원칙) ① 계약은 서로 대등한 입장에서 당사자의 합의에 따라 체결되어야 하며, 당사자는 계약의 내용을 신의성실의 원칙에 따라 이행하여야 한다.

(다) 수익적 처분에 갈음하는 공법상 계약의 가능성　　행정청이 수익적 처분을 하는 대신 공법상 계약을 체결할 수 있는가에 관해 행정기본법은 규정하는 바가 없다. "부담을 부가하기 전에 상대방과 협의하여 부담의 내용을 협약의 형식으로 미리 정한 다음 행정처분을 하면서 이를 부가할 수도 있다"고 한 판례도 있으므로(대판 2009. 2. 12, 2005다65500), 수익적 처분에 갈음하는 공법상 계약의 가능성을 부정적으로만 볼 것은 아니다.

2. 공법상 계약의 의의

(가) 공법상 계약의 개념　　① 행정기본법 제27조 제1항은 「행정청이 행정목적을 달성하기 위하여 체결하는 공법상 법률관계에 관한 계약」을 공법상 계약으로 부르고 있다. 강학상 공법상 계약은 공법의 영역에서 법관계를 발생·변경·폐지시키는 복수당사자의 반대방향의 의사의 합치로 이해되었다. 판례의 견해도 유사하였다.

■ 대판 2021. 1. 14, 2019다277133(공법상 계약이란 공법적 효과의 발생을 목적으로 하여 대등한 당사자 사이의 의사표시의 합치로 성립하는 공법행위를 말한다).

내용상 이러한 개념 간에 차이가 없어 보인다. ② 행정기본법 제정 전에는 공법상 계약이 학문상 개념이었으나, 행정기본법 제정으로 실정법상 개념이 되었다.

(나) 사법상 계약과 구별

1) 개념상 구별   공법상 계약은 공법의 영역에서 이루어지는 계약이라는 점에서 사법의 영역에서 이루어지는 계약인 사법상 계약과 구별된다. 공법상 계약의 당사자는 반드시 국가 또는 지방자치단체이어야 하는 것은 아니다. 수탁사인도 계약당사자가 될 수 있다. 여기서 계약의 대상이 공법에 속한다는 것은 대립적인 관계에 놓이는 급부의무가 공법에 귀속된다는 것을 의미한다.

2) 구별기준   행정주체와 사인간의 계약이 공법상 계약인지 사법상 계약인지 불분명한 경우에는 계약내용이 법률로 규정되고 있는 사항인지의 여부, 그 법률의 성격, 계약이 직접적으로 행정사무수행에 기여하는지 간접적으로 행정사무수행에 기여하는지의 여부, 계약의 전체적인 성격 등을 고려하여 객관적으로 판단하여야 한다.

[참고] 공법상 계약과 사법상 계약의 비교

	공법상 계약	사법상 계약
관련 법률	행정기본법 제27조	민법 제2장
직접 목적	공익 실현	사익 실현
소송방식	공법상 당사자 소송	민사소송
관할법원	행정법원	민사법원

[공법상 계약과 사법상 계약의 구별 방법에 관한 판례]

■ 대판 2024. 7. 11, 2024다211762(어떠한 계약이 공법상 계약에 해당하는지는 계약이 공행정 활동의 수행 과정에서 체결된 것인지, 계약이 관계 법령에서 규정하고 있는 공법상 의무 등의 이행을 위해 체결된 것인지, 계약 체결에 계약 당사자의 이익만이 아니라 공공의 이익 또한 고려된 것인지 또는 계약 체결의 효과가 공공의 이익에도 미치는지, 관계 법령에서의 규정 또는 그 해석 등을 통해 공공의 이익을 이유로 한 계약의 변경이 가능한지, 계약이 당사자들에게 부여한 권리와 의무 및 그 밖의 계약 내용 등을 종합적으로 고려하여 판단하여야 한다).

■ 대판 2015. 8. 27, 2015두41449(행정청이 자신과 상대방 사이의 법률관계를 일방적인 의사표시로 종료시켰다고 하더라도 곧바로 그 의사표시가 행정청으로서 공권력을 행사하여

행하는 행정처분이라고 단정할 수는 없고, 관계 법령이 상대방의 법률관계에 관하여 구체적으로 어떻게 규정하고 있는지에 따라 그 의사표시가 항고소송의 대상이 되는 행정처분에 해당하는 것인지 아니면 공법상 계약관계의 일방 당사자로서 대등한 지위에서 행하는 의사표시인지 여부를 개별적으로 판단하여야 한다).

[사법상 계약으로 본 판례]

■ 대판 2019. 10. 17, 2018두60588(지방자치단체인 양산시가 주식회사 포스코건설 등 4개 회사로 구성된 공동수급체를 자원회수시설과 부대시설의 운영·유지관리 등을 위탁할 민간사업자로 선정하고 을 회사 등의 공동수급체와 위 시설에 관한 위·수탁 운영 협약을 체결하였는데, 민간위탁 사무감사를 실시한 결과 을 회사 등이 위 협약에 근거하여 노무비와 복지후생비 등 비정산비용 명목으로 지급받은 금액 중 집행되지 않은 금액에 대하여 회수하기로 하고 을 회사에 이를 납부하라고 통보하자, 을 회사 등이 이를 납부한 후 회수통보의 무효확인 등을 구하는 소송을 제기한 사안에서, 위 협약은 양산시가 주식회사 포스코건설 등에 위 시설의 운영을 위탁하고 그 위탁운영비용을 지급하는 것을 내용으로 하는 용역계약으로서 상호 대등한 입장에서 당사자의 합의에 따라 체결한 사법상 계약에 해당한다).

■ 대판 2019. 8. 30, 2018다242451(갑 주식회사가 고용노동부가 시행한 '청년취업인턴제' 사업에 실시기업으로 참여하여 고용노동부로부터 사업에 관한 업무를 위탁받은 을 주식회사와 청년인턴지원협약을 체결하고 인턴을 채용해 왔는데, 갑 회사는 30명의 인턴에 대하여 실제 약정 임금이 130만 원임에도 마치 150만 원을 지급한 것처럼 꾸며 을 회사로부터 1인당 150만 원의 50%인 75만 원의 청년인턴지원금을 청구하여 지급받았고, 이에 을 회사가 갑 회사를 상대로 지원금 반환을 구하는 소를 제기한 사안에서)(을 회사가 고용노동부의 '청년취업인턴제 시행지침' 또는 구 보조금 관리에 관한 법률 제33조의2 제1항 제1호에 따라 보조금수령자에 대하여 거짓 신청이나 그 밖의 부정한 방법으로 지급받은 보조금을 반환하도록 요구하는 의사표시는 우월한 지위에서 하는 공권력의 행사로서의 '반환명령'이 아니라, 대등한 당사자의 지위에서 계약에 근거하여 하는 의사표시라고 보아야 하며, 또한 을 회사의 갑 회사에 대한 협약에 따른 지원금 반환청구는 협약에서 정한 의무의 위반을 이유로 채무불이행 책임을 구하는 것에 불과하고, 채무의 존부 및 범위에 관한 다툼이 협약에 포함된 공법적 요소에 어떤 영향을 받는다고 볼 수도 없으므로 민사소송의 대상이라고 보아야 한다).

■ 대판 2001. 12. 11, 2001다33604(지방재정법에 의하여 준용되는 국가계약법에 따라 지방자치단체가 당사자가 되는 이른바 공공계약은 사경제의 주체로서 상대방과 대등한 위치에서 체결하는 사법상의 계약으로서 그 본질적인 내용은 사인 간의 계약과 다를 바가 없으므로, 그에 관한 법령에 특별한 정함이 있는 경우를 제외하고는 사적자치와 계약자유의 원칙 등 사법의 원리가 그대로 적용된다 할 것이다).

■ 대판 2001. 12. 11, 2001다33604(지방재정법에 의하여 준용되는 국가계약법에 따라 지방자치단체가 당사자가 되는 이른바 공공계약은 사경제의 주체로서 상대방과 대등한 위치에서 체결하는 사법상의 계약으로서 그 본질적인 내용은 사인 간의 계약과 다를 바가 없으므로, 그에 관한 법령에 특별한 정함이 있는 경우를 제외하고는 사적자치와 계약자유의 원칙 등 사법의 원리가 그대로 적용된다).

(다) 처분과 구별

1) 개념상 구별   처분(행정행위)은 일방적인 행위임에 반하여 공법상 계약은 쌍방행위인 점에서 다르다. 동의를 요하는 처분(예: 경력직 공무원의 임용행위)에서 사인의 의사는 적법요건이며, 사인의 의사가 결여된 경우에는 위법하고 취소가 가능하다. 이에 비해 공법상 계약에서 사인의 의사는 계약의 성립요건이며, 사인의 의사가 결여된 경우에는 계약이 없는 것이 된다.

2) 협력을 요하는 행정행위와의 구별   실제상 공법상 계약은 협력(상대방의 신청이나 동의)을 요하는 행정행위와의 구별이 용이하지 않다. 사인이 규율내용상에 직접 영향을 미칠 수 있다면 계약(사실상의 영향력은 별문제로 하고), 없다면 협력을 요하는 행정행위가 된다고 일단 말할 수 있다. 그것은 결국 상대방의 의사가치에 대한 평가의 문제이다. 공법상 계약과 행정행위의 구분은 적법성의 전제요건, 구속효, 하자의 효과, 쟁송수단 등과 관련하여 의미를 갖는다.

[참고] 공법상 계약과 처분의 비교

	공법상 계약	처분(행정행위)
개념	행정기본법 제27조 제1항	행정기본법 제2조 제4호
법률우위의 원칙	전면적 적용	전면적 적용
법률유보의 원칙	적용 범위 협소	넓은 적용 범위(행정기본법 제8조)
상대방의 지위	행정청과 동등한 지위	행정청의 우월한 지위
의사의 하자	무효 사유	무효 또는 취소 사유(중대명백설)
소송방식	공법상 당사자 소송	공법상 취소소송·무효확인소송 등

[참고] 행정의 실제상 사안에 따라서는 공법상 계약과 처분의 구별이 쉽지 않은 경우도 있다. 계약의 형식으로 체결된 사안에서 처분으로 본 판례도 있고, 협약의 해지를 처분으로 본 판례도 있다.

■ 대판 2006. 3. 9, 2004다31074(원고는 피고 대한민국 산하의 국립의료원 부설주차장에 관한 이 사건 위탁관리용역운영계약에 대하여 관리청이 순전히 사경제주체로서 행한 사법상 계약임을 전제로, 가산금에 관한 별도의 약정이 없는 이상 원고에게 가산금을 지급할 의무가 없다고 주장하여 그 부존재의 확인을 구한다는 것이다. 그러나 기록에 의하면, 위 운영계약의 실질은 행정재산인 위 부설주차장에 대한 국유재산법 제24조 제1항에 의한 사용·수익 허가로서 이루어진 것임을 알 수 있으므로, 이는 위 국립의료원이 원고의 신청에 의하여 공권력을 가진 우월적 지위에서 행한 행정처분으로서 특정인에게 행정재산을 사용할 수 있는 권리를 설정하여 주는 강학상 특허에 해당한다 할 것이고 순전히 사경제주체로서 원고와 대등한 위치에서 행한 사법상의 계약으로 보기 어렵다).

■ 대판 2014. 12. 11, 2012두28704(과학기술기본법령상 사업 협약의 해지 통보는 단순히 대등 당사자의 지위에서 형성된 공법상계약을 계약당사자의 지위에서 종료시키는 의사표시에 불과한 것이 아니라 행정청이 우월적 지위에서 연구개발비의 회수 및 관련자에 대한 국가연구개발사업 참여제한 등의 법률상 효과를 발생시키는 행정처분에 해당한다).

[공법상 계약으로 본 판례]

■ 대판 2014. 4. 24, 2013두6244(이 사건 조례에 의하면 이 사건 옴부즈만은 토목분야와 건축분야 각 1인을 포함하여 5인 이내의 '지방계약직공무원'으로 구성하도록 되어 있는데(제3조 제2항), 위 조례와 이 사건 통보 당시 구 지방공무원법(2011. 5. 23. 법률 제10700호로 개정되기 전의 것) 제2조 제3항 제3호, 제3조 제1항 및 같은 법 제2조 제4항의 위임에 따른 구 지방계약직공무원 규정(2011. 8. 19. 대통령령 제23081호로 개정되기 전의 것) 제5조 등 관련 법령의 규정에 비추어 보면, 지방계약직공무원인 이 사건 옴부즈만 채용행위는 공법상 대등한 당사자 사이의 의사표시의 합치로 성립하는 공법상 계약에 해당한다).

■ 대판 2001. 12. 11, 2001두7794(지방자치법 제9조 제2항 제5호 (라)목 및 (마)목 등의 규정에 의하면, 이 사건 광주광역시립합창단의 활동은 지방문화 및 예술을 진흥시키고자 하는 광주광역시의 공공적 업무수행의 일환으로 이루어진다고 해석될 뿐 아니라, 원심이 확정한 바와 같이 그 단원으로 위촉되기 위하여는 공개전형을 거쳐야 하고 지방공무원법 제31조의 규정에 해당하는 자는 단원의 직에서 해촉될 수 있는 등 단원은 일정한 능력요건과 자격요건을 갖추어야 하며, 상임단원은 일반공무원에 준하여 매일 상근하고 단원의 복무규율이 정하여져 있으며, 일정한 해촉사유가 있는 경우에만 해촉되고, 단원의 보수에 대하여 지방공무원의 보수에 관한 규정을 준용하는 점 등에서는 단원의 지위가 지방공무원과 유사한 면이 있으나, 한편 단원의 위촉기간이 정하여져 있고 재위촉이 보장되지 아니하며, 단원에 대하여는 지방공무원의 보수에 관한 규정을 준용하는 이외에는 지방공무원법 기타 관계 법령상의 지방공무원의 자격, 임용, 복무, 신분보장, 권익의 보장, 징계 기타 불이익처분에 대한 행정심판 등의 불복절차에 관한 규정이 준용되지도 아니하는 점 등을 종합하여 보면, 피고의 단원 위촉은 피고가 행정청으로서 공권력을 행사하여 행하는 행정처분이 아니라 공법상의 근무관계의 설정을 목적으로 하여 광주광역시와 단원이 되고자 하는 자 사이에 대등한 지위에서 의사가 합치되어 성립하는 공법상 근로계약에 해당한다).

■ 대판 2001. 12. 11, 2001두7794(광주광역시문화예술회관장의 단원 위촉은 광주광역시문화예술회관장이 행정청으로서 공권력을 행사하여 행하는 행정처분이 아니라 공법상의 근무관계의 설정을 목적으로 하여 광주광역시와 단원이 되고자 하는 자 사이에 대등한 지위에서 의사가 합치되어 성립하는 공법상 근로계약에 해당한다고 보아야 할 것이므로, 광주광역시립합창단원으로서 위촉기간이 만료되는 자들의 재위촉 신청에 대하여 광주광역시문화예술회관장이 실기와 근무성적에 대한 평정을 실시하여 재위촉을 하지 아니한 것을 항고소송의 대상이 되는 불합격처분이라고 할 수는 없다).

(라) 공법상 합동행위와 구별　　　공법상 합동행위란 공법관계에서 다수당사자의 같은 방향의 의사의 합치에 의하여 성립되는 법적 행위를 말한다(예: 지방자치법

제176조 등에 따른 지방자치단체조합의 설립행위, 지방자치법 제199조 등에 의한 특별지방자치단체 설립행위). 공법상 합동행위나 공법상 계약 모두 다수 의사의 합치에 의해 성립한다는 점에서는 동일하나, 그 의사의 방향이 전자는 같은 방향이나 후자는 반대방향인 점에서 구분된다. 상대방 선정 등을 규정하는 행정기본법 제27조 제2항의 내용에 비추어 행정기본법 제27조의 공법상 계약은 반대방향의 의사의 합치로 이해된다.

3. 공법상 계약의 요건

(가) 주체요건　　　공법상 계약의 일방 당사자는 행정청이다. 논리상 공법상 계약의 일방 당사자는 권리주체인 국가 또는 지방자치단체이어야 한다. 그러나 실제상 공법상 계약은 행정청이 수행하는바, 행정기본법은 국가 또는 지방자치단체를 위하여 행하는 행정청을 공법상 계약의 일방 당사자로 규정하였다.

(나) 내용요건(1) ― 법률우위의 원칙

1) 의의　　　행정기본법은 행정청이 "법령등을 위반하지 아니하는 범위에서" 공법상 계약을 체결할 수 있다고 하여, 공법상 계약에 법률우위의 원칙이 적용됨을 분명히 하고 있다. 강행법규에 반하는 공법상 계약은 위법한 것이 된다.

■ 대판 2021. 5. 6, 2017다273441 전원합의체(행정처분은 법률에 근거가 있어야 한다는 법률유보의 원칙의 적용을 받지만, 공법상 계약은 합의에 의한 행위이므로 법률에 근거가 없이도 가능하고 이는 행정의 전문화·다양화에 대응하여 공법상 법률관계에 관한 계약을 통해서도 행정이 이루어질 수 있도록 공법상 계약의 법적 근거를 마련하겠다는 행정기본법 제27조의 입법 취지를 통해서도 확인할 수 있다. 그러나 법률의 근거가 없어도 체결될 수 있는 공법상 계약이더라도 법률에 반하는 내용이어서는 아니 된다는 법률우위 원칙은 엄격하게 준수되어야 한다. 행정기본법 제27조 역시 공법상 계약은 '법령 등을 위반하지 아니하는 범위에서' 체결할 수 있다고 규정하여 법률우위 원칙을 천명하고 있다).

2) 체결의 자유의 제한　　　공법상 계약은 사적 자치(계약자유)의 원칙에 따른다기보다 법규에 의해 체결의 자유와 행정청의 형성의 자유가 제한될 수 있다. 따라서 공법상 계약에서는 대등당사자가 자유롭게 의사형성을 하기보다는 법규에 근거하여 행정청만이 보다 많은 형성의 자유를 가질 수도 있다.

(다) 내용요건(2) ― 행정목적을 달성하기 위하여 필요한 경우

1) 의의　　　① 공법상 계약은 행정목적을 달성하기 위하여 필요한 경우에 체

결할 수 있다. 행정목적을 달성하기 위하여 필요한 경우란 불확정 개념의 해석문제로서 개별 공법상 계약과 관련하여 판단되어질 수 있다. 그러나 ②「행정의 법률에의 구속」을 회피하기 위한 목적은 행정목적을 달성하기 위하여 필요한 경우에 해당하지 않는다.

2) 선택의 자유　　행정기본법 하에서 공법상 계약은 자유롭게 인정되므로, 행정청은 구체적인 경우에 행정행위와 공법상 계약 중 어떠한 수단으로 행정을 할 것인가의 문제가 생긴다. 행정청은 관련된 행정사무를 사리에 적합하고 또한 효과적으로 처리할 수 있는 방식을 선택하여야 한다. 다만 평등원칙 등 행정의 법 원칙에 반하는 결과를 가져올 가능성이 있는 행정작용은 반드시 행정행위로 하여야 할 것이다. 법문이 행정행위를 통한 규율을 규정하고 있으면(명시적으로 표현된 경우뿐만 아니라 해석에 의한 경우도 포함한다. 예컨대, 허가·인가·승인·처분 등의 용어가 사용되고 있는 경우) 특별한 사정이 없는 한 행정행위로 하여야 한다.

(라) 형식요건(1) — 계약서 형식

1) 의의　　공법상 계약의 체결은 계약서 작성으로 하여야 한다. 행정기본법은 공법상 계약체결의 형식으로 문서주의를 택하고 있다. 문서주의는 사후에 당사자 사이에 분쟁이 발생하는 것을 방지하는 의미를 갖는다.

2) 제3자, 행정청의 동의　　① 만약 제3자의 권리를 침해하는 공법상 계약의 경우, 관련된 제3자의 서면상의 동의를 얻어야 할 것이다. 왜냐하면 누구도 제3자에게 부담을 가져오는 계약을 임의로 체결할 수는 없기 때문이다. ② 공법상 계약의 체결에 다른 행정청의 동의가 요구되는 처분을 대체하는 것이라면, 공법상 계약의 체결에도 그 다른 행정청의 동의가 필요하다. 뿐만 아니라 처분의 발령을 내용으로 하는 공법상 계약을 체결하는 경우, 그 처분이 제3자의 권리를 침해하는 것이라면, 그러한 처분의 적법요건이 구비되어야 할 것이다.

(마) 형식요건(2) — 계약서 기재사항

1) 의의　　행정기본법 제27조 제1항은 "계약의 목적 및 내용을 명확하게 적은 계약서"라고 규정하는바, 계약의 목적 및 내용은 계약서의 필요적 기재사항이다.

[참고 법률] 국가를 당사자로 하는 계약에 관한 법률 제11조(계약서의 작성 및 계약의 성립) ①

각 중앙관서의 장 또는 계약담당공무원은 계약을 체결할 때에는 다음 각 호의 사항을 명백하게 기재한 계약서를 작성하여야 한다. 다만, 대통령령으로 정하는 경우에는 계약서의 작성을 생략할 수 있다.

1. 계약의 목적
2. 계약금액
3. 이행기간
4. 계약보증금
5. 위험부담
6. 지체상금(遲滯償金)
7. 그 밖에 필요한 사항

② 제1항에 따라 계약서를 작성하는 경우에는 그 담당 공무원과 계약상대자가 계약서에 기명하고 날인하거나 서명함으로써 계약이 확정된다.

2) 기재사항의 미비　계약의 목적이나 내용이 누락되었거나, 적었다고 하여도 적은 사항이 명확하지 아니하면, 그러한 공법상 계약은 위법한 계약이 된다. 그 위법이 경미하지 않다면, 무효의 공법상 계약이 된다.

(바) 절차요건　행정기본법에 절차요건에 관한 규정은 보이지 아니한다. 개별 법률에 정함이 있으면, 그 개별 법률이 정하는 대로 하여야 한다. 그러나 개별 법률에 정함이 없다면, 적당한 방법으로 하면 될 것이다. 경우에 따라서는 공법상 계약의 성립에 감독청의 승인·인가 등을 받게 할 수도 있을 것이다. 물론 행정청은 행정기본법 제27조에 따라 공법상 법률관계에 관한 계약을 체결할 때 법령등에 따른 관계 행정청의 동의, 승인 또는 협의 등이 필요한 경우에는 이를 모두 거쳐야 한다(행정기본법 시행령 제6조).

[2] 행정기본법 제27조 제2항 — 공법상 계약의 공공성과 제3자의 이해관계

1. 의의

행정기본법 제27조 제2항은 "행정청은 공법상 계약의 상대방을 선정하고 계약 내용을 정할 때 공법상 계약의 공공성과 제3자의 이해관계를 고려하여야 한다."고 규정하고 있다. 이런 규정을 둔 것은 공법상 계약도 공익실현을 목적으로 하는 공행정의 한 부분이기 때문이다. 요컨대 공법상 계약의 내용은 당연히 공적 임무의 수행에 기여하는 것이어야 하기 때문이다.

2. 공공성의 결여

공법상 계약의 공공성과 제3자의 이해관계의 고려는 공법상 계약의 내용요건의 하나이다. 공공성이 결여된 공법상 계약이나 제3자의 이해관계를 무시한 공법상 계약은 행정기본법 제29조 제2항 위반으로 위법한 계약이 될 수 있고, 경우에 따라 무효가 될 수 있다.

[3] 공법상 계약에 관해 행정기본법에 규정되지 아니한 사항

1. 계약내용의 변경 요구

공법상 계약 체결 시에 고려되었던 공공성과 제3자의 이해관계가 공법상 계약 체결 후에 변화되었다면 공법상 계약을 변화된 상황에 맞추는 계약내용의 변경 요구제도를 도입할 필요가 있다.

2. 공법상 계약의 해지

공법상 계약 체결 후에 그 공법상 계약을 유지시키는 것이 오히려 공공성과 제3자의 이해관계에 비추어 무익 내지 유해할 수 있는 사정이 발생하였다면, 공법상 계약의 효력을 종료시키는 해지제도를 도입할 필요가 있다.

■ 대판 2021. 5. 6, 2017다273441 전원합의체[그린손해보험 주식회사(갑)가 대전광역시와 구 사회기반시설에 대한 민간투자법 제4조 제1호에서 정한 이른바 BTO(Build-Transfer-Operate) 방식의 '지하주차장 건설 및 운영사업' 실시협약을 체결한 후 관리운영권을 부여받아 지하주차장 등을 운영하던 중 파산하였는데, 그린손해보험 주식회사의 파산관재인인 예금보험공사가 채무자 회생 및 파산에 관한 법률 제335조 제1항에 따른 해지권을 행사할 수 있는지 문제 된 사건에서] (쌍무계약의 특질을 가진 공법적 법률관계에도 채무자 회생 및 파산에 관한 법률 제335조 제1항이 적용 또는 유추적용될 수 있으나, 파산 당시 갑 회사와 을 지방자치단체 사이의 법률관계는 위 규정에서 정한 쌍방미이행 쌍무계약에 해당한다고 보기 어려우므로, 갑 회사의 파산관재인의 해지권이 인정되지 않는다).

3. 공법상 계약의 해제

(가) 약정해제·법정해제   해제에 관한 사법규정은 공법상 계약에도 유추적용될 수 있다. 사법상 해제에는 ① 계약 당사자가 약정한 사유가 발생한 경우에 당사자 일방의 의사표시로 이루어지는 해제인 약정해제와 ② 법률에서 정한 사유

인 이행지체(민법 제544조) 또는 이행불능(민법 제546조) 등의 경우에 당사자 일방의 의사표시로 이루어지는 해제인 법정해제가 있다.

(나) **해제사유로서 공공복지**　　행정법은 사법의 경우와 달리 공공복지를 위해 중대한 불이익을 제거하거나 방지하기 위해 계약체결 후 계약내용의 결정에 기준이 된 상황이 본질적으로 달리 변경될 때를 대비하여 특별한 수정권과 해제권을 인정할 수도 있다. 만약 국가에 의한 해제로 귀책사유 없는 상대방이 손실을 입게 되면, 국가는 그 손실을 보상하여야 할 것이다.

4. 일무무효의 법리

공법상 계약의 일부분이 무효일 때에는 그 전부가 무효임이 원칙이지만, 공법상 계약의 일부분이 무효일지라도, 그 무효 부분이 없더라도 공법상 계약을 체결하였을 것이라고 인정되는 경우에는 나머지 부분은 무효로 하지 아니하는 일부무효의 법리를 도입할 필요가 있다.

5. 이행(집행)

계약당사자는 계약내용에 따라 이행의무를 진다. 특별규정이 없는 한, 이행·불이행에 관해서는 민법규정을 유추적용할 것이다. 당사자가 계약상의 의무를 이행하지 아니하면 상대방은 법원의 판결을 받아 이행을 강제할 수 있다. 설령 행정청이 행정행위를 발하였더라면 강제집행할 수 있었을지라도 계약의 형식으로 한 이상 법원의 판결 없이는 강제집행을 할 수 없다. 다만 예외적으로 명문의 규정이 있다면, 행정청이 판결 없이 강제집행을 할 수 있다.

6. 권리보호(당사자소송)

공법상 계약에 관한 분쟁은 행정소송법 제3조 제2호가 정하는 실질적 당사자소송의 대상이다. 공법상 계약에 관한 것인 한, 그것이 계약이행의 문제인가 또는 계약상 손해배상의 청구인가를 가리지 않는다.

■ 대판 2021. 1. 14, 2019다277133(공법상 계약의 한쪽 당사자가 다른 당사자를 상대로 그 효력을 다투거나 그 이행을 청구하는 소송은 공법상의 법률관계에 관한 분쟁이므로 분쟁의 실질이 공법상 권리·의무의 존부·범위에 관한 다툼이 아니라 손해배상액의 구체적인 산정방법·금액에 국한되는 등의 특별한 사정이 없는 한 공법상 당사자소송으로 제기하여야 한다).

제4절 과징금

1. 행정기본법 제정 전 상황

과징금은 1980년에 도입된 이후 행정기본법이 제정될 시점에는 130개 법률에서 규정되고 있었다.[1] 그러나 각종 법률에서의 규정 방식은 통일되지 아니하였다.

> ■ 과징금은 1980. 12. 31. 제정된 「독점규제 및 공정거래에 관한 법률」 제6조에서 처음 도입되었다. 그 내용은 시장지배적 사업자가 경제기획원장관의 가격인하명령에 불응한 경우, 가격인하 명령일부터 가격인하시까지 시장지배적 사업자가 명령위반으로 얻은 이익을 과징금으로 부과하는 것이었다.

2. 행정기본법 과징금 규정(제28조, 제29조)의 취지

과징금을 규정하고 있는 개별 법률의 규정 방식·내용 등이 상이하였다. 개별 법률에 산재한 과징금 부과의 일반원칙과 기준을 명확히 제시하여 과징금에 관한 행정의 통일성·합리성을 제고할 필요가 있었다. 행정기본법 제27조, 제28조는 이러한 필요에 응하기 위한 조문이다.

> **제28조(과징금의 기준)** ① 행정청은 법령등에 따른 의무를 위반한 자에 대하여 법률로 정하는 바에 따라 그 위반행위에 대한 제재로서 과징금을 부과할 수 있다.[1]
> ② 과징금의 근거가 되는 법률에는 과징금에 관한 다음 각 호의 사항을 명확하게 규정하여야 한다.[2]
> 1. 부과·징수 주체
> 2. 부과 사유
> 3. 상한액
> 4. 가산금을 징수하려는 경우 그 사항
> 5. 과징금 또는 가산금 체납 시 강제징수를 하려는 경우 그 사항
> [시행일 2021. 3. 23.]

---

1) 법제처, 행정기본법 조문별 제정이유서, 2020. 6, 73쪽.

[1] 행정기본법 제28조 제1항 — 과징금 법정주의

1. 과징금의 의의

(가) 과징금의 개념　① 행정기본법 제28조는 제1항은 과징금을 행정청이 법령등에 따른 의무를 위반한 자에 대하여 그 위반행위에 대하여 부과하는 금전상 제재로 규정하고 있다. ② 과징금은 성격에 따라 부당이득을 환수하는 성격의 과징금, 행정제재로서 금전적 제재 성격의 과징금, 사업의 취소·정지에 갈음하는 과징금의 유형으로 구분되기도 한다. 사업의 취소·정지에 갈음하는 과징금제도는 그 사업을 취소·정지하는 경우, 이용하는 국민들이 겪을 불편을 방지하기 위한 것이다.

[부당이익 환수의 과징금]

■ 독점규제 및 공정거래에 관한 법률 제6조(과징금) 공정거래위원회는 시장지배적사업자가 남용행위를 한 경우에는 당해 사업자에 대하여 대통령령이 정하는 매출액(대통령령이 정하는 사업자의 경우에는 영업수익을 말한다. 이하 같다)에 100분의 3을 곱한 금액을 초과하지 아니하는 범위안에서 과징금을 부과할 수 있다. 다만, 매출액이 없거나 매출액의 산정이 곤란한 경우로서 대통령령이 정하는 경우(이하 "매출액이 없는 경우등"이라 한다)에는 10억원을 초과하지 아니하는 범위안에서 과징금을 부과할 수 있다.

[금전적 제재의 과징금]

■ 부동산 실권리자명의 등기에 관한 법률 제5조(과징금) ① 다음 각 호의 어느 하나에 해당하는 자에게는 해당 부동산 가액(價額)의 100분의 30에 해당하는 금액의 범위에서 과징금을 부과한다.
1. 제3조 제1항을 위반한 명의신탁자
2. 제3조 제2항을 위반한 채권자 및 같은 항에 따른 서면에 채무자를 거짓으로 적어 제출하게 한 실채무자(實債務者)

[영업정지 대체의 과징금]

■ 감정평가 및 감정평가사에 관한 법률 제41조(과징금의 부과) ① 국토교통부장관은 감정평가업자가 제32조 제1항 각 호의 어느 하나에 해당하게 되어 업무정지처분을 하여야 하는 경우로서 그 업무정지처분이 「부동산 가격공시에 관한 법률」 제3조에 따른 표준지공시지가의 공시 등의 업무를 정상적으로 수행하는 데에 지장을 초래하는 등 공익을 해칠 우려가 있는 경우에는 업무정지처분을 갈음하여 5천만원(감정평가법인인 경우는 5억원) 이하의 과징금을 부과할 수 있다.
　■ 건강기능식품에 관한 법률 제37조(영업정지 등의 처분을 갈음하여 부과하는 과징금 처분)
　■ 대기환경보전법 제37조(과징금 처분)

■ 대판 2024. 7. 11, 2022두64808(독점규제 및 공정거래에 관한 법률」이나 가맹사업법 등
에 따른 과징금은 위반행위에 의하여 얻은 불법적인 경제적 이익을 박탈한다는 부당이득
환수뿐만 아니라, 위반행위의 억지라는 행정목적을 실현하기 위하여 부과된다는 성격을 모
두 가지고 있다).

■ 대판 2023. 10. 12, 2022두68923(과징금은 위반행위에 대한 제재의 성격과 함께 위반행
위에 따르는 불법적인 경제적 이익을 박탈하기 위한 부당이득 환수로서의 성격도 가지고,
이는 구 정보통신망법 제64조의3 제1항 각 호에서 정한 행위에 대하여 부과하는 과징금의
경우도 마찬가지이다).

(나) 벌금·과태료와 구별　　① 과징금은 벌금과 같이 금전적 제재수단이다.
그러나 과징금은 행정기관이 부과하지만, 벌금은 사법기관이 부과하는 형벌이라
는 점에서 다르다. ② 과징금은 과태료와 같이 금전적 제재수단이다. 그러나 과징
금은 행정법상 의무의 불이행이나 위반으로 얻어진 경제적 이익을 박탈하기 위하
여 부과하거나 또는 사업의 취소·정지에 갈음하여 부과하는 것으로서 처벌이 아
니지만, 과태료는 행정상 질서에 장해를 야기할 우려가 있는 의무위반에 대하여
부과하는 질서벌인 처벌이라는 점에서 차이가 난다.

2. 과징금 법정주의

행정기본법 제28조는 제1항은 "행정청은 … 법률로 정하는 바에 따라 …과징
금을 부과할 수 있다."고 하여 과징금법정주의를 규정하고 있다. 과징금법정주의
는 헌법 제37조 제2항(국민의 모든 자유와 권리는 국가안전보장·질서유지 또는 공공복리를
위하여 필요한 경우에 한하여 법률로써 제한할 수 있으며, 제한하는 경우에도 자유와 권리의 본
질적인 내용을 침해할 수 없다) 등에 따른 것이다. 과징금법정주의로 인해 법률의 근
거 없이 과징금을 부과하면, 그러한 과징금 부과처분은 위법한 처분이다.

3. 수범자

행정기본법 제28조 제1항은 행정청을 수범자로 하는 규정이다. 행정청은 제
28조 제1항을 근거로 법령등에 따른 의무를 위반한 자에게 과징금을 부과할 수
있는 주체, 즉 과징금부과의 주체의 지위를 갖는다.

4. 행정기본법에 규정되지 아니한 사항

(가) 과징금 미납시 영업허가 취소·정지처분　　과징금을 납부하지 아니하는
경우, 과징금 부과처분을 취소하고 영업허가 취소·정지처분을 할 수 있는지 여부

에 관해 규정하는 바가 없는바, 행정기본법을 근거로 과징금 부과처분을 취소하고 영업허가 취소·정지처분을 할 수는 없다. 이를 규정하는 개별 법률은 보인다(예; 국민건강보험법 제99조 제5항, 마약류 관리에 관한 법률 제46조 제4항, 식품 등의 표시·광고에 관한 법률 제19조 제3항 등).

(나) 형벌 또는 과태료와 병과　　과징금과 형벌의 병과, 과징금과 과태료의 병과가 가능한지 여부에 관해 규정하는 바가 없다. 과징금과 형벌·과태료는 목적이나 성격이 상이하므로 병과가 가능하다고 본다. 판례의 견해도 같다. 그러나 병과는 중복의 제재가 되므로, 개인의 권익보호의 관점에서 볼 때, 바람직하지 않다.

■ 헌재 2003. 7. 24. 2001헌가25 전원재판부(행정권에는 행정목적 실현을 위하여 행정법규 위반자에 대한 제재의 권한도 포함되어 있으므로, '제재를 통한 억지'는 행정규제의 본원적 기능이라 볼 수 있는 것이고, 따라서 어떤 행정제재의 기능이 오로지 제재(및 이에 결부된 억지)에 있다고 하여 이를 헌법 제13조 제1항에서 말하는 국가형벌권의 행사로서의 '처벌'에 해당한다고 할 수 없는바, 구 독점규제및공정거래에관한법률 제24조의2에 의한 부당내부거래에 대한 과징금은 그 취지와 기능, 부과의 주체와 절차 등을 종합할 때 부당내부거래 억지라는 행정목적을 실현하기 위하여 그 위반행위에 대하여 제재를 가하는 행정상의 제재금으로서의 기본적 성격에 부당이득환수적 요소도 부가되어 있는 것이라 할 것이고, 이를 두고 헌법 제13조 제1항에서 금지하는 국가형벌권 행사로서의 '처벌'에 해당한다고는 할 수 없으므로, 공정거래법에서 형사처벌과 아울러 과징금의 병과를 예정하고 있더라도 이중처벌금지원칙에 위반된다고 볼 수 없으며, 이 과징금 부과처분에 대하여 공정력과 집행력을 인정한다고 하여 이를 확정판결 전의 형벌집행과 같은 것으로 보아 무죄추정의 원칙에 위반된다고도 할 수 없다).

[2] 행정기본법 제28조 제2항 — 입법사항

1. 규정사항

행정기본법 제28조 제2항은 과징금의 근거가 되는 법률에는 ① 부과·징수 주체, ② 부과 사유, ③ 상한액, ④ 가산금을 징수하려는 경우 그 사항, ⑤ 과징금 또는 가산금 체납 시 강제징수를 하려는 경우 그 사항을 규정하여야 함을 명시하고 있다. 입법자는 이러한 사항들을 과징금제도에 있어서 중요한 사항으로 본 것이라 하겠다. 개별 법률에서 단순히 "과징금을 부과할 수 있다"고 규정하여서는 과징금을 부과할 수 없다.

[참고] 과징금을 체납한 자에게는 행정기본법 제28조 제2항 제4호에 따른 가산금 외에 국세기본법 제47조의4에 따른 납부지연가산세가 부과될 수 있으므로 개별 법률에서 행정기본법 제28조 제2항 제4호에 따라 과징금을 체납한 자에 대해 가산금 부과하는 규정을 두는 경우에는 가산세의 한도를 조정할 수 있는 장치를 두어야 한다는 지적이 있다.

근거 법률에서 과징금의 액수를 확정적으로 규정하지 아니하는 한, 과징금의 부과에서 구체적인 금액을 정하는 것은 재량행위에 해당한다.

■ 대판 2024. 7. 11, 2022두64808(독점규제 및 공정거래에 관한 법률」이나 가맹사업법 등에 따른 과징금은 위반행위에 의하여 얻은 불법적인 경제적 이익을 박탈한다는 부당이득환수뿐만 아니라, 위반행위의 억지라는 행정목적을 실현하기 위하여 부과된다는 성격을 모두 가지고 있으므로), 과징금이 반드시 부당이득액 범위에 한정되어야 하는 것은 아니다. 가맹본부가 가맹사업법 위반행위로 인하여 얻은 이익이 적거나 없다는 등의 사정은 부과기준율 적용단계 등 과징금을 최종적으로 결정하는 재량 행사과정에서 반영할 수 있다).

2. 수범자

행정기본법 제28조 제2항은 입법자를 수범자로 하는 규정이다. 행정청이 행정기본법 제28조 제2항을 근거로 하여 과징금을 부과할 수 있는 것은 아니다.

3. 명확성

행정기본법 제28조 제2항은 「과징금의 근거가 되는 법률에 규정하여야 할 사항」을 명확하게 규정할 것을 명하고 있다. 「명확히」란 불확정개념이다. 과징금의 근거가 되는 법률의 관련 규정과의 관계에서 해석이 가능하다면 「명확히」한 것으로 볼 것이다.

4. 예시적 규정

행정기본법 제28조 제2항에서 「과징금의 근거가 되는 법률에 규정하여야 할 사항」으로 적시된 5가지는 열거적인 것이 아니라 예시적이다. 과징금의 근거가 되는 개별 법률의 특성에 비추어 행정기본법 제27조 제2항에 열거된 사항이 아닌 사항도 그 근거가 되는 법률에 규정할 수 있다.

[참고] 과징금 상한 기준의 입법적 보완(제23조 제3항 신설)

행정기본법 제28조는 과징금 상한액에 관해 규정하지만, 상한액을 정하는 기준에 관해서는 규정하는 바가 없다. 상한액을 정하는 기준이 입법상 중요사항이라 본다면, 그에 관한 입법상 보완이 필요하다. 국가행정법제위원회는 다음과 같은 조문을 논의한 바 있다.

제28조(과징금의 기준) ③ 과징금을 체납한 자에 대하여 제2항 제4호에 따라 가산금을 부과하는 규정을 정할 때에 해당 가산금의 상한은 금융기관 등이 연체대출금에 대하여 적용하는 이자율 등을 고려하여 대통령령으로 정하는 금액을 넘지 아니하도록 한다.

제29조(과징금의 납부기한 연기 및 분할 납부)[1] 과징금은 한꺼번에 납부하는 것을 원칙으로 한다. 다만, 행정청은 과징금을 부과받은 자가 다음 각 호의 어느 하나에 해당하는 사유로 과징금 전액을 한꺼번에 내기 어렵다고 인정될 때에는 그 납부기한을 연기하거나 분할 납부하게 할 수 있으며, 이 경우 필요하다고 인정하면 담보를 제공하게 할 수 있다.[2]

1. 재해 등으로 재산에 현저한 손실을 입은 경우
2. 사업 여건의 악화로 사업이 중대한 위기에 처한 경우
3. 과징금을 한꺼번에 내면 자금 사정에 현저한 어려움이 예상되는 경우
4. 그 밖에 제1호부터 제3호까지에 준하는 경우로서 대통령령으로 정하는 사유가 있는 경우

[시행일 2021. 9. 24.]

---

[1] 행정기본법 제29조의 의의 — 과징금 납부기한 연기, 분할 납부

1. 의의

① 행정기본법 제28조는 과징금 납부자의 편의를 위해 과징금 납부 연기, 과징금 분할 납부를 규정하고 있다. ② 행정기본법 제28조는 행정청을 수범자로 하는 규정이다. 행정청이 이 조항을 근거로 하여 과징금의 납부기한을 연기하거나 분할 납부하게 할 수 있으며, 이 경우 필요하다고 인정하면 담보를 제공하게 할 수 있다.

2. 일반조항

행정기본법 제29조는 일반조항이다. 개별 법률에 과징금의 납부기한 연기 및 분할 납부에 관한 규정을 두고 있다면, 그 법률에 따라야 한다. 그러나 개별 법률에 이에 관한 사항 중 일부만 규정하고 있다면, 그 개별 법률에 규정되지 아니한 사항에 대해서는 행정기본법 제29조가 적용된다. 뿐만 아니라 개별 법률에 이에 관한 사항을 규정하는 바가 없다면, 행정청은 행정기본법 제29조를 근거로 과징금의 납부기한을 연기하거나 분할 납부하게 할 수 있다.

3. 일시 전액납부의 원칙

행정기본법상 과징금은 한꺼번에 납부하는 것을 원칙으로 한다. 경우에 따라

납부기한 연기, 분할 납부가 가능하다.

[2] 납부기한의 연기, 분할 납부, 담보제공

1. 납부기한의 연기, 분할 납부

(가) 의의　　행정청은 과징금을 부과받은 자에게 ⓐ 행정기본법 제29조 제1호 내지 제4호에 해당하는 사유가 있고, 아울러 ⓑ 그 사유로 과징금 전액을 한꺼번에 내기 어렵다고 인정될 때에 그 납부기한을 연기하거나 분할 납부하게 할 수 있다.

(나) 사유

1) 행정기본법 제29조 제1호(재해 등으로 재산에 현저한 손실을 입은 경우)　　행정기본법 제29조 제1호는 과징금을 부과받은 자가 재해등으로 인해 과징금을 납부하기 어렵다고 판단되는 경우에 납부의 어려움을 완화하기 위한 규정이다. 재해 등이란 폭풍·호우·대설·홍수·해일·지진 등 자연재해와 사람에 의해 일어나는 재난인 인재, 그리고 이와 유사한 불행한 사고를 뜻한다. 사전적으로 보면 '현저한'이란 뚜렷하다는 의미이지만, 그 내용은 불확정적이다. 말하자면 '현저한'이란 불확정개념이다. '현저한'에 해당하는지 여부의 해석은 판단여지의 문제이다. 판례는 판단여지의 문제를 재량문제로 본다.

2) 행정기본법 제29조 제2호(사업 여건의 악화로 사업이 중대한 위기에 처한 경우) ① 행정기본법 제29조 제2호는 과징금을 부과받은 자가 사업 여건의 악화로 과징금을 납부하기 어렵다고 판단되는 경우에 납부의 어려움의 완화하기 위한 규정이다. 사전적으로 보면 '사업 여건의 악화'란 사업이 여건이 나빠지는 것을 말하고, '사업이 중대한 위기에 처한다'는 것은 사업이 위험한 고비에 놓이는 것을 말하지만, 그 내용은 불확정적이다. 말하자면 '사업 여건의 악화'와 '중대한 위기' 모두 불확정개념에 해당한다. ② '사업이 중대한 위기에 처한 모든 경우가 아니라, '사업 여건의 악화'가 원인이 되어 '사업이 중대한 위기에 처한 경우'에만 행정기본법 제29조 제2호에 해당한다.

3) 행정기본법 제29조 제3호(과징금을 한꺼번에 내면 자금 사정에 현저한 어려움이 예상되는 경우)　　행정기본법 제29조 제3호는 과징금을 부과받은 자가 어려 자금 사정으로 인해 과징금을 납부하기 어렵다고 판단되는 경우에 납부의 어려움을 완

화하기 위한 규정이다. '현저한 어려움'은 불확정개념이다. '현저한'에 해당하는지 여부의 해석은 판단여지의 문제이다.

　　4) 행정기본법 제29조 제4호(그 밖에 제1호부터 제3호까지에 준하는 경우로서 대통령령으로 정하는 사유가 있는 경우)　　행정기본법 제29조 제4호는 과징금을 부과받은 자가 받는 기타의 어려움으로 인해 과징금을 납부하기 어렵다고 판단되는 경우에 납부의 어려움을 완화하기 위한 규정이다. 대통령령으로 정하는 사유란 같은 조 제1호부터 제3호까지에 준하는 것으로서 과징금 납부기한의 연기나 과징금의 분할 납부가 필요하다고 행정청이 인정하는 사유를 말한다(행정기본법 시행령 제7조 제1항).

2. 담보제공

　　납부기한을 연기하거나 분할 납부하게 하는 경우, 행정청은 필요하다고 인정하면 담보를 제공하게 할 수 있다. 필요하다고 인정할 수 있는 경우란 납부의무자가 연기된 납부기한 내에, 분할납부가 제 때에 이루어질 것인가에 대하여 의문이 있는 경우를 말한다. 이에 관한 세부적 사항은 대통령령(집행명령)에서 규정할 사항이다.

3. 연기·분할납부의 신청

　　과징금 납부 의무자는 법 제29조 각 호 외의 부분 단서에 따라 과징금 납부기한을 연기하거나 과징금을 분할 납부하려는 경우에는 납부기한 10일 전까지 과징금 납부기한의 연기나 과징금의 분할 납부를 신청하는 문서에 같은 조 각 호의 사유를 증명하는 서류를 첨부하여 행정청에 신청해야 한다(행정기본법 시행령 제7조 제1항). 과징금의 납부기한 연기 및 분할 납부 제도의 취지를 고려할 때, 「납부기한 10일 전까지」는 행정청이 반드시 준수하여야 하는 강행규정은 아니라고 본다. 행정청은 민원인이 「납부기한 10일 전까지」 신청하지 못하였다고 하여도 제29조 각 호에 해당하는 사유가 있고, 아울러 합리적인 사유가 있다면 과징금의 납부기한을 연기하거나 분할 납부를 하게 할 수 있다고 볼 것이다. 한편, 과징금의 납부기한 연기 및 분할 납부의 결정은 납부기한이 경과하기 전까지 이루어져야 할 것이다.

4. 허용된 연기·분할납부의 즉시징수

　　행정청은 법 제29조 각 호 외의 부분 단서에 따라 과징금 납부기한이 연기되

거나 과징금의 분할 납부가 허용된 과징금 납부 의무자가 다음 각 호(1. 분할 납부
하기로 한 과징금을 그 납부기한까지 내지 않은 경우, 2. 담보 제공 요구에 따르지 않거나 제공
된 담보의 가치를 훼손하는 행위를 한 경우, 3. 강제집행, 경매의 개시, 파산선고, 법인의 해산,
국세 또는 지방세 강제징수 등의 사유로 과징금의 전부 또는 나머지를 징수할 수 없다고 인정
되는 경우, 4. 법 제29조 각 호의 사유가 해소되어 과징금을 한꺼번에 납부할 수 있다고 인정되
는 경우, 5. 그 밖에 제1호부터 제4호까지에 준하는 사유가 있는 경우)의 어느 하나에 해당
하는 경우에는 그 즉시 과징금을 한꺼번에 징수할 수 있다(행정기본법 시행령 제7조
제3항).

5. 세부사항의 입법

(가) 의의   과징금 납부기한 연기의 기간, 분할 납부의 횟수·간격 등 세부
사항은 대통령령, 총리령, 부령 또는 훈령·예규·고시 등 행정규칙으로 정한다(행
정기본법 시행령 제7조 제4항). 세부사항을 행정기본법에 직접 규정하지 않고 행정입
법에 규정하도록 한 이유는 개별 법률에서 규정하고 있는 과징금의 금액, 수범자
의 책임의 크기 등이 아주 다양하기에 세부사항을 일반적으로 규정하기 어렵기
때문이었을 것이다. 그러나 세부사항 중 기본적인 사항을 찾아내어 행정기본법에
반영하여야 할 것이다.

(나) 시행령 등의 미비   행정기본법 시행령 제7조 제4항에 따른 대통령령,
총리령, 부령 또는 훈령·예규·고시 등 행정규칙이 완비되지 않았다고 하여도 행
정청은 과징금의 납부기한을 연기하거나 분할 납부를 하게 할 수 있다. 만약 납부
기한을 연기하거나 분할 납부하게 할 수 없다면, 행정기본법 제29조의 집행명령
에 해당하는 행정기본법 시행령 제7조 제4항으로 국민의 권익이 정당한 이유 없
이 침해받는 것이 될 것이다.

제5절 행정상 강제

1. 행정기본법 제정 전 상황

행정기본법 제정 전에는 행정대집행, 강제징수, 이행강제금, 직접강제, 즉시강제 등 행정상 강제가 개별법을 통해 인정되었고, 이러한 강제수단들을 아우르는 일반법은 없었다. 행정상 강제에 관한 법리는 학설과 판례에서 정리되었다.

2. 제정 취지

행정상 강제는 강제력 행사를 통해 국민의 자유와 재산에 침해를 가져오는 권력적 행정이므로 이에 관한 체계적이고 통일적인 규정이 필요하다. 행정기본법 제3장 제5절(행정상 강제)은 이러한 필요에 응하기 위한 조문이다. 행정기본법 제3장 제5절(행정상 강제)은 행정상 강제의 전제가 되는 의무의 불이행의 유형에 따라 행정대집행(제30조 제1호), 이행강제금의 부과(제30조 제2호, 제31조), 직접강제(제30조 제3호, 제32조), 강제징수(제30조 제4호, 제33조)를 규정하고 있다.

3. 일반법

행정기본법 제3장 제5절은 행정상 강제에 관한 일반법이다. ① 행정상 강제에 관한 특별 법령(특별규정)이 있으면, 특별 법령(특별규정)이 우선 적용된다. ② 행정상 강제에 관한 특별 법령(특별규정)이 없으면, 행정기본법 제3장 제5절이 적용된다. ③ 행정기본법 제3장 제5절에도 규정되지 아니한 사항 중 강제적 성격을 갖는 사항은 행정상 적용할 수 없다. 헌법 제37조 제2항은 국민의 자유와 권리를 침해하는 작용에는 반드시 법률의 근거가 필요함을 규정하고 있기 때문이다.

4. 강행규정

행정기본법 제3장 제5절은 선언적 규정도 아니고, 임의적 규정도 아니다. 그것은 강행규정이이다. 행정기본법 제3장 제5절에 반하는 행정청의 행정상 강제는 위법한 것이 된다.

5. 구제

행정상 강제에 이의가 있는 당사자는 행정기본법 제36조가 정하는 이의신청,[1]

---

1) 제36조(처분에 대한 이의신청)를 보라.

행정심판법이 정하는 행정심판, 행정소송법이 정하는 행정소송을 활용할 수 있다. 재산상 피해가 있다면, 손해배상 또는 손실보상의 법리에 따라 피해를 구제받을 수도 있다. 행정상 강제는 제37조가 정하는 처분의 재심사의 대상은 아니다.

제30조(행정상 강제)[1] ① 행정청은 행정목적을 달성하기 위하여 필요한 경우에는 법률로 정하는 바에 따라 필요한 최소한의 범위에서 다음 각 호의 어느 하나에 해당하는 조치를 할 수 있다.[2]

1. 행정대집행: 의무자가 행정상 의무(법령등에서 직접 부과하거나 행정청이 법령등에 따라 부과한 의무를 말한다. 이하 이 절에서 같다)로서 타인이 대신하여 행할 수 있는 의무를 이행하지 아니하는 경우 법률로 정하는 다른 수단으로는 그 이행을 확보하기 곤란하고 그 불이행을 방치하면 공익을 크게 해칠 것으로 인정될 때에 행정청이 의무자가 하여야 할 행위를 스스로 하거나 제3자에게 하게 하고 그 비용을 의무자로부터 징수하는 것[3]

2. 이행강제금의 부과: 의무자가 행정상 의무를 이행하지 아니하는 경우 행정청이 적절한 이행기간을 부여하고, 그 기한까지 행정상 의무를 이행하지 아니하면 금전급부의무를 부과하는 것[4]

3. 직접강제: 의무자가 행정상 의무를 이행하지 아니하는 경우 행정청이 의무자의 신체나 재산에 실력을 행사하여 그 행정상 의무의 이행이 있었던 것과 같은 상태를 실현하는 것[5]

4. 강제징수: 의무자가 행정상 의무 중 금전급부의무를 이행하지 아니하는 경우 행정청이 의무자의 재산에 실력을 행사하여 그 행정상 의무가 실현된 것과 같은 상태를 실현하는 것[6]

5. 즉시강제: 현재의 급박한 행정상의 장해를 제거하기 위한 경우로서 다음 각 목의 어느 하나에 해당하는 경우에 행정청이 곧바로 국민의 신체 또는 재산에 실력을 행사하여 행정목적을 달성하는 것[7]
   가. 행정청이 미리 행정상 의무 이행을 명할 시간적 여유가 없는 경우
   나. 그 성질상 행정상 의무의 이행을 명하는 것만으로는 행정목적 달성이 곤란한 경우

② 행정상 강제 조치에 관하여 이 법에서 정한 사항 외에 필요한 사항은 따로 법률로 정한다.[8]

③ 형사(刑事), 행형(行刑) 및 보안처분 관계 법령에 따라 행하는 사항이나 외국인의 출입국·난민인정·귀화·국적회복에 관한 사항에 관하여는 이 절을 적용하지 아니한다.[9]

[시행일 2023. 3. 24.]

[1] 행정기본법 제30조의 의의

1. 행정상 강제의 유형화

(가) 의의   행정기본법 제30조는 학문상, 행정실무상 정립된 행정상 강제를 유형화·제도화하고, 내용과 한계를 규정하고 있다. 행정기본법 제30조는 행정상 강제의 유형을 제한적으로 열거하여 종류를 제한하고 있는 것은 아니다. 행정기본법 제30조는 행정상 강제의 대표적인 유형을 규정하고 있다.

(나) 유형화의 기준   행정대집행, 이행강제금의 부과, 직접강제, 강제징수는 강학상 행정상 강제집행의 수단인데, 모두 의무의 불이행을 전제로 한다. 이에 반하여 즉시강제는 의무의 부과와 동시에 이루어지는 강제인 점에서 차이가 있다.

2. 새로운 수단의 도입

입법자는 행정기본법 제31조에 규정되지 아니한 새로운 행정상 강제수단을 도입할 수도 있다. 도입하는 경우에는 행정기본법 제30조 내지 제33조에 내포되어 있는 법원리와 균형을 갖추어야 할 것이다.

[2] 행정기본법 제31조 제1항 — 행정상 강제 법정주의(1)

1. 행정상 강제 법정주의의 관념

(가) 의의   행정기본법 제30조 제1항은 "…법률로 정하는 바에 따라…조치(행정상 강제)를 할 수 있다."고 규정하고 있다. 따라서 행정기본법은 행정상 강제는 법률로 정하는 바에 따라야 한다는 행정상 강제 법정주의를 취하고 있다.

(나) 근거   행정상 강제 법정주의는 "국민의 모든 자유와 권리는 국가안전보장·질서유지 또는 공공복리를 위하여 필요한 경우에 한하여 법률로써 제한할 수 있으며, 제한하는 경우에도 자유와 권리의 본질적인 내용을 침해할 수 없다."는 헌법 제37조 제2항을 따른 것이다.

2. 비례의 원칙

(가) 의의   행정기본법 제30조 제1항은 ① "행정목적을 달성하기 위하여 필요한 경우"에 ② "필요한 최소한의 범위에서" 조치(행정상 강제)를 할 수 있다고 규정하여 행정상 강제가 이루어질 수 있는 실체적 요건으로서 비례의 원칙을 규

정하고 있다.

(나) 논거   앞의 (가)에서 본 ①의 "필요한"이란 「행정목적을 달성하는 데 유효하고 적절할 것(행정기본법 제10조 제1호)」을 의미하고, ②의 "필요한 최소한의 범위"란 「행정목적을 달성하는 데 필요한 최소한도에 그칠 것(행정기본법 제10조 제2호)」과 「행정작용으로 인한 국민의 이익 침해가 그 행정작용이 의도하는 공익보다 크지 아니할 것(행정기본법 제10조 제3호)」을 의미한다.[1]

3. 「행정청의 선택의 자유」의 유무

(가) 의의   "행정청은 ⋯ 다음 각 호의 어느 하나에 해당하는 조치를 할 수 있다."는 행정기본법 제30조 제1항은 표현상 행정청은 제30조 각 호가 정하는 조치 중에서 선택할 수 있는 자유를 갖는 것으로 보인다. 이와 관련하여 특히 행정대집행과 이행강제금의 부과, 직접강제와 행정대집행, 직접강제와 이행강제금 부과 사이에서 행정청에 선택의 자유가 있는지 여부가 문제된다.

(나) 행정대집행과 이행강제금의 부과에서 선택의 자유   행정청은 행정대집행과 이행강제금의 부과 사이에서 선택의 자유를 갖는다. 예를 들어 대체적 작위의무위반의 경우, 일반적으로 행정대집행이 효과적인 실효성확보수단이지만, 이행강제금부과도 가능하다. 따라서 행정청은 구체적인 상황 하에서 행정대집행과 이행강제금의 부과 중 하나를 선택할 수 있다. 비례원칙에 비추어 행정대집행에 소요되는 비용과 이행강제금의 금액 차이가 상당한 경우까지 무제한적으로 선택의 자유가 인정된다고 보기는 어렵다. 하여간 이 조항은 행정상 강제집행의 효율성 확보에 기여한다.

■ 헌재 2004. 2. 26, 2001헌바80등, 2002헌바26(병합)(전통적으로 행정대집행은 대체적 작위의무에 대한 강제집행수단으로, 이행강제금은 부작위의무나 비대체적 작위의무에 대한 강제집행수단으로 이해되어 왔으나, 이는 이행강제금제도의 본질에서 오는 제약은 아니며, 이행강제금은 대체적 작위의무의 위반에 대하여도 부과될 수 있다. 현행 건축법상 위법건축물에 대한 이행강제수단으로 대집행과 이행강제금(제83조 제1항)이 인정되고 있는데, 양 제도는 각각의 장·단점이 있으므로 행정청은 개별사건에 있어서 위반내용, 위반자의 시정의지 등을 감안하여 대집행과 이행강제금을 선택적으로 활용할 수 있으며, 이처럼 그 합리적인 재량에 의해 선택하여 활용하는 이상 중첩적인 제재에 해당한다고 볼 수 없다).

---

1) 제10조(비례의 원칙)를 보라.

(다) 직접강제와 행정대집행, 직접강제와 이행강제금 부과 사이 선택의 부자유

행정기본법 제33조 제1항은 "직접강제는 행정대집행이나 이행강제금 부과의 방법으로는 행정상 의무 이행을 확보할 수 없거나 그 실현이 불가능한 경우에 실시하여야 한다."고 규정하고 있다. 따라서 행정청은 직접강제와 행정대집행, 직접강제와 이행강제금 부과 사이에서 선택의 자유를 갖지 아니한다.

(라) 개념상 선택의 문제가 없는 경우

1) 행정상 강제집행과 즉시강제 사이　　행정상 강제집행(행정대집행, 이행강제금의 부과, 직접강제, 강제징수)은 의무의 불이행을 전제로 하고, 즉시강제는 의무의 부과와 동시에 이루어지는 점에서 차이가 있다. 따라서 개념상 행정상 강제집행과 즉시강제 사이에서는 행정청의 선택의 문제가 발생하지 아니한다.

2) 강제징수와 행정대집행·이행강제금 부과 사이　　강제징수는 금전급부의무를 대상으로 하고, 행정대집행이나 이행강제금의 부과는 금전급부의무가 아닌 의무의 불이행을 대상으로 하는 점에서 차이가 있다. 따라서 개념상 행정청은 강제징수와 행정대집행이나 이행강제금의 부과 사이에서는 행정청의 선택의 문제가 발생하지 아니한다.

4. 강제의 유형별 개념

(가) 행정대집행

1) 의의　　행정기본법 제30조 제1항 제1호는 행정대집행을 "의무자가 행정상 의무(법령등에서 직접 부과하거나 행정청이 법령등에 따라 부과한 의무를 말한다. 이하 이 절에서 같다)로서 타인이 대신하여 행할 수 있는 의무를 이행하지 아니하는 경우 법률로 정하는 다른 수단으로는 그 이행을 확보하기 곤란하고 그 불이행을 방치하면 공익을 크게 해칠 것으로 인정될 때에 행정청이 의무자가 하여야 할 행위를 스스로 하거나 제3자에게 하게 하고 그 비용을 의무자로부터 징수하는 것"으로 정의하고 있다.

2) 행정대집행법상 개념과 비교　　표현에 다소 차이가 있으나 내용적으로는 행정기본법 제30조 제1항 제1호의 행정대집행 개념과 행정대집행법 제2조에서 나오는 대집행 개념 사이에 별다른 차이가 없다.

■ 행정대집행법 제2조(대집행과 그 비용징수) 법률(법률의 위임에 의한 명령, 지방자치단체의 조례를 포함한다. 이하 같다)에 의하여 직접명령되었거나 또는 법률에 의거한 행정청의 명령에 의한 행위로서 타인이 대신하여 행할 수 있는 행위를 의무자가 이행하지 아니하는 경우 다른 수단으로써 그 이행을 확보하기 곤란하고 또한 그 불이행을 방치함이 심히 공익을 해할 것으로 인정될 때에는 당해 행정청은 스스로 의무자가 하여야 할 행위를 하거나 또는 제삼자로 하여금 이를 하게 하여 그 비용을 의무자로부터 징수할 수 있다.

(나) 이행강제금의 부과

1) 의의   행정기본법 제31조 제1항 제2호는 이행강제금 부과를 "의무자가 행정상 의무를 이행하지 아니하는 경우 행정청이 적절한 이행기간을 부여하고, 그 기한까지 행정상 의무를 이행하지 아니하면 금전급부의무를 부과하는 것"으로 정의하고 있다. 이러한 개념 정의는 이행강제금의 개념에 대한 종래의 일반적 견해를 반영한 것이다.

2) 판례상 정의   판례는 "이행강제금은 행정법상의 부작위의무 또는 비대체적 작위의무를 이행하지 않은 경우에 '일정한 기한까지 의무를 이행하지 않을 때에는 일정한 금전적 부담을 과할 뜻'을 미리 '계고'함으로써 의무자에게 심리적 압박을 주어 장래를 향하여 의무의 이행을 확보하려는 간접적인 행정상 강제집행 수단"이라 정의하였다(대판 2015. 6. 24, 2011두2170).

(다) 직접강제   행정기본법 제30조 제1항 제3호는 직접강제를 "의무자가 행정상 의무를 이행하지 아니하는 경우 행정청이 의무자의 신체나 재산에 실력을 행사하여 그 행정상 의무의 이행이 있었던 것과 같은 상태를 실현하는 것"으로 정의하고 있다. 이러한 개념 정의는 직접강제의 개념에 대한 종래의 일반적 견해를 반영한 것이다.

(라) 강제징수   행정기본법 제30조 제1항 제4호는 강제징수를 "의무자가 행정상 의무 중 금전급부의무를 이행하지 아니하는 경우 행정청이 의무자의 재산에 실력을 행사하여 그 행정상 의무가 실현된 것과 같은 상태를 실현하는 것"으로 정의하고 있다. 이러한 개념 정의는 강제징수의 개념에 대한 종래의 일반적 견해를 반영한 것이다.

(마) 즉시강제   행정기본법 제30조 제1항 제5호는 즉시강제를 "현재의 급박한 행정상의 장해를 제거하기 위한 경우로서 다음 각 목(가. 행정청이 미리 행정상 의무 이행을 명할 시간적 여유가 없는 경우, 나. 그 성질상 행정상 의무의 이행을 명하는 것만으

로는 행정목적 달성이 곤란한 경우)의 어느 하나에 해당하는 경우에 행정청이 곧바로 국민의 신체 또는 재산에 실력을 행사하여 행정목적을 달성하는 것"으로 정의하고 있다. 이러한 개념 정의는 즉시강제의 개념에 대한 종래의 일반적 견해를 반영한 것이다.

> ■ 대판 2021. 10. 14. 2017다219218(구 경찰관직무집행법 제6조 제1항(현행법 제6조) 중 경찰관의 제지에 관한 부분은 범죄의 예방을 위한 경찰 행정상 즉시강제, 즉 눈앞의 급박한 경찰상 장해를 제거해야 할 필요가 있고 의무를 명할 시간적 여유가 없거나 의무를 명하는 방법으로는 그 목적을 달성하기 어려운 상황에서 의무불이행을 전제로 하지 않고 경찰이 직접 실력을 행사하여 경찰상 필요한 상태를 실현하는 권력적 사실행위에 관한 근거조항이다).

[3] 행정기본법 제30조 제2항 — 행정상 강제 법정주의(2)

1. 행정상 강제 법정주의

(가) 의의　　행정기본법 제30조 제2항은 "행정상 강제 조치에 관하여 이 법에서 정한 사항 외에 필요한 사항은 따로 법률로 정한다"고 하여 행정상 강제 법정주의를 규정하고 있다.

(나) 제30조 제1항의 행정상 강제 법정주의와 관계　　행정기본법 제30조 제1항의 행정상 강제 법정주의는 행정상 강제의 유형화를 법률로 정하는데 중점을 둔 원칙이다. 반면, 행정기본법 제30조 제2항의 행정상 강제 법정주의는 유형화된 개별 행정상 강제 수단의 세부적인 사항을 법률로 정하는데 중점을 둔 원칙이다. 양 원칙은 완전히 별개의 내용을 규정하는 원칙이라 말할 수는 없다. 양 원칙은 관심방향에 차이가 있다.

2. 개별 입법 상황

(가) 행정대집행　　일반법으로 행정대집행법, 특별법으로 건축법 제85조, 공익사업을 위한 토지 등의 취득 및 보상에 관한 법률 제89조 등이 있다.

(나) 이행강제금　　개별 법률로 건축법(제80조), 농지법(제62조), 부동산 실권리자명의 등기에 관한 법률(제6조), 장사 등에 관한 법률(제43조), 독점규제 및 공정거래에 관한 법률(제17조의3), 주차장법(제32조) 등이 있다. 행정기본법 제31조는 일반법(일반조항)이다.

(다) **직접강제** 개별 법률로 도로교통법(제71조 제2항), 식품위생법(제79조), 관광진흥법(제36조), 먹는물관리법(제46조), 음악산업진흥에 관한 법률(제29조), 축산물 위생관리법제(제38조), 방어해면법(제7조) 등이 있다. 행정기본법 제32조는 일반법(일반조항)이다.

(라) **강제징수** ① 국세징수법은 원래 국세징수에 관한 것이나, 여러 법률이 국세징수법을 준용하고 있는 결과, 동법은 공법상 금전급부의무의 강제에 관한 일반법으로 기능하고 있다. ② 지방자치단체의 영역에서 지방세외수입금(지방자치단체의 장이 행정목적을 달성하기 위하여 법률에 따라 부과·징수하는 조세 외의 금전으로서 과징금, 이행강제금, 부담금 등 대통령령으로 정하는 것)의 징수를 위한 근거법으로 지방세외수입금의 징수 등에 관한 법률이 있다.

(마) **즉시강제** 개별 법률로 경찰법의 영역에서 일반법적인 지위를 갖는 경찰관직무집행법이 있고, 개별법(특별법)으로 마약류관리에 관한 법률(제42조), 소방기본법(제25조), 식품위생법(제72조) , 감염병의 예방 및 관리에 관한 법률(제42조) 등이 있다.

[4] 행정기본법 제30조 제3항 — 행정상 강제 적용 제외 사항

1. 의의

형사, 행형 및 보안처분 관계 법령에 따라 행하는 사항이나 외국인의 출입국·난민인정·귀화·국적회복에 관한 사항에 관하여는 이 절을 적용하지 아니한다(행정기본법 제30조 제3항).

2. 적용 제외 사항의 성질

①「형사, 행형 및 보안처분 관계 법령에 따라 행하는 사항」은 법무행정작용 내지 사법(司法)행정작용으로서 행정적인 성격을 띠지만, 일반 행정적인 것과는 달리 사법적인 성격이 강하다. ②「외국인의 출입국·난민인정·귀화·국적회복에 관한 사항」은 외국인에 관한 행정작용이다. 이러한 행정작용에는 행정기본법상 행정상 강제수단이 적절한 수단이라 보기 어렵다. 이러한 작용에는 보다 효과적이고 적절한 강제수단(예: 출입국관리법 제46조의 강제퇴거, 제63조 제1항의 보호명령)이 필요하다. 이 때문에 행정기본법 제30조 제3항은 이러한 사항들을 행정기본법 제3장 제5절의 적용대상에서 배제하고 있다.

■ 출입국관리법법률 제46조(강제퇴거의 대상자) ① 지방출입국·외국인관서의 장은 이 장에 규정된 절차에 따라 다음 각 호의 어느 하나에 해당하는 외국인을 대한민국 밖으로 강제퇴거시킬 수 있다.

1. 제7조를 위반한 사람

제7조(외국인의 입국) ① 외국인이 입국할 때에는 유효한 여권과 법무부장관이 발급한 사증(査證)을 가지고 있어야 한다.

제63조(강제퇴거명령을 받은 사람의 보호 및 보호해제) ① 지방출입국·외국인관서의 장은 강제퇴거명령을 받은 사람을 여권 미소지 또는 교통편 미확보 등의 사유로 즉시 대한민국 밖으로 송환할 수 없으면 송환할 수 있을 때까지 그를 보호시설에 보호할 수 있다

■ 대판 2001. 10. 26, 99다68829(출입국관리법 제63조 제1항은, 강제퇴거명령을 받은 자를 즉시 대한민국 밖으로 송환할 수 없는 때에 송환이 가능할 때까지 그를 외국인 보호실·외국인 보호소 기타 법무부장관이 지정하는 장소에 보호할 수 있도록 규정하고 있는바, 이 규정의 취지에 비추어 볼 때, 출입국관리법 제63조 제1항의 보호명령은 강제퇴거명령의 집행확보 이외의 다른 목적을 위하여 이를 발할 수 없다는 목적상의 한계 및 일단 적법하게 보호명령이 발하여진 경우에도 송환에 필요한 준비와 절차를 신속히 마쳐 송환이 가능할 때까지 필요한 최소한의 기간 동안 잠정적으로만 보호할 수 있고 다른 목적을 위하여 보호기간을 연장할 수 없다는 시간적 한계를 가지는 일시적 강제조치라고 해석된다).

제31조(이행강제금의 부과)[1] ① 이행강제금 부과의 근거가 되는 법률에는 이행강제금에 관한 다음 각 호의 사항을 명확하게 규정하여야 한다. 다만, 제4호 또는 제5호를 규정할 경우 입법목적이나 입법취지를 훼손할 우려가 크다고 인정되는 경우로서 대통령령으로 정하는 경우는 제외한다.[2]

1. 부과·징수 주체
2. 부과 요건
3. 부과 금액
4. 부과 금액 산정기준
5. 연간 부과 횟수나 횟수의 상한

② 행정청은 다음 각 호의 사항을 고려하여 이행강제금의 부과 금액을 가중하거나 감경할 수 있다.[3]

1. 의무 불이행의 동기, 목적 및 결과
2. 의무 불이행의 정도 및 상습성
3. 그 밖에 행정목적을 달성하는 데 필요하다고 인정되는 사유

③ 행정청은 이행강제금을 부과하기 전에 미리 의무자에게 적절한 이행기간을 정하여 그 기한까지 행정상 의무를 이행하지 아니하면 이행강제금을 부과한다는 뜻을 문서로 계고(戒告)하여야 한다.[4]

④ 행정청은 의무자가 제3항에 따른 계고에서 정한 기한까지 행정상 의무를 이행하지 아니한 경우 이행강제금의 부과 금액·사유·시기를 문서로 명확하게 적어 의무자에게 통지하여야 한다.[5]

⑤ 행정청은 의무자가 행정상 의무를 이행할 때까지 이행강제금을 반복하여 부과할 수 있다. 다만, 의무자가 의무를 이행하면 새로운 이행강제금의 부과를 즉시 중지하되, 이미 부과한 이행강제금은 징수하여야 한다.[6]

⑥ 행정청은 이행강제금을 부과받은 자가 납부기한까지 이행강제금을 내지 아니하면 국세 체납처분의 예 또는 「지방행정제재·부과금의 징수 등에 관한 법률」에 따라 징수한다.[7]

[시행일 2023. 3. 24.]

[제31조는 부칙 제1조 단서에 따른 시행일 이후 이행강제금을 부과하는 경우부터 적용한다(부칙 제5조 제1항)].

[1] 행정기본법 제31조의 의의 — 이행강제금 법정주의

1. 의의

행정기본법 제31조는 이행강제금 법정주의, 이행강제금 부과 금액의 가중·

감경, 이행강제금 부과절차, 이행강제금의 반복부과, 이행강제금의 강제징수를 규정하고 있다.

2. 일반법

① 행정기본법 제31조는 학설과 판례상 정립된 사항들을 체계화하고 제도화한 조문으로서 이행강제금에 관해 전반적인 사항을 규정하고 있다. ② 행정기본법 제31조는 이행강제금에 관한 일반법이다. 다른 법률에 규정이 있으면, 특별법 우선의 원칙에 따라 그 법률에 의한다. 다른 법률에 규정이 없으면, 행정기본법 제31조가 적용된다.

보완해서 말하면, 이행강제금의 부과를 위해서는 개별 법률의 법적 근거가 필요하지만, 행정기본법 제31조 제2항 이하에 규정된 사항과 관련하여 그 개별 법률에 규정이 없다면, 행정기본법 제31조 제2항 이하가 적용된다.

[이행강제금을 규정하는 법률]
건축법 제80조, 공익신고자 보호법 제21조의2, 개발제한구역의 지정 및 관리에 관한 특별조치법 제30조의2, 근로기준법 제33조, 농지법 제62조, 도로법 제100조, 부동산 거래신고 등에 관한 법률 제18조, 부동산 실권리자명의 등기에 관한 법률 제6조, 부패방지 및 국민권익위원회의 설치와 운영에 관한 법률 제62조의6, 영유아보육법 제44조의3, 옥외광고물 등의 관리와 옥외광고산업 진흥에 관한 법률 제10조의3, 은행법 제65조의9, 장사 등에 관한 법률 제43조, 장애인·노인·임산부 등의 편의증진 보장에 관한 법률 제24조 등.

3. 이의절차(쟁송절차)

행정기본법에 이행강제금 관련 처분을 다투는 절차에 관한 규정은 없다. 제36조가 정하는 처분에 대한 이의신청은 이행강제금의 부과에도 적용된다. 그러나 제37조가 정하는 처분의 재심사는 적용되지 아니한다(행정기본법 제37조 제1항). 행정심판법이나 행정소송법이 정하는 바에 따라 행정심판이나 행정소송을 제기할 수 있다.

[쟁송유형] 이행강제금의 부과처분은 항고쟁송(이의신청, 행정심판, 행정소송)의 대상이 되는 처분이므로 행정기본법, 행정심판법, 또는 행정소송법이 정하는 바에 따라 다툴 수 있다. 그러나 소송의 경우, 비송사건절차법에 따라 다투게 하는 법률도 있다(예: 농지법 제63조 제7항).

[2] 행정기본법 제31조 제1항 — 이행강제금 부과에 관한 입법사항

1. 본문

(가) 의의   이행강제금 부과의 근거가 되는 법률에는 이행강제금에 관한 다음 각 호의 사항[아래 (나)를 보라]을 명확하게 규정하여야 한다(행정기본법 제31조 제1항 본문). 각 호의 사항은 입법사항이다. 이러한 사항을 행정입법으로 정하면, 그 행정입법은 행정기본법 제32조 제1항 위반으로서 무효가 된다.

(나) 입법사항   행정기본법 제31조 제1항은 입법사항으로 ① 부과·징수 주체, ② 부과 요건, ③ 부과 금액, ④ 부과 금액 산정기준, ⑤ 연간 부과 횟수나 횟수의 상한을 규정하고 있다. 이행강제금을 규정하는 개별 법률의 대부분은 이러한 사항들을 규정하고 있다. 입법자는「이행강제금 부과의 근거가 되는 법률」에 행정기본법 제31조 제1항이 정하는 입법사항이 아닌 사항도 규정할 수 있다.

(다) 규정의 명확성   입법자가「이행강제금 부과의 근거가 되는 법률」에 입법사항을 규정할 때에 입법사항을 명확하게 규정하여야 한다.「이행강제금 부과의 근거가 되는 법률」의 목적, 체계, 관련 규정의 취지 등에 비추어 입법사항을 해석할 수 있다면, 입법사항을 명확하게 규정한 것으로 볼 것이다.

2. 단서

(가) 의의   제4호(부과 금액 산정기준) 또는 제5호(연간 부과 횟수나 횟수의 상한)를 규정할 경우 입법목적이나 입법취지를 훼손할 우려가 크다고 인정되는 경우로서 대통령령으로 정하는 경우는 제외한다(행정기본법 제31조 제1항 단서).

(나) 대통령령 규정사항   행정기본법 제31조 제1항 각 호 외의 부분 단서에서 "대통령령으로 정하는 경우"란 다음 각 호(1. 이행강제금 부과 금액이 합의제행정기관의 의결을 거쳐 결정되는 경우, 2. 1일당 이행강제금 부과 금액의 상한 등 법 제31조 제1항 제5호에 준하는 이행강제금 부과 상한을 이행강제금 부과의 근거가 되는 법률에서 정하는 경우)의 경우를 말한다(행정기본법 시행령 제8조 제1항).

[3] 행정기본법 제31조 제2항 — 이행강제금 부과 금액의 가중 감경

1. 의의

행정청은 ① 의무 불이행의 동기, 목적 및 결과, ② 의무 불이행의 정도 및 상습성, ③ 그 밖에 행정목적을 달성하는 데 필요하다고 인정되는 사유를 고려하여 이행강제금의 부과 금액을 가중하거나 감경할 수 있다(행정기본법 제31조 제2항).

2. 취지

행정기본법 제31조 제1항에 따라「이행강제금 부과의 근거가 되는 법률」에 규정된 부과금액은 개별 법률에서 의무불이행의 성질 등에 따라 세분될 것이다. 부과금액이 개별 법률에서 아무리 세분된다고 하여도 그 세분된 기준이 모든 의무불이행의 경우에 수정 없이 적용되기 어렵다. 개별 사건에서 그 세분된 기준을 활용하되 보다 합리적인 부과금액 산정을 위해 부과 금액의 가중 감경은 필요할 수밖에 없다.

3. 이행강제금 부과처분의 성질

행정청이 이행강제금의 부과 금액을 가중하거나 감경할 수 있다는 것은 이행강제금 부과처분이 재량행위임을 뜻한다. 행정청은 이행강제금 부과처분을 할 때에는 관련 이익을 정당하게 형량하여야 하며, 그 재량권의 범위를 넘어서는 아니 된다.[1] 개별 법률에서 부과 금액을 확정적으로 규정한다면, 이행강제금의 부과 금액을 가중하거나 감경할 수는 없다. 그러나 이러한 개별 법률은 실제상 예상하기 어렵다.

[4] 행정기본법 제31조 제3항 — 문서에 의한 이행강제금 부과의 계고

1. 의의

행정청은 이행강제금을 부과하기 전에 미리 의무자에게 적절한 이행기간을 정하여 그 기한까지 행정상 의무를 이행하지 아니하면 이행강제금을 부과한다는 뜻을 문서로 계고하여야 한다(행정기본법 제31조 제3항).

2. 계고의 성질

(가) 적법요건 행정기본법 제31조 제3항의 계고는 이행강제금의 부과를 위한 적법요건의 하나로서 절차요건이다. 행정기본법 제31조 제3항은 계고를 생략할 수 있는 예외적인 경우를 규정하는 바가 없다. 따라서 이행강제금 부과를 위해서는 반드시 계고절차를 거쳐야 한다. 개별 법률에서 특별한 규정이 있다면, 그

---

1) 제21조(재량행사의 기준)를 보라.

특별규정에 의할 것이다.

(나) 성질   계고는 의무의 이행을 독촉하고 이행강제금 부과를 예고하는 의미를 갖는 독자적인 처분절차이다. 계고 자체는 준법률행위적 행정행위로서 통지행위에 해당하며, 행정쟁송의 대상이 된다.

(다) 계고절차 결여의 효과   계고절차는 필요적이다. 첫 번째 이행강제금 부과절차나 반복 부과절차에서 계고절차의 생략을 허용하는 규정은 행정기본법상 보이지 아니한다. 계고절차를 거치지 아니하고 이행강제금을 부과하면, 그 부과처분은 위법한 처분이 된다.

3. 계고의 요건

(가) 문서형식   계고는 문서로 하여야 한다. 구두로 한 계고는 무효이다.

(나) 이행기간   그 문서에 적절한 이행기간을 정하여야 한다. 적절한 기간이란 의무의 성질·내용 등을 고려하여 해당 의무를 이행하는 데 필요한 기간을 의미한다. 그 기간의 설정은 사회통념에 따라 이루어질 것이다.

■ 헌재 2023. 2. 23, 2019헌바550(이행강제금의 취지상, 상당한 기간을 정하여 그 기한까지 이행되지 아니할 때에는 이행강제금을 부과·징수한다는 뜻을 미리 문서로 계고할 때의 그 기한은 무허가 건물의 규모 등 위법상태의 정도, 철거 등 원상회복의 난이도 등의 사정을 고려하여, 사회통념상 해당 의무를 이행하는 데 필요한 기간을 의미한다).

(다) 기재사항   행정기본법 제31조 제3항에 따른 계고(戒告)에는 다음 각 호[1. 의무자의 성명 및 주소(의무자가 법인이나 단체인 경우에는 그 명칭, 주사무소의 소재지와 그 대표자의 성명), 2. 이행하지 않은 행정상 의무의 내용과 법적 근거, 3. 행정상 의무의 이행 기한, 4. 행정상 의무를 이행하지 않을 경우 이행강제금을 부과한다는 뜻, 5. 그 밖에 이의제기 방법 등 계고의 상대방에게 알릴 필요가 있다고 인정되는 사항]의 사항이 포함되어야 한다(행정기본법 시행령 제8조 제2항). 제2항 제3호의 이행 기한은 행정상 의무의 성질 및 내용 등을 고려하여 사회통념상 그 의무 이행에 필요한 기간이 충분히 확보될 수 있도록 정해야 한다(행정기본법 시행령 제8조 제3항).

[5] 행정기본법 제31조 제4항 — 이행강제금의 부과처분

1. 의의

행정청은 의무자가 제3항에 따른 계고에서 정한 기한까지 행정상 의무를 이행하지 아니한 경우 이행강제금의 부과 금액·사유·시기를 문서로 명확하게 적어 의무자에게 통지하여야 한다(행정기본법 제31조 제4항)

2. 부과처분의 성질

행정청의 이행강제금의 부과는 의무자에게 부과된 액수의 강제금을 납부하여야 할 의무를 발생시키는 처분이다. 달리 말하면, 이행강제금 부과처분은 급부하명으로서 처분이며[1] 위법·부당한 이행강제금 부과처분은 행정쟁송의 대상이 된다.

3. 부과처분의 요건

(가) 계고에서 정한 기한까지 행정상 의무의 불이행이 있을 것　　행정기본법 제31조 제3항에 따른 계고에서 정한 기한까지 행정상 의무를 이행하지 않아야 한다. 정한 기한까지 행정상 의무를 이행하였다면, 당연히 이행강제금을 부과할 수 없다. 계고에서 정한 기한 후, 그러나 이행강제금을 부과하기 전에 행정상 의무를 이행한 경우에도 행정청은 이행강제금을 부과할 수 없다. 이행강제금 부과는 의무의 이행을 강제하기 위한 수단에 불과하기 때문이다.

■ 대판 2014. 12. 11, 2013두15750(국토의 계획 및 이용에 관한 법률 제124조의2 제5항이 이행명령을 받은 자가 그 명령을 이행하는 경우에 새로운 이행강제금의 부과를 즉시 중지하도록 규정한 것은 이행강제금의 본질상 이행강제금 부과로 이행을 확보하고자 한 목적이 이미 실현된 경우에는 그 이행강제금을 부과할 수 없다는 취지를 규정한 것으로서, 이에 의하여 부과가 중지되는 '새로운 이행강제금'에는 국토계획법 제124조의2 제3항의 규정에 의하여 반복 부과되는 이행강제금뿐만 아니라 이행명령 불이행에 따른 최초의 이행강제금도 포함된다. 따라서 이행명령을 받은 의무자가 그 명령을 이행한 경우에는 이행명령에서 정한 기간을 지나서 이행한 경우라도 최초의 이행강제금을 부과할 수 없다).

(나) 문서로 할 것　　행정기본법 제31조 제4항 중 "… 문서로 명확하게 적어…"라는 표현에 비추어 이행강제금 부과처분은 문서로 하여야 한다. 구두로 한 이행강제금 부과처분은 무효이다.

---

1) 제2조(정의) [9]를 보라.

(다) 부과 금액·사유·시기를 기재할 것

1) 필요적 기재사항   이행강제금을 부과하는 문서에는 부과 금액·사유·시기를 명확하게 적어야 한다. 부과 금액·사유·시기는 필요적 기재사항이다. 기재사항의 일부가 누락된 부과처분은 위법한 처분이 되며, 행정쟁송의 대상이 된다.

2) 명확한 기재   명확하게 적어야 한다는 것은 기재사항만으로 이행강제금의 부과 금액·사유·시기를 알 수 있을 정도로 적어야 함을 의미한다.

(라) 의무자에게 통지   행정기본법 제31조 제4항은 "… 의무자에게 통지하여야 한다."라고 하여 통지요건을 명시하고 있다. 행정기본법 제32조 제4항에서 통지요건을 규정하지 않았다고 하여도 통지가 필요하다. 왜냐하면 이행강제금 부과처분은 수령을 요하는 처분이어서 당연히 의무자에게 통지하여야 하기 때문이다.

[하자의 승계 관련 사례 연습]

[사실관계] 송파구청장이 A에게 시정명령을 하였으나 A는 이행기한까지 이행을 하지 않았다. 이에 송파구청장은 계고절차를 거쳐 A에게 이행강제금을 부과하였다.

[참고조문] 건축법 제80조(이행강제금) ① 허가권자는 제79조 제1항에 따라 시정명령을 받은 후 시정기간 내에 시정명령을 이행하지 아니한 건축주등에 대하여는 그 시정명령의 이행에 필요한 상당한 이행기한을 정하여 그 기한까지 시정명령을 이행하지 아니하면 다음 각 호의 이행강제금을 부과한다. …

③ 허가권자는 제1항 및 제2항에 따른 이행강제금을 부과하기 전에 제1항 및 제2항에 따른 이행강제금을 부과·징수한다는 뜻을 미리 문서로써 계고(戒告)하여야 한다.

④ 허가권자는 제1항 및 제2항에 따른 이행강제금을 부과하는 경우 금액, 부과 사유, 납부기한, 수납기관, 이의제기 방법 및 이의제기 기관 등을 구체적으로 밝힌 문서로 하여야 한다.

[문제]

1. 시정명령이 위법하였음에도 다툴 수 있는 기간이 경과한 경우, A는 이행강제금 부과처분을 다툴 수 있는가?

2. 계고처분이 위법하였음에도 다툴 수 있는 기간이 경과한 경우, A는 이행강제금 부과처분을 다툴 수 있는가?

[6] 행정기본법 제31조 제5항 — 이행강제금의 반복부과

1. 의의

행정청은 의무자가 행정상 의무를 이행할 때까지 이행강제금을 반복하여 부과할 수 있다. 다만, 의무자가 의무를 이행하면 새로운 이행강제금의 부과를 즉시 중지하되, 이미 부과한 이행강제금은 징수하여야 한다(행정기본법 제31조 제5항).

2. 일반법

행정기본법 제31조 제5항은 반복부과에 관한 일반법이다. 개별 법률에 특별한 규정이 있다면, 그 특별한 규정이 적용된다. 특별한 규정이 없다면, 행정기본법 제31조 제5항이 적용된다.

3. 반복부과의 횟수

① 이행강제금 부과의 근거가 되는 법률에 연간 부과 횟수나 횟수의 상한이 없다면, 행정청은 의무자가 행정상 의무를 이행할 때까지 이행강제금을 반복하여 부과할 수 있다(행정기본법 제31조 제5항). ② 이행강제금 부과의 근거가 되는 법률에 연간 부과 횟수나 횟수의 상한이 있는 경우(행정기본법 제31조 제1항 제5호), 그 횟수나 횟수의 상한까지 반복부과될 수 있다.

4. 반복부과의 중지와 징수

① 행정청은 의무자가 행정상 의무를 이행할 때까지 이행강제금을 반복하여 부과할 수 있지만, 의무자가 의무를 이행하면 새로운 이행강제금의 부과를 즉시 중지하여야 한다. ② 행정청은 의무자가 의무를 이행하였다고 하여도 이미 부과한 이행강제금은 징수하여야 한다. 이미 부과한 이행강제금에는 반복 부과된 이행강제금도 포함된다.

5. 의무불이행, 미납부 시, 대집행의 가부

의무불이행 상태에서 이행강제금을 납부하지 아니하는 경우, 대집행절차로 변경할 수 있는지에 관해 규정하는 바가 없다. 행정기본법이 반복부과의 횟수에 제한을 가하지 않고 있고, 아울러 강제징수를 규정하고 있음에 비추어 대집행절차로 변경하는 것은 어렵다고 본다. 입법적 보완이 필요하다.

[7] 행정기본법 제31조 제6항 — 이행강제금의 강제징수

1. 의의

행정청은 이행강제금을 부과받은 자가 납부기한까지 이행강제금을 내지 아니하면 국세강제징수의 예 또는「지방행정제재·부과금의 징수 등에 관한 법률」에 따라 징수한다(행정기본법 제31조 제6항).

2. 일반법

행정기본법 제31조 제6항은 이행강제금의 강제징수에 관한 일반법이다. 개별 법률에 특별한 규정이 있다면, 특별한 규정이 적용된다. 특별한 규정이 없다면, 행정기본법 제31조 제6항이 적용된다.

3. 강제징수의 효과가 없는 경우

이행강제금을 납부하여야 하는 자에 대한 강제징수의 효과가 없는 경우, 이행강제금 제도는 의미가 없다. 이러한 경우에 납부의무자를 일정기간 감치하는 제도의 도입을 검토할 필요가 있을 것이다. 질서위반행위규제법은 감치제도를 도입하고 있다.

■ 질서위반행위규제법 제54조(고액·상습체납자에 대한 제재) ① 법원은 검사의 청구에 따라 결정으로 30일의 범위 이내에서 과태료의 납부가 있을 때까지 다음 각 호의 사유에 모두 해당하는 경우 체납자(법인인 경우에는 대표자를 말한다. 이하 이 조에서 같다)를 감치(監置)에 처할 수 있다.
1. 과태료를 3회 이상 체납하고 있고, 체납발생일부터 각 1년이 경과하였으며, 체납금액의 합계가 1천만원 이상인 체납자 중 대통령령으로 정하는 횟수와 금액 이상을 체납한 경우
2. 과태료 납부능력이 있음에도 불구하고 정당한 사유 없이 체납한 경우
② 행정청은 과태료 체납자가 제1항 각 호의 사유에 모두 해당하는 경우에는 관할 지방검찰청 또는 지청의 검사에게 체납자의 감치를 신청할 수 있다.

[이행강제금 납부의무자 사망과 납부의무 승계 여부] 이행강제금 부과제도는 의무자에게 심리적 압박을 주어 시정명령에 따른 의무의 이행을 간접적으로 강제하는 행정상의 간접강제수단에 해당하는바, 이행강제금 납부의무는 일신전속적인 성질을 갖는다. 따라서 상속이나 이전의 대상이 아니다. 따라서 쟁송절차 중 납부의무자가 사망하였다면, 사망으로 이행강제금 부과징수의 절차는 종료된다.

> **제32조(직접강제)**[1] ① 직접강제는 행정대집행이나 이행강제금 부과의 방법으로는 행
> 정상 의무 이행을 확보할 수 없거나 그 실현이 불가능한 경우에 실시하여야 한다.[2]
> ② 직접강제를 실시하기 위하여 현장에 파견되는 집행책임자는 그가 집행책임자임
> 을 표시하는 증표를 보여 주어야 한다.[3]
> ③ 직접강제의 계고 및 통지에 관하여는 제31조 제3항 및 제4항을 준용한다.[4]
> [시행일 2023. 3. 24.]
> [제32조…는 부칙 제1조 단서에 따른 시행일 이후 직접강제…를 하는 경우부터 적
> 용한다(부칙 제5조 제2항)].

[1] 행정기본법 제32조의 의의

1. 행정기본법 제정 전 상황

행정기본법 제정 전에는 직접강제가 개별법을 통해 인정되었고, 직접강제에 관한 일반법은 없었다. 직접강제에 관한 법리는 학설과 판례에서 정리되었다. 입법론상 직접강제에 공통적으로 요구되는 절차 및 집행상의 한계에 대한 기본 원칙을 선언하는 규정이 필요하였다. 행정기본법 제32조는 이러한 필요에 응하는 조문이다.

2. 일반법

행정기본법 제32조는 직접강제에 관한 일반법이다. ① 행정상 직접강제에 관한 특별 법령(규정)이 있으면(예: 먹는물관리법 제46조, 식품위생법 제79조, 도로교통법 71조, 출입국관리법 제46조), 특별 법령(규정)이 우선 적용된다. ② 직접강제에 관한 특별 법령(규정)이 없다면, 행정기본법 제32조가 적용된다. ③ 행정기본법 제32조에도 규정되지 아니한 사항 중 강제성을 갖는 사항은 직접강제의 내용이 될 수 없다. 왜냐하면 헌법 제37조 제2항은 국민의 자유와 권리를 침해하는 작용에는 반드시 법률의 근거가 필요함을 규정하고 있기 때문이다.

> ■ 식품위생법 제79조(폐쇄조치 등) ① 식품의약품안전처장, 시·도지사 또는 시장·군수·구청장은 제37조제1항, 제4항 또는 제5항을 위반하여 허가받지 아니하거나 신고 또는 등록하지 아니하고 영업을 하는 경우 또는 제75조제1항 또는 제2항에 따라 허가 또는 등록이 취소되거나 영업소 폐쇄명령을 받은 후에도 계속하여 영업을 하는 경우에는 해당 영업소를 폐쇄하기 위하여 관계 공무원에게 다음 각 호의 조치를 하게 할 수 있다.

1. 해당 영업소의 간판 등 영업 표지물의 제거나 삭제
2. 해당 영업소가 적법한 영업소가 아님을 알리는 게시문 등의 부착
3. 해당 영업소의 시설물과 영업에 사용하는 기구 등을 사용할 수 없게 하는 봉인(封印)

3. 강행규정

행정기본법 제32조는 선언적 규정도 아니고, 임의적 규정도 아니다. 그것은 강행규정이다. 행정기본법 제32조에 반하는 행정청의 직접강제는 위법한 것이 된다.

4. 이의절차(쟁송절차)

행정기본법 제36조가 정하는 처분에 대한 이의신청은 직접강제에도 적용된다. 그러나 제37조가 정하는 처분의 재심사는 적용되지 아니한다(행정기본법 제37조 제1항). 행정심판법이나 행정소송법이 정하는 바에 따라 행정심판이나 행정소송을 제기할 수 있다.

[2] 행정기본법 제32조 제1항 — 직접강제의 보충성

1. 의의

직접강제는 행정대집행이나 이행강제금 부과의 방법으로는 행정상 의무 이행을 확보할 수 없거나 그 실현이 불가능한 경우에 실시하여야 한다(행정기본법 제32조 제1항). 이것은 직접강제가 행정대집행이나 이행강제금 부과의 관계에서 보충적인 지위에 있음을 의미한다.

2. 취지

직접강제는 행정대집행이나 이행강제금의 부과와 달리 행정청이 의무자의 신체나 재산에 실력을 행사하는 것이라는 점에서 의무자의 기본권을 침해할 가능성을 많이 갖는다. 따라서 직접강제는 기본권을 침해할 가능성이 보다 적은 강제수단이 없는 경우에 도입될 수 있는 수단이다. 행정기본법 제32조 제1항은 이러한 취지를 반영하는 규정이다.

3. 실시요건

직접강제는 행정대집행이나 이행강제금 부과의 방법으로는 행정상 의무 이행

을 확보할 수 없거나 그 실현이 불가능한 경우에 실시할 수 있다. 의무 이행을 확보할 수 없거나 그 실현이 불가능한 경우란 의무 이행 또는 실현의 가능성이 없는 경우를 말한다.

[3] 행정기본법 제32조 제2항 — 직접강제시 증표의 제시

1. 의의

직접강제를 실시하기 위하여 현장에 파견되는 집행책임자는 그가 집행책임자임을 표시하는 증표를 보여 주어야 한다(행정기본법 제32조 제2항). 증표에는 다음 각 호(1. 집행책임자의 성명 및 소속, 2. 직접강제 또는 즉시강제의 법적 근거, 3. 그 밖에 해당 증표의 소지자가 직접강제 또는 즉시강제의 집행책임자임을 표시하기 위하여 필요한 사항)의 사항이 포함되어야 한다(행정기본법 시행령 제10조).

2. 필요적 절차

직접강제를 실시하기 위하여 현장에 파견되는 집행책임자가 행정상 의무를 이행하지 아니한 의무자에게 자신이 집행책임자임을 표시하는 증표를 보여 주는 것은 직접강제의 절차요건으로서 필요적이다.

3. 증표 제시의 효과

집행책임자가 행정상 의무를 이행하지 아니한 의무자에게 자신이 집행책임자임을 표시하는 증표를 보여 주면, 그 의무자에게 집행책임자의 직접강제를 수인하여야 하는 의무가 발생한다.

[4] 행정기본법 제32조 제3항 — 직접강제의 계고와 통지

1. 의의

직접강제의 계고 및 통지에 관하여는 제31조 제3항 및 제4항을 준용한다(행정기본법 제32조 제3항).

2. 계고

행정기본법 제32조 제3항에 따라 준용되는 법 제31조 제3항에 따른 계고에는 다음 각 호[1. 의무자의 성명 및 주소(의무자가 법인이나 단체인 경우에는 그 명칭, 주사무소의 소재지와 그 대표자의 성명), 2. 이행하지 않은 행정상 의무의 내용과 법적 근거, 3. 행정상 의무의 이행 기한, 4. 행정상 의무를 이행하지 않을 경우 직접강제를 실시한다는 뜻, 5. 그 밖에 이의제기 방법 등 계고의 상대방에게 알릴 필요가 있다고 인정되는 사항]의 사항이 포함되어야 한다(행정기본법 시행령 제9조). 계고의 성질과 요건은 이행강제금의 부과에서 본 계고와 같다.

3. 통지

행정청은 의무자가 제3항에 계고에서 정한 기한까지 행정상 의무를 이행하지 아니한 경우 직접강제의 실시 사유·시기를 문서로 명확하게 적어 의무자에게 통지하여야 한다. 규정의 성질과 직접강제실시의 요건은 이행강제금의 부과처분에서 본 것과 같다.

제33조(즉시강제)[1] ① 즉시강제는 다른 수단으로는 행정 목적을 달성할 수 없는 경우에만 허용되며, 이 경우에도 최소한으로만 실시하여야 한다.[2]

② 즉시강제를 실시하기 위하여 현장에 파견되는 집행책임자는 그가 집행책임자임을 표시하는 증표를 보여 주어야 하며, 즉시강제의 이유와 내용을 고지하여야 한다.[3]

[시행일 2023. 3. 24.]

[제…33조는 부칙 제1조 단서에 따른 시행일 이후 … 즉시강제를 하는 경우부터 적용한다(부칙 제5조 제2항)].

③ 제2항에도 불구하고 집행책임자는 즉시강제를 하려는 재산의 소유자 또는 점유자를 알 수 없거나 현장에서 그 소재를 즉시 확인하기 어려운 경우에는 즉시강제를 실시한 후 집행책임자의 이름 및 그 이유와 내용을 고지할 수 있다. 다만, 다음 각 호에 해당하는 경우에는 게시판이나 인터넷 홈페이지에 게시하는 등 적절한 방법에 의한 공고로써 고지를 갈음할 수 있다.[4]

1. 즉시강제를 실시한 후에도 재산의 소유자 또는 점유자를 알 수 없는 경우
2. 재산의 소유자 또는 점유자가 국외에 거주하거나 행방을 알 수 없는 경우
3. 그 밖에 대통령령으로 정하는 불가피한 사유로 고지할 수 없는 경우

[본조신설 2024. 1. 16.]

[시행일 2024. 1. 16.]

[1] 행정기본법 제33조의 의의

1. 행정기본법 제정 전 상황

행정기본법 제정 전에는 즉시강제가 개별법을 통해 인정되었고, 즉시강제에 관한 법리는 학설과 판례에서 정리되었다. 즉시강제에 공통적으로 요구되는 집행상의 한계와 절차에 대한 기본 원칙을 선언하는 규정은 없었다.

2. 제정취지

즉시강제는 행정청이 미리 예측하고 대응할 수 없는 급박한 공익상 장해에 대한 대응수단으로서 행정작용의 체계상 불가피하지만, 또 한편으로는 국민의 자유와 권리에 대한 침해의 우려가 매우 크기 때문에, 즉시강제에 관한 기본적인 원칙과 한계를 마련할 필요가 있다. 행정기본법 제33조는 이러한 취지를 반영하는 규정이다.

3. 규정의 성질

(가) 일반법   행정기본법 제33조는 일반법이다. 개별 법률에 특별한 규정이 있다면(예: 가축전염병 예방법 제44조, 감염병의 예방 및 관리에 관한 법률 제47조, 건강기능식품에 관한 법률 제30조, 게임산업진흥에 관한 법률 제38조, 고압가스 안전관리법 제24조, 병원체자원의 수집·관리 및 활용 촉진에 관한 법률 제19조, 소방기본법 제25조, 식품위생법 제72조), 특별한 규정이 적용된다. 특별한 규정이 없다면, 행정기본법 제33조가 적용된다.

■ 소방기본법 제25조(강제처분 등) ① 소방본부장, 소방서장 또는 소방대장은 사람을 구출하거나 불이 번지는 것을 막기 위하여 필요할 때에는 화재가 발생하거나 불이 번질 우려가 있는 소방대상물 및 토지를 일시적으로 사용하거나 그 사용의 제한 또는 소방활동에 필요한 처분을 할 수 있다.
② 소방본부장, 소방서장 또는 소방대장은 사람을 구출하거나 불이 번지는 것을 막기 위하여 긴급하다고 인정할 때에는 제1항에 따른 소방대상물 또는 토지 외의 소방대상물과 토지에 대하여 제1항에 따른 처분을 할 수 있다.
③ 소방본부장, 소방서장 또는 소방대장은 소방활동을 위하여 긴급하게 출동할 때에는 소방자동차의 통행과 소방활동에 방해가 되는 주차 또는 정차된 차량 및 물건 등을 제거하거나 이동시킬 수 있다.

■ 대판 2021. 10. 14, 2018도2993(경찰관 직무집행법 제6조 제1항은 "경찰관은 범죄행위가 목전에 행하여지려고 하고 있다고 인정될 때에는 이를 예방하기 위하여 관계인에게 필요한 경고를 발하고, 그 행위로 인하여 인명·신체에 위해를 미치거나 재산에 중대한 손해를 끼칠 우려가 있어 긴급을 요하는 경우에는 그 행위를 제지할 수 있다."라고 정하고 있다. 위 조항 중 경찰관의 제지에 관한 부분은 범죄의 예방을 위한 경찰 행정상 즉시강제, 즉 눈앞의 급박한 경찰상 장해를 제거하여야 할 필요가 있고 의무를 명할 시간적 여유가 없거나 의무를 명하는 방법으로는 그 목적을 달성하기 어려운 상황에서 의무불이행을 전제로 하지 않고 경찰이 직접 실력을 행사하여 경찰상 필요한 상태를 실현하는 권력적 사실행위에 관한 근거조항이다).

(나) 강행법규   행정기본법 제33조는 강행법규이다. 따라서 행정기본법 제33조에 반하는 즉시강제는 위법하므로, 그러한 작용은 무효 또는 취소의 대상이 될 수 있고, 아울러 국가배상책임을 발생시킬 수 있다.

(다) 처분   행정상 즉시강제는 구체적인 의무부과행위이자 사실행위로서의 실력행사인 동시에 그 실력행사에 대해 참아야 하는 의무(수인의무)도 발생시키는 처분이다. 즉 행정상 즉시강제는 사실행위와 법적 행위가 결합된 행위이다. 행정

상 즉시강제에는 법적 행위의 요소가 있으므로 행정상 쟁송의 대상이 된다.

4. 이의절차(쟁송절차)

행정기본법 제36조가 정하는 처분에 대한 이의신청은 즉시강제에도 적용된다. 그러나 제37조가 정하는 처분의 재심사는 적용되지 아니한다(행정기본법 제37조 제1항). 행정심판법이나 행정소송법이 정하는 바에 따라 행정심판이나 행정소송을 제기할 수 있다. 그러나 즉시강제는 강제행위가 신속히 완료되기 때문에 강제행위의 상대방이 취소나 정지를 구할 이익이 없는 것이 일반적이다(예: 장마로 A의 담장이 당장 무너질 가능성이 발생하자, 관할 행정청이 행인들의 생명·신체에 대한 위해를 방지하고자 A의 담장을 무너뜨린 경우, A는 담장을 무너뜨리는 행위의 취소나 중지를 구할 수 없다. 왜냐하면 이미 무너진 담장을 대상으로 취소나 중지를 구할 수는 없기 때문이다). 따라서 강제행위가 위법한 경우에는 손해배상책임을 구하는 것이 일반적이다.

[2] 행정기본법 제33조 제1항 — 즉시강제시 비례의 원칙의 적용

1. 의의

즉시강제는 다른 수단으로는 행정 목적을 달성할 수 없는 경우에만 허용되며, 이 경우에도 최소한으로만 실시하여야 한다(행정기본법 제33조 제1항).

2. 비례의 원칙

① 즉시강제는 다른 수단으로는 행정 목적을 달성할 수 없는 경우에만 허용된다. 다른 수단이란 즉시강제보다 침해가 경미한 수단을 말한다. 이것은 즉시강제의 도입에 보충성의 원칙이 적용됨을 의미한다. ② 즉시강제를 실시하는 경우에도 최소한으로만 실시하여야 한다. 최소한으로만 실시하여야 한다는 것은 즉시강제의 실시에 비례의 원칙이[1] 적용된다는 것을 의미한다.

[3] 행정기본법 제33조 제2항 — 사전고지의 원칙

1. 의의

즉시강제를 실시하기 위하여 현장에 파견되는 집행책임자는 그가 집행책임자임을 표시하는 증표를 보여 주어야 하며, 즉시강제의 이유와 내용을 고지하여야

---

1) 제10조(비례원칙)를 보라.

한다(행정기본법 제33조 제2항).

2. 내용

(가) 증표의 제시   즉시강제를 실시하기 위하여 현장에 파견되는 집행책임
자가 자신이 집행책임자임을 표시하는 증표를 보여 주는 것은 즉시강제의 절차요
건으로서 필요적이다. 증표를 제시하지 않고 즉시강제를 한다면, 그러한 즉시강제
는 위법한 것으로 보아야 한다. 증표에는 다음 각 호(1. 집행책임자의 성명 및 소속, 2.
직접강제 또는 즉시강제의 법적 근거, 3. 그 밖에 해당 증표의 소지자가 직접강제 또는 즉시강제
의 집행책임자임을 표시하기 위하여 필요한 사항)의 사항이 포함되어야 한다(행정기본법
시행령 제10조).

(나) 이유와 내용의 고지   집행책임자가 자신이 집행책임자임을 표시하는
증표를 보여줄 때, 즉시강제의 이유와 내용을 고지하여야 한다.

3. 효과

집행책임자가 자신이 집행책임자임을 표시하는 증표를 보여 주고, 아울러 즉
시강제의 이유와 내용을 고지하면, 의무자에게 집행책임자의 즉시강제를 수인하
여야 하는 의무가 발생한다.

■ 종전 판례를 보면, 증표를 제시하지 않아도 위법하지 않다고 한 경우도 있다[대판 2014.
12. 11, 2014도7976(경찰관직무집행법(이하 '법'이라 한다) 제3조 제4항은 경찰관이 불심검
문을 하고자 할 때에는 자신의 신분을 표시하는 증표를 제시하여야 한다고 규정하고, 경찰
관직무집행법 시행령 제5조는 위 법에서 규정한 신분을 표시하는 증표는 경찰관의 공무원
증이라고 규정하고 있는데, 불심검문을 하게 된 경위, 불심검문 당시의 현장상황과 검문을
하는 경찰관들의 복장, 피고인이 공무원증 제시나 신분 확인을 요구하였는지 여부 등을 종
합적으로 고려하여, 검문하는 사람이 경찰관이고 검문하는 이유가 범죄행위에 관한 것임을
피고인이 충분히 알고 있었다고 보이는 경우에는 신분증을 제시하지 않았다고 하여 그 불
심검문이 위법한 공무집행이라고 할 수 없다)]. 기본권 존중을 지향하는 행정기본법 하에서
이러한 판례의 견해는 변경될 필요가 있다. 증표를 제시하는 것이 결코 어려운 일은 아닐
것이다.

4. 영장제도와의 관계

행정기본법 제33조 제2항은 즉시강제가 영장 없이 이루어진다는 점에서 보다
의미를 갖는다. 덧붙여 말하면, 경찰관직무 집행법에 따른 즉시강제수단, 보호조

치·위험발생방지 등 표준처분은 영장주의(헌법 제12조, 제16조)의 예외, 즉 영장 없이 이루어지는 강제처분으로 보아야 한다. 왜냐하면 이러한 수단은 공적 안전이나 공적 질서의 유지를 위해 매우 빈번히 도입되는 것으로서 영장주의를 관철시킬 수 없는 것이고, 이 때문에 경찰관직무집행법은 표준처분이라는 특별구성요건을 둔 것이라고 새기는 것이 합리적이기 때문이다. 만약 즉시강제가 상당한 기간 지속되면, 영장이 필요하다.

> ■ 헌법 제12조 ③ 체포·구속·압수 또는 수색을 할 때에는 적법한 절차에 따라 검사의 신청에 의하여 법관이 발부한 영장을 제시하여야 한다. 다만, 현행범인인 경우와 장기 3년 이상의 형에 해당하는 죄를 범하고 도피 또는 증거인멸의 염려가 있을 때에는 사후에 영장을 청구할 수 있다.
> 제16조 모든 국민은 주거의 자유를 침해받지 아니한다. 주거에 대한 압수나 수색을 할 때에는 검사의 신청에 의하여 법관이 발부한 영장을 제시하여야 한다.

[4] 행정기본법 제33조 제3항 — 사후고지의 예외

1. 의의

제2항에도 불구하고 집행책임자는 즉시강제를 하려는 재산의 소유자 또는 점유자를 알 수 없거나 현장에서 그 소재를 즉시 확인하기 어려운 경우에는 즉시강제를 실시한 후 집행책임자의 이름 및 그 이유와 내용을 고지할 수 있다. 다만, 다음 각 호(1. 즉시강제를 실시한 후에도 재산의 소유자 또는 점유자를 알 수 없는 경우, 2. 재산의 소유자 또는 점유자가 국외에 거주하거나 행방을 알 수 없는 경우, 3. 그 밖에 대통령령으로 정하는 불가피한 사유로 고지할 수 없는 경우)에 해당하는 경우에는 게시판이나 인터넷 홈페이지에 게시하는 등 적절한 방법에 의한 공고로써 고지를 갈음할 수 있다(행정기본법 제33조 제3항).

2. 규정의 취지

행정기본법 제33조 제1항이 정하는 "다른 수단으로는 행정목적을 달성할 수 없는 경우"에 해당일지라도, 집행책임자가 집행책임자임을 표시하는 증표를 보여주어야 하는 재산의 소유자 또는 점유자를 알 수 없는 등의 경우에는 행정기본법 제33조 제2항이 정하는 절차를 거칠 수가 없다. 이러한 입법적 공백을 메우기 위

하여 2024. 1. 16. 개정 행정기본법에 제33조 제3항이 신설되었다. 행정기본법 제
33조 제3항은 제2항이 적용될 수 없는 경우에 보충적으로 적용된다.

3. 사후고지가 가능한 경우

집행책임자는 즉시강제를 하려는 재산의 소유자 또는 점유자를 알 수 없거나
현장에서 그 소재를 즉시 확인하기 어려운 경우에는 즉시강제를 실시한 후 집행
책임자의 이름 및 그 이유와 내용을 고지할 수 있다(행정기본법 제33조 제3항 본문).
재산의 소유자 또는 점유자를 알 수 없거나 현장에서 그 소재를 즉시 확인하기
어려운 경우인지 여부는 사회통념에 따라 판단할 것이다.

4. 사후고지의 방법

(가) 직접고지(원칙적 방법)　　사후고지는 사전고지와 마찬가지로 즉시강제
를 행한 재산의 소유자 또는 점유자에게 직접 하여야 함이 원칙이다. 이것은 제2
항의 경우도 같다.

(나) 공고(예외적 방법)　　재산의 소유자 또는 점유자에게 직접 사후고지를
할 수 없는 특별한 사정이 있는 경우(1. 즉시강제를 실시한 후에도 재산의 소유자 또는 점
유자를 알 수 없는 경우, 2. 재산의 소유자 또는 점유자가 국외에 거주하거나 행방을 알 수 없는
경우, 3. 그 밖에 대통령령으로 정하는 불가피한 사유로 고지할 수 없는 경우)에는 게시판이
나 인터넷 홈페이지에 게시하는 등 적절한 방법에 의한 공고로써 고지를 갈음할
수 있다. 공고는 게시판이나 인터넷 홈페이지에 게시하는 방법뿐만 아니라 기타
적절한 방법에 의한다. 기타 적절한 방법이란 불확정법개념이다. 적절한 방법인지
여부는 구체적인 상황에 따라 판단할 문제이다.

5. 사후고지의 내용

사후고지를 사항은 집행책임자의 이름 및 그 이유와 내용이다. 사전고지를
할 때 집행책임자는 그가 집행책임자임을 표시하는 증표를 보여 주어야 하지만,
사후고지를 할 때는 집행책임자의 이름을 고지하여야 한다.

제6절 그 밖의 행정작용

제34조(수리 여부에 따른 신고의 효력)[1] 법령등으로 정하는 바에 따라 행정청에 일정한 사항을 통지하여야 하는 신고로서 법률에 신고의 수리가 필요하다고 명시되어 있는 경우(행정기관의 내부 업무 처리 절차로서 수리를 규정한 경우는 제외한다)에는 행정청이 수리하여야 효력이 발생한다.[2]
[시행일 2023. 3. 24.]

[1] 행정기본법 제34조의 의의

1. 행정기본법 제정 전 상황

행정기본법 제정 직전 1,300여개의 법률에 신고에 관한 규정이 있었다.[1] 그러한 법률의 대부분은 신고가 행정청의 수리를 요하는 것인지 아니면 요하지 아니하는 것인지 여부에 관해 분명하게 규정하지 않았다. 이로 인해 국민이나 일선 공무원은 수리 여부를 둘러싸고 많은 불편을 겪었다.

2. 제정취지

「신고에 수리를 요한다」는 것은 행정청이 「수리할 때까지 신고의 효력이 발생하지 않는다」는 것인바, 수리를 요하지 않는 신고에 비해 그만큼 국민의 자유와 권리가 제한된다. 신고를 규정하는 법률에 수리를 요하는 것인지 여부를 분명하게 규정하지 아니한 경우, 해석으로 수리 여부를 정한다는 것은 국민의 자유와 권리의 제한은 법률에서 명확하게 규정하라는 헌법 제37조 제2항에 반하는 것일 수 있다. 이러한 문제점을 해소하고, 신고 제도가 투명하고 예측 가능하게 운영되도록 하는 것이 행정기본법 제34조의 제정취지이다. 요컨대 행정기본법 제34조는 투명하고 명확한 신고제도의 운영, 부당하게 신고를 거부하는 소극행정의 예방을 지향한다.

3. 일반법

행정기본법 제34조는 법령등으로 정하는 바에 따라 행정청에 일정한 사항을 통지하여야 하는 신고가 수리를 필요로 하는 것인지 아닌지 여부를 판단하는 기

---

1) 법제처, 행정기본법안 조문별 제정이유서, 2020. 6, 법제처, 97쪽.

준에 관한 일반법이다. 다른 법률에 특별한 규정이 있으면, 그 특별규정이 우선
적용되고, 다른 법률에 특별한 규정이 없다면, 행정기본법 제34조가 적용된다(행
정기본법 제5조 제1항).

[2] 수리를 요하는 신고

1. 의의

(가) 신고의 의의   행정기본법에 신고에 관한 정의는 없다. 행정법의 영역
에서 신고는 행정기관에 일정한 사실을 알리는 것으로 이해된다. 신고에는 신고
의사의 내용대로 법적 효과를 가져 오는 신고와 법적 효과와 무관한 신고가 있다.
후자의 신고는 사실로서의 신고일 뿐이다. 사실로서의 신고는 행정기본법 제34조
의 적용대상이 아니다.

> ■ 대판 2005. 2. 25, 2004두4031(재단법인이 아닌 종교단체가 설치하고자 하는 납골탑에는
> 관리사무실, 유족편의시설, 화장한 유골을 뿌릴 수 있는 시설, 그 밖에 필요한 시설물과 주
> 차장을 마련하여야 하나, 위와 같은 시설들은 신고한 납골탑을 실제로 설치·관리함에 있어
> 마련해야 하는 시설에 불과한 것으로서 이에 관한 사항이 납골탑 설치신고의 신고대상이
> 되는 것으로 볼 아무런 근거가 없으므로, 종교단체가 납골탑 설치신고를 함에 있어 위와 같
> 은 시설 등에 관한 사항을 신고한 데 대하여 행정청이 그 신고를 일괄 반려하였다고 하더
> 라도 그 반려처분 중 위와 같은 시설 등에 관한 신고를 반려한 부분은 항고소송의 대상이
> 되는 행정처분이라고 할 수 없다).

(나) 수리를 요하는 신고의 의의   수리를 요하는 신고란 법적 행위로서 신
고가 있는 경우, 권한 행정청이 수리하여야 효력이 발생하는 신고를 말한다.

2. 수리를 요하는 신고 해당 여부의 판단

(가) 법률에 수리가 필요하다고 명시된 신고

1) 의의   행정기본법 제34조는 법령등으로 정하는 바에 따라 행정청에 일
정한 사항을 통지하여야 하는 신고로서 법률에 신고의 수리가 필요하다고 명시되
어 있는 경우를 적용대상으로 한다. 명시되어 있는 신고란 수리를 요한다는 내용
이 문자로 표시되어 있는 경우를 말한다.

> ■ 건강기능식품에 관한 법률 제6조(영업의 신고 등) ② 제4조 제1항 제3호에 따른 건강기능식

품판매업을 하려는 자는 총리령으로 정하는 바에 따라 영업소별로 제4조에 따른 시설을 갖추고 영업소의 소재지를 관할하는 특별자치시장·특별자치도지사·시장·군수·구청장에게 신고하여야 한다. 다만, 「약사법」 제20조에 따라 개설등록한 약국에서 건강기능식품을 판매하는 경우에는 그러하지 아니하다.

③ 제2항에 따라 신고를 한 자가 그 영업을 폐업하거나 총리령으로 정하는 사항을 변경하려는 경우에는 특별자치시장·특별자치도지사·시장·군수·구청장에게 신고하여야 한다.

④ 특별자치시장·특별자치도지사·시장·군수·구청장은 제2항에 따른 신고 또는 제3항에 따른 변경신고를 받은 날부터 3일 이내에 신고수리 여부를 신고인에게 통지하여야 한다.

2) 해석을 통한 인정 여부   수리를 요한다는 내용이 문자로 표시되어 있지 아니함에도 불구하고, 해석을 통해 수리를 요하는 것으로 보아야 할 경우를 인정할 수 있는가의 문제가 있다. 기본권 제한을 최소화하려는 행정기본법 제34조의 제정취지에 비추어 볼 때, 인정할 수 없다고 볼 것이다.

(나) 수리를 요하는 신고로 보기 어려운 경우

1) 비의무적 신고   행정청에 의무적으로 일정한 사항을 통지하여야 하는 신고에 해당하지 아니하는 신고는 행정기본법 제34조의 적용대상이 아니다.

> ■ 화재예방, 소방시설 설치·유지 및 안전관리에 관한 법률 제47조의3(위반행위의 신고 및 신고포상금의 지급) ① 누구든지 소방본부장 또는 소방서장에게 다음 각 호의 어느 하나에 해당하는 행위를 한 자를 신고할 수 있다.
> 1. 제9조 제1항을 위반하여 소방시설을 설치 또는 유지·관리한 자
> 2. 제9조 제3항을 위반하여 폐쇄·차단 등의 행위를 한 자
> 3. 제10조 제1항 각 호의 어느 하나에 해당하는 행위를 한 자
> ② 소방본부장 또는 소방서장은 제1항에 따른 신고를 받은 경우 신고 내용을 확인하여 이를 신속하게 처리하고, 그 처리결과를 행정안전부령으로 정하는 방법 및 절차에 따라 신고자에게 통지하여야 한다.
> ③ 소방본부장 또는 소방서장은 제1항에 따른 신고를 한 사람에게 예산의 범위에서 포상금을 지급할 수 있다.
> ④ 제3항에 따른 신고포상금의 지급대상, 지급기준, 지급절차 등에 필요한 사항은 특별시·광역시·특별자치시·도 또는 특별자치도의 조례로 정한다.
> ■ 독점규제 및 공정거래에 관한 법률 제49조(위반행위의 인지·신고 등) ② 누구든지 이 법에 위반되는 사실을 공정거래위원회에 신고할 수 있다.

2) 내부절차로서 신고   법률에 신고의 수리가 필요하다고 명시되어 있다고 하여도, 그 수리가 행정기관의 내부 업무 처리 절차로서 수리를 규정한 경우는 행

정기본법 제34조의 적용대상이 아니다. 즉 그러한 신고는 수리를 요하는 신고가
아니다.

> ■ 가족관계의 등록 등에 관한 법률 제21조(출생·사망의 동 경유 신고 등) ① 시에 있어서 출
> 생·사망의 신고는 그 신고의 장소가 신고사건 본인의 주민등록지 또는 주민등록을 할 지
> 역과 같은 경우에는 신고사건 본인의 주민등록지 또는 주민등록을 할 지역을 관할하는 동
> 을 거쳐 할 수 있다.
> ② 제1항의 경우 동장은 소속 시장을 대행하여 신고서를 수리하고, 동이 속하는 시의 장에
> 게 신고서를 송부하며, 그 밖에 대법원규칙으로 정하는 등록사무를 처리한다.

　(다) 지위승계 신고의 경우　　허가영업 양도의 신고 등 허가나 인가 등으로
인한 지위의 승계를 위한 신고는 행정기본법 제34조의 적용대상이 아니다. 왜냐
하면 허가영업 양도의 신고 등 허가나 인가 등으로 인한 지위의 승계를 위한 신
고는 허가나 인가의 신청이라는 의미에서의 신고이므로, 행정기본법 제34조 제1
항에서 말하는 신고와 그 의미가 다르다고 볼 것이기 때문이다.

> ■ 대법원 2011. 1. 20, 2010두14954 전원합의체 판결(건축법에서 인·허가의제 제도를 둔
> 취지는, 인·허가의제사항과 관련하여 건축허가 또는 건축신고의 관할 행정청으로 그 창구
> 를 단일화하고 절차를 간소화하며 비용과 시간을 절감함으로써 국민의 권익을 보호하려는
> 것이지, 인·허가의제사항 관련 법률에 따른 각각의 인·허가 요건에 관한 일체의 심사를
> 배제하려는 것으로 보기는 어렵다 … 따라서 인·허가의제 효과를 수반하는 건축신고는 일
> 반적인 건축신고와는 달리, 특별한 사정이 없는 한 행정청이 그 실체적 요건에 관한 심사를
> 한 후 수리하여야 하는 이른바 '수리를 요하는 신고'로 보는 것이 옳다).

3. 수리를 요하는 신고의 수리
　(가) 수리의 의의　　행정기본법 제34조가 정하는 신고는 행정청이 수리할
때 효력이 발생한다. 수리하기 전까지는 신고의 효력이 발생하지 아니한다. 수리
란 행정청이 신고를 유효한 것으로 받아들이는 행위를 말한다. 수리행위는 하나
의 의사작용으로서 준법률행위적 처분의 일종으로서 행정상 쟁송의 대상이 된다.
수리를 요하는 신고에 있어서 법정요건이 미비된 신고가 있는 경우에 보완명령이
내려질 수도 있다(행정절차법 제17조 제5항). 보정이 있기까지는 원칙적으로 수리되
었다고 보기 곤란하다. 수리를 요하는 신고는 등록이라 불리기도 한다. 그러나 등

록이 언제나 수리를 요하는 행위에 해당하는 것은 아니다.

　(나) 수리의 간주　　　개별 법률에 따라서는 처리기간 내에 통지하지 아니하면, 수리한 것으로 간주하는 경우도 있다.

> ■ 건강기능식품에 관한 법률 제6조(영업의 신고 등) ④ 특별자치시장·특별자치도지사·시장·군수·구청장은 제2항에 따른 신고 또는 제3항에 따른 변경신고를 받은 날부터 3일 이내에 신고수리 여부를 신고인에게 통지하여야 한다.
> ⑤ 특별자치시장·특별자치도지사·시장·군수·구청장이 제4항에서 정한 기간 내에 신고수리 여부나 민원 처리 관련 법령에 따른 처리기간의 연장을 신고인에게 통지하지 아니하면 그 기간(민원 처리 관련 법령에 따라 처리기간이 연장 또는 재연장된 경우에는 해당 처리기간을 말한다)이 끝난 날의 다음 날에 신고를 수리한 것으로 본다.

　처리기간 내에 통지하지 아니하는 경우, 수리로 간주하는 규정을 두지 않은 법률도 있다.

> ■ 가정폭력방지 및 피해자보호 등에 관한 법률 제5조(상담소의 설치·운영) ① 국가나 지방자치단체는 가정폭력 관련 상담소(이하 "상담소"라 한다)를 설치·운영할 수 있다.
> ② 국가나 지방자치단체 외의 자가 상담소를 설치·운영하려면 특별자치시장·특별자치도지사·시장·군수·구청장(구청장은 자치구의 구청장을 말하며, 이하 "시장·군수·구청장"이라 한다)에게 신고하여야 한다. 신고한 사항 중 여성가족부령으로 정하는 중요 사항을 변경하려는 경우에도 또한 같다.
> ③ 시장·군수·구청장은 제2항에 따른 신고를 받은 날부터 10일 이내(변경신고의 경우 5일 이내)에 신고수리 여부 또는 민원 처리 관련 법령에 따른 처리기간의 연장을 신고인에게 통지하여야 한다.

4. 특별한 규정

　다른 법률에 신고의 효력 발생에 관한 규정이 있다면, 행정기본법 제5조가 정하는 바에 따라 그 규정이 우선 적용되고(예: 노동조합 및 노동관계조정법 제12조 제4항), 다른 법률에 특별한 규정이 없다면, 행정기본법 제34조가 적용된다.

> ■ 노동조합 및 노동관계조정법 제12조(신고증의 교부) ① 고용노동부장관, 특별시장·광역시장·특별자치시장·도지사·특별자치도지사 또는 시장·군수·구청장(이하 "행정관청"이라 한다)은 제10조 제1항의 규정에 의한 설립신고서를 접수한 때에는 제2항 전단 및 제3항의 경우를 제외하고는 3일 이내에 신고증을 교부하여야 한다.

② 행정관청은 설립신고서 또는 규약이 기재사항의 누락등으로 보완이 필요한 경우에는 대통령령이 정하는 바에 따라 20일 이내의 기간을 정하여 보완을 요구하여야 한다. 이 경우 보완된 설립신고서 또는 규약을 접수한 때에는 3일 이내에 신고증을 교부하여야 한다.

③ 행정관청은 설립하고자 하는 노동조합이 다음 각호의 1에 해당하는 경우에는 설립신고서를 반려하여야 한다.

1. 제2조 제4호 각목의 1에 해당하는 경우
2. 제2항의 규정에 의하여 보완을 요구하였음에도 불구하고 그 기간내에 보완을 하지 아니하는 경우

④ 노동조합이 신고증을 교부받은 경우에는 설립신고서가 접수된 때에 설립된 것으로 본다.

[참고] 수리를 요하지 않는 신고[1]

1. 적용 법규

행정기본법 제34조는 수리를 요하지 않는 신고에 관해서는 규정하는 바가 없다. 따라서 행정기본법 제34조가 정하는 「수리가 필요한 신고」에 해당하지 아니하는 신고에 관해서는 「행정절차법」 제40조가 적용된다. 그런데 행정절차법 제40조 제1항은 의무적 신고(법령등에서 행정청에 일정한 사항을 통지함으로써 의무가 끝나는 신고)만을 대상으로 규정하고 있으므로, 수리를 요하지 않는 신고로서 의무적 신고가 아닌 신고에 대해서는 입법 미비의 문제가 있다.

■ 행정절차법 제40조(신고) ① 법령등에서 행정청에 일정한 사항을 통지함으로써 의무가 끝나는 신고를 규정하고 있는 경우 신고를 관장하는 행정청은 신고에 필요한 구비서류, 접수기관, 그 밖에 법령등에 따른 신고에 필요한 사항을 게시(인터넷 등을 통한 게시를 포함한다)하거나 이에 대한 편람을 갖추어 두고 누구나 열람할 수 있도록 하여야 한다.

```
신고 ┬ 수리를 요하는 신고
     └ 수리를 요하지 않는 신고 ┬ 신고가 의무인 경우(예: 출생신고)
                               └ 신고가 의무가 아닌 경우(예: 혼인신고)
```

■ 가족관계의 등록 등에 관한 법률 (약칭: 가족관계등록법)
제44조(출생신고의 기재사항) ① 출생의 신고는 출생 후 1개월 이내에 하여야 한다.
제46조(신고의무자) ① 혼인 중 출생자의 출생의 신고는 부 또는 모가 하여야 한다.
제122조(과태료) 이 법에 따른 신고의 의무가 있는 사람이 정당한 사유 없이 기간 내에 하여야 할 신고 또는 신청을 하지 아니한 때에는 5만원 이하의 과태료를 부과한다.
제71조(혼인신고의 기재사항 등) 혼인의 신고서에는 다음 사항을 기재하여야 한다.

---

1) 정부가 국회에 제출한 행정기본법(안)은 제34조 제2항에 수리를 요하지 아니하는 신고에 관하여 규정하였으나(② 제1항에 따른 수리가 필요한 신고에 해당하지 아니하는 경우 그 신고의 효력은 「행정절차법」 제40조 제2항에 따른다), 국회 법제사법위원회 심의과정에서 삭제되었다.

2. 도달로써 효력발생(도달주의)

(1) 의의　　　법률에 신고의 수리가 필요하다고 명시되어 있는 신고가 아닌 의무적 신고는 신고서가 접수기관에 도달된 때에 신고 의무가 이행된 것으로 본다(행정절차법 제40조 제2항). 즉 도달주의가 적용되어 도달로써 신고의 효력이 발생한다.

(2) 도달의 요건　　　신고서가 도달되었다고 하기 위해서는 ① 신고서의 기재사항에 흠이 없어야 하고, ② 필요한 구비서류가 첨부되어 있어야 하고, ③ 그 밖에 법령등에 규정된 형식상의 요건에 적합하여야 한다. 이러한 요건이 미비되었다면, 신고서가 도달되었다고 볼 수 없고, 신고의 효력은 발생하지 아니한다(행정절차법 제40조 제2항).

3. 신고요건의 미비

신고요건의 미비가 있는 경우, 행정절차법 제40조 제3항(신고요건 보완의 요구)과 제4항이 적용된다(신고서의 반환). 미비된 신고의 요건이 보완되면, 신고의 효력이 발생한다.

■ 행정절차법 제40조(신고) ③ 행정청은 제2항 각 호의 요건을 갖추지 못한 신고서가 제출된 경우에는 지체 없이 상당한 기간을 정하여 신고인에게 보완을 요구하여야 한다.
④ 행정청은 신고인이 제3항에 따른 기간 내에 보완을 하지 아니하였을 때에는 그 이유를 구체적으로 밝혀 해당 신고서를 되돌려 보내야 한다.

> **제35조(수수료 및 사용료)**[1] ① 행정청은 특정인을 위한 행정서비스를 제공받는 자에게 법령으로 정하는 바에 따라 수수료를 받을 수 있다.[2]
> ② 행정청은 공공시설 및 재산 등의 이용 또는 사용에 대하여 사전에 공개된 금액이나 기준에 따라 사용료를 받을 수 있다.[3]
> ③ 제1항 및 제2항에도 불구하고 지방자치단체의 경우에는 「지방자치법」에 따른다.[4]
> [시행일 2021. 3. 23.]

[1] 행정기본법 제35조의 의의

1. 행정기본법 제정 전 상황

행정기본법 제정 전에도 여러 법률에서 수수료 및 사용료에 관한 규정을 두고 있었다. 그러나 수수료 및 사용료에 관한 공통사항 내지 일반원칙에 관해서 규정하는 법률은 없었다. 이로 인해 수수료 및 사용료에 관한 행정이 통일성·균형성이 문제될 수 있었다.

2. 제정취지

수수료와 사용료는 국민들의 경제적 부담과 관련하는바 법적 근거를 명확히 하는 것이 바람직하다. 이에 수수료 및 사용료에 관한 공통사항 내지 일반원칙에 관해 규정함으로써 수수료 및 사용료에 관한 행정의 체계화·합리화를 도모하고자 하는 것이 행정기본법 제35조의 제정취지이다.

3. 일반법

행정기본법 제35조는 수수료 및 사용료의 징수에 관한 일반법이다. 다른 법률에 특별한 규정이 있으면 그 특별규정이 우선 적용되고, 다른 법률에 특별한 규정이 없다면 행정기본법 제35조가 적용된다(행정기본법 제5조).

[2] 행정기본법 제35조 제1항 — 수수료 법정주의

1. 의의

행정기본법 제35조 제1항은 "행정청은 특정인을 위한 행정서비스를 제공받는 자에게 법령으로 정하는 바에 따라 수수료를 받을 수 있다."고 규정하고 있다. 즉 수수료 법정주의를 규정하고 있다. 수수료 법정주의로 인해 법령에 정함이 없음에도 행정청이 임의로 수수료를 징수하는 것은 금지된다.

2. 수수료의 의의

행정기본법 제35조 제1항은 행정청이 특정인에게 행정서비스를 제공하고 그 특정인으로부터 받는 금전상 대가를 수수료라 부르고 있다. 행정기본법 제35조 제1항이 규정하는 수수료 개념을 분설하면 다음과 같다. ① 수수료 징수의 주체는 행정청이다. ② 행정청은 모든 국민을 위한 행정서비스를 제공하고 수수료를 징수하는 것이 아니라, 특정인을 위한 행정서비스를 제공하는 경우, 그 제공을 받은 자로부터 징수한다(예: 특정인의 출입국에 관한 사실증명 발급신청의 경우). ③ 수수료 부과의 사유는 행정서비스의 제공이다. 행정서비스란 모든 종류의 행정상 혜택의 제공을 말한다. ④ 수수료는 행정서비스에 대한 대가로서 금전을 의미하는바, 물건이 아니라 금전으로 징수한다.

□ 인감증명법 제15조(수수료) 다음 각 호의 어느 하나에 해당하는 사람은 대통령령으로 정하는 바에 따라 수수료를 내야 한다.
1. 제12조 제1항에 따른 인감증명서를 발급받으려는 사람
2. 제13조에 따른 인감변경신고를 하려는 사람

■ 출입국관리법 제87조(출입국관리 수수료) ① 이 법에 따라 허가 등을 받는 사람은 법무부령으로 정하는 수수료를 내야 한다.
■ 출입국관리법 시행규칙 제72조(각종 허가 등에 관한 수수료) 외국인의 입국 및 체류와 관련된 허가 및 출입국사실증명 발급 등에 관한 수수료는 다음 각 호와 같다.
11. 출입국에 관한 사실증명: 2천원(1통당)

3. 법정주의의 내용

행정기본법 제35조 제1항은 「법령으로 정하는 바에 따라」라고 규정하고 있을 뿐, 어떠한 사항을 법률로 정하고, 어떠한 사항을 행정입법으로 정하는지에 관하여 규정하는 바가 없다. 수수료는 공동체의 중요사항이라는 점을 고려할 때, 수수료를 징수할 것인가의 여부, 징수하는 경우에 금액·감액·면제 기준 등에 관한 기본적인 사항은 법률에서 정하고, 금액·감액·면제 기준 등의 세부적인 사항은 행정입법으로 규정하여야 할 것이다. 우리의 입법례는 비교적 다양하다(예: 계량에 관한 법률 시행규칙 제53조, 도로교통법 제139조, 배타적 경제수역에서의 외국인 어업 등에 대한 주권적 권리의 행사에 관한 법률 제9조, 식물신품종 보호법 제125조, 자연공원법 제37조).

[3] 행정기본법 제35조 제2항 — 사용료

1. 의의

행정청은 공공시설 및 재산 등의 이용 또는 사용에 대하여 사전에 공개된 금액이나 기준에 따라 사용료를 받을 수 있다(행정기본법 제35조 제2항).

2. 사용료

(가) 의의   행정기본법 제35조 제2항은 행정청이 공공시설 및 재산 등의 이용 또는 사용에 대한 금전상 대가를 사용료라고 부르고 있다. 행정기본법 제35조 제2항에서 재산은 이용·사용을 전제로 하는 것이므로 그 자체로서 공공시설의 성격을 가진다고 볼 것이므로 공공시설과 재산을 엄밀하게 구분할 실익은 없다. 공공시설과 재산은 강학상 공물에 해당한다. 공물의 소유권자가 누구인가의 여부는 문제되지 아니한다. 법령에서는 사용료, 이용료, 점용료, 입장료 등 다양한 명칭으로 사용되고 있다.

(나) 사용료의 예   국유재산 중 행정재산의 사용·허가료, 일반재산의 대부료, 관리위탁을 받은 자가 정하는 국유재산 사용료, 각종 입장료, 이용료(수업료·강습료 제외), 관람료 등이 적용 범위에 포함된다.

[현행법상 사용료 유형 예시][1]

종류	근거 법률
도로	– 도로법 제66조(도로 점용료) – 농어촌도로법 제19조(도로 점용료)
하천	– 하천법 제37조(토지 점용료 및 기타 하천사용료)
공유수면	– 공유수면법 제13조(공유수면 점용·사용료)
국유재산	– 국유재산법 제29조(관리위탁), 제32조(행정재산 사용료) 및 제65조의9(지식재산 사용료) – 국유재산법 시행령 제24조(관리위탁 재산의 사용료 등)
시설 등	– 도서관법 제33조(도서관 사용료) – 공원녹지법 제40조(입장료 및 공원시설 사용료), 제41조(도시공원 또는 녹지 점용료) – 자연공원법 제37조(입장료 및 공원시설 사용료) – 해수욕장법 제21조(해수욕장 사용료)

---

1) 법제처, 행정기본법안 조문별 제정이유서, 2020. 6, 법제처, 101쪽 자료 활용.

- 관광진흥법 제67조(입장·관람·이용료)
- 산림문화·휴양에 관한 법률 시행령 제9조의7(자연휴양림 등의 이용료)
- 근로복지기본법 제30조(근로복지시설 이용료)

3. 사용료의 사전 공개

행정청이 사용료를 받기 위해서는 공공시설 및 재산 등의 이용 또는 사용에 대하여 금액이나 기준을 사전에 공개하여야 한다. 금액이나 기준이 사전공개사항이다. 수수료의 사전공개는 행정기본법상 수수료에 대한 유일한 통제방법이다.

4. 법정주의의 도입문제

행정기본법은 제35조 제1항에서 수수료에 대해서는 법정주의를 규정하면서 제35조 제2항에서 사용료에 대해서는 법정주의를 규정하고 있지 않다. 그러나 사용료 또한 국민들에게는 경시할 수 없는 사항이므로, 사용료에 대해서도 기본적인 사항은 법령에서 정하도록 하는 법정주의를 도입할 필요가 있다.

[4] 행정기본법 제35조 제3항 — 지방자치단체의 수수료·사용료

1. 의의

제1항 및 제2항에도 불구하고 지방자치단체의 경우에는 「지방자치법」에 따른다(행정기본법 제35조 제3항). 지방자치단체의 수수료·사용료에 관해 지방자치법이 정하는 바를 따르게 한 것은 헌법상 보장되는 지방자치제의 취지에 비추어 당연하다.

2. 지방자치법 관련규정

지방자치법은 지방자치단체가 사용료와 수수료를 징수할 수 있음을 규정하면서(지방자치법 제153조, 제154조), 세부적인 사항은 원칙적으로 조례로 정하도록 규정하고 있다(지방자치법 제156조).

■ 지방자치법 제153조(사용료) 지방자치단체는 공공시설의 이용 또는 재산의 사용에 대하여 사용료를 징수할 수 있다.
제154조(수수료) ① 지방자치단체는 그 지방자치단체의 사무가 특정인을 위한 것이면 그 사무에 대하여 수수료를 징수할 수 있다.
② 지방자치단체는 국가나 다른 지방자치단체의 위임사무가 특정인을 위한 것이면 그 사무

에 대하여 수수료를 징수할 수 있다.

③ 제2항에 따른 수수료는 그 지방자치단체의 수입으로 한다. 다만, 법령에 달리 정하여진 경우에는 그러하지 아니하다.

제156조(사용료의 징수조례 등) ① 사용료·수수료 또는 분담금의 징수에 관한 사항은 조례로 정한다. 다만, 국가가 지방자치단체나 그 기관에 위임한 사무와 자치사무의 수수료 중 전국적으로 통일할 필요가 있는 수수료에 관한 사항은 다른 법령의 규정에도 불구하고 대통령령으로 정하는 표준금액으로 징수하되, 지방자치단체가 다른 금액으로 징수하고자 하는 경우에는 표준금액의 100분의 50의 범위에서 조례로 가감 조정하여 징수할 수 있다.

■ 지방자치법 제156조 제1항 단서에 따른 전국적 통일이 필요한 수수료의 징수기준에 관한 규정

제2조(수수료의 징수기준) 「지방자치법」 제156조 제1항 단서에서 "대통령령으로 정하는 표준금액"이란 별표에서 정한 금액을 말한다.

지방자치법 제156조 제1항 단서에 따른 전국적 통일이 필요한 수수료의 징수기준에 관한 규정

[별표] 수수료의 종류 및 표준금액(제2조 관련)

종류	표준금액
1. 「게임산업진흥에 관한 법률」 제25조 제1항에 따른 게임제작업 등록신청 수수료 (2. 이하 생략)	1건당 20,000원

[참고] 수수료·사용료의 책정방법으로서 비용상환주의와 등가주의

(1) 비용상환주의란 수수료·사용료 등은 수수료·사용료를 요하는 행정에 소요된 행정비용을 초과할 수 없다는 원칙이다. 비용상환주의의 경우 그 계산방식은 실제를 척도로 하거나(예: 폐기물의 무게에 따른 수수료 징수) 또는 외관상의 개연성을 척도로 한다(예: 공급된 수도물의 양에 따른 폐수처리비 징수). 행정비용의 범위와 평가에 대한 결정에는 불명확한 점이 많다. 비용상환주의는 사용료 책정방법으로 비교적 적합하다.

(2) 등가주의란 수수료·사용료 등은 수수료·사용료 등을 요하는 급부의 사실상의 가치에 상응하는 것이어야 한다는 원칙을 말한다. 등가주의의 원칙은 평등원칙의 표현이고, 비례원칙의 표현이다. 등가주의의 원칙은 행정급부와 이용자의 반대급부인 그 대가는 비례관계를 벗어날 수 없다는 것을 요구한다. 등가주의의 원칙으로 구체적인 한계를 확정하기는 어렵다. 등가주의는 수수료 책정방법으로 비교적 적합하다.

제7절 처분에 대한 이의신청 및 재심사

제36조(처분에 대한 이의신청)[1] ① 행정청의 처분(「행정심판법」 제3조에 따라 같은 법에 따른 행정심판의 대상이 되는 처분을 말한다. 이하 이 조에서 같다)에 이의가 있는 당사자는 처분을 받은 날부터 30일 이내에 해당 행정청에 이의신청을 할 수 있다.[2]

② 행정청은 제1항에 따른 이의신청을 받으면 그 신청을 받은 날부터 14일 이내에 그 이의신청에 대한 결과를 신청인에게 통지하여야 한다. 다만, 부득이한 사유로 14일 이내에 통지할 수 없는 경우에는 그 기간을 만료일 다음 날부터 기산하여 10일의 범위에서 한 차례 연장할 수 있으며, 연장 사유를 신청인에게 통지하여야 한다.[3]

③ 제1항에 따라 이의신청을 한 경우에도 그 이의신청과 관계없이 「행정심판법」에 따른 행정심판 또는 「행정소송법」에 따른 행정소송을 제기할 수 있다.[4]

④ 이의신청에 대한 결과를 통지받은 후 행정심판 또는 행정소송을 제기하려는 자는 그 결과를 통지받은 날(제2항에 따른 통지기간 내에 결과를 통지받지 못한 경우에는 같은 항에 따른 통지기간이 만료되는 날의 다음 날을 말한다)부터 90일 이내에 행정심판 또는 행정소송을 제기할 수 있다.[5]

⑤ 다른 법률에서 이의신청과 이에 준하는 절차에 대하여 정하고 있는 경우에도 그 법률에서 규정하지 아니한 사항에 관하여는 이 조에서 정하는 바에 따른다.[6]

⑥ 제1항부터 제5항까지에서 규정한 사항 외에 이의신청의 방법 및 절차 등에 관한 사항은 대통령령으로 정한다.[7]

⑦ 다음 각 호의 어느 하나에 해당하는 사항에 관하여는 이 조를 적용하지 아니한다.[8]

1. 공무원 인사 관계 법령에 따른 징계 등 처분에 관한 사항
2. 「국가인권위원회법」 제30조에 따른 진정에 대한 국가인권위원회의 결정
3. 「노동위원회법」 제2조의2에 따라 노동위원회의 의결을 거쳐 행하는 사항
4. 형사, 행형 및 보안처분 관계 법령에 따라 행하는 사항
5. 외국인의 출입국·난민인정·귀화·국적회복에 관한 사항
6. 과태료 부과 및 징수에 관한 사항

[시행일 2023. 3. 24.]

[제36조는 부칙 제1조 단서에 따른 시행일 이후에 하는 처분부터 적용한다(부칙 제6조)].

[1] 행정기본법 제36조의 의의

1. 행정기본법 제정 전 상황

행정기본법이 제정되기 전에는 개별 법률에서 이의신청을 규정하지 않는 한 이의신청은 인정될 수 없다고 보았다. 왜냐하면 행정심판법은 행정심판의 제기를 개괄적으로 인정하고 있고(행정심판법 제3조 제1항), 또한 개별 법률에서 이의신청을 규정하지 않는 한 처분청에 대하여 자기가 한 행위를 다시 판단하도록 의무를 부과할 수는 없다고 보았기 때문이다. 종래 개별 법률에는 이의신청, 불복, 재심 등 다양한 용어와 형태로 규정되었고(예: 공공기관의 정보공개에 관한 법률 제18조, 국가유공자 등 예우 및 지원에 관한 법률 제74조의18, 국세기본법 제61조, 민원 처리에 관한 법률 제35조), 이의신청 기간 중에 행정심판이나 행정소송의 제소기간이 정지되는지가 불명확하여 국민에게 혼란이 있었다.

[제소기간 정지 여부가 규정된 이의신청을 규정한 입법례]

■ 국가유공자등 예우 및 지원에 관한 법률 제74조의18(이의신청) ① 제74조의5 제1항 제1호, 제3호부터 제5호까지, 제11호부터 제13호까지 및 제15호의 사항과 관련된 국가보훈처장의 처분에 이의가 있는 자는 다음 각 호의 어느 하나에 해당하는 경우 국가보훈처장에게 이의신청을 할 수 있다.
④ 제1항에 따라 이의신청을 한 자는 그 이의신청과 관계없이 「행정심판법」에 따른 행정심판을 청구할 수 있다. 이 경우 이의신청을 하여 그 결과를 통보받은 자는 통보받은 날부터 90일 이내에 「행정심판법」에 따른 행정심판을 청구할 수 있다

[제소기간 정지 여부가 규정되지 아니한 이의신청을 규정한 입법례]

■ 공공기관의 정보공개에 관한 법률 제18조(이의신청) ① 청구인이 정보공개와 관련한 공공기관의 비공개 결정 또는 부분 공개 결정에 대하여 불복이 있거나 정보공개 청구 후 20일이 경과하도록 정보공개 결정이 없는 때에는 공공기관으로부터 정보공개 여부의 결정 통지를 받은 날 또는 정보공개 청구 후 20일이 경과한 날부터 30일 이내에 해당 공공기관에 문서로 이의신청을 할 수 있다.
④ 공공기관은 이의신청을 각하(却下) 또는 기각(棄却)하는 결정을 한 경우에는 청구인에게 행정심판 또는 행정소송을 제기할 수 있다는 사실을 제3항에 따른 결과 통지와 함께 알려야 한다.

2. 제정취지

개별 법령에 이의신청에 관한 내용이 규정되어 있지 아니한 처분에 대해서도

불복할 수 있는 기회를 제공하여 국민들의 권리구제를 강화하고, 처분의 이의신청에 대한 공통적인 방법과 절차를 규정하여 이의신청 제도가 실효성 있게 운영되도록 하고자 하는 것이 행정기본법 제36조의 제정취지이다.

3. 일반법

행정기본법 제36조는 「처분에 대한 이의신청」에 관한 일반법이다. 다른 법률에 특별한 규정이 있으면, 그 특별규정이 우선 적용되고, 다른 법률에 이의 신청에 관한 특별한 규정이 없다면, 행정기본법 제36조가 적용된다(행정기본법 제5조). 다른 법률에 이의신청에 관한 규정이 있다고 하여도, 그 다른 법률에 규정되지 아니한 사항에 관해서는 행정기본법 제36조가 적용된다.

4. 이의신청 가부의 고지(불복고지)

행정절차법 제26조(고지)는 "행정청이 처분을 할 때에는 당사자에게 그 처분에 관하여 행정심판 및 행정소송을 제기할 수 있는지 여부, 그 밖에 불복을 할 수 있는지 여부, 청구절차 및 청구기간, 그 밖에 필요한 사항을 알려야 한다."고 규정하고 있다. 이의신청은 불복의 한 종류이므로, 행정청이 행정기본법 제36조의 적용대상이 되는 처분을 하는 경우에는 당사자에게 행정절차법 제26조에 근거하여 「행정기본법 제36조가 정하는 바에 따라 이의신청을 제기할 수 있음」을 알려야 한다.

[2] 행정기본법 제36조 제1항 — 처분에 대한 이의신청의 의의와 요건

1. 이의신청의 의의

행정기본법 제36조 제1항은 "행정청의 처분(「행정심판법」 제3조에 따라 같은 법에 따른 행정심판의 대상이 되는 처분을 말한다. 이하 이 조에서 같다)에 이의가 있는 당사자는 처분을 받은 날부터 30일 이내에 해당 행정청에 이의신청을 할 수 있다(행정기본법 제36조 제1항)."고 규정하고 있다. 행정기본법 제36조 제1항을 바탕으로 이의신청이란 「행정청의 처분에 이의가 있는 당사자가 해당 행정청(처분청)에 이의를 신청하는 절차」로 정의할 수 있다.

2. 이의신청 대상

이의신청의 대상이 되는 처분은 「행정심판법」 제3조에 따라 같은 법에 따른 행정심판의 대상이 되는 처분을 말한다(행정기본법 제36조 제1항). 행정심판법 제3조는 행정청의 처분 또는 부작위에 대하여 다른 법률에 특별한 규정이 있는 경우에는 그 특별한 규정, 특별한 규정이 없는 경우에는 행정심판법을 적용토록 규정하고 있다.

■ 행정심판법 제3조(행정심판의 대상) ① 행정청의 처분 또는 부작위에 대하여는 다른 법률에 특별한 규정이 있는 경우 외에는 이 법에 따라 행정심판을 청구할 수 있다.
② 대통령의 처분 또는 부작위에 대하여는 다른 법률에서 행정심판을 청구할 수 있도록 정한 경우 외에는 행정심판을 청구할 수 없다.

다른 법률에 특별한 규정이 있는 경우에는 ① 특별행정심판절차가 적용되는 경우와 ② 행정심판법의 적용이 배제되는 경우가 있다. 그 예로 다음을 볼 수 있다.[1]

1. 특별행정심판절차가 적용되는 경우의 예

건강보험분쟁조정위원회, 고용보험심사위원회, 공무원재해보상연금위원회, 광업조정위원회, 국민연금재심사위원회, 군인연금급여재심위원회, 변호사징계위원회, 산업재해보상보험재심사위원회, 선거소청, 소청심사위원회, 어업재해보상보험심사위원회, 장기요양재심사위원회, 조세심판원, 중앙노동위원회, 지리적표시심판위원회, 토지수용위원회, 특수임무수행자보상심의위원회, 특허심판원, 품종보호심판위원회, 해양심판원이 심판기관이 되는 경우

2. 행정심판법의 적용이 배제되는 경우의 예

■ 가족관계의 등록 등에 관한 법률 제109조(불복의 신청) ① 등록사건에 관하여 이해관계인은 시·읍·면의 장의 위법 또는 부당한 처분에 대하여 관할 가정법원에 불복의 신청을 할 수 있다.
■ 검찰청법 제10조(항고 및 재항고) ① 검사의 불기소처분에 불복하는 고소인이나 고발인은 그 검사가 속한 지방검찰청 또는 지청을 거쳐 서면으로 관할 고등검찰청 검사장에게 항고할 수 있다. ….
■ 공익신고자 보호법 제21조(보호조치결정 등의 확정) ③ 보호조치결정, 기각결정 또는 각하결정에 대하여는 「행정심판법」에 따른 행정심판을 청구할 수 없다.
■ 난민법 제21조(이의신청) ① 제18조 제2항 또는 제19조에 따라 난민불인정결정을 받은 사람 또는 제22조에 따라 난민인정이 취소 또는 철회된 사람은 그 통지를 받은 날부터 30일 이내에 법무부장관에게 이의신청을 할 수 있다. 이 경우 이의신청서에 이의의 사유를 소명하는 자료를 첨부하여 지방출입국·외국인관서의 장에게 제출하여야 한다.
② 제1항에 따른 이의신청을 한 경우에는 「행정심판법」에 따른 행정심판을 청구할 수 없다.
■ 독점규제 및 공정거래에 관한 법률 제53조(이의신청) ①이 법에 의한 공정거래위원회의 처분에 대하여 불복이 있는 자는 그 처분의 통지를 받은 날부터 30일 이내에 그 사유를 갖추

---

1) 법제처, 행정기본법안 조문별 제정이유서, 2020. 6, 104쪽 활용.

어 공정거래위원회에 이의신청을 할 수 있다.

■ 지방자치법 제24조(변상명령 등) ③ 제1항에 따라 변상할 것을 명령받은 자는 그 명령에 불복하는 경우 행정소송을 제기할 수 있다. 다만, 「행정심판법」에 따른 행정심판청구는 제기할 수 없다.

■ 질서위반행위규제법 제25조(관할 법원) 과태료 사건은 다른 법령에 특별한 규정이 있는 경우를 제외하고는 당사자의 주소지의 지방법원 또는 그 지원의 관할로 한다.

3. 이의신청권자

① 이의신청은 당사자만 할 수 있다(기본법 제36조 제1항). 당사자란 처분의 상대방을 말한다(기본법 제2조 제3호). 따라서 처분의 상대방이 아닌 이해관계 있는 제3자는 이의신청을 할 수 없다. 이의신청을 할 수 있는 자를 당사자로 제한하고 이해관계 있는 제3자를 배제한 것은 이의신청의 남발을 방지하여 이의신청제도가 보다 용이하게 정착될 수 있도록 하기 위한 것이다. 그러나 이의신청제도가 안착되면, 이해관계 있는 제3자도 이의신청을 할 수 있는 방향으로 나아가야 할 것이다. 현재로서 이해관계 있는 제3자는 이의신청을 할 수는 없지만, 행정심판법이 정하는 바에 따라 행정심판을 제기할 수는 있다. ② 당사자가 이의신청을 할 수 있다는 것은 당사자가 개인적 공권(공법상 권리)으로서 이의신청권을 갖는다는 것을 의미한다.

4. 이의신청기간

이의신청은 당사자가 처분을 받은 날부터 30일 이내에 하여야 한다.[1] 처분을 받은 날이란 처분이 상대방에게 도달한 날을 의미한다. 기간을 30일로 한 것은 법적 불안정을 조속히 안정시키기 위한 것이다. 30일은 제척기간이다. 30일이 경과하면 이의신청을 할 수 없다.

5. 이의신청기관

이의신청기관은 해당 행정청이다. 해당 행정청이란 이의신청의 대상인 처분을 발급한 처분청을 의미한다. 이의신청은 처분을 한 행정청에 대하여 불복하는 것이므로, 처분을 한 행정청이 아닌 제3의 기관(재결청)에 불복하는 행정심판 또는 특별행정심판과 구별된다.

---

1) 제6조(행정에 관한 기간의 계산)를 보라.

6. 이의신청사유

① 행정기본법은 행정청의 처분에 이의가 있는 경우에 제기할 수 있다고 규정할 뿐, 부당한 처분이나 위법한 처분에 대하여 이의를 제기할 수 있다고 규정하는 것은 아니다. 행정심판법상 행정심판은 부당하거나 위법한 처분을 대상으로 하고, 행정소송법상 행정소송은 위법한 처분을 대상으로 하는 점에 비추어보면, 이의신청의 사유는 넓다. ② 행정실무상 적법하고 정당한 처분에 이의를 신청하는 경우, 해당 행정청이 이를 받아들이기 어려울 것이다. 따라서 처분에 대한 이의신청은 실제상 처분이 부당하거나 위법한 경우에 이루어질 것이다.

7. 이의신청내용

행정기본법은 행정청의 처분에 이의가 있는 경우에 이의신청을 할 수 있다고 규정할 뿐, 이의신청의 내용에 관해서는 규정하는 바가 없다. 당사자가 신청할 수 있는 내용으로는 전부 취소 또는 변경, 일부 취소 또는 변경, 일부 취소와 일부 변경 등 다양하다.

8. 이의신청방법

행정기본법 제36조 제1항에 따라 이의신청을 하려는 자는 다음 각 호[1. 신청인의 성명·생년월일·주소(신청인이 법인이나 단체인 경우에는 그 명칭, 주사무소의 소재지와 그 대표자의 성명)와 연락처, 2. 이의신청 대상이 되는 처분의 내용과 처분을 받은 날, 3. 이의신청 이유]의 사항을 적은 문서를 해당 행정청에 제출해야 한다(행정기본법 시행령 제11조 제1항).

[3] 행정기본법 제36조 제2항 — 이의신청에 대한 결과통지의 기한

1. 이의신청에 대한 통지

(가) 통지기간   행정청은 제1항에 따른 이의신청을 받으면 그 신청을 받은 날부터 14일 이내에 그 이의신청에 대한 결과를 신청인에게 통지하여야 한다(행정기본법 제36조 제2항 본문). 신청에 대한 결과란 신청인의 신청을 전부 또는 일부 받아들이거나 아니면, 신청을 배척하는 내용이 될 것이다.

(나) 통지방법   통지는 문서로 함이 원칙이다(행정절차법 제24조).

■ 행정절차법 제24조(처분의 방식) ① 행정청이 처분을 할 때에는 다른 법령등에 특별한 규정이 있는 경우를 제외하고는 문서로 하여야 하며, 전자문서로 하는 경우에는 당사자등의 동의가 있어야 한다. 다만, 신속히 처리할 필요가 있거나 사안이 경미한 경우에는 말 또는 그 밖의 방법으로 할 수 있다. 이 경우 당사자가 요청하면 지체 없이 처분에 관한 문서를 주어야 한다.
② 처분을 하는 문서에는 그 처분 행정청과 담당자의 소속·성명 및 연락처(전화번호, 팩스번호, 전자우편주소 등을 말한다)를 적어야 한다.

2. 기간의 연장

부득이한 사유로 14일 이내에 통지할 수 없는 경우에는 그 기간을 만료일 다음 날부터 기산하여 10일의 범위에서 한 차례 연장할 수 있으며, 연장 사유를 신청인에게 통지하여야 한다(행정기본법 제36조 제1항 단서).

(가) 연장기간 　　① 부득이한 사유로 14일 이내에 통지할 수 없는 경우에는 그 기간의 만료일 다음 날부터 기산하여 10일의 범위에서 한 차례 연장할 수 있다. ② 연기기간은 만료일 다음 날부터 기산하여 10일의 범위 이내이다. 그 기간을 반드시 10일을 하여야 하는 것은 아니다. 10일은 최장기간이다. 연기는 단 한 차례만 가능하다.

(나) 부득이한 사유 　　부득이한 사유란 천재지변 등 불가항력만을 의미하는 것은 아니다. 부득이한 사유란 정상적인 업무수행을 할 수 없는 상황을 뜻한다. 부득이한 사유의 유무는 건전한 사회관념에 따라 판단되어야 한다.

(다) 연장사유의 통지 　　행정청은 연장하는 경우, 연장사유를 신청인에게 통지하여야 한다. 통지방법은 앞에서 본 바와 같다.

(라) 결과 통지기간의 연장 　　행정청은 법 제36조 제2항 단서에 따라 이의신청 결과의 통지 기간을 연장하려는 경우에는 연장 통지서에 연장 사유와 연장 기간 등을 구체적으로 적어야 한다(행정기본법 시행령 제11조 제2항).

[4] 행정기본법 제36조 제3항 ― 처분에 대한 이의신청과 행정심판·행정소송의 관계

1. 의의

제1항에 따라 이의신청을 한 경우에도 그 이의신청과 관계없이 「행정심판법」에 따른 행정심판 또는 「행정소송법」에 따른 행정소송을 제기할 수 있다(행정기본

법 제36조 제3항).

2. 임의적 절차

행정기본법상 이의신청은 임의적 절차이다. 이의신청은 「행정심판법」에 따른 행정심판 또는 「행정소송법」에 따른 행정소송을 제기하기 위해서는 반드시 먼저 거쳐야 하는 절차가 아니다. 이것은 행정기본법상 이의신청제도가 행정심판법상 행정심판제도와 결합되어 있는 것도 아니고, 행정소송법상 행정소송제도와 결합되어 있는 것도 아님을 의미한다.

3. 쟁송절차의 유형

행정청의 처분에 이의가 있는 당사자가 쟁송절차상 취할 수 있는 방법으로 ① [처분] → 행정기본법상 이의신청→ 행정심판법상 행정심판 → 행정소송법상 행정소송의 방법, ② [처분] → 행정기본법상 이의신청→ 행정소송법상 행정소송의 방법, ③ [처분] → 행정심판법상 행정심판 → 행정소송법상 행정소송의 방법, ④ [처분] → 행정소송법상 행정소송의 경우를 생각할 수 있다.

[5] 행정기본법 제36조 제4항 — 행정심판청구 · 행정소송 제기의 기간

1. 이의신청절차를 거친 경우

(가) 문제상황   이의신청을 제기한 후 행정심판이나 행정소송을 제기하는 경우, 그 청구기간 · 제소기간은 행정심판법이나 행정소송법이 정하는 기간을 그대로 적용할 수 없다. 왜냐하면 이의신청 절차 중에 행정심판 · 행정소송 제소기간이 경과하면 국민의 권리구제가 제한되기 때문이다. 따라서 이의신청 절차 중에 행정심판 · 소송의 제소기간이 정지된다는 것을 명확히 할 필요가 있다. 이 조항은 이러한 필요에 따른 것이다.

(나) 결과를 통지받은 날부터 90일

1) 의의   이의신청에 대한 결과를 통지받은 후 행정심판 또는 행정소송을 제기하려는 자는 그 결과를 통지받은 날(제2항에 따른 통지기간 내에 결과를 통지받지 못한 경우에는 같은 항에 따른 통지기간이 만료되는 날의 다음 날을 말한다)부터 90일 이내에 행정심판 또는 행정소송을 제기할 수 있다(행정기본법 제36조 제4항).[1]

---

1) 제6조(행정에 관한 기간의 계산)를 보라.

2) 적용범위　　이 조항은 "이의신청에 대한 결과를 통지받은 후 행정심판 또는 행정소송을 제기하려는 경우"에 적용되는 것이므로, 이의신청·행정심판청구·행정소송 제기가 동시에 이루어지거나 이의신청에 대한 결과를 통지받기 전 (제2항에 따른 통지기간 내에 결과를 통지받지 못한 경우에는 같은 항에 따른 통지기간이 만료되기 전)에 이루어지는 경우에는 적용될 여지가 없다.

[참고] 이의신청절차를 거친 경우, 행정심판·행정소송의 대상
행정기본법은 이의신청절차를 거친 경우에 행정심판·행정소송의 대상이 원처분인지 아니면 이의신청에 대한 결과로 나온 처분인지에 관해 규정하는 바가 없다. 나누어서 보기로 한다.
(1) 이의신청을 받아들이지 않는 경우　　신청에 대한 결과통지가 이의신청을 받아들이지 않는 것이라면, 그러한 결과통지는 원처분을 유지한다는 것인바, 새로운 처분으로 볼 수 없다. 따라서 민원인으로서는 그러한 결과통지를 다툴 수는 없고, 원처분을 행정심판법상 행정심판 등으로 다툴 수 있다.
(2) 이의신청을 받아들이는 경우　　① 이의신청에 대한 결과통지가 이의신청을 전부 받아들이는 것이라면(예: 영업정지 6개월 처분에 대하여 취소를 구한 이의신청에서 영업정지 6개월 처분을 취소하는 경우), 민원인은 더 이상 다툴 필요가 없다. 그러나 ② 이의신청에 대한 결과통지가 이의신청의 일부만 받아들이는 것이라면(예: 영업정지 6개월 처분에 대하여 취소를 구한 이의신청에서 영업정지기간을 3개월로 감축한 경우), 원처분(예: 영업정지 6개월 처분)은 소멸되고, 이의신청에 대한 결과통지(예: 영업정지 3개월 처분)는 새로운 처분으로서의 의미를 갖는바, 민원인은 새로운 처분에 대하여 행정심판법상 행정심판 등으로 다툴 수 있다. 이를 명백히 하는 입법적 보완이 의미가 있어 보인다. 국가행정법제위원회는 다음과 같은 조문의 개정에 관해 논의한 적이 있다.

제36조(처분에 대한 이의신청) 이의신청에 대한 결과를 통지받은 후 행정심판 또는 행정소송을 제기하려는 자는 그 결과를 통지받은 날(제2항에 따른 통지기간 내에 결과를 통지받지 못한 경우에는 같은 항에 따른 통지기간이 만료되는 날의 다음 날을 말한다)부터 90일 이내에 제1항의 처분(이의신청 결과 처분이 변경된 경우에는 변경된 처분으로 한다)에 대하여 행정심판 또는 행정소송을 제기할 수 있다.

2. 이의신청절차를 거치지 않은 경우

행정청의 처분에 이의가 있는 당사자가 해당 행정청에 이의신청을 하지 않고 바로 행정심판을 청구하는 경우에 그 청구기간은 행정심판법이 정하는 기간, 바로 행정소송을 제기하는 경우에 그 제소기간은 행정소송법이 정하는 바에 의한다.

■ 행정심판법 제27조(심판청구의 기간) ① 행정심판은 처분이 있음을 알게 된 날부터 90일 이내에 청구하여야 한다.
③ 행정심판은 처분이 있었던 날부터 180일이 지나면 청구하지 못한다. 다만, 정당한 사유가 있는 경우에는 그러하지 아니하다.
■ 행정소송법 제20조(제소기간) ① 취소소송은 처분등이 있음을 안 날부터 90일 이내에 제기하여야 한다. ….
② 취소소송은 처분등이 있은 날부터 1년(제1항 단서의 경우는 재결이 있은 날부터 1년)을 경과하면 이를 제기하지 못한다. 다만, 정당한 사유가 있는 때에는 그러하지 아니하다.

[참고] 이의신청의 결과로 나온 처분에 대한 불복고지(행정심판·행정소송 제기의 가부 등에 관한 고지)
행정청이 이의신청에 대한 결과를 신청인에게 통지할 때, 신청인에게 행정심판이나 행정소송을 제기할 수 있는지 여부 등을 알려야 한다는 규정은 보이지 아니한다. 그럼에도 이의신청에 대한 결과가 처분에 해당한다면, 행정청은 행정절차법 제26조에 따라 신청인에게 일정 사항을 알려야 할 것이다.

■ 행정절차법 제26조(고지) 행정청이 처분을 할 때에는 당사자에게 그 처분에 관하여 행정심판 및 행정소송을 제기할 수 있는지 여부, 그 밖에 불복을 할 수 있는지 여부, 청구절차 및 청구기간, 그 밖에 필요한 사항을 알려야 한다.

한편, 행정기본법의 성격에 비추어 볼 때, 행정기본법에 이의신청의 결과로 나온 처분에 대한 불복고지를 규정하는 것이 바람직해 보인다. 국가행정법제위원회는 다음과 같은 조문의 신설에 관해 논의한 적이 있다.

제36조(처분에 대한 이의신청) ⑤ 행정청은 제2항 또는 다른 법률에 따라 이의신청에 대한 결과를 통지할 때에는 대통령령으로 정하는 바에 따라 제4항에 따른 행정심판 또는 행정소송의 제기기간 등에 관한 사항을 함께 안내하여야 한다. 다만, 이의신청에 대한 결과를 통지하기 전에 이미 신청인이 행정심판 또는 행정소송을 제기한 경우는 제외한다.

[6] 행정기본법 제36조 제5항 — 이의신청의 특별법과 일반법

1. 문제상황

행정에 관하여 다른 법률에 특별한 규정이 있는 경우를 제외하고는 행정기본법에서 정하는 바에 따른다(행정기본법 제5조 제1항). 따라서 다른 법률에 이의신청에 관한 특별한 규정이 있는 경우에는 그 특별한 규정이 적용된다(특별법 우선). 그런데 그 특별한 규정이 있는 다른 법률에서 규정되지 아니한 사항에 관해서는 어떠한 법을 적용할 것인가의 문제가 있다.

2. 일반법으로서 행정기본법

다른 법률에서 이의신청과 이에 준하는 절차에 대하여 정하고 있는 경우에도 그 법률에서 규정하지 아니한 사항에 관하여는 제36조에서 정하는 바에 따른다(행정기본법 제36조 제5항). 행정기본법이 일반법이므로, 논리상 행정기본법 제36조의 적용은 당연하다. 예를 들어, 개별 법률에서 이의신청에 대하여 규정하면서, 이의신청 제기 후 행정심판이나 행정소송을 제기하는 경우와 관련하여 제소기간에 대해 아무런 규정을 두고 있지 않다면, 그 제소기간은 행정기본법 제36조 제4항이 적용된다.

[예 1] 민원 처리에 관한 법률 제35조와 행정기본법 제36조의 관계

민원 처리에 관한 법률 제35조는 거부처분에 대한 이의신청을 규정하고 있다. 전자는 후자에 대한 특별규정이다. 따라서 거부처분에 대한 이의신청에 관해서는 민원 처리에 관한 법률 제35조가 우선 적용된다. 민원 처리에 관한 법률 제35조에 규정되지 아니한 사항에 관해서는 행정기본법 제36조가 보충적으로 적용된다. 예를 들어 민원 처리에 관한 법률 제35조에는 통지받은 결과에 대해 행정심판을 제기할 수 있는지 등에 관해 규정하는 바가 없으므로, 이에 대해서는 행정기본법 제36조 제3항, 제4항이 보충적으로 적용된다.

[예 2] 보조금 관리에 관한 법률(보조금법) 제37조, 공공재정 부정청구 금지 및 부정이익 환수 등에 관한 법률(공공재정환수법) 제15조와 행정기본법 제36조의 관계

보조금법 제37조는 공공재정환수법 제15조에 대한 특별규정이므로, 보조금법 제37조가 우선 적용된다. 보조금법 제37조에 규정되지 아니한 사항은 공공재정환수법 제15조가 적용된다. 공공재정환수법 제15조에 규정되지 아니한 사항에 대해서는 행정기본법 제36조가 적용된다.

■ 보조금 관리에 관한 법률 제37조(이의신청) ① 보조사업자는 보조금의 교부 결정, 교부 결정의 내용, 교부 결정의 취소, 보조금의 반환 명령 또는 삭감, 보조사업 또는 간접보조사업의 수행 배제, 보조금 또는 간접보조금의 수급 제한 및 제재부가금의 부과, 그 밖에 보조금의 교부에 관한 중앙관서의 장의 처분에 이의가 있을 때에는 그 통지 또는 처분을 받은 날부터 20일 이내에 서면으로 그 중앙관서의 장에게 이의를 신청할 수 있다.
■ 공공재정 부정청구 금지 및 부정이익 환수 등에 관한 법률 제2조(정의) 이 법에서 사용하는 용어의 뜻은 다음과 같다.
4. "공공재정"이란 공공기관이 조성·취득하거나 관리·처분·사용하는 금품등을 말한다.
제15조(이의신청) ① 행정청의 제7조에 따른 공공재정지급금의 지급 중단, 제8조에 따른 부정이익등 환수처분, 제9조에 따른 제재부가금 부과처분, 제12조에 따른 가산금·체납처분

에 불복하는 자는 그 처분을 고지받은 날부터 30일 이내에 그 사유를 밝혀 문서로 행정청에 이의를 신청할 수 있다.

② 행정청은 제1항에 따른 이의신청에 대하여 30일 이내에 결정하여야 한다. 다만, 부득이한 사정으로 그 기간 안에 결정을 할 수 없는 경우에는 10일 이내에서 그 기간을 연장할 수 있다.

■ 공공재정 부정청구 금지 및 부정이익 환수 등에 관한 법률 시행령 제2조(공공재정지급금의 범위) 「공공재정 부정청구 금지 및 부정이익 환수 등에 관한 법률」(이하 "법"이라 한다) 제2조 제5호에서 "대통령령으로 정하는 것"이란 다음 각 호의 어느 하나에 해당하는 것을 말한다.

1. 「보조금 관리에 관한 법률」 제2조제1호 또는 「지방재정법」 제23조에 따라 교부되는 보조금 등 공익사업을 조성하거나 재정을 지원하기 위해 제공되는 금품등

3. 적용범위

행정기본법 제36조는 다른 법률에서 이의신청을 규정하고 있는 경우뿐만 아니라 이의신청이라는 표현을 사용하지 않아도 내용상 이의신청에 준하는 절차를 규정하고 있는 경우에도 적용된다.

[7] 행정기본법 제36조 제6항 — 시행령

1. 의의

행정기본법 제36조 제1항부터 제5항까지에서 규정한 사항 외에 이의신청의 방법 및 절차 등에 관한 사항은 대통령령으로 정한다(행정기본법 제36조 제6항).

2. 규정의 성질

① 본 조항은 행정기본법 제36조가 정하는 '처분에 대한 이의신청'의 시행을 위한 대통령령(시행령) 제정의 근거규정이다. ② 시행령은 "제1항부터 제5항까지에서 규정한 사항 외에 이의신청의 방법 및 절차 등"을 내용으로 한다. ③ 국민의 자유와 권리를 새로이 제한하는 사항은 시행령에 포함될 수 없다. 행정기본법은 그러한 사항을 정할 수 있도록 구체적으로 범위를 정하여 위임하는 바가 없기 때문이다.[1]

3. 처리대장의 유지 등

① 행정청은 법 제36조에 따른 이의신청에 대한 접수 및 처리 상황을 이의신

---

1) 제2조(정의) [5]2.를 보라.

청 처리대장에 기록하고 유지해야 한다(행정기본법 시행령 제11조 제3항). ② 법제처장은 이의신청 제도의 개선을 위하여 필요한 경우에는 행정청에 이의신청 처리 상황 등 이의신청 제도의 운영 현황을 점검하는 데 필요한 자료의 제공을 요청할 수 있다(행정기본법 시행령 제11조 제4항).

[8] 행정기본법 제36조 제7항 — 처분에 대한 이의신청의 적용제외사항

1. 의의

행정기본법 제36조가 정하는 「처분에 대한 이의신청」은 국민들에게 처분에 대해 불복할 수 있는 기회를 넓게 제공하여 국민들의 권리구제를 강화하고자 하는데 의미가 있다. 그러나 처분 중에는 성질상 이의신청을 넓게 인정하는 것이 오히려 바람직하지 않은 경우도 있다. 이러한 경우를 규정하는 것이 바로 행정기본법 제36조 제7항이다.

2. 적용이 제외되는 사항

행정기본법 제36조의 적용이 배제되는 사항은 다음과 같다(행정기본법 제37조 제7항).

(가) 공무원 인사 관계 법령에 따른 징계 등 처분에 관한 사항   제1호는 「공무원의 인사 관계 처분은 공무원법관계의 안정을 침해하여서는 아니 된다」라는 점을 근거로 한다.

(나) 「국가인권위원회법」 제30조에 따른 진정에 대한 국가인권위원회의 결정   제2호는 「국가인권위원회는 준사법적인 기관으로서 합의제 기관이다」라는 점을 근거로 한다.

(다) 「노동위원회법」 제2조의2에 따라 노동위원회의 의결을 거쳐 행하는 사항   제3호는 「노사관계의 특수성과 노동위원회는 독립의 합의제 기관이다」라는 점을 근거로 한다.

(라) 형사, 행형 및 보안처분 관계 법령에 따라 행하는 사항   제4호는 「형사, 행형 및 보안처분 관계 처분은 사법작용의 성질이 강하다」라는 점을 근거로 한다.

(마) 외국인의 출입국·귀화·국적회복에 관한 사항   제5호는 「외국인 관련 사항은 상호주의가 적용되어야 한다」라는 점을 근거로 한다.

[참고] 난민인정 부분의 삭제

행정기본법 제36조 제1항은「행정심판법 제3조에 따라 같은 법에 따른 행정심판의 대상이 되는 처분」만을 이의신청의 대상으로 규정하고 있고, 난민법 제21조는 이의신청을 규정하면서 제3항에서 "제1항에 따른 이의신청을 한 경우에는「행정심판법」에 따른 행정심판을 청구할 수 없다"고 하고 있다. 따라서 난민법상 난민인정은 처음부터 행정기본법 제36조의 적용 대상이 아니므로 행정기본법 제36조 제7항 제5호 중 난민인정 부분은 삭제할 필요가 있다.

(바) 과태료 부과 및 징수에 관한 사항   제6호는「과태료 부과는 사법작용과 유사하다」라는 점을 근거로 한다.

제37조(처분의 재심사)[1] ① 당사자는 처분(제재처분 및 행정상 강제는 제외한다. 이하 이 조에서 같다)이 행정심판, 행정소송 및 그 밖의 쟁송을 통하여 다툴 수 없게 된 경우(법원의 확정판결이 있는 경우는 제외한다)라도 다음 각 호의 어느 하나에 해당하는 경우에는 해당 처분을 한 행정청에 처분을 취소·철회하거나 변경하여 줄 것을 신청할 수 있다.[2]

1. 처분의 근거가 된 사실관계 또는 법률관계가 추후에 당사자에게 유리하게 바뀐 경우

2. 당사자에게 유리한 결정을 가져다주었을 새로운 증거가 있는 경우

3. 「민사소송법」 제451조에 따른 재심사유에 준하는 사유가 발생한 경우 등 대통령령으로 정하는 경우

② 제1항에 따른 신청은 해당 처분의 절차, 행정심판, 행정소송 및 그 밖의 쟁송에서 당사자가 중대한 과실 없이 제1항 각 호의 사유를 주장하지 못한 경우에만 할 수 있다.[3]

③ 제1항에 따른 신청은 당사자가 제1항 각 호의 사유를 안 날부터 60일 이내에 하여야 한다. 다만, 처분이 있은 날부터 5년이 지나면 신청할 수 없다.[4]

④ 제1항에 따른 신청을 받은 행정청은 특별한 사정이 없으면 신청을 받은 날부터 90일(합의제행정기관은 180일) 이내에 처분의 재심사 결과(재심사 여부와 처분의 유지·취소·철회·변경 등에 대한 결정을 포함한다)를 신청인에게 통지하여야 한다. 다만, 부득이한 사유로 90일(합의제행정기관은 180일) 이내에 통지할 수 없는 경우에는 그 기간을 만료일 다음 날부터 기산하여 90일(합의제행정기관은 180일)의 범위에서 한 차례 연장할 수 있으며, 연장 사유를 신청인에게 통지하여야 한다.[5]

⑤ 제4항에 따른 처분의 재심사 결과 중 처분을 유지하는 결과에 대해서는 행정심판, 행정소송 및 그 밖의 쟁송수단을 통하여 불복할 수 없다.[6]

⑥ 행정청의 제18조에 따른 취소와 제19조에 따른 철회는 처분의 재심사에 의하여 영향을 받지 아니한다.[7]

⑦ 제1항부터 제6항까지에서 규정한 사항 외에 처분의 재심사의 방법 및 절차 등에 관한 사항은 대통령령으로 정한다.[8]

⑧ 다음 각 호의 어느 하나에 해당하는 사항에 관하여는 이 조를 적용하지 아니한다.[9]

1. 공무원 인사 관계 법령에 따른 징계 등 처분에 관한 사항

2. 「노동위원회법」 제2조의2에 따라 노동위원회의 의결을 거쳐 행하는 사항

3. 형사, 행형 및 보안처분 관계 법령에 따라 행하는 사항

4. 외국인의 출입국·난민인정·귀화·국적회복에 관한 사항

5. 과태료 부과 및 징수에 관한 사항

6. 개별 법률에서 그 적용을 배제하고 있는 경우

[시행일 2023. 3. 24.]

[제37조는 부칙 제1조 단서에 따른 시행일 이후에 하는 처분부터 적용한다(부칙 제7조)].

[1] 행정기본법 제37조의 의의

1. 제정취지

행정심판법상 행정심판을 제기할 수 있는 기간이 경과하거나 행정소송법상 행정소송을 제기할 수 있는 기간이 경과하면, 당사자는 더 이상 다툴 수 없다. 그렇지만 기간의 경과로 처분에 기초가 되었던 사실관계 또는 법률관계가 사회적 관념이나 헌법질서와 충돌하는 경우, 종전의 처분을 유지하는 것은 정의의 관념에 반하므로, 종전의 처분을 취소하거나 철회할 필요가 있다. 행정기본법 제37조는 이러한 필요에 응하는 조문이다. 민사소송법과 형사소송법은 확정된 종국판결에 대해서도 일정한 사유가 있는 경우에 재심을 인정하고 있음을 볼 때 법원의 판결이 아닌 행정청의 처분에 대해서도 일정한 사유가 있으면 재심사를 인정할 필요가 있다.

- 민사소송법 제451조(재심사유) ① 다음 각호 가운데 어느 하나에 해당하면 확정된 종국판결에 대하여 재심의 소를 제기할 수 있다. 다만, 당사자가 상소에 의하여 그 사유를 주장하였거나, 이를 알고도 주장하지 아니한 때에는 그러하지 아니하다.
1. 법률에 따라 판결법원을 구성하지 아니한 때 (제2호 이하 생략)
- 형사소송법 (재심이유) 재심은 다음 각 호의 어느 하나에 해당하는 이유가 있는 경우에 유죄의 확정판결에 대하여 그 선고를 받은 자의 이익을 위하여 청구할 수 있다.
1. 원판결의 증거가 된 서류 또는 증거물이 확정판결에 의하여 위조되거나 변조된 것임이 증명된 때
(제2호 이하 생략)

2. 일반법

행정기본법 제37조는 「처분의 재심사」에 관한 일반법이다. 다른 법률에 특별한 규정이 있으면, 그 특별규정이 우선 적용되고, 다른 법률에 처분의 재심사에 관한 특별한 규정이 없다면, 행정기본법 제37조가 일반적으로 적용된다(행정기본법

제5조). 다른 법률에 처분의 재심사에 관한 규정이 있다고 하여도, 그 다른 법률에 규정되지 아니한 사항에 관해서는 행정기본법 제37조가 적용된다.

[처분의 재심사 절차의 흐름도]

> 처분의 재심사 신청 → 요건심사(요건 미비의 경우, 재심사 결과 통지) → 재심사 신청 사유 유무 심사 → 처분의 취소·철회 또는 변경 결정 → 재심사 결과 통지

◇ 처분의 재심사 절차는 행정심판법상 행정심판절차 또는 행정소송법상 행정소송절차만큼 엄격한 절차가 아니다.
◇ [처분의 재심사의 절차 흐름도]는 행정기본법 제37조의 적용과정을 분석적으로 나누어 본 것이다.
◇ 요건심사란 신청권자가 정당한 신청권자인지, 신청기관이 해당 행정청인지, 신청대상이 재심사의 대상인 처분에 해당하는지, 신청이 신청기한 내에 이루어진 것인지 등 처분의 재심사 신청에 갖추어야 할 요건이 구비되었는지를 심사하는 것을 말한다. 구비되지 않았다면, 해당 행정청은 재심사를 종료하는 절차로 나아가게 된다. 원처분은 유지된다.
◇ 재심사 신청 사유 유무 심사란 처분의 재심사 신청요건이 구비된 경우, 재심사 신청 사유, 즉 행정기본법 제37조 제1항 각 호의 사유가 존재하는지 여부를 심사하는 것을 말한다.
◇ 처분의 취소·철회 또는 변경 결정이란 재심사 신청 사유 유무 심사의 결과 재심사 신청 사유가 있는 것으로 판단되면, 신청에 적합한 결정으로서 처분의 취소·철회 또는 변경을 결정하는 것을 말한다.

[2] 행정기본법 제37조 제1항 — 처분의 재심사의 의의와 요건

1. 의의

"당사자는 처분(제재처분 및 행정상 강제는 제외한다. 이하 이 조에서 같다)이 행정심판, 행정소송 및 그 밖의 쟁송을 통하여 다툴 수 없게 된 경우라도 다음 각 호의 어느 하나에 해당하는 경우에는 해당 처분을 한 행정청에 처분을 취소·철회하거나 변경하여 줄 것을 신청할 수 있다(행정기본법 제37조 제1항). 이를 바탕으로 처분의 재심사란 「행정청의 처분(행정상 쟁송으로 다툴 수 없게 된 처분 포함)에 일정한 사유가 있는 경우, 당사자가 해당 행정청(처분청)에 그 처분의 취소·철회 또는 변경을 신청하는 절차」로 정의할 수 있다.

2. 대상과 제외사항

(가) 대상　　처분의 재심사의 대상은 처분이다.[1] 처분의 재심사는 처분 중

---

1) 제2조(정의) [14]를 보라.

아래의 (나) 부분을 제외한 처분을 대상으로 한다. 따라서 재심사는 행정심판의 제기기간이나 행정소송의 제기기간이 도과된 처분, 행정심판에서 기각된 재결을 주된 대상으로 할 것이다. 그리고 재심사는 실제상 수익적 처분의 신청에 대한 거부처분을 다시 다투는 절차이거나 아니면 침익적 처분을 다시 다투는 절차의 성격을 갖는다.

(나) 대상에서 제외되는 처분

1) 제재처분 및 행정상 강제   제재처분 및 행정상 강제는 처분의 재심사의 대상에서 제외된다. 불가쟁력이 발생한 제재처분이나 행정상 강제를 취소·철회 또는 변경하여 줄 것을 신청할 수 있게 되면, 그리하여 제재처분이나 행정상 강제를 둘러싼 법적 평화와 안정이 장해를 받게 되면, 그만큼 제재처분이나 행정상 강제의 실효성 확보기능은 약화될 수밖에 없다. 이러한 문제점을 방지하기 위하여 제재처분 및 행정상 강제를 처분의 재심사 대상에서 제외한 것으로 이해된다. 그러나 입법정책의 변화에 따라 제재처분을 재심사의 대상으로 할 수도 있을 것이다.

2) 법원의 확정판결이 있는 처분   제재처분이나 행정상 강제에 해당하지 않는 처분일지라도 그 처분에 관해 법원의 판결이 있다면, 처분의 재심사의 대상에서 제외된다.

3. 신청권자

① 처분의 재심사의 신청은 당사자만 할 수 있고, 제3자는 신청을 할 수 없다. 처분의 재심사의 신청을 할 수 있는 자를 당사자로 제한한 것은 처분의 재심사 신청의 남발을 방지하기 위한 것이다. ② 당사자가 처분의 재심사를 신청할 수 있다는 것은 당사자가 개인적 공권(공법상 권리)으로서 처분의 재심사 신청권을 갖는다는 것을 의미한다.

4. 신청기관

처분의 재심사 신청기관은 해당 행정청이다. 해당 행정청이란 재심사 신청의 대상인 처분을 발급한 처분청을 의미한다. 처분의 재심사 신청은 처분을 한 행정청에 대하여 불복하는 것이므로, 처분을 한 행정청이 아닌 제3의 기관(재결청)에 불복하는 행정심판(또는 특별행정심판)과 구별된다.

5. 신청사유

행정기본법 제37조 제1항은 처분의 재심사 신청의 남용을 발지하기 위하여 처분의 재심사를 신청할 수 있는 사유를 3가지 경우로 제한하고 있다.

(가) 처분의 근거가 된 사실관계 또는 법률관계가 추후에 당사자에게 유리하게 바뀐 경우　　사실관계가 추후에 당사자에게 유리하게 바뀐 경우란 처분의 결정에 객관적으로 중요하였던 사실이 없어지거나 새로운 사실(과학적 지식 포함)이 추후에 발견되어 관계인에게 유리한 결정을 이끌어 낼 수 있는 경우를 의미한다. 법률관계가 추후에 당사자에게 유리하게 바뀐 경우란 처분의 근거가 되었던 법령이 처분 이후에 폐지되었거나 당사자에게 유리하게 변경된 경우 등을 의미한다.

> ■ 사실관계의 변경 관련 독일 판례로 당사자가 주택보조금으로 80유로를 신청하였으나 행정청이 40유로로 결정하였고, 이후 당사자의 소득이 줄어든 경우 재심을 허용한 경우가 있고, 법률관계의 변경 관련 독일 판례로 행정청이 주택 증축허가 신청을 반려한 후 제소기간이 도과되었고, 이 후 반려처분의 근거가 된 법령이 폐지되어 증축허가 반려에 대한 재심을 허용한 경우가 있다[법제처, 행정기본법안 조문별 제정이유서, 2020. 6, 110쪽].

(나) 당사자에게 유리한 결정을 가져다주었을 새로운 증거가 있는 경우　　새로운 증거란 ① 처분의 절차나 쟁송 과정에서 사용할 수 없었던 증거, ② 당사자의 과실 없이 절차진행 당시 제때 습득하지 못하거나 마련할 수 없었던 증거, ③ 당사자의 과실 없이 당사자가 당시에 인지하지 못하고 있었던 증거, ④ 처분 당시 제출되어 있으나 행정청의 무지, 오판, 불충분한 고려가 있었던 경우 등을 의미한다.[1]

(다)「민사소송법」 제451조에 따른 재심사유에 준하는 사유가 발생한 경우 등 대통령령으로 정하는 경우　　행정기본법 제37조 제1항 제3호에서 "「민사소송법」 제451조에 따른 재심사유에 준하는 사유가 발생한 경우 등 대통령령으로 정하는 경우"란 다음 각 호(1. 처분 업무를 직접 또는 간접적으로 처리한 공무원이 그 처분에 관한 직무상 죄를 범한 경우, 2. 처분의 근거가 된 문서나 그 밖의 자료가 위조되거나 변조된 것인 경우, 3. 제3자의 거짓 진술이 처분의 근거가 된 경우, 4. 처분에 영향을 미칠 중요한 사항에 관하여 판단이 누락된 경우)의 어느 하나에 해당하는 경우를 말한다(행정기본법 시행

---

1) 법제처, 행정기본법안 조문별 제정이유서, 2020. 6, 111쪽 활용.

령 제12조).

6. 신청 내용

당사자는 「처분을 취소·철회하거나 변경하여 줄 것」을 신청할 수 있다. 취소·철회 또는 변경에는 전부 취소·철회 또는 변경, 일부 취소·철회 또는 변경, 일부 취소와 일부 변경 등 여러 경우가 있을 수 있다.

7. 신청방법과 보완요구

(가) 신청방법   행정기본법 제37조 제1항에 따라 처분의 재심사를 신청하려는 자는 다음 각 호[1. 신청인의 성명·생년월일·주소(신청인이 법인이나 단체인 경우에는 그 명칭, 주사무소의 소재지와 그 대표자의 성명)와 연락처, 2. 재심사 대상이 되는 처분의 내용과 처분이 있은 날, 3. 재심사 신청 사유]의 사항을 적은 문서에 처분의 재심사 신청 사유를 증명하는 서류를 첨부하여 해당 처분을 한 행정청에 제출해야 한다(행정기본법 시행령 제13조 제1항).

(나) 보완요구   제1항에 따른 신청을 받은 행정청은 그 신청 내용에 보완이 필요하면 보완해야 할 내용을 명시하고 20일 이내에서 적절한 기간을 정하여 보완을 요청할 수 있다(행정기본법 시행령 제13조 제2항).

[3] 행정기본법 제37조 제2항 — 처분의 재심사 신청의 제한

1. 의의

제1항에 따른 신청은 해당 처분의 절차, 행정심판, 행정소송 및 그 밖의 쟁송에서 당사자가 중대한 과실 없이 제1항 각 호의 사유를 주장하지 못한 경우에만 할 수 있다(행정기본법 제37조 제2항).

2. 취지

처분의 재심사는 불가쟁력이 발생한 처분을 대상으로 하는 것이므로, 예외적인 구제제도의 성격을 갖는다. 따라서 상대방에게 탓할 수 있는 사정이 있는 경우까지 상대방의 재심사 신청을 허용하는 것은 법적 평화에 도움이 되지 아니한다.

3. 제한사유로서 중대한 과실

행정기본법 제37조 제1항이 정하는 사유가 있다고 하여도, 당사자가 해당 처분의 절차, 행정심판, 행정소송 및 그 밖의 쟁송에서 중대한 과실로 그 사유를 주장하지 않았다면, 당사자는 그 사유를 근거로 처분의 재심사를 청구할 수 없다. 고의는 중대한 과실보다 더 큰 귀책 사유에 해당하므로 명시적 규정이 없다고 하여도 고의로 그 사유를 주장하지 아니한 경우에는 처분의 재심사를 신청할 수 없다. 따라서 당사자가 처분의 재심사를 신청할 수 있는 것은 해당 처분의 절차, 행정심판, 행정소송 및 그 밖의 쟁송에서 경과실 또는 경과실 없이 그 사유를 주장하지 못한 경우에 한한다.

[4] 행정기본법 제37조 제3항 — 처분의 재심사 신청 기한

1. 의의

제1항에 따른 신청은 당사자가 제1항 각 호의 사유를 안 날부터 60일 이내에 하여야 한다. 다만, 처분이 있은 날부터 5년이 지나면 신청할 수 없다(행정기본법 제37조 제3항).

2. 안 날부터 60일, 있은 날부터 5년

① 재심사의 신청은 당사자가 제37조 제1항 각 호의 사유를 안 날부터 60일 이내에 하여야 한다. 사유를 안 날이란 사유가 있음을 현실적으로 안 날을 뜻한다. ② 재심사의 신청은 처분이 있은 날부터 5년이 지나면 신청할 수 없다. 처분이 있은 날이란 처분이 효력을 발생한 날을 말한다.

3. 불변기간

60일은 불변기간이다. 연장할 수 있는 기간이 아니다. 5년의 기간을 둔 것은 법적 안정성을 위한 것이다. 상기의 60일과 5년 중 어느 것이라도 먼저 경과하면 재심사의 신청은 불가능하다.[1]

[5] 행정기본법 제37조 제4항 — 처분의 재심사 결과통지의 기간

1. 의의

제1항에 따른 신청을 받은 행정청은 특별한 사정이 없으면 신청을 받은 날부터 90일(합의제행정기관은 180일) 이내에 처분의 재심사 결과(재심사 여부와 처분의 유

---

1) 제6조(행정에 관한 기간의 계산)를 보라.

지·취소·철회·변경 등에 대한 결정을 포함한다)를 신청인에게 통지하여야 한다. 다만, 부득이한 사유로 90일(합의제행정기관은 180일) 이내에 통지할 수 없는 경우에는 그 기간을 만료일 다음 날부터 기산하여 90일(합의제행정기관은 180일)의 범위에서 한 차례 연장할 수 있으며, 연장 사유를 신청인에게 통지하여야 한다(행정기본법 제37조 제4항).

2. 기간

(가) 90일(합의제행정기관 180일)   행정청은 특별한 사정이 없으면 신청을 받은 날부터 90일(합의제행정기관은 180일) 이내에 신청인에게 처분의 재심사 결과를 통지하여야 한다. 합의제행정기관의 경우에 180일로 한 것은 독임제기관에 비하여 의사결정에 많은 시간이 소요되기 때문이다. 행정기본법 시행령 제13조 제2항에 따른 보완 기간은 행정기본법 제37조 제4항에 따른 재심사 결과 통지 기간에 포함하지 않는다(행정기본법 시행령 제13조 제3항).

(나) 통지   ① 통지하는 재심사 결과의 내용으로는 재심사 여부와 처분의 유지·취소·철회·변경 등에 대한 결정이 포함한다. ② 통지는 문서로 함이 원칙이다(행정절차법 제24조).

■ 행정절차법 제24조(처분의 방식) ① 행정청이 처분을 할 때에는 다른 법령등에 특별한 규정이 있는 경우를 제외하고는 문서로 하여야 하며, 전자문서로 하는 경우에는 당사자등의 동의가 있어야 한다. 다만, 신속히 처리할 필요가 있거나 사안이 경미한 경우에는 말 또는 그 밖의 방법으로 할 수 있다. 이 경우 당사자가 요청하면 지체 없이 처분에 관한 문서를 주어야 한다.
② 처분을 하는 문서에는 그 처분 행정청과 담당자의 소속·성명 및 연락처(전화번호, 팩스번호, 전자우편주소 등을 말한다)를 적어야 한다.

3. 연장

(가) 한 차례 연장   부득이한 사유로 90일(합의제행정기관은 180일) 이내에 통지할 수 없는 경우에는 그 기간을 만료일 다음 날부터 기산하여 90일(합의제행정기관은 180일)의 범위에서 한 차례 연장할 수 있다.

(나) 부득이한 사유   부득이한 사유란 천재지변 등 불가항력만을 의미하는 것은 아니다. 부득이한 사유란 정상적인 업무수행을 할 수 없는 상황을 뜻한다.

부득이한 사유의 유무는 건전한 사회관념에 따라 판단되어야 한다.

(다) 연장기간   연기기간은 만료일 다음 날부터 기산하여 90일(합의제행정기관은 180일)의 범위 이내이다. 그 기간을 반드시 90일(합의제행정기관은 180일)로 하여야 하는 것은 아니다. 90일(합의제행정기관은 180일)은 최장기간이다. 연기는 단 한 차례만 가능하다.

(라) 연장의 통지   행정청은 연장하는 경우, 연장사유를 신청인에게 통지하여야 한다. 처분의 재심사 결과의 통지 기간을 연장하려는 경우에는 연장 통지서에 연장 사유와 연장 기간 등을 구체적으로 적어야 한다(행정기본법 시행령 제13조 제4항).

[6] 행정기본법 제37조 제5항 — 처분의 재심사와 행정심판·행정소송의 관계

1. 의의

제4항에 따른 처분의 재심사 결과 중 처분을 유지하는 결과에 대해서는 행정심판, 행정소송 및 그 밖의 쟁송수단을 통하여 불복할 수 없다(행정기본법 제37조 제5항).

2. 행정심판·행정소송 등이 제한되는 경우

(가) 처분을 유지하는 재심사 결정   상대방은 제37조 제4항에 따른 처분의 재심사 결과 중 처분을 유지하는 결과에 대해서는 행정심판, 행정소송 및 그 밖의 쟁송수단을 통하여 불복할 수 없다(행정기본법 제37조 제5항). 처분을 유지하는 결과란 당사자의 신청이 행정기본법 제37조가 정하는 인용요건을 구비하지 못하였기에 해당 행정청이 당사자의 신청을 배척하는 경우를 말한다.

(나) 처분을 유지하지 않는 재심사 결정   처분을 유지하지 않는 재심사 결정에는 신청인의 신청을 받아들이는 결정과 원 처분보다 불이익한 결정이 있을 수 있다. 신청인의 신청을 받아들이는 결정(원 처분에 비해 보다 유익한 결정 포함)에 대해서는 행정심판, 행정소송 및 그 밖의 쟁송수단을 통하여 불복할 이유가 없다. 그러나 원 처분보다 불이익한 결정에 대해서는 행정심판, 행정소송 및 그 밖의 쟁송수단을 통하여 불복할 수 있다. 그 밖의 쟁송수단에는 행정기본법 제36조가 규정하는 이의신청도 포함된다.

3. 행정심판 · 행정소송 등이 제한되지 않는 경우

당사자의 신청이 행정기본법 제37조가 정하는 인용요건을 구비하였음에도 해당 행정청이 잘못하여 「당사자의 신청이 행정기본법 제37조가 정하는 요건을 갖추지 못하였다」는 이유로 당사자의 신청을 배척하는 경우에는 문제가 있다. 이러한 경우에는 처분이 유지되어도 그것은 해당 행정청이 행정기본법 제37조를 위반한 것이므로, 상대방은 행정심판, 행정소송 및 그 밖의 쟁송수단을 통하여 불복할 수 있다고 본다. 재심사 요건에 해당함에도 재심사 자체를 거부하는 결정을 다툴 수 없도록 한다면, 처분의 재심사 제도의 의미는 몰각될 것이다.

[7] 행정기본법 제37조 제6항 — 처분의 재심사와 직권취소 · 철회의 관계

1. 의의

행정청의 제18조에 따른 취소와 제19조에 따른 철회는 처분의 재심사에 의하여 영향을 받지 아니한다(행정기본법 제37조 제6항). 이것은 제18조에 따른 취소 및 제19조에 따른 철회는 제37조의 처분의 재심사와 별개의 절차임을 의미한다.

2. 내용

(가) 직권취소 · 철회의 독자성　　행정청은 처분의 재심사 절차와 관계없이 행정기본법 제18조가 정하는 위법 또는 부당한 처분의 취소, 제19조가 정하는 적법한 처분의 철회를 할 수 있다. 즉 상대방의 재심사 신청이 있은 후, 행정청은 재심사 결정과 무관하게 처분을 취소하거나 철회할 수 있다.

(나) 재심사 신청 후 직권취소 · 철회　　만약 상대방의 재심사 신청이 있은 후, 행정청이 처분을 취소하거나 철회하면, 당사자는 재심사 신청을 철회할 수 있을 것이고, 아니면 행정청이 재심사에 그 처분의 취소나 철회를 반영할 수도 있을 것이다.

[참고] 「상대방의 신청에 따른 직권취소, 철회」의 도입문제와 처분의 재심사
1. 문제상황
행정기본법 제18조는 행정청이 직권으로 하는 취소만 규정하고, 행정기본법 제19조는 행정청이 직권으로 하는 철회만을 규정하고 있는데, 행정기본법 제18조를 개정하여 상대방의 신청에 따른 직권취소도 인정하고, 행정기본법 제19조를 개정하여 상대방의 신청에 따른 철회를 인정하면, 처분의 재심사 제도는 두지 않아도 된다는 주장이 가능하다. 상대방의 신

청에 따른 철회를 인정한다는 것은 상대방에게 직권취소 신청권, 직권철회 신청권을 부여
하는 것이 된다.

2. 차이점

상대방에게 직권취소신청권, 철회신청권을 부여하는 경우, 처분의 재심사와 비교할 때 다
음의 차이점을 볼 수 있다.

구분	처분의 재심사	직권취소 신청권	철회 신청권
대상	처분(제37조 제8항 규정사항 제외)	처분	처분
불가쟁력	필요	불요	불요
요건 1	1) 사실관계·법률관계 변경 2) 유리한 증거 발견 3) 민소법상 재심 사유	없음	없음
요건 2	중대한 과실 없이 이전 절차, 쟁송 에서 주장하지 못한 경우	없음	없음
신청 기간	사유를 안 날부터 60일 이내 + 처분이 있은 날부터 5년	없음	없음
신청자	당사자 + 이해관계인	당사자	당사자
절차 개시	1) 신청요건 불비: 거부처분 2) 신청요건 충족: 절차 개시	행정청 재량(상당한 기간동안 개시하지 아니하면 쟁송가능)	행정청 재량(상당한 기간동안 개시하지 아니하면 쟁송가능)
판단 내용	재심사 요건 해당 여부	위법, 부당 (비교 형량)	철회 사유 해당 여부 (비교 형량)
처리 기간	신청 받은 날부터 90일 이내	없음	없음
쟁송 허용성	재심사 결정에 대해 쟁송 가능	신청 거부에 대해 쟁송 가능	신청 거부에 대해 쟁송 가능
결과	폐지, 변경	폐지	폐지
효과	소급효, 장래효	소급효, 장래효	장래효

3. 선택

신청에 따른 취소와 철회를 제도화할 것인가 아니면 처분의 재심사를 제도화
할 것인가의 문제에서 상대방의 보호에 초점을 맞추면, 신청에 따른 취소와 철회
를 도입할 것이고, 처분의 불가쟁력 무력화의 최소화와 행정사무의 과다한 증대
의 방지에 초점을 맞추면, 처분의 재심사를 도입할 것이다. 행정기본법은 후자를
택한 것으로 볼 것이다. 신청에 따른 취소와 철회를 제도화하면, 처분의 재심사는

불요하다.

[8] 행정기본법 제37조 제7항 — 시행령

1. 의의

행정기본법 제37조 제1항부터 제6항까지에서 규정한 사항 외에 처분의 재심사의 방법 및 절차 등에 관한 사항은 대통령령으로 정한다(행정기본법 제38조 제7항). 본 조항은 행정기본법 제37조가 정하는 '처분의 재심사'의 시행을 위한 대통령령(시행령) 제정의 근거규정이다.

2. 규정사항

① 시행령은 "제1항부터 제6항까지에서 규정한 사항 외에 처분의 재심사의 방법 및 절차 등에 관한 사항"을 내용으로 한다. ② 국민의 자유와 권리를 새로이 제한하는 사항은 시행령에 포함될 수 없다. 행정기본법은 그러한 사항을 정할 수 있도록 구체적으로 범위를 정하여 위임하는 바가 없기 때문이다.[1]

[9] 행정기본법 제37조 제8항 — 처분의 재심사 적용 제외사항

1. 행정기본법 제37조의 취지

행정기본법 제37조가 정하는 「처분의 재심사」는 국민들에게 처분에 대해 다시 불복할 수 있는 기회를 제공하여 국민들의 권리구제를 강화하고자 하는데 의미가 있다. 그러나 처분 중에는 성질상 「처분의 재심사」를 인정하는 것이 오히려 바람직하지 않은 경우도 있다. 이러한 경우를 규정하는 것이 바로 본 조항이다.

2. 적용이 제외되는 사항

행정기본법 제37조의 적용이 배제되는 사항은 다음과 같다(행정기본법 제37조 제7항).

(가) 공무원 인사 관계 법령에 따른 징계 등 처분에 관한 사항　　제1호는 「공무원의 인사 관계 처분은 공무원법관계의 안정을 침해하여서는 아니 된다」라는 점을 근거로 한다.

(나) 「노동위원회법」 제2조의2에 따라 노동위원회의 의결을 거쳐 행하는 사항

---

1) 제2조(정의) [5]2.를 보라.

제2호는 「노사관계의 특수성과 노동위원회는 독립의 합의제 기관이다」라는 점을 근거로 한다.

(다) 형사, 행형 및 보안처분 관계 법령에 따라 행하는 사항   제3호는 「형사, 행형 및 보안처분 관계 처분은 사법작용의 성질이 강하다」라는 점을 근거로 한다.

(라) 외국인의 출입국 · 난민인정 · 귀화 · 국적회복에 관한 사항   제4호는 「외국인 관련 사항은 상호주의가 적용되어야 한다」라는 점을 근거로 한다.

(마) 과태료 부과 및 징수에 관한 사항   제5호는 「과태료 부과는 사법작용과 유사하다」라는 점을 근거로 한다.

(바) 개별 법률에서 그 적용을 배제하고 있는 사항   개별 법률에서 정함이 있다면, 그 조항은 특별규정으로서 당연히 적용되기 때문에, 제6호는 특별한 의미를 갖는 것으로 보이지 아니한다.

제 4 장

행정의 입법활동 등

1. 행정기본법 제정 전 상황

행정기본법 제정 전에는 행정의 입법활동 등에 관한 일반법(일반규정)이 없었다. 행정의 입법활동 등에 대해서 대통령령인 「법제업무 운영규정」과 총리령인 「법제업무 운영규칙 시행규칙」이 법적 근거의 중심에 있었다. 행정의 입법활동 등에 관한 법리는 학문상 큰 관심의 대상이 되지 못하였고, 주로 실무상 관심의 대상이었다.

2. 제정취지

정부는 국회에 제출할 법률안을 마련하고(헌법 제52조), 국회를 통과한 법률의 시행을 위한 대통령령(헌법 제75조), 총리령·부령(헌법 제95조)을 제정·개정·폐지하는 등의 입법활동을 하는데, 이러한 정부의 입법활동은 공정한 과정을 거쳐야 정의로운 결과를 기대할 수 있다. 이 때문에 공정한 행정법제를 마련하는 과정을 법률로 정해둘 필요가 있다. 행정기본법 제4장은 이러한 필요에 응하기 위한 규정이다.

3. 특성

행정기본법 제1장부터 제3장까지는 행정의 영역에서 적용되는 행정법의 기본적인 내용들을 규정하고 있는데, 이러한 규정들은 행정청과 동시에 국민에 대하여 직접적으로 규범력을 갖는다. 이에 반해 행정기본법 제4장은 정의로운 행정법제의 마련에 관한 사항을 규정하고 있는데, 이러한 규정들은 기본적으로 행정청에 대하여 직접적으로 규범력을 갖는다. 물론 제40조는 사정이 다소 다르다.

4. 일반법

행정기본법 제4장은 행정의 입법활동 등에 관한 일반법이다. ① 행정의 입법활동 등에 관한 특별 법령(규정)이 있으면, 특별 법령(규정)이 우선 적용된다. ② 행정의 입법활동 등에 관한 특별 법령(규정)이 없으면, 행정기본법 제4장이 적용된다.

제38조(행정의 입법활동) ① 국가나 지방자치단체가 법령등을 제정·개정·폐지하고자 하거나 그와 관련된 활동(법률안의 국회 제출과 조례안의 지방의회 제출을 포함하며, 이하 이 장에서 "행정의 입법활동"이라 한다)을 할 때에는 헌법과 상위 법령을 위반해서는 아니 되며, 헌법과 법령등에서 정한 절차를 준수하여야 한다.[1]
② 행정의 입법활동은 다음 각 호의 기준에 따라야 한다.[2]
1. 일반 국민 및 이해관계자로부터 의견을 수렴하고 관계 기관과 충분한 협의를 거쳐 책임 있게 추진되어야 한다.
2. 법령등의 내용과 규정은 다른 법령등과 조화를 이루어야 하고, 법령등 상호 간에 중복되거나 상충되지 아니하여야 한다.
3. 법령등은 일반 국민이 그 내용을 쉽고 명확하게 이해할 수 있도록 알기 쉽게 만들어져야 한다.
③ 정부는 매년 해당 연도에 추진할 법령안 입법계획(이하 "정부입법계획"이라 한다)을 수립하여야 한다.[3]
④ 행정의 입법활동의 절차 및 정부입법계획의 수립에 관하여 필요한 사항은 정부의 법제업무에 관한 사항을 규율하는 대통령령으로 정한다. [4]
[시행일 2021. 9. 24.]

---

[1] 행정기본법 제38조 제1항 — 행정의 입법활동 시 헌법 등의 준수

1. 의의

국가나 지방자치단체가 법령등을 제정·개정·폐지하고자 하거나 그와 관련된 활동(법률안의 국회 제출과 조례안의 지방의회 제출을 포함하며, 이하 이 장에서 "행정의 입법활동"이라 한다)을 할 때에는 헌법과 상위 법령을 위반해서는 아니 되며, 헌법과 법령등에서 정한 절차를 준수하여야 한다(행정기본법 제38조 제1항).

2. 입법활동의 의의

행정기본법 제38조에서 말하는 입법활동이란 국가나 지방자치단체가 법령등을 제정·개정·폐지하거나 그와 관련된 활동을 말하는데(헌법 제75조, 제95조, 지방자치법 제29조 참조), 여기에는 정부가 법률안을 국회에 제출하는 것(헌법 제52조)과 지방자치단체의 장이 조례안을 지방의회에 제출하는 것(지방자치법 제76조)을 포함한다(행정기본법 제38조 제1항). 국회가 헌법과 국회법에 따라 행하는 입법활동은 포함되지 않는다. 그러나 행정기본법 제2조 제1호 가목 2)와 3)에 규정된 법규들을 제정·개정·폐지하고자 하거나 그와 관련된 활동을 할 때에는 본조항이 적용된다. 한편, 훈령이나 예규의 발령 등은 행정입법작용에 포함되지만, 행정기본법 제38조에서 말하는 입법활동에 포함되지 아니한다. 이러한 작용은 법률에 근거가 없다고 하여도 대통령령 등의 근거만으로도 가능하다.

■ 헌법 제52조 국회의원과 정부는 법률안을 제출할 수 있다.
제75조 대통령은 법률에서 구체적으로 범위를 정하여 위임받은 사항과 법률을 집행하기 위하여 필요한 사항에 관하여 대통령령을 발할 수 있다.
제95조 국무총리 또는 행정각부의 장은 소관사무에 관하여 법률이나 대통령령의 위임 또는 직권으로 총리령 또는 부령을 발할 수 있다.
제117조 ① 지방자치단체는 주민의 복리에 관한 사무를 처리하고 재산을 관리하며, 법령의 범위안에서 자치에 관한 규정을 제정할 수 있다.
■ 지방자치법 제29조(규칙) 지방자치단체의 장은 법령 또는 조례의 범위에서 그 권한에 속하는 사무에 관하여 규칙을 제정할 수 있다.
제76조(의안의 발의) ① 지방의회에서 의결할 의안은 지방자치단체의 장이나 조례로 정하는 수 이상의 지방의회의원의 찬성으로 발의한다.

3. 취지 — 일반원칙의 필요

정부와 지방자치단체의 장의 입법활동이 보다 체계적이고 효율적인 것이 되도록 하기 위해서는 입법활동에 대한 일반원칙을 정할 필요가 있다. 행정기본법 제39조 제1항은 이러한 필요에 응하기 위한 규정이다.

4. 상위법의 준수

국가나 지방자치단체가 입법활동을 할 때에는 헌법과 상위 법령을 위반해서는 아니 된다(행정기본법 제38조 제1항 제1문). 행정기본법 제38조 제1항의 상위법 준수의 원칙은 헌법 제107조에서 간접적으로 표현되고 있는 「하위법령은 상위법령에 반할 수 없다」는 원칙을 직접적으로 표현하고 있는 것이다.

5. 절차규정의 준수

국가나 지방자치단체가 입법활동을 할 때에는 헌법과 법령등(예: 행정절차법 제41조)에서 정한 절차를 준수하여야 한다(행정기본법 제38조 제1항 제1문). 본 조항은 입법절차의 적법성을 강조하고 있다. 「하위법령은 상위법령에 반할 수 없다」고 할 때, 상위법령에는 실체규정뿐만 아니라 절차규정도 당연히 포함된다(예: 법령 등 공포에 관한 법률, 행정규제기본법). 따라서 행정기본법 제38조 제1항 제2문이 없다고 하여도 국가나 지방자치단체는 헌법과 법령등에서 정한 절차를 준수하여야 한다. 그럼에도 행정기본법 제38조 제1항 제2문으로 인해, 헌법과 법령등에서 정한 절차규정은 가능한 한 임의적 규정이 아니라 강행규정으로 새길 수밖에 없을 것이다.

[2] 행정기본법 제38조 제2항 — 행정의 입법활동의 기준

1. 의의

행정의 입법활동은 다음 각 호(아래 2.를 보라)의 기준에 따라야 한다(행정기본법 제38조 제2항). 이 조항은 행정의 입법활동에 있어서 정의로운 행정법령을 만들기 위해 국가나 지방자치단체가 따라야 할 절차, 내용, 표현 방식 등에 대한 기준을 규정하고 있다.

2. 구체적인 기준

(가) 이견수렴 · 협의　　　일반 국민 및 이해관계자로부터 의견을 수렴하고 관계 기관과 충분한 협의를 거쳐 책임 있게 추진되어야 한다(행정기본법 제38조 제2항 제1호). 이것은 국민의 뜻에 바탕을 둔 입법을 위한 것이다. 물론 모든 입법활동은 헌법과 법령에서 정한 절차에 따라 이루어져야 하며, 입법에 관련된 정부기관 간에 충분한 협의를 거쳐 책임 있게 추진되어야 한다(법제업무 운영규정 제3조 제1항).

(나) 법령간 조화　　　법령등의 내용과 규정은 다른 법령등과 조화를 이루어야 하고, 법령등 상호 간에 중복되거나 상충되지 아니하여야 한다(행정기본법 제39조 제2항 제2호). 이것은 체계적인 입법을 위한 것이다.

(다) 알기쉬운 법령   법령등은 일반 국민이 그 내용을 쉽고 명확하게 이해할 수 있도록 알기 쉽게 만들어져야 한다(행정기본법 제38조 제2항 제3호). 이것은 국민·주민들이 행정권의 발동인 행정작용을 쉽게 예측할 수 있도록 하기 위함이다.

3. 일반적 기준 마련

법제처장은 법령의 합헌성, 합법성 및 통일성 등을 도모하기 위해 법령의 입안과 심사에 적용되는 일반적 기준을 마련하고, 이를 보완·발전시켜야 한다(법제업무 운영규정 제3조 제2항).

[3] 행정기본법 제38조 제3항 — 정부입법계획

1. 규정취지

정부는 입법과 관련하여 법률안을 국회에 제출하고, 대통령령·총리령·부령의 제정·개정·폐지의 사무를 처리한다. 이러한 입법 작용은 계획적이고 체계적으로 이루어져야 한다. 그 방법이 바로 정부입법계획이다. 정부입법계획은 적시에 필요하고도 내용이 정당한 입법의 확보, 관련 공무원의 효율적 운용 등에 기여한다. 요컨대 이것은 행정의 합리적인 입법활동을 위한 것이다.

2. 관장기관

정부입법계획은 대통령·국무총리·행정각부에 관련되는 것이므로, 정부입법계획 총괄사무는 행정 각 부를 통할하는 국무총리의 사무로 볼 것이다. 정부조직법을 볼 때 이러한 국무총리사무의 관장기관은 법제처이다.

> ■ 정부조직법 제23조(법제처) ① 국무회의에 상정될 법령안·조약안과 총리령안 및 부령안의 심사와 그 밖에 법제에 관한 사무를 전문적으로 관장하기 위하여 국무총리 소속으로 법제처를 둔다.

3. 내용

정부는 매년 해당 연도에 추진할 법령안 입법계획(이하 "정부입법계획"이라 한다)을 수립하여야 한다(행정기본법 제38조 제3항). 행정기본법은 정부입법계획만 규정할 뿐, 정부입법계획의 내용에 관해 규정하는 바가 없다. 중·장기 입법계획, 정부입법계획절차 등 세부적인 내용은 집행명령으로 규정하면 될 것이다. 국회법에도 관련규정이 있다.

> ■ 국회법 제5조의3(법률안 제출계획의 통지) ① 정부는 부득이한 경우를 제외하고는 매년 1
> 월 31일까지 해당 연도에 제출할 법률안에 관한 계획을 국회에 통지하여야 한다.
> ② 정부는 제1항에 따른 계획을 변경하였을 때에는 분기별로 주요 사항을 국회에 통지하여
> 야 한다.

[4] 행정기본법 제38조 제4항 — 시행령

1. 의의

행정의 입법활동의 절차 및 정부입법계획의 수립에 관하여 필요한 사항은 정부의 법제업무에 관한 사항을 규율하는 대통령령으로 정한다(행정기본법 제38조 제4항). 이 조항은 정부의 행정의 입법활동의 절차 및 정부입법계획의 수립 관련 법제업무에 관한 사항을 규율하는 대통령령 제정의 근거조항이다.

2. 행정기본법 시행령 제18조

행정기본법 제38조 제4항에 따른 행정기본법 시행령은 "이 영에서 규정한 사항 외에 법 제38조부터 제40조까지에서 규정한 행정의 입법활동의 절차, 정부입법계획의 수립, 행정 분야의 법제도 개선과 법령해석의 절차에 관한 사항은 「법제업무 운영규정」에서 정하는 바에 따른다"고 규정하고 있다(행정기본법 시행령 제18조).

3. 법제업무 운영규정

(가) 규정의 목적   대통령령인 법제업무 운영규정은 "법령의 제정·개정 또는 폐지 등 정부입법활동과 그 밖의 정부의 법세업부에 관하여 필요한 사항을 규정하는 한편, 「행정기본법」 제38조부터 제40조까지의 규정에서 위임된 사항과 그 시행에 필요한 사항을 규정함으로써 국민이 입법에 참여할 기회를 확대하고 법령의 실효성을 높여 국가정책의 효율적인 수행을 도모하며 나아가 국민의 권익을 증진하는 데에 이바지함을 목적으로 한다."고 규정하고 있다.

(나) 규정의 내용   법제업무 운영규정은 정부입법계획의 수립·시행, 제3장 입법과정에서의 협조, 국민의 입법의견 수렴, 법령안등의 심사, 법제의 정비·개선 등, 법령해석, 법령운영의 전문성 확보 및 지원에 관해 규정하고 있다.

[참고] 법제업무 운영규정 중 행정의 입법활동 관련 규정(일부 발췌)

제1장 총칙

제3조(입법활동의 기준) ① 모든 입법활동은 헌법과 법령에서 정한 절차에 따라 이루어져야 하며, 입법에 관련된 정부기관 간에 충분한 협의를 거쳐 책임 있게 추진되어야 한다.

② 법제처장은 법령의 합헌성, 합법성 및 통일성 등을 도모하기 위해 법령의 입안과 심사에 적용되는 일반적 기준을 마련하고, 이를 보완·발전시켜야 한다.

제2장 정부입법계획의 수립·시행

제4조(정부입법계획의 총괄·조정) 법제처장은 「행정기본법」 제38조 제3항에 따른 법령안 입법계획(이하 "정부입법계획"이라 한다)을 총괄·조정한다.

제5조(부처입법계획의 수립) ① 법제처장은 매년 각 중앙행정기관이 해당 연도에 추진할 법령안 입법계획의 작성방법, 제출 시기, 그 밖의 협조사항 등을 마련하여 전년도 10월 31일까지 중앙행정기관의 장에게 통보하여야 한다.

② 법령안의 입법을 추진하려는 중앙행정기관의 장(이하 "법령안 주관기관의 장"이라 한다)은 제1항에 따른 통보 내용에 따라 해당 연도 주요 업무계획 등의 추진에 필요한 법령안의 연간 입법계획을 수립하여야 한다.

제6조(부처입법계획의 내용) ① 제5조제2항의 입법계획에는 법령안별로 입법의 필요성, 내용 요지, 추진 일정, 입법에 따라 예상되는 문제점 등이 포함되어야 한다.

② 제1항에 따른 입법의 필요성에는 종전의 제도 운영실태, 입법 추진배경, 입법으로 얻어지는 효과와 관련 단체 등의 입법에 관한 의견이 있는 경우에는 그 의견을 명시하여야 한다.

③ 제1항에 따른 추진일정에는 입안 시기, 관계 기관과의 협의 계획, 입법예고 및 공청회 계획이 있는 경우에는 그 계획, 법제처 제출 시기, 국회 제출 시기 및 시행 예정일을 명시하여야 한다.

제7조(부처입법계획 수립 시 유의사항) ① 법령안 주관기관의 장은 입법계획을 수립할 때 관계 기관과의 충분한 협의기간을 두도록 하고, 법제처와 국회의 충분한 법령안 심의기간이 확보될 수 있도록 하여야 한다.

② 법률안의 국회 제출은 연중 고루 안배되도록 하고, 예산이 수반되는 법률안은 정기국회에서, 그 밖의 법률안은 임시국회에서 심의가 이루어지도록 유의하여야 한다. <개정 2014. 11. 19.>

제8조(정부입법계획의 수립 등) ① 법령안 주관기관의 장은 제5조에 따라 수립한 입법계획을 전년도 11월 30일까지 법제처장에게 제출하여야 한다. 이 경우 부처에 소속된 기관의 장은 그 소속 부처의 장을 거쳐 제출하여야 한다.

② 법제처장은 제1항에 따른 입법계획을 받으면 지체 없이 이를 종합하여 정부입법계획을 수립하되, 정부입법의 효율적 수행을 위하여 필요한 경우에는 해당 법령안 주관기관의 장과 협의하여 제1항에 따라 제출된 입법계획 중 입법 추진일정, 중복·상충되는 사항 등을 조정할 수 있다.

③ 법제처장은 제2항에 따라 수립한 정부입법계획을 국무회의에 보고한 후 그 내용을 관보에 고시하고 인터넷 등을 이용하여 국민에게 알려야 한다.

> **제39조(행정법제의 개선)**[1] ① 정부는 권한 있는 기관에 의하여 위헌으로 결정되어 법령이 헌법에 위반되거나 법률에 위반되는 것이 명백한 경우 등 대통령령으로 정하는 경우에는 해당 법령을 개선하여야 한다.[2]
> ② 정부는 행정 분야의 법제도 개선 및 일관된 법 적용 기준 마련 등을 위하여 필요한 경우 대통령령으로 정하는 바에 따라 관계 기관 협의 및 관계 전문가 의견 수렴을 거쳐 개선조치를 할 수 있으며, 이를 위하여 현행 법령에 관한 분석을 실시할 수 있다.[3]
> [시행일 2021. 9. 24.]

[1] 행정기본법 제39조의 의의

1. 제정취지

행정법제의 개선은 국민의 권익신장을 위해 불가피하다. 이를 위해 행정법제의 개선을 국가나 지방자치단체의 의무로 할 필요가 있다. 그리고 그 의무를 실행하기 위한 구체적인 제도의 마련이 필요하다. 행정기본법 제39조는 이러한 필요에 응하기 위한 조문이다.

2. 일반법

행정기본법 제39조는 행정법제의 개선에 관한 법률적 차원의 일반법이다. 따라서 행정각부는 행정기본법 제39조와 그 대통령령이 정하는 바에 구속된다. 즉 행정기본법 제39조와 그 대통령령이 정하는 바를 따라야 한다.

[2] 행정기본법 제39조 제1항 — 정부의 위헌·위법의 법령 개선

1. 의의

정부는 권한 있는 기관에 의하여 위헌으로 결정되어 법령이 헌법에 위반되거나 법률에 위반되는 것이 명백한 경우 등 대통령령으로 정하는 경우에는 해당 법령을 개선하여야 한다(행정기본법 제39조 제1항).

2. 취지

헌법에 위반되거나 법률에 위반되는 행정입법을 정비하거나 적법상태로 개선하는 것도 넓은 의미에서 법치행정의 한 부분이다. 따라서 위헌·위법의 법령을 바로잡는 것은 국가나 지방자치단체의 의무라 하겠다. 본 조항은 이러한 의무를 법적 의무로 규정하고 있다.

3. 개선되어야 하는 법령

(가) 위헌·위법의 법령　　권한 있는 기관에 의하여 위헌으로 결정되어 법령이 헌법에 위반되거나 법률에 위반되는 것이 명백한 경우, 정부는 그 법령은 개선하여야 한다.

(나) 대통령령으로 정하는 사유　　정부는 위헌으로 결정된 법령이 아닐지라도 대통령령으로 정하는 경우에 해당하는 법령을 개선하여야 한다. 대통령령에서는 헌법에 위반되거나 법률에 위반되는 것이 명백한 경우가 아닐지라도 국민에게 상당한 불편을 끼치는 법령등을 개선의 대상으로 규정하여야 할 것이다. 대통령령에는 개선절차도 규정되어야 한다.

[3] 행정기본법 제39조 제2항 — 행정법제 개선을 위한 의견 수렴과 법령 분석

1. 의의

정부는 행정 분야의 법제도 개선 및 일관된 법 적용 기준 마련 등을 위하여 필요한 경우 대통령령으로 정하는 바에 따라 관계 기관 협의 및 관계 전문가 의견 수렴을 거쳐 개선 조치를 할 수 있으며, 이를 위하여 현행 법령에 관한 분석을 실시할 수 있다(행정기본법 제39조 제2항).

2. 취지

행정 분야의 법제도 개선에 관해 행정각부마다 상이한 기준을 갖고 있다면, 문제가 아닐 수 없다. 행정각부 소관의 법령도 대한민국의 법령이므로, 통일된 기준과 일관된 법 적용기준에 따르게 할 필요가 있다. 행정기본법 제39조 제2항은 이러한 필요에 응하는 조문이다.

3. 국가행정법제위원회

(가) 위원회의 설치　　행정기본법 제39조 제2항에 따른 행정 분야의 법제도 개선과 법 적용 기준 마련 등에 관한 주요 사항의 자문을 위하여 법제처에 국가행정법제위원회(이하 "위원회"라 한다)를 둔다(행정기본법 시행령 제14조 제1항).

(나) 위원회의 기능　위원회는 다음 각 호[1. 법령등에 공통으로 적용되는 기준의 도입·개선에 관한 사항, 2. 법령의 실태 조사 및 영향 분석에 관한 사항, 3. 그 밖에 제1호 및 제2호에 준하는 사항으로서 위원회의 위원장(이하 "위원장"이라 한다)이 법제에 필요하다고 인정하는 사항]의 사항에 관하여 법제처장의 자문에 응한다(행정기본법 시행령 제14조 제2항).

(다) 위원회의 구성　위원회는 위원장 2명을 포함하여 50명 이내의 위원으로 성별을 고려하여 구성한다(행정기본법 시행령 제15조 제1항).

1) 위원장　① 위원장 1명은 법제처장이 되고, 다른 위원장 1명은 행정 분야의 법제도 등에 관한 전문지식과 경험이 풍부한 사람 중에서 국무총리가 위촉하는 사람(이하 "위촉위원장"이라 한다)이 된다. 이 경우 법제처장인 위원장은 필요한 경우 소속 직원으로 하여금 법제처장인 위원장의 직무를 대행하게 할 수 있다(행정기본법 시행령 제15조 제2항). ② 위촉위원장의 임기는 2년으로 하며, 한 차례만 연임할 수 있다(행정기본법 시행령 제15조 제4항). ③ 위원장은 각자 위원회를 대표하고, 위원회의 업무를 총괄한다(행정기본법 시행령 제16조 제1항). ④ 위원장 모두가 부득이한 사유로 직무를 수행할 수 없을 때에는 법제처장인 위원장이 미리 지명한 위원이 위원장의 직무를 대행한다(행정기본법 시행령 제16조 제2항).

2) 위원　① 위원회의 위원은 다음 각 호[1. 정부위원: 다음 각 목{가. 법무부, 나. 행정안전부, 다. 국무조정실, 라. 인사혁신처, 마. 법제처, 바. 위원회에 상정된 안건과 관련되어 법제처장인 위원장이 정하는 중앙행정기관}의 중앙행정기관의 고위공무원단에 속하는 일반직공무원(이에 상당하는 특정직·별정직공무원을 포함한다) 중에서 소속 기관의 장이 지명하는 사람, 2. 위촉위원: 행정 분야의 법제도 등에 관한 전문지식과 경험이 풍부한 사람으로서 국무총리가 위촉하는 사람]의 사람이 된다(행정기본법 시행령 제15조 제3항). ② 위촉위원의 임기는 2년으로 하며, 한 차례만 연임할 수 있다(행정기본법 시행령 제15조 제4항). 위촉위원의 사임 등으로 새로 위촉된 위촉위원의 임기는 전임위원 임기의 남은 기간으로 한다(행정기본법 시행령 제15조 제5항).

(라) 위원회의 운영 등

1) 위원회의 소집　① 위원회의 회의는 위원장이 필요하다고 인정할 때 공동으로 소집한다(행정기본법 시행령 제16조 제3항). ② 위원장은 위원회의 안건과 관련하여 필요하다고 인정하는 경우에는 관계 공무원과 민간전문가 등을 위원회에

참석하게 하거나 관계 기관의 장에게 자료의 제공을 요청할 수 있다(행정기본법 시행령 제16조 제4항).

2) 정족수   위원회의 회의는 위원장 2명을 포함하여 재적위원 과반수의 출석으로 개의(開議)하고, 출석위원 과반수의 찬성으로 의결한다(행정기본법 시행령 제16조 제5항).

3) 분과위원회   위원회의 업무를 효율적으로 수행하기 위하여 위원회에 분과위원회를 둘 수 있다(행정기본법 시행령 제16조 제6항). 이 영에서 규정한 사항 외에 위원회 및 제6항에 따른 분과위원회의 구성과 운영에 필요한 사항은 위원회의 의결을 거쳐 위원장이 정한다(행정기본법 시행령 제16조 제7항).

(마) 개선조치의 권고

법제처장은 행정기본법 시행령 제14조 제2항에 따라 자문한 사항에 대하여 행정기본법 제39조 제2항에 따른 개선조치가 필요하다고 인정하는 경우에는 관계 기관과의 협의를 거쳐 소관 중앙행정기관의 장에게 개선조치를 권고할 수 있다(행정기본법 시행령 제14조 제2항).

4. 입법영향분석

(가) 입법영향분석의 실시   ① 법제처장은 행정 분야의 법제도 개선을 위하여 필요한 경우에는 법 제39조 제2항에 따라 현행 법령을 대상으로 입법의 효과성, 입법이 미치는 각종 영향 등에 관한 체계적인 분석(이하 "입법영향분석"이라 한다)을[1] 실시할 수 있다(행정기본법 시행령 제17조 제1항).

(나) 입법영향분석의 내용   입법영향분석의 세부적인 내용은 다음 각 호(1. 법령의 규범적 적정성과 실효성 분석, 2. 법령의 효과성 및 효율성 분석, 3. 그 밖에 법령이 미치는 각종 영향에 관한 분석)와 같다(행정기본법 시행령 제17조 제2항).

(다) 입법·계획에 반영 등   법제처장은 입법영향분석 결과 해당 법령의 정비가 필요하다고 인정되는 경우에는 소관 중앙행정기관의 장과 협의하여 법령정비계획을 수립하거나 입법계획에 반영하도록 하는 등 필요한 조치를 할 수 있다(행정기본법 시행령 제17조 제3항).

(라) 조사·연구   법제처장은 「정부출연연구기관 등의 설립·운영 및 육성에 관한 법률」 별표에 따른 한국법제연구원으로 하여금 제1항부터 제3항까지에서

---

1) 입법영향분석은 입법영향평가, 입법평가 등으로 불리기도 한다.

규정한 업무를 수행하기 위하여 필요한 조사·연구를 수행하게 할 수 있다(행정기본법 시행령 제17조 제4항). 법제처장은 제4항에 따른 조사·연구를 수행하는 기관에 그 조사·연구 수행에 필요한 비용의 전부 또는 일부를 예산의 범위에서 지원할 수 있다(행정기본법 시행령 제17조 제5항).

(마) 시행령　　행정기본법 제38조 제4항 해설 부분을 보라.

[참고] 법제업무 운영규정 중 행정법제의 개선 관련 규정(일부 발췌)

제6장 법제의 정비·개선 등

제24조(법제정비의 추진) ① 법제처장은 현행 법령이 다음 각 호의 어느 하나에 해당하는 경우에는 해당 법령을 검토·정비하도록 조치하여야 한다.

1. 제정되거나 개정된 후 오랜 기간 동안 법령의 주요 부분이 수정·보완되지 아니하여 해당 법령을 현실에 맞게 정비할 필요가 있는 경우

2. 국민의 일상생활과 기업·영업 활동에 지나친 부담을 주거나 불합리한 법령을 정비할 필요가 있는 경우

3. 국내외의 여건 변화에 대응하여 중요한 국가정책을 효율적으로 수행하기 위하여 법령의 검토·정비가 필요한 경우

3의2. 국민이 알기 쉽도록 법령을 정비할 필요가 있는 경우

3의3. 권한 있는 기관에 의하여 법령이 헌법이나 법률에 위반되는 것으로 결정되어 법령을 정비할 필요가 있는 경우

4. 그 밖에 현행 법령에 대한 검토·정비가 필요하다고 인정되는 경우

② 법제처장은 제1항에 따른 법령정비를 위하여 필요할 때에는 법령정비의 대상·기준·절차·방법과 그 밖의 협조사항 등을 마련하여 소관 중앙행정기관의 장에게 통보하여야 한다.

⑤ 법제처장은 제1항에 따른 법령정비를 위하여 일반 국민, 지방자치단체 또는 민간단체 등으로부터 의견을 듣고 이를 검토하여야 한다.

⑥ 누구든지 법령의 정비·개선과 관련되는 입법의견을 법제처장에게 제출할 수 있다.

⑦ 법제처장은 법령 등의 정비·개선과 그 밖의 법제업무를 효율적으로 수행하기 위하여 필요한 경우에는 학계·민간단체 또는 그 밖의 관련 분야의 전문가에게 자문할 수 있다.

제24조의2(법령의 신속한 정비체계 마련 등) ① 중앙행정기관의 장은 국무회의 등에서 제도개선을 추진하는 것으로 확정된 사항(이하 "제도개선사항"이라 한다) 중 법령의 제정·개정·폐지가 필요한 경우에는 관계 기관의 장과 협의하여 해당 법령을 신속하게 정비하여야 한다.

제24조의3(훈령·예규 등의 적법성 확보 및 등재 등) ① 각급 행정기관의 훈령·예규·고시(그 명칭에 상관없이 법령의 시행과 직접 관련하여 발령하는 규정·규칙·지시·지침·통첩 등을 포함하며, 이하 "훈령·예규등"이라 한다)는 그 내용이 적법하고 현실에 적합하게 발령·유지·관리되어야 한다.

② 중앙행정기관의 장은 훈령·예규등이 제정·개정 또는 폐지되었을 때에는 「법령정보의 관리 및 제공에 관한 법률 시행령」 제4조제3항에 따라 법제정보시스템에 등재하여야 한다.

다만,「공공기관의 정보공개에 관한 법률」제9조제1항 각 호의 어느 하나에 해당되어 법제 정보시스템에 등재할 수 없는 경우에는 발령 후 10일 이내에 법제처장에게 해당 훈령·예 규등의 제명(題名)과 비공개 사유를 통보하되, 법제처장이 요청하는 경우에는 해당 훈령· 예규등을 문서로 보내야 한다.

제24조의4(알기 쉬운 법령 등의 마련) ① 법령안 주관기관의 장은 법령 또는 훈령·예규등을 제정하거나 개정하는 경우 쉬운 용어나 문장 등을 사용하여 국민이 법령 또는 훈령·예규 등의 내용을 쉽게 읽고 이해할 수 있도록 하여야 한다.

제25조(훈령·예규등의 사전 검토) ① 중앙행정기관의 장은「행정규제기본법」제4조 및 제10 조에 따라 같은 법 제23조에 따른 규제개혁위원회에 훈령·예규등의 발령안에 대하여 규제 심사를 요청하는 경우 총리령으로 정하는 바에 따라 법제처장에게도 그 검토를 요청하여야 한다.

② 법제처장은 제1항에 따라 요청을 받은 경우 다음 각 호의 사항을 검토하여「행정규제기 본법」제11조에 따른 예비심사가 끝나기 전에 규제개혁위원회, 소관 중앙행정기관 및 관계 중앙행정기관의 장에게 총리령으로 정하는 바에 따라 그 검토의견을 알려야 한다.

1. 해당 훈령·예규등의 제정·개정 내용이 법령에 위반되는지 여부

2. 해당 훈령·예규등의 제정·개정 내용이 법령에 위임 근거가 있는지 또는 법령의 위임 범위를 벗어났는지 여부

3. 해당 훈령·예규등의 제정·개정 내용이 다른 훈령·예규등과 중복·상충되는지 여부

제25조의2(훈령·예규등의 사후 심사·검토) ① 법제처장은 제24조의3 제2항 본문에 따라 등 재된 훈령·예규등을 수시로 심사·검토하고, 법령으로 정하여야 할 사항을 훈령·예규등으 로 정하고 있거나 법령에 저촉되는 사항 또는 불합리한 사항을 정한 훈령·예규등이 있는 경우에는 심사의견을 작성하여 소관 중앙행정기관의 장에게 통보하여야 한다.

② 제1항에 따라 심사의견을 통보받은 중앙행정기관의 장은 특별한 사유가 없으면 이를 관 련 법령 또는 해당 훈령·예규등에 반영하여야 한다.

③ 제1항에 따라 심사의견을 통보받은 중앙행정기관의 장은 다음 각 호의 구분에 따른 관 련 사항을 제1항에 따라 통보받은 날부터 1개월 이내에 법제처장에게 통보하여야 한다. 다 만, 다른 법령에 따라 훈령·예규등의 제정 또는 개정과 관련하여 개별 위원회의 심의 등 특별한 절차를 거쳐야 하는 경우에는 그 절차가 끝난 후 지체 없이 법제처장에게 통보하여 야 한다.

1. 심사의견을 반영한 경우에는 그 내용

2. 정비할 계획인 경우에는 그 정비계획

3. 심사의견을 반영할 수 없는 특별한 사유가 있는 경우에는 그 사유

> **제40조(법령해석)**[1] ① 누구든지 법령등의 내용에 의문이 있으면 법령을 소관하는 중앙행정기관의 장(이하 "법령소관기관"이라 한다)과 자치법규를 소관하는 지방자치단체의 장에게 법령해석을 요청할 수 있다.[2]
> ② 법령소관기관과 자치법규를 소관하는 지방자치단체의 장은 각각 소관 법령등을 헌법과 해당 법령등의 취지에 부합되게 해석·집행할 책임을 진다.[3]
> ③ 법령소관기관이나 법령소관기관의 해석에 이의가 있는 자는 대통령령으로 정하는 바에 따라 법령해석업무를 전문으로 하는 기관에 법령해석을 요청할 수 있다.[4]
> ④ 법령해석의 절차에 관하여 필요한 사항은 대통령령으로 정한다.[5]
> [시행일 2021. 9. 24.]

[1] 행정기본법 제40조의 의의

1. 행정기본법 제정 전 상황

행정기본법 제정 전에는 법령해석에 관해 개별 법률은 있었으나(예: 국세기본법 제18조, 관세법 제5조, 지방세기본법 제20조, 아동·청소년의 성보호에 관한 법률 제3조, 남북주민 사이의 가족관계와 상속 등에 관한 특례법 제2조, 학교폭력예방 및 대책에 관한 법률 제3조) 일반법은 없었다. 일반적인 사항은 대통령령인 「법제업무 운영규정」에서 규정하였다. 행정기본법 제정으로 법령해석에 관한 법률적 근거가 마련되었다.

2. 제정취지

행정법령은 내용이 명확하여야 한다. 그래야만 국민들이 행정법령을 용이하게 따를 수 있고, 공무원이 행정법령을 평화롭게 집행할 수 있다. 그러나 행정법령에는 불확정개념이 빈번히 사용되고 있고, 그 내용도 기술적인 것이 많기 때문에 국민들이나 공무원이 그 내용을 판단하기 어려운 경우도 적지 않다. 이러한 경우, 그 의문을 해소할 수 있는 방법이 필요하다. 행정기본법 제40조는 이러한 필요에 응하기 위한 조문이다.

3. 법령해석의 의미

행정심판이나 행정소송으로 나아가지 않는 한, 행정기관의 법령해석은 대상 법령에 대한 최종적이고 확정적인 해석이 된다는 점에서 중요한 의미를 갖는다.

4. 일반법

행정기본법 제40조는 법령해석에 관한 일반법(일반규정)이다. 따라서 법령해석에 관해 다른 법률에 특별한 규정이 없으면, 행정기본법 제40조가 적용된다.

[참고] 민원 처리에 관한 법률상 질의민원과의 관계

민원 처리에 관한 법률은 행정기본법에 대해서는 특별법의 성격을 갖는바, 민원 처리에 관한 법률상 질의민원이 행정기본법 제40조의 법령해석에 우선 적용된다고 볼 수 있다. 따라서 민원인은 민원 처리에 관한 법률에 규정되고 있는 "법령·제도·절차 등 행정업무에 관하여 행정기관의 설명이나 해석을 요구하는 민원[민원법 제2조 제1호 가목 2)]" 중 질의민원을 우선 활용하여 행정기관에 법령의 설명이나 해석을 요청할 수 있고, 질의민원의 회신 내용에 대하여 이의가 있다면 행정기본법 제40조 제1항에 따라 중앙행정기관의 장이나 자치법규를 소관하는 지방자치단체의 장에게 법령해석을 요청할 수 있다.

[2] 행정기본법 제40조 제1항 — 법령해석 요청권

1. 의의

누구든지 법령등의 내용에 의문이 있으면 법령을 소관하는 중앙행정기관의 장(이하 "법령소관기관"이라 한다)과 자치법규를 소관하는 지방자치단체의 장에게 법령해석을 요청할 수 있다(행정기본법 제40조 제1항).

2. 취지

국민들은 각종 권리(예: 재산권)와 각종 의무(예: 납세의무)에 관련된 법령의 의미를 알고자 하는 경우가 증대하고 있다. 이러한 상황에서 국민의 법령해석에 대한 수요를 충족시키고자 하는 것이 본 조항의 취지이다. 뿐만 아니라 본 조항으로 인해 소관 법령을 집행하는 정부나 지방자치단체의 통일적인 법해석이 확보되는 것도 상당한 의미를 갖는다.

3. 성질 — 개인적 공권으로서 법령해석 요청권

본 조항은 사인에게 법령을 소관하는 중앙행정기관의 장이나 자치법규를 소관하는 지방자치단체의 장에 법령의 해석을 요청할 수 있고, 그 요청에 따른 답변을 들을 수 있는 권리, 즉 개인적 공권으로서 법령해석 요청권을 부여한 것으로 본다. 왜냐하면 법률해석과 관련하여 사인이 누리는 이익은 법적으로 보호받을 필요가 있는 이익이기 때문이다.

4. 법령등

법령해석의 대상이 되는 법령등이란 행정기본법 제2조 제1호가 규정하는 법령등을 말한다. 문면상 여기에는 국회규칙·대법원규칙·헌법재판소규칙·중앙선거관리위원회규칙 및 감사원규칙과 및 그 위임에 따라 정한 훈령·예규 및 고시 등 행정규칙도 포함된다. 이 때문에 국회·대법원·헌법재판소·중앙선거관리위원회 및 감사원도 행정기본법 제40조의 취지를 살릴 수 있는 법령해석 관련된 제도를 잘 갖추어야 한다. 그러나 실제상 의미가 미비하다면, 국회규칙·대법원규칙·헌법재판소규칙·중앙선거관리위원회규칙 및 감사원규칙과 및 그 위임에 따라 정한 훈령·예규 및 고시 등 행정규칙을 법령해석의 대상에서 제외하는 입법적 조치가 있어야 할 것이다.

5. 요청권자

법령해석을 요청할 수 있는 자에는 제한이 없다. 사인도 요청할 수 있고, 공무원(행정기관)도 요청할 수 있다. 지방자치단체도 본 조항에 근거하여 법령소관기관에 법령해석을 요청할 수 있다.

6. 대상기관

① 법령해석을 요청할 수 있는 대상기관은 법령을 소관하는 중앙행정기관의 장과 자치법규를 소관하는 지방자치단체의 장이다. ② 법령해석을 요청받은 중앙행정기관의 장이나 지방자치단체의 장은 반드시 그 요청에 응하여야 한다. 답변을 거부하거나 부작위하면, 위법한 것이 된다.

[참고] 수임기관·수탁기관이 대상기관인지 여부

행정권한이 위임 또는 위탁된 경우, 수임기관이나 수탁기관이 소관사무와 관련된 법령해석 요청권을 갖는가의 문제가 있다. 법령의 해석은 법령소관기관이 관장하는 사무의 전반과 관련하여 이루어져야 하는바, 법령소관기관이 관장하는 사무의 일부만을 수임 또는 수탁받은 기관은 법령해석 권한과 거리가 멀다고 보아야 한다. 개별 법률에 특별한 규정이 있다면, 그에 따라야 한다.

[3] 행정기본법 제40조 제2항 — 법령합치적 해석·집행의무

1. 의의

법령소관기관과 자치법규를 소관하는 지방자치단체의 장은 각각 소관 법령등을 헌법과 해당 법령등의 취지에 부합되게 해석·집행할 책임을 진다(행정기본법 제40조 제2항). 말하자면 법령소관기관과 자치법규를 소관하는 지방자치단체의 장은 법령합치적 해석·집행의무를 진다. 법령합치적 해석·집행의무의 한 부분이라 할 헌법합치적 해석, 상위법령 합치적 해석은 판례의 확립된 견해이기도 하다.

[법령해석방법]

■ 대판 2013. 1. 17, 2011다83431 전원합의체(법은 원칙적으로 불특정 다수인에 대하여 동일한 구속력을 갖는 사회의 보편타당한 규범이므로 이를 해석함에 있어서는 법의 표준적 의미를 밝혀 객관적 타당성이 있도록 하여야 하고, 가급적 모든 사람이 수긍할 수 있는 일관성을 유지함으로써 법적 안정성이 손상되지 않도록 하여야 한다. 한편 실정법은 보편적이고 전형적인 사안을 염두에 두고 규정되기 마련이므로 사회현실에서 일어나는 다양한 사안에서 그 법을 적용함에 있어서는 구체적 사안에 맞는 가장 타당한 해결이 될 수 있도록 해석할 것도 또한 요구된다. 요컨대 법해석의 목표는 어디까지나 법적 안정성을 저해하지 않는 범위 내에서 구체적 타당성을 찾는 데 두어야 한다. 나아가 그러기 위해서는 가능한 한 법률에 사용된 문언의 통상적인 의미에 충실하게 해석하는 것을 원칙으로 하면서, 법률의 입법 취지와 목적, 그 제·개정 연혁, 법질서 전체와의 조화, 다른 법령과의 관계 등을 고려하는 체계적·논리적 해석방법을 추가적으로 동원함으로써, 위와 같은 법해석의 요청에 부응하는 타당한 해석을 하여야 한다).

[상위법령 합치적 해석 관련]

■ 대판 2021. 4. 8, 2015두38788(어느 시행령이나 조례의 규정이 모법에 저촉되는지가 명백하지 않는 경우에는 모법과 시행령 또는 조례의 다른 규정들과 그 입법 취지, 연혁 등을 종합적으로 살펴 모법에 합치된다는 해석도 가능한 경우라면 그 규정을 모법위반으로 무효라고 선언해서는 안 된다. 이러한 법리는 국가의 법체계는 그 자체 통일체를 이루고 있는 것이므로 상·하규범 사이의 충돌은 최대한 배제되어야 한다는 원칙과 더불어, 민주법치국가에서의 규범은 일반적으로 상위규범에 합치할 것이라는 추정원칙에 근거하고 있을 뿐만 아니라, 실제적으로도 하위규범이 상위규범에 저촉되어 무효라고 선언되는 경우에는 그로 인한 법적 혼란과 법적 불안정은 물론, 그에 대체되는 새로운 규범이 제정될 때까지의 법적 공백과 법적 방황은 상당히 심각할 것이므로 이러한 폐해를 회피하기 위해서도 필요하다).
■ 대판 2019. 7. 10, 2016두61051(국가의 법체계는 그 자체로 통일체를 이루고 있으므로 상·하규범 사이의 충돌은 최대한 배제하여야 하고, 또한 규범이 무효라고 선언될 경우에 생길 수 있는 법적 혼란과 불안정 및 새로운 규범이 제정될 때까지의 법적 공백 등으로 인

한 폐해를 피하여야 할 필요성에 비추어 보면, 하위법령의 규정이 상위법령의 규정에 저촉되는지 여부가 명백하지 않은 경우에, 관련 법령의 내용과 입법 취지 및 연혁 등을 종합적으로 살펴 하위법령의 의미를 상위법령에 합치되는 것으로 해석하는 것이 가능한 경우라면, 하위법령이 상위법령에 위반된다는 이유로 쉽게 무효를 선언할 것은 아니다).

[침익적 처분 근거 규정 해석 관련]

■ 대판 2021. 2. 25, 2020두51587('침익적 행정처분 근거 규정 엄격해석의 원칙'이란 단순히 행정실무상의 필요나 입법정책적 필요만을 이유로 문언의 가능한 범위를 벗어나 처분상대방에게 불리한 방향으로 확장해석하거나 유추해석해서는 안 된다는 것이지, 처분상대방에게 불리한 내용의 법령해석은 일체 허용되지 않는다는 취지가 아니다. 문언의 가능한 범위 내라면 체계적 해석과 목적론적 해석은 허용된다).

2. 강행규정

본 조항은 강행규정이다. 법령소관기관이나 자치법규를 소관하는 지방자치단체의 장이 소관 법령등을 헌법과 해당 법령등의 취지에 어긋나게 해석·집행하면 사안에 따라 국가배상책임 또는 행정상 쟁송이 문제될 수 있다.

3. 해석의 효과

(가) 구속력의 문제   법령소관기관과 자치법규를 소관하는 지방자치단체의 장의 법령해석이 구속력을 갖는가의 여부에 관해 행정기본법은 규정하는 바가 없다. 국민이나 다른 행정기관에 대하여 법적 구속력을 갖는다고 말할 수는 없을 것이다. 그러나 법령소관기관과 자치법규를 소관하는 지방자치단체의 장은 자신의 해석을 합리적 사유 없이 임의로 바꾸어서는 아니 될 것이다.

■ 대판 1989. 2. 14, 87도1860(유선비디오 방송업자들의 질의에 대하여 체신부장관이 1985. 7. 12. 또는 그 후에 한 회신에서 유선비디오 방송이 전기통신기본법이 정하는 자가전기통신설비로 볼 수 없어 같은법 제15조 제1항 소정의 허가대상이 되지 아니한다는 견해를 밝힌 바 있다 하더라도 그 견해가 법령의 해석에 관한 법원의 판단을 기속하는 것은 아니므로 그것만으로 피고인에게 원판시 범행에 범의가 없었다고 할 수 없다).

(나) 법령해석준수청구권   국민은 관련 행정기관에 법령소관기관이나 자치법규를 소관하는 지방자치단체의 장의 법령해석대로 법령을 집행하거나 행위할 것을 요구할 수 있는 권리, 즉 법령해석준수청구권을 갖는가의 문제가 있다. 행정기본법 제40조 제2항만으로 법령해석준수청구권이 나온다고 보기는 어렵다. 왜냐

하면 만약 법령해석준수청구권이 나온다고 하면,「법령소관기관이 다른 행정기관에 우월하다」는 결과가 나오는데, 이것은「행정 각부(또는 중앙행정기관) 사이의 관계는 우열의 관계가 아니라 대등의 관계」라는 원칙에 반하는 것이기 때문이다. 만약 개별 법령에서 법령해석준수청구와 관련하여 사익보호성을 규정하고 있다면, 법령해석준수청구권을 인정할 수 있다. 그것은 입법자인 국회의 의사이기 때문이다.

[4] 행정기본법 제40조 제3항 — 법령해석 재요청권

1. 의의

행정기본법 제40조 제1항에 따라 법령소관기관이나 자치법규를 소관하는 지방자치단체의 장에게 법령해석을 요청하였는데, 그 "법령소관기관이나 법령소관기관의 해석에 이의가 있는 자는 대통령령으로 정하는 바에 따라 법령해석업무를 전문으로 하는 기관에 법령해석을 요청할 수 있다(행정기본법 제40조 제3항). 즉 그 법령소관기관이나 지방자치단체의 장의 해석에 이의가 있는 자는 법령해석 재요청권을 갖는다.

2. 성질

① 본 조항에 따른 법령해석 요청절차는「행정기본법 제40조 제1항에 따른 법령해석 요청절차」에 대한 재심사 절차의 성격을 갖는다. ② 본 조항에 따른 법령해석 재요청권의 성질은 행정기본법 제40조 제1항에 따른 법령해석 요청권과 다를 바 없다.

3. 법령해석 요청의 대상이 되는 법령의 범위

본 조항에 따라 해석에 이의가 있는 자가 법령해석업무를 전문으로 하는 기관에 법령해석을 요청할 때에는 대통령령으로 정하는 바를 따르도록 규정하고 있는바, 대통령령으로 정하는 사항과 거리가 먼 국회규칙·대법원규칙·헌법재판소규칙·중앙선거관리위원회규칙(행정기본법 제2조 1. 가 2) 부분)과 이러한 규칙의 위임을 받아 중앙행정기관(「정부조직법」 및 그 밖의 법률에 따라 설치된 중앙행정기관을 말한다. 이하 같다)의 장이 정한 훈령·예규 및 고시 등 행정규칙(행정기본법 제2조 1. 가 3) 의 부분)은 본 조항과 거리가 멀다. 이를 명료하게 규정하는 입법적 보완이 의미가 있을 것이다. 이와 관련하여 국가행정법제위원회는 다음과 같은 조문의 개정에 관해 논의한 적이 있다.

> 제40조(법령해석) ③ 법령소관기관이나 법령소관기관의 해석에 이의가 있는 자는 대통령령으로 정하는 바에 따라 법령해석업무를 전문으로 하는 기관에 법령해석[제2조 제1호 가목 1) 및 감사원규칙과 그 위임을 받아 정한 행정규칙에 대한 법령해석만 해당한다]을 요청할 수 있다.

[참고] 법제업무 운영규정 중 법령해석 관련 규정(일부 발췌)

제7장 법령해석

제26조(법령해석의 요청) ① 중앙행정기관의 장은 지방자치단체의 장 또는 민원인으로부터 법률적 판단이 필요한 질의를 받는 등 법령을 운영·집행하는 과정에서 해석상 의문이 있는 경우에는 행정운영의 적법성과 타당성을 보장하기 위하여 「행정기본법」 제40조 제3항에 따른 법령해석업무를 전문으로 하는 기관(민사·상사·형사, 행정소송, 국가배상 관계 법령 및 법무부 소관 법령과 다른 법령의 벌칙조항에 대한 해석인 경우에는 법무부를 말하고, 그 밖의 모든 행정 관계 법령의 해석인 경우에는 법제처를 말한다. 이하 "법령해석기관"이라 한다)에 법령해석을 요청하여야 한다.

② 중앙행정기관의 장은 다른 중앙행정기관 소관 법령에 대하여 제1항에 따른 해석 요청을 하려는 경우에는 해당 법령 소관 중앙행정기관의 장의 의견을 먼저 들어야 한다.

③ 지방자치단체의 장은 법령해석기관에 법령해석을 요청하려면 그 법령 소관 중앙행정기관의 장에게 법령해석을 요청하여 그 회신을 받아야 한다.

④ 지방자치단체의 장은 제3항의 회신 내용이 불명확(회신은 있으나 사실상 의견이 없는 경우를 포함한다)하거나 잘못되었다고 판단되는 경우에 그 회신 내용을 첨부하여 법령해석기관에 법령해석을 요청할 수 있다. 다만, 중앙행정기관의 장이 제3항에 따라 법령해석을 요청받고도 1개월 이내(특별한 사유가 있는 경우에는 그 지연 사유를 통보함으로써 1개월 이내의 기간을 정하여 한 차례만 연장할 수 있다)에 회신을 하지 아니하는 경우에는 법령 소관 중앙행정기관의 장의 회신 내용을 첨부하지 아니할 수 있다.

⑤ 제4항 본문에 따라 사실상 의견이 없는 중앙행정기관의 장의 회신 내용을 첨부한 법령해석 요청을 받거나 같은 항 단서에 따라 중앙행정기관의 장의 회신 내용을 첨부하지 않은 법령해석 요청을 받은 법령해석기관은 법령 소관 중앙행정기관의 장에게 해당 법령에 대한 의견을 요청하여야 하고, 그 요청을 받은 법령 소관 중앙행정기관의 장은 요청을 받은 날부터 10일 이내(특별한 사유가 있는 경우에는 그 지연 사유를 통보함으로써 10일 이내의 기간을 정하여 한 차례만 연장할 수 있다)에 법령해석기관으로 요청에 따른 회신을 하여야 한다.

⑥ 중앙행정기관의 장 또는 지방자치단체의 장은 제2항 또는 제4항에 따라 법령해석을 요청한 경우에는 그 사실을 법령 소관 중앙행정기관의 장에게 통보하여야 한다.

⑦ 민원인은 법령 소관 중앙행정기관의 장의 법령해석이 법령에 위반된다고 판단되는 경우에는 총리령으로 정하는 바에 따라 해당 법령 소관 중앙행정기관의 장에게 법령해석기관에 법령해석을 요청하도록 의뢰하거나 법령 소관 중앙행정기관의 장의 법령해석 의견을 덧붙

여 직접 법령해석기관에 법령해석을 요청할 수 있다. 다만, 법무부장관이 민사·상사·형사, 행정소송, 국가배상 관계 법령 및 법무부 소관 법령에 대하여 법령해석을 한 경우는 제외한다.

⑧ 법령 소관 중앙행정기관의 장은 제7항에 따라 민원인으로부터 법령해석의 요청을 의뢰받으면 민원인에게 회신한 내용(민원인의 법령 질의사항을 포함한다)에 추가할 의견이 있는 경우 그 의견을 첨부하여 지체 없이 법령해석기관에 법령해석을 요청하여야 한다. 다만, 법령해석의 요청을 의뢰받은 사안이 다음 각 호의 어느 하나에 해당되는 경우에는 법령해석을 요청하지 않을 수 있으며, 해당 민원인에게 그 사유를 명시하여 통지하여야 한다.

1. 제7항에 따른 법령해석 요청 기준에 맞지 않는 경우
2. 정립된 판례나 법령해석기관의 법령해석이 있는 경우
3. 구체적 사실인정에 관한 사항인 경우
4. 행정심판 또는 소송이 계속 중이거나 그 절차가 끝난 경우
5. 이미 행해진 구체적인 처분이나 행위의 위법·부당 여부에 관한 사항인 경우
6. 법령이 헌법 또는 상위 법령에 위반되는지에 관한 사항인 경우
7. 법령 소관 중앙행정기관의 정책과 관련된 사항으로서 정책적 판단이나 중앙행정기관 사이의 협의를 통해 결정할 필요가 있는 경우
8. 해석 대상 법령이 특정되지 않는 경우
9. 법령해석을 요청하게 된 근거나 사유와 법령해석을 요청한 법령의 규정 사이에 연관성이 없는 등 법령해석 요청의 전제가 잘못되어 법령해석의 필요성이 인정되지 않는 경우
10. 법령의 규정상 명백하여 해석이 불필요한 경우
11. 그 밖에 제1호부터 제10호까지의 규정과 유사한 사유로서 명백히 법령해석이 필요하지 않다고 인정되는 경우

⑨ 법령해석기관은 제7항에 따라 민원인으로부터 직접 법령해석 요청을 받았을 때에는 즉시 그 사실을 법령 소관 중앙행정기관의 장에게 통보하여야 한다.

⑩ 제1항, 제4항, 제7항 및 제8항에 따라 법령해석을 요청받은 법령해석기관은 필요하다고 인정되는 경우 법령해석을 요청한 중앙행정기관의 장, 지방자치단체의 장 및 민원인에게 보완을 요청할 수 있다.

⑪ 법령해석기관은 다음 각 호의 어느 하나에 해당하는 경우에는 법령해석 요청을 반려한다.

1. 법령해석 요청이 제1항부터 제4항까지 및 제7항에 따른 법령해석 요청 기준에 맞지 않는 경우
2. 법령해석 요청이 제8항제2호부터 제11호까지의 규정에 해당하는 경우
3. 제10항에 따른 보완 요청에 응하지 않는 경우

제26조의2(훈령·예규등에 대한 해석의 요청) ① 중앙행정기관의 장은 소관 훈령·예규등을 운영·집행하는 과정에서 해석상 의문이 있는 경우에는 행정운영의 적법성과 타당성을 보장하기 위하여 법령해석기관에 소관 훈령·예규등의 해석을 요청할 수 있다.

② 훈령·예규등의 해석에 관하여는 제27조(제5항은 제외한다)를 준용한다.

제27조(법령해석 시 유의사항 및 회신) ① 법령해석기관은 법령을 해석할 때 법령해석에 관한 정부 견해의 통일을 꾀하고 일관성 있는 법집행을 위하여 다음 각 호의 사항을 유의하여야 한다.

1. 해당 법령의 입법 배경·취지 및 운영 실태를 명확하게 파악할 것

2. 문제가 제기된 구체적 배경과 이유를 조사·확인할 것

3. 법령 소관 중앙행정기관 등 관계 기관의 의견을 충분히 들을 것

② 법령해석기관은 제1항제3호에 따라 의견을 듣기 위하여 필요하면 법령 소관 중앙행정기관 등 관계 행정기관에 불명확한 사항에 대하여 소명을 요청하거나 필요한 자료 제출을 요구할 수 있다. 이 경우 관계 행정기관의 장은 법령해석기관의 요구 등에 성실하게 응하고 협조하여야 한다.

③ 법령해석기관 중 법제처는 제1항에 따라 법령해석을 할 때에는 제27조의2에 따른 법령해석심의위원회의 심의를 거쳐야 한다.

④ 법령해석기관은 제26조에 따라 법령해석 요청을 받았을 때에는 법령해석 요청기관 또는 민원인에게 그 결과를 신속히 회신하여야 하며, 법령해석 결과를 회신할 때에는 법령 소관 중앙행정기관의 장과 관련 행정기관에 통보하여야 한다.

⑤ 법령 소관 중앙행정기관의 장은 제26조제8항에 따라 민원인이 요청을 의뢰한 법령해석 사안에 대하여 법령해석기관으로부터 회신을 받았을 때에는 지체 없이 그 사안에 대한 해당 기관의 의견을 민원인에게 회신하여야 한다.

⑥ 법령해석기관은 제4항에 따라 법령해석 결과를 회신한 경우에는 관계 중앙행정기관의 장 또는 지방자치단체의 장에게 다음 각 호의 사항에 관한 자료의 제출을 요청할 수 있다.

1. 법령해석에 따라 관련 업무를 처리하였는지 여부

2. 법령해석에 따른 업무처리로 인하여 문제가 발생한 경우 그 내용

3. 법령해석에 따른 업무처리와 관련된 쟁송이 제기되었는지 여부 및 그 결과

4. 법령해석과 다르게 관련 업무를 처리하였을 경우 그 이유

5. 제1호부터 제4호까지에서 규정한 사항 외에 법령해석과 관련된 업무의 처리에 관한 사항

제27조의2(법령해석심의위원회의 설치 및 구성) ① 법령해석기관 중 법제처에 요청된 법령해석에 관한 사항을 심의하기 위하여 법제처장 소속으로 법령해석심의위원회(이하 "위원회"라 한다)를 둔다.

② 위원회는 위원장 1명, 제4항에 따른 위원(이하 "지명위원"이라 한다) 및 제5항에 따른 150명 내외의 위원(이하 "위촉위원"이라 한다)으로 구성한다.

③ 위원장은 법제처차장으로 하되, 필요한 경우에는 법제처 소속 지명위원에게 그 직무를 대행하게 할 수 있다.

④ 지명위원은 국무조정실을 포함하는 법령 소관 중앙행정기관의 고위공무원단에 속하는 일반직공무원 또는 이에 상당하는 사람이 근무하는 직위로서 해당 기관의 장이 추천하는 직위 중 법제처장이 지명하는 직위에 근무하는 사람으로 한다.

⑤ 위촉위원은 다음 각 호의 어느 하나에 해당하는 사람 중에서 법제처장이 위촉하는 사람으로 한다.

1. 변호사의 자격을 가진 사람으로서 그 자격과 관련된 업무에 10년 이상 종사한 경력이 있는 사람

2. 「고등교육법」 제2조에 따른 학교에서 법학 등을 가르치는 부교수 이상의 직에 있거나 있었던 사람

3. 행정기관의 4급 이상 또는 이에 상당하는 공무원(고위공무원단에 속하는 공무원을 포함

　　한다)으로 있었던 사람

4. 그 밖에 법령해석에 관한 지식과 경험이 풍부한 사람

⑥ 위촉위원의 임기는 2년으로 하되, 두 차례만 연임할 수 있다.

[5] 행정기본법 제40조 제4항 ─ 시행령

행정기본법 제38조 제4항 해설 부분을 보라.

[참고] 영업자의 공법상 지위승계

국가행정법제위원회는 영업자의 공법상 지위승계에 관해 논의한 적이 있다. 당시 논의하였던 조문 형식의 초안(草案)을 아래에 옮겨본다.

제8장 영업자의 공법상 지위승계

제38조(정의 및 적용범위) 이 절에서 "영업자지위승계"란 인허가를 받거나 신고한 영업자 또는 사업자의 지위가 법률로 정하는 바에 따라 이전되고 그 결과로 피승계인과 승계인 사이에 해당 영업 또는 사업에 대한 인허가 등에 따른 권리와 의무가 이전되는 것을 말한다.

제39조(영업자지위승계의 사유 및 방법) ① 영업자지위승계의 사유는 다음 각 호에 해당하는 사유 중에서 법률로 정한다.

1. 영업 또는 사업의 양도

2. 영업자 또는 사업자의 사망

3. 법인의 합병 또는 분할(합병 후 존속하는 법인 또는 분할 후 설립되는 법인에 영업 또는 사업에 관한 공법상 권리와 의무가 이전되는 경우만 해당한다)

4. 다음 각 목의 어느 하나에 해당하는 절차에 따른 영업 또는 사업 시설의 전부 인수

　　가. 「민사집행법」에 따른 경매

　　나. 「채무자 회생 및 파산에 관한 법률」에 따른 환가(換價)

　　다. 「국세징수법」, 「관세법」 또는 「지방세징수법」에 따른 압류재산의 매각

　　라. 그 밖에 가목부터 다목까지의 규정에 준하는 절차

② 승계인 또는 피승계인(영업자지위승계를 하려는 자를 포함한다)은 영업자지위승계를 위해서는 법령으로 정하는 바에 따라 행정청에 신·통보 등을 하거나 행정청으로부터 인가·허가 등을 받아야 한다.

③ 제2항에 따라 신고·통보 등을 받거나 인가·허가 등의 신청을 받은 행정청은 승계인(승계인이 되려는 자를 포함한다. 이하 제4항에서 같다)에 대하여 다음 각 호의 사항을 확인하여야 한다.

1. 법령에서 정하는 영업 또는 사업에 필요한 요건을 충족하는지 여부

2. 법령에서 정하는 결격사유가 있는지 여부

④ 행정청은 제3항에 따른 확인 결과 승계인이 영업 또는 사업에 필요한 요건을 충족하지 못하거나 결격사유에 해당하는 경우에는 대통령령으로 정하는 바에 따라 지체 없이 그 사실을 승계인에게 알려야 한다.

제40조(제재처분에 관한 특칙) ① 영업자지위승계가 된 경우 행정청이 피승계인에게 한 다음 각 호에 해당하는 처분은 승계인에게 승계되며, 행정청은 피승계인의 위반행위를 이유로 승계인에게 다음 각 호의 처분을 할 수 있다.

1. 정지, 취소, 철회 또는 등록말소
2. 영업소·사업소 폐쇄명령 또는 폐쇄조치
3. 영업정지에 갈음하는 과징금(가산금은 제외한다)
4. 그 밖에 효과 승계가 필요하다고 인정하여 법률로 정하는 제재처분

② 영업자지위승계가 된 경우(제39조 제1항 제4호의 사유로 영업자지위승계가 된 경우는 제외한다) 피승계인에게 행한 제재처분의 이력(履歷)은 그 제재처분일부터 1년 동안 승계인에게 승계되고, 행정청은 피승계인의 위반행위를 이유로 제재처분 절차가 진행 중인 때에는 승계인에게 해당 처분을 할 수 있다.

③ 영업자지위승계가 된 경우 피승계인에게 한 제재처분의 이력(履歷)은 1년 동안 승계인에게 승계된다.

④ 승계인이 되려는 자는 피승계인(피상속인은 제외한다)의 동의를 얻어 영업자지위승계와 관련하여 제1항에 따른 제재처분 및 그 제재처분을 위한 절차가 진행 중인 사실이 있는지를 미리 해당 행정청에 확인 요청할 수 있다. 이 경우 해당 행정청은 대통령령으로 정하는 바에 따라 그 내용을 확인하여 승계인이 되려는 자에게 알려야 한다.

⑤ 승계인이 해당 제재처분이나 그와 관련된 위반 사실을 알지 못하였음을 증명한 경우에는 제1항부터 제3항까지의 규정을 적용하지 아니한다.

부   칙

제1조(시행일) 이 법은 공포한(2021. 3. 23) 날부터 시행한다. 다만, 제22조, 제29조, 제38조부터 제40조까지는 공포 후 6개월이 경과한 날(2021. 9. 24)부터 시행하고, 제23조부터 제26조까지, 제30조부터 제34조까지, 제36조 및 제37조는 공포 후 2년이 경과한 날(2023. 3. 24)부터 시행한다.

> □ 공포 후 6개월 경과한 날 시행
>
> 제22조(제재처분의 기준)   제29조(과징금의 납부기한 연기 및 분할납부)
> 제38조(행정의 입법활동)   제39조(행정법제의 개선)
> 제40조(법령해석)
>
> □ 공포 후 2년 경과한 날 시행
>
> 제23조(제재처분의 제척기간)   제24조(인허가의제의 기준)
> 제25조(인허가의제의 효과)   제26조(인허가의제의 사후관리)
> 제30조(행정상 강제)   제31조(이행강제금의 부과)
> 제32조(직접강제)   제33조(즉시강제)
> 제34조(수리 여부에 따른 신고의 효과)   제36조(처분에 대한 이의신청)
> 제37조(처분의 재심사)

제2조(제재처분에 관한 법령등 변경에 관한 적용례) 제14조제3항 단서의 규정은 이 법 시행일 이후 제재처분에 관한 법령등이 변경된 경우부터 적용한다.

> 제14조(법 적용의 기준) ③법령등을 위반한 행위의 성립과 이에 대한 제재처분은 법령등에 특별한 규정이 있는 경우를 제외하고는 법령등을 위반한 행위 당시의 법령등에 따른다. 다만, 법령등을 위반한 행위 후 법령등의 변경에 의하여 그 행위가 법령등을 위반한 행위에 해당하지 아니하거나 제재처분 기준이 가벼워진 경우로서 해당 법령등에 특별한 규정이 없는 경우에는 변경된 법령등을 적용한다.

제3조(제재처분의 제척기간에 관한 적용례) 제23조는 부칙 제1조 단서에 따른 시행일 이후 발생하는 위반행위부터 적용한다.

> 제23조(제재처분의 제척기간) ① 행정청은 법령등의 위반행위가 종료된 날부터 5년이 지나면 해당 위반행위에 대하여 제재처분(인허가의 정지·취소·철회, 등록 말소, 영업소 폐쇄와 정지를 갈음하는 과징금 부과를 말한다. 이하 이 조에서 같다)을 할 수 없다. (이하 생략)

제4조(공법상 계약에 관한 적용례) 제27조는 이 법 시행 이후 공법상 계약을 체결하는 경우부터 적용한다.

> 제27조(공법상 계약의 체결) ① 행정청은 법령등을 위반하지 아니하는 범위에서 행정목적을 달성하기 위하여 필요한 경우에는 공법상 법률관계에 관한 계약(이하 "공법상 계약"이라 한다)을 체결할 수 있다. 이 경우 계약의 목적 및 내용을 명확하게 적은 계약서를 작성하여야 한다. (이하 생략)

제5조(행정상 강제 조치에 관한 적용례) ① 제31조는 부칙 제1조 단서에 따른 시행일 이후 이행강제금을 부과하는 경우부터 적용한다.

> 제31조(이행강제금의 부과) ① 이행강제금 부과의 근거가 되는 법률에는 이행강제금에 관한 다음 각 호의 사항을 명확하게 규정하여야 한다. 다만, 제4호 또는 제5호를 규정할 경우 입법목적이나 입법취지를 훼손할 우려가 크다고 인정되는 경우로서 대통령령으로 정하는 경우는 제외한다. (이하 생략)

② 제32조 및 제33조는 부칙 제1조 단서에 따른 시행일 이후 직접강제나 즉시강제를 하는 경우부터 적용한다.

> 제32조(직접강제) ① 직접강제는 행정대집행이나 이행강제금 부과의 방법으로는 행정상 의무 이행을 확보할 수 없거나 그 실현이 불가능한 경우에 실시하여야 한다. (이하 생략)
> 제33조(즉시강제) ① 즉시강제는 다른 수단으로는 행정 목적을 달성할 수 없는 경우에만 허용되며, 이 경우에도 최소한으로만 실시하여야 한다. (이하 생략)

제6조(처분에 대한 이의신청에 관한 적용례) 제36조는 부칙 제1조 단서에 따른 시행일 이후에 하는 처분부터 적용한다.

> 제36조(처분에 대한 이의신청) ① 행정청의 처분(「행정심판법」 제3조에 따라 같은 법에 따른 행정심판의 대상이 되는 처분을 말한다. 이하 이 조에서 같다)에 이의가 있는 당사자는 처분을 받은 날부터 30일 이내에 해당 행정청에 이의신청을 할 수 있다. (이하 생략)

제7조(처분의 재심사에 관한 적용례) 제37조는 부칙 제1조 단서에 따른 시행일 이후에 하는 처분부터 적용한다.

> 제37조(처분의 재심사) ① 당사자는 처분(제재처분 및 행정상 강제는 제외한다. 이하 이 조에서 같다)이 행정심판, 행정소송 및 그 밖의 쟁송을 통하여 다툴 수 없게 된 경우(법원의 확정판결이 있는 경우는 제외한다)라도 다음 각 호의 어느 하나에 해당하는 경우에는 해당 처분을 한 행정청에 처분을 취소·철회하거나 변경하여 줄 것을 신청할 수 있다. (이하 생략)

판례색인

사항색인

[행정기본법 조문]

저자약력

서울대학교 법과대학 졸업
서울대학교 대학원 졸업(법학박사)
독일 Universität Tübingen, Universität Wuppertal, Freie Universität Berlin, 미국 University ofCalifornia at Berkeley 등에서 행정법연구
한국공법학회 회장(현 고문)
한국지방자치법학회 회장(현 명예회장)
국가행정법제위원회 위원장(현) · 행정법제혁신자문위원회 위원장 · 지방자치단체 중앙분쟁조정위원회 위원장 · 서울특별시민간위탁운영평가위원회 위원장·주식백지신탁심사위원회 위원장 · 행정자치부정책자문위원회 위원장 · 지방분권촉진위원회위원 · 민주화운동관련자명예회복및보상심의위원회위원 · 헌법재판소공직자윤리위원회위원 · 행정소송법개정위원회위원 · 국무총리행정심판위원회위원 · 중앙분쟁조정위원회위원 · 중앙토지평가위원회위원 · 경찰혁신위원회위원 · 전국시장군수구청장협의회자문교수 · 서울특별시강남구법률자문교수 등
사법시험 · 행정고시 · 입법고시 · 외무고시 · 지방고등고시 등 시험위원
이화여자대학교 법과대학 교수
연세대학교 법학전문대학원 · 법과대학 교수

저   서

헌법과 정치(법문사, 1986)
행정법원리(박영사, 1990)
판례행정법(길안사, 1994)
사례행정법(신조사, 1996)
행정법연습(신조사, 초판 1999, 제 8 판 2008)
신행정법연습(신조사, 초판 2009, 제 2 판 2011)
행정법원론(상)(박영사, 초판 1992, 제32판 2024)
행정법원론(하)(박영사, 초판 1993, 제32판 2024)
경찰행정법(박영사, 초판 2007, 제 3 판 2013)
신지방자치법(박영사, 초판 2009, 제 6 판 2025)
신행정법특강(박영사, 초판 2002, 제23판 2024)
행정기본법 해설(박영사, 초판 2021, 제 3 판 2025)
신행정법입문(박영사, 초판 2008, 제18판 2025)
신판례행정법입문(박영사, 2018)
신경찰행정법입문(박영사, 조판 2019, 제 4 판 2025)
기본 행정법(박영사, 초판 2013, 제12판 2024)
기본 경찰행정법(박영사, 2013)
기본 CASE 행정법(박영사(공저), 2016)
최신행정법판례특강(박영사, 초판 2011, 제 2 판 2012)
로스쿨 객관식 행정법특강(박영사(공저), 2012)
민간위탁의 법리와 행정실무(박영사, 2015)
공직자 주식백지신탁법(박영사, 2018)

제3판
행정기본법 해설

초판발행   2021년 5월 25일
제3판발행   2025년 1월 15일

지은이   홍정선
펴낸이   안종만·안상준

편 집   김선민
기획/마케팅   조성호
표지디자인   권아린
제 작   고철민·김원표

펴낸곳   (주) **박영사**
              서울특별시 금천구 가산디지털2로 53, 210호(가산동, 한라시그마밸더)
              등록 1959. 3. 11. 제300-1959-1호(倫)
전 화   02)733-6771
f a x   02)736-4818
e-mail   pys@pybook.co.kr
homepage   www.pybook.co.kr
ISBN   979-11-303-4843-8 93360

* 파본은 구입하신 곳에서 교환해 드립니다. 본서의 무단복제행위를 금합니다.

정 가   28,000원